〔증보판〕
자치통감3

이 도서의 국립중앙도서관 출판시도서목록(CIP)은 서지정보유통지원시스템 홈페이지
(http://seoji.nl.go.kr)와 국가자료공동목록시스템(http://www.nl.go.kr/kolisnet)에서
이용하실 수 있습니다.(CIP제어번호: CIP2018009741)

〔증보판〕

자치통감3(권013~권018)

2018년 8월 1일 개정증보판 1쇄 찍음
2020년 5월 1일 개정증보판 2쇄 펴냄

지은이　사마광
옮긴이　권중달
펴낸이　정철재

펴낸곳　도서출판 삼화
등　록　제320-2006-50호
주　소　서울 관악구 남현1길 10, 2층
전　화　02)874-8830
팩　스　02)888-8899
홈페이지 www.samhwabook.com

ⓒ 도서출판 삼화, 2020, Printed in Seoul Korea

ISBN 979-11-5826-353-9 (94910)
　　　979-11-5826-498-7 (세트)

〔증보판〕

자치통감 3

권013~권018

도서
출판 삼화

증보판《자치통감》출판에 붙여

《자치통감》을 완역해서 세상에 내놓은 다음부터 많은 독자로부터 원문도 함께 읽고 싶다는 요구가 있었다. 그러나 원문 작업이 그리 만만한 일은 아니었을 뿐만 아니라 그보다도《자치통감》에 대한 이해를 돕기 위한 책들을 정리하는 것이 먼저라고 생각하였다.

그래서 탄생한 책이《자치통감》에 실린 사론을 정리하여 해설한《자치통감사론강의》이고, 중국 역사의 전체적인 흐름을 보려는 새로운 시도가《중국분열》이며, 복잡하여 이해하기 힘들다는 위진시대를 쉽게 이해하도록 사상사적 측면에서 접근해 본 것이《위진남북조 시대를 위한 변명》이고, 황제제도의 구조적인 모습을 보기 위한 작업이《황제뽑기》였다. 그 외에도《자치통감》을 좀 더 깊이 이해하고자 하는 독자를 위하여《평설자치통감》을 집필해야 했고, 대중들을 위하여 명언을 모아 설명한《촌철활인》, 입문서《자치통감 3번 태어나다》,《생존》,《3권으로 읽는 자치통감 294》같은 일반인들의 교양물도 출간하였다.

물론 이러한 작업을 하면서도 눈에 띄는 대로 이미 출간한 원고의 보정 작업을 계속하면서 번역문에도 조금씩 수정을 가한 부분이 있게 되었다. 이러는 동안에도 많은 독자가 원문을 볼 수 없는 아쉬움을 표하는 경우를 접하면서 이왕 이 작업을 하는 바에야 독자들에게 원문을 제공하는 것이 옳을 것 같다는 생각을 하였다.

그러나 원문을 교정 보는 작업은 그리 간단하지가 않았고 많은 시간이 필요하였다. 그러나 '자치통감 행간읽기'를 마친 독자라면 좀 더 깊이 알고자 할 것이고, 따라서 번역문과 원문이 동시에 필요할 것이라는 데까지 생각이 미쳤다. 그리하여 작업이 끝나는 대로 번역과 원문을 붙여 증보판이라는 이름으로 출간하기로 하였다.

증보판을 내는 또 다른 이유는 우리가 그동안 익숙하게 아시아의 역사를 '중국사 프레임'으로 보는 것을 깨 보고자 하는 생각도 있다. 즉 중국 문화는 아시아 문화의 중심이며 중국 문화의 동심원적 확산이 바로 아시아 문화인 것처럼 이해하였다. 그뿐만 아니라 중원 대륙의 주인은 한족(漢族)이고, 언필칭 정사라고 하는 25사가 마치 한족 왕조의 면면히 이어졌다는 오해를 풀어야 하기 때문이다.

《자치통감》은 사마광이 역사 사실을 객관적으로 정리한 역사책이다. 이 책의 집필 의도가 황제나 집정자에게 교육시키려는 것이었으므로 '있는 사실 그대로'를 전하려고 하였던 것이었다. 편견 없는 역사 사실만이 진정으로 자신을 돌아보고, 새로운 방향을 설정할 수 있기 때문이었다. 역사적 진실만이 가치가 있는 것으로 생각한 사마광은 한족(漢族)임에도 한족의 단점과 실패의 사실도 집어낼 수 있었고, 이른바 이적의 장점도 은연중에 드러나게 하였다. 그러한 점에서 《자치통감》은 '중국사'가 아니라 '아시아사'이다.

그런데 숙황(叔皇) 금(金) 왕조에 쫓기어 남쪽으로 내려온 남송의 질황(侄皇) 치하에 살았던 주희는 몰락해 가는 한족을 목도하면서 한족에게 애국심을 고취하여야 했던 당시 시대적 상황에 맞추어 역사를 혈통 중심의 정통론이라는 허구적 이념을 세워 《자치통감》을 《자치통감강목》으로 만들어 중국 중심으로 역사를 보려고 하였다. 물론 이것은 시대적 상황에서 필요하였던 것이고 이념을 주장하기 위하여 역사를 이용한 것일 뿐이다.

그런데 우리나라에서는 주자학을 정치이데올로기로 받아들이고 이념서인 《자치통감강목》을 역사라고 오도함으로써 부지불식간에 아시아 역사를 중국 중심으로 보는 왜곡된 시각이 형성되었다. 그리하여 우리도 모르는 사이에 '혈통'이라는 편견을 가지고 역사를 본 《자치통감강목》의 영향으로 500여 년간 '중국사 프레임'에 갇히게 되었고, 그 영향은 오늘에까지도 미치고 있다.

'중국사 프레임'으로 보는 아시아 역사는 중원에 있는 나라는 한족(漢族)이 중심이고, 중원의 우수한 문화가 동심원적으로 사방으로 퍼져 나가 교화시킨 것이 아시아 문화이고, 화이(華夷)는 당연히 구별되고 이적은 배척되어야 하며, 중원에 세워진 왕조가 면면히 이어져 왔다는 것을 실재하였던 현실로 받아들였던 것이다.

《자치통감》은 주희가 이념으로 가공하기 전의 원본으로 '역사를 사실 그대로 이해할 수 있는' 것이 가능하지만 아직도 《자치통감》을 '중국사'로 생각하고 있는 사람이 대부분이다. 이제부터라도 《자치통감》을 1,362년간의 '아시아 역사'로 인식하기를 바란다.

대방재(待訪齋)에서
권중달 적음

목차

〔증보판〕
자치통감 3

들어가면서 ··· 4

《자치통감》구성 ·· 12

《자치통감》왕조 계통도 ································· 14

권013
한기5 : 여후의 죽음과 문제의 등극

여씨들의 등장과 유씨들의 수난 ························· 18

여태후의 죽음과 여씨의 몰락 ···························· 30

천리마를 돌려보낸 문제 유항 ···························· 50

육가와 남월왕 그리고 간언을 채택한 문제 ·············· 59

권014
한기6 : 한 왕조의 안정

장석지, 주발, 그리고 유흥거의 반란 ···························· 76

주전과 흉노의 문제 ······································· 88

가의의 상소문 ·· 100

외삼촌 박소의 자살 ······································ 119

권015
한기7 : 덕으로 통치한 문제

가의와 조조의 당면대책 ···································· 126

입속수작과 교화정치 그리고 전공 ··························· 135

오덕론과 신원평, 신도가와 주아부 ························· 155

문제의 죽음과 조조의 등장 ································· 169

권016
한기8 : 한 왕조 체제의 확립

오초7국의 반란과 실패 …………………………………… 182

아들을 태자로 만든 왕부인 ……………………………… 206

아들을 살린 태후, 많아지는 후작 ……………………… 222

주아부와 경제의 죽음 …………………………………… 236

권017
한기9 : 한 무제의 제왕학

동중서의 치도론 …………………………………………… 252

위청의 등장 ………………………………………………… 266

사냥을 좋아한 무제 ……………………………………… 273

월의 정벌과 급암, 이광, 정불식 ……………………… 284

권018
한기10 : 흉노 문제의 등장

장생불노의 사술, 무안후 전분과 위기후 두영 ·················· 306

하간의 헌왕과 공손홍의 처세 ····························· 318

흉노 문제의 발생, 그리고 토붕과 와해 ······················ 334

강간약지 정책과 흉노 그리고 장건 ······················· 347

❖ 황제계보도

부록

《자치통감》권13 원문 ······························· 368

《자치통감》권14 원문 ······························· 390

《자치통감》권15 원문 ······························· 407

《자치통감》권16 원문 ······························· 428

《자치통감》권17 원문 ······························· 453

《자치통감》권18 원문 ······························· 473

《자치통감》구성 : 총 294권 1,362년간

권차	기년 왕조	기록 기간	중 요 사 건
001~005	전국 주	기원전 403 ~256년 (148년간)	■ 주나라의 권위가 무너지고 제후국들이 통일을 위해 각축전을 벌인 전국시대.
006~008	진(秦)	기원전 255 ~207년 (49년간)	■ 전국시대에 진나라가 통일을 준비하고, 통일을 완성하였다가 망하는 과정.
009~068	한	기원전 206 ~서기 219년 (425년간)	■ 진의 해체와 유방의 한 왕조가 중국을 재 통일한 과정. ■ 황제체제의 성립과 왕망의 찬탈과정. ■ 왕망의 몰락하는 전한시대와 왕망의 멸 망과 유수의 후한이 재통일한 과정. ■ 호족들의 등장과 후한의 몰락과정.
069~078	위	220~264년 (45년간)	■ 후한의 멸망과 위·오·촉한의 삼국시대 와 위의 촉한 정벌과정.
079~118	진(晉)	265~419년 (155년간)	■ 위의 몰락과 진의 등장과 삼국 통일과정. ■ 북방 오호의 남하 북방의 분열과 진의 남 천과 남북 대결과정.
119~134	남북조 송	420~478년 (59년간)	■ 남조의 송 왕조와 북방민족이 중국 유입 하여 이룩한 남북조시대.
135~144	남북조 제	479~501년 (23년간)	■ 남조 송의 멸망과 제의 건국, 북조와의 대결과정.

권차	기년 왕조	기록 기간	중 요 사 건
145~166	남북조 양	502~556년 (55년간)	■ 남조 제의 멸망과 양의 건국, 북조와의 대결과정.
167~176	남북조 진(陳)	557~588년 (32년간)	■ 남조 양의 멸망과 진의 건국, 북조와의 대결과정.
177~184	수	589~617년 (29년간)	■ 수 왕조의 중국 재통일과 멸망과정.
185~265	당	618~907년 (290년간)	■ 당 왕조의 성립과 중국 고대문화의 완성 과정과 당말 절도사의 발호와 당의 멸망 과정.
266~271	오대 후량	908~922년 (15년간)	■ 당의 멸망과 후량의 건설 및 오대십국의 진행과정.
272~279	오대 후당	923~935년 (13년간)	■ 후량의 멸망과 후당의 건설 및 오대십국의 진행과정.
280~285	오대 후진	936~946년 (11년간)	■ 후당의 멸망과 후진의 건설 및 오대십국의 진행과정.
286~289	오대 후한	947~950년 (4년간)	■ 후진의 멸망과 후한의 건설 및 오대십국의 진행과정.
290~294	오대 후주	951~959년 (9년간)	■ 후한의 멸망과 송 태조 조광윤의 등장 및 오대십국의 진행과정.

《자치통감》왕조 계통도

❖ 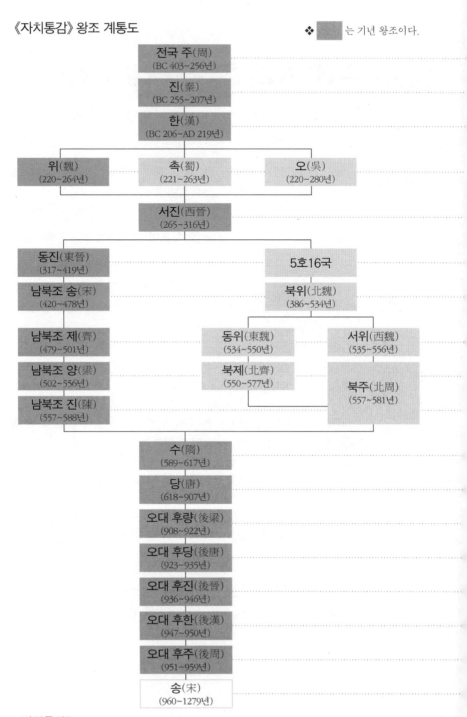 는 기년 왕조이다.

전국 주(周)
(BC 403~256년)

진(秦)
(BC 255~207년)

한(漢)
(BC 206~AD 219년)

위(魏)
(220~264년)

촉(蜀)
(221~263년)

오(吳)
(220~280년)

서진(西晉)
(265~316년)

동진(東晉)
(317~419년)

5호16국

남북조 송(宋)
(420~478년)

북위(北魏)
(386~534년)

남북조 제(齊)
(479~501년)

동위(東魏)
(534~550년)

서위(西魏)
(535~556년)

남북조 양(梁)
(502~556년)

북제(北齊)
(550~577년)

북주(北周)
(557~581년)

남북조 진(陳)
(557~588년)

수(隋)
(589~617년)

당(唐)
(618~907년)

오대 후량(後梁)
(908~922년)

오대 후당(後唐)
(923~935년)

오대 후진(後晉)
(936~946년)

오대 후한(後漢)
(947~950년)

오대 후주(後周)
(951~959년)

송(宋)
(960~1279년)

◀ 자치통감 ▶

권001~권005

권006~권008

권009~권068

권069~권078

권079~권089

권090~권118

권119~권134

권135~권144

권145~권166

권167~권176

권177~권184

권185~권265

권266~권271

권272~권279

권280~권285

권286~권289

권290~권294

◀ 속자치통감 ▶

❖ 전국·진시대 (★은 기년 왕조임)

★주(周, ~BC 256년) 노(魯, ~BC 249년) ★진(秦, ~BC 207년)
정(鄭, ~BC 375년) 송(宋, ~BC 287년) 초(楚, ~BC 223년)
제(齊, ~BC 221년) 진(晉, ~BC 376년) 위(魏, ~BC 225년)
한(韓, ~BC 230년) 조(趙, ~BC 222년) 연(燕, ~BC 223년)
위(衛, ~BC 209년)

❖ 5호16국시대 (★은 16국에 포함하지 않음)

■ 흉노(匈奴)
전조(前趙·漢, 304~329년) 북량(北涼, 397~439년) 하(夏, 407~431년)

■ 갈(羯)
후조(後趙, 319~350년)

■ 선비(鮮卑)
전연(前燕, 384~409년) 후연(後燕, 337~370년) 남연(南燕, 398~410년)
서진(西秦, 385~431년) 남량(南涼, 397~414년) ★서연(西燕, 384~394년)
★요서(遼西, 303~338년) ★대(代·魏, 315~376년)

■ 저(氐)
성한(成漢, 302~347년) 전진(前秦, 351~394년) 후량(後涼, 386~403년)
★구지(仇池, 296~371년)

■ 강(羌)
후진(後秦, 384~417년)

■ 한(漢)
전량(前涼, 301~376년) 서량(西涼, 400~420년) 북연(北燕, 409~436년)
★위(魏, 350~352년) ★후촉(後蜀, 405~413년)

❖ 오대의 십국

■ 십국
전촉(前蜀, 891~925년) 후촉(後蜀, 925~965년) 오(吳, 892~937년)
남당(南唐, 937~975년) 오월(吳越, 893~978년) 민(閩, 893~945년)
초(楚, 896~951년) 남한(南漢, 905~971년) 형남(荊南, 907~963년)
북한(北漢, 951~979년)

[일러두기]

· 이 책은 사마광의 《자치통감》의 고힐강(顧頡剛) 외의 표점본을 저본으로 하여 전국 시대부터 오대후주시대까지의 전권(294권)을 완역한 것이다.

· 번역의 기본 원칙은 원전이 갖고 있는 통감필법의 정신을 최대한 살린다는 의미에서 직역하되 의미가 불분명한 경우는 역자의 역주로 설명했다.

· 역자가 내용과 분량을 감안하여 문단을 나누고 각 문단마다 제목을 달았다.

· 필요한 한자어는 괄호 속에 병기했다.

· 인명, 지명, 관직명 등 고유명사는 외래어 표기법을 따르지 않고 한글 발음대로 표기했다. 인명 가운데 원문에 성이 기록돼 있지 않은 것도 이해를 돕기 위해 성을 추가하였다. 지명은 괄호 속에 현재의 지명을 넣었고, 주(州)·군(郡)·현(縣) 등 행정 단위가 생략되었지만 필요한 경우 이를 추가하였다. 관직명은 길고 그 업무가 생소하고 길게 느껴질 경우 관직명 자체를 우리말로 풀어주고 원 관직명은 각주로 설명을 보충했다.

· 간지로 된 날짜는 괄호 속에 숫자로 표시했다.

· 본문의 '帝'는 '황제'로, '上'은 '황상'으로 번역했다.

· 책이름이나 출전은 《 》, 편명은 〈 〉로 했다.

· 본문에서 전후관계를 알아야 할 사건이나 내용, 용어, 고사 등 설명이 필요한 경우 각주로 설명을 보충했다.

· 독자들의 이해를 돕기 위해 각주의 설명이 다소 중복 되게 하였다.

· 주어가 생략된 경우는 해당 연도의 기준을 삼은 황제가 주어이다.

· 음은 호삼성의 음주를 따랐다.

· 사마광의 평론은 사마광이 황제에게 아뢰는 것이므로 경어체로, 사마광 이외의 평론은 사마광이 인용한 것이므로 원전의 표현의 살려 평상체로 번역했다.

· 한글로 번역하여 말뜻이 분명하지 않을 경우 〔 〕 안에 한자를 넣었다.

권013

한기5

여후의 죽음과 문제의 등극

여씨들의 등장과 유씨들의 수난

고황후[1] 원년(甲寅, 기원전 187년)

1 겨울, 태후가 여러 여(呂)씨를 왕으로 삼고자 하여 논의를 하면서
우승상 왕릉(王陵)에게 물었더니, 왕릉이 말하였다.

"고제는 백마(白馬)를 죽여 맹세하여 말하였습니다. '유(劉)씨가 아
닌 사람이 왕이 되면 천하가 함께 이를 치라.'고 하였습니다. 지금 여씨
를 왕으로 하는 것은 약속된 것이 아닙니다."

태후가 기뻐하지 아니하고 좌승상 진평(陳平)과 태위 주발(周勃)에
게 물었더니, 대답하였다.

"고제는 천하를 평정하고 자제들을 왕으로 삼았는데, 이제 태후께서
칭제(稱制)하시는데, 여러 여씨를 왕으로 하는 것은 아니 될 것이 없습
니다."

태후가 기뻐하였다.

---

1 효혜제의 양자인 유공(劉恭)이 태자로서 황제에 즉위하였으나, 나이가 어렸
고, 또 고조 유방의 처인 여치(呂雉)가 태후로서 황제권을 행사하였으므로
《자치통감》에서는 고황후로 기년하고 있다. 유공은 소제이다.

조회를 끝내자 왕릉이 진평과 강후(絳侯)를 나무라며 말하였다.

"애초에, 고제와 더불어 삽혈(揷血)[2]하면서 맹세하였는데, 그대들은 없었던가! 이제 고제가 붕어하고 태후가 여자 군주로 여씨를 왕으로 삼고자 하는데, 그대들이 멋대로 아부하는 마음으로 약속을 배반하려고 하니, 나중에 무슨 면목으로 지하에서 고제를 뵈올 것인가?"

진평과 강후가 말하였다.

"이제 면전에서 꺾고 조정에서 간쟁(諫爭)하는 것은 신(臣)[3]이 그대만은 못하지만 사직(社稷)을 온전히 보존하고 유(劉)씨의 후예를 안정시키는 데서는 그대가 또한 신만은 못하오."

왕릉이 이에 대답할 말이 없었다.

11월 갑자일(3일)에 태후는 왕릉을 황제의 태부(太傅)로 삼고,[4] 실제로 그에게서 재상의 권한을 빼앗으니, 왕릉은 드디어 병으로 면직되어 돌아갔다.[5]

이에 좌승상 진평으로 우승상을 삼고[6] 벽양후(辟陽侯) 심이기(審食其)를 좌승상으로 삼았는데, 일은 처리하지 않고 궁중을 감시하게 하

---

2 서약을 할 때 짐승을 희생한 피를 서약에 참여한 사람들의 입에 묻히는 의식을 말한다.

3 신이란 원래 군주 앞에서 신하가 자기를 지칭하는 말이지만 이렇게 경우에 따라서는 신하들 사이에서 자기를 낮추어 지칭할 경우도 보인다.

4 황제의 스승인 태부는 3공의 하나여서 지위는 재상보다 높았으나, 실권은 없었다.

5 왕릉은 안국후(安國侯)였는데, 그의 봉지는 하북성 안국현이므로 그곳으로 간 것이다.

6 이 당시에는 오른쪽[右]을 높게 생각하였다.

니, 마치 낭중령(郎中令)과 같았다. 심이기는 이러한 연고로 태후의 총
애를 얻었고, 공경(公卿)들은 모두 이를 통하여 일을 결정하였다.[7]

태후는 조요(趙堯)가 조의 은왕(隱王)을 위하여 모의하였던 것[8]을
원망하여 마침내 조요를 죄에 걸리도록 만들었다.

상당군(上黨郡 산서성 長子縣)의 군수인 임오(任敖)는 패(沛)의 옥리
(獄吏)였는데, 태후에게 은덕을 베푼 일[9]이 있어서 마침내 어사대부가
되었다.

태후는 또 그의 아버지인 임사후(臨泗侯) 여공(呂公)을 선왕(宣王)으
로 추존하고, 오빠인 주려영무후(周呂令武侯) 여택(呂澤)을 도무왕(悼
武王)으로 삼고, 여러 여씨를 왕으로 삼는 것을 점차 늘리고자 하였다.

2   봄, 정월에 삼족죄(三族罪)와 요언령(妖言令)을 없앴다.[10]

---

7 심이기는 승상의 할 일을 이해하지 못하고 항상 궁중의 호위를 담당하였던
   낭중령과 같은 짓을 하였고, 그리하여 결국 심이기는 고후의 정부(情夫)가 되
   니 공경들은 그에게 가서 일을 결재 받았다는 뜻이다.

8 조왕인 조여의(趙如意)의 시호이다. 조요는 고제 10년(기원전 197년)에 유방
   에게 주창을 조의 재상(宰相)으로 삼아 조왕 유여의를 보호하게 하는 의견을
   제시하였었다. 조요는 어사대부였는데, 면직된 후에 이 어사대부는 임오(任
   敖)가 맡았다.

9 유방이 유랑하여 밖으로 도망 다닐 때에 현에서 후에 태후가 된 여치를 체포
   하여 구금하였다. 간수하는 옥리들이 이 젊은 여자를 다투어 희롱하였다. 이
   때에 임오는 감독관이었고 유방과 평소의 교분이 있었으므로 일을 일으킨
   두목을 때려 상처를 입혔었다.

10 삼족은 부족·모족·처족을 말하는데, 진대에는 중죄인에게 이 삼족의 연좌제
   를 시행하는 법률이 있었다. 요언령이란 사실이 아닌 것을 말한 사람에게 죄
   를 주는 법령이다.

3   여름, 4월에 노원(魯元)공주가 죽었는데, 공주의 아들인 장언(張偃)을 책봉하여 노왕(魯王)으로 삼고 공주의 시호를 노원태후(魯元太后)라 하였다.

4   신묘일(28일)에 명목상 효혜제의 아들인 유산(劉山)을 양성후(襄城侯)로 삼고, 유조(劉朝)를 지후(軹侯)로 삼고, 유무(劉武)를 호관후(壺關侯)로 책봉하였다.
    태후는 여씨를 왕으로 하고자 하여서 마침내 먼저 명목상 효혜제의 아들인 유강(劉彊)을 회양왕(淮陽王, 치소, 하남성 회양현)으로 삼고, 유불의(劉不疑)를 항산왕(恒山王, 치소, 하북성 元氏縣의 恒山)으로 삼고서 대알자(大謁者) 장석(張釋)으로 하여금 대신들에게 바람 잡게 하였다.
    대신들이 마침내 도무왕(悼武王)의 장자(長子)인 역후(酈侯) 여태(呂台)를 여왕(呂王)으로 세우라고 청하니, 제에서 제남군(濟南郡)을 잘라서 여국(呂國, 치소는 東平陵, 산동성 歷城縣)으로 하였다.

5   5월 병신일(4일)에 조왕(趙王)의 궁인 총대(叢臺)에 화재가 있었다.

6   가을에 복숭아와 자두 꽃이 피었다.

고황후 2년(乙卯, 기원전 186년)

1   겨울, 11월에 여숙왕(呂肅王)[11] 여태가 죽었다.

2   봄, 정월 을묘일(27일)에 지진이 일어나서 강도(羌道, 감숙성 武都縣)와 무도도(武都道, 감숙성 成縣)에 있는 산이 무너졌다.

3   여름, 5월 병신일(9일)에 초(楚) 원왕(元王, 유방의 형인 劉交)의 아들인 유영객(劉郢客)을 책봉하여 상비후(上邳侯)로 하였고, 제(齊) 도혜왕(悼惠王, 유방의 庶長子인 劉肥)의 아들인 유장(劉章)을 주허후(朱虛侯)로 하였는데, 들어와서 숙위(宿衛)하게 하였고, 또 여록(呂祿)의 딸을 유장(劉章)에게 처로 삼게 하였다.

4   6월 그믐 병술일에 일식이 있었다.

5   가을, 7월에 항산애왕(恒山哀王)[12] 유불의가 죽었다.

6   팔수전(八銖錢)[13]을 시행하였다.

---

11 여왕인데, 죽은 후에 시호로 숙왕이라고 한 것이다.

12 유불의는 항산왕이었는데, 죽자 시호를 애왕이라고 한 것이다.

13 전은 화폐의 단위이고, 수는 중량의 단위이다. 1수의 중량은 좁쌀 100알의 중량과 같다(漢書 律曆志)고 한 곳도 있고, 144알의 중량과 같다(淮南子)는 기록도 있으며, 96알의 중량과 같다(설원)는 기록도 있다. 낟알은 크기가 조금씩 다르기도 하고 한 정부의 재정이 곤란하여 동의 성분을 감하는 등 중량의 차이가 있었다. 진은 팔수전을 사용하였는데 한은 애초에 이를 협전(莢錢)으로 고치고 무게도 4수로 만들어서 아주 가벼운 낙엽과 같으므로 백성들이 받으려고 하지 않아서 경제적인 혼란이 있었다. 그리하여 이 해에 다시 팔수전을 발행하였다.

7   계축일(27일)에 양성후(襄成侯) 유산(劉山, 혜제 유영의 아들)을 세워서 항산왕(恒山王, 치소는 진정)을 삼고 이름을 유의(劉義)라고 바꾸었다.

고황후 3년(丙辰, 기원전 185년)

1   여름에 강수(江水, 장강)와 한수(漢水)가 넘쳐서 4천여 가구가 유실되었다.

2   가을에 별들이 낮에 보였다.

3   이수(伊水)와 낙수(洛水)가 넘쳐서 1천600여 집이 유실되었다. 여수(汝水)가 넘쳐서 800여 집이 유실되었다.

고황후 4년(丙辰, 기원전 184년)

1   봄, 2월 계미일(25일)에 명목상 효혜제의 아들 유태(劉太)를 세워서 창평후(昌平侯)로 삼았다.

2   여름, 4월 병신일(21일)에 태후가 여동생 여수(呂嬃)를 책봉하여 임광후(臨光侯)[14]로 삼았다.

3　소제(少帝)¹⁵가 점점 자라자 스스로 자기가 황후의 아들이 아님¹⁶을 알고 마침내 말을 드러냈다.

"후[母后]가 어찌하여 나의 어머니를 죽이고, 나에게 이름을 붙였을까! 내가 자라면 바로 바뀌게 될 것인데!"

태후가 이 말을 듣고 그를 영항(永巷, 궁중감옥)에 유폐하고 황제가 병들었다고 말하고 좌우에서 알현할 수 없게 하였다. 태후가 여러 신하들에게 말하였다.

"이제 황제가 병이 들어서 오래 되어도 그치지 않고 있는데, 정신착란을 일으키니 계속하여 이어받아 천하를 다스릴 수 없으므로 그러니 그를 대신하게 해야겠소."¹⁷

여러 신하들이 모두 머리를 숙여 말하였다.

"황태후께서 천하의 제민(齊民, 일반백성)을 위하여 계책을 세우시니 그러므로 종묘와 사직을 안전하게 하는 것이 아주 깊으신데, 여러 신하들은 머리를 조아려 조서를 받들겠습니다."

드디어 황제를 폐위시키고 유폐하여 그를 죽였다.

---

14 여수는 여태후의 동생으로 번쾌의 처인데, 여자로서 후(侯)에 오른 유일한 사람이다.

15 혜제의 아들로 삼아서 황제에 오른 유공이다. 소제는 그가 죽은 다음에 붙인 시호(諡號)인데, 이는 이 기사가 바로 유공의 죽음을 기록한 것을 의미한다.

16 효혜제의 장황후는 여치의 딸인 노원공주의 딸이었다. 태후인 여치는 그에게 아들이 없자 겉으로 아들이 있는 것으로 꾸미고, 실제로는 후궁에게서 난 아들을 그의 아들이라고 하면서 그 생모를 죽였다. 소제 유공(劉恭), 유의(劉義), 유조(劉朝), 유강(劉疆), 유불의(劉不疑)가 모두 그러하다.

17 다른 사람으로 그를 대신하게 해야 한다는 의미이다.

5월 병신일(11일)에 항산왕(恒山王) 유의(劉義)를 세워 황제로 삼고 이름을 바꾸어 유홍(劉弘)이라 하였는데, 원년(元年)이라고 하지 않았으니, 태후가 천하의 일을 처리하기 때문이었다. 지후(軹侯) 유조(劉朝)를 항산왕(恒山王)으로 삼았다.

4 이 해에 평양후(平陽侯) 조줄(曹窋)을 어사대부로 삼았다.

5 유사가 남월(南越)에 철기(鐵器)를 관시(關市)[18]하는 것을 금지할 것을 청하였다. 남월왕 조타(趙佗)가 말하였다.

"고제가 나를 세우고 사신과 물건이 통용되도록 하였다. 이제 고후(高后)가 참소(讒訴)하는 신하의 말을 듣고, 만이(蠻夷)를 구별하여 다르게 대하고, 그릇이나 물건의 소통을 막으니, 이는 반드시 장사왕(長沙王)의 계책이고, 중국에 의지하여 남월을 쳐서 이를 아울러서 왕 노릇하고, 스스로의 공로로 삼으려는 것이다."

고황후 5년(戊午, 기원전 183년)

1 봄에 조타가 남월의 무제(武帝)라고 자칭(自稱)하고, 군사를 내어 장사(長沙, 치소는 臨湘, 호남성 장사시)를 공격하여 몇 개의 현(縣)을 패배시키고서 돌아갔다.

---

18 국경에 설치되어 관문에서 무역 거래하는 시장을 말한다.

2　가을, 8월에 회양회왕(淮陽懷王)[19] 유강(劉彊)이 죽었는데, 호관후(壺關侯) 유무(劉武)를 회양왕으로 삼았다.

3　9월에 하동(河東, 산서성 夏縣)과 상당(上黨, 산서성 동남부)에 있던 기병을 발동하여 북지(北地, 감숙성 寧縣)에 주둔하게 하였다.

4　처음으로 수졸(戍卒)들을 매년 바꾸게 하였다.

고황후 6년(己未, 기원전 182년)

1　겨울, 10월에 태후는 여왕(呂王) 여가(呂嘉, 여태의 아들)가 살아가는 것이 교만하고 방자하였으므로 그를 폐위시켰다. 11월에 숙왕(肅王, 여태)의 동생인 여산(呂産)을 세워서 여왕(呂王)으로 삼았다.

2　봄에 별이 낮에 보였다.

3　여름, 4월 정유일(3일)에 천하를 사면하였다.

4　주허후(朱虛侯) 유장(劉章)의 동생인 유흥거(劉興居)를 책봉하여 동모후(東牟侯)로 삼고, 역시 들어와 숙위하도록 하였다.

19　회양왕 유강이 죽자 그의 시호를 회왕이라고 한 것이다.

5   흉노가 적도(狄道, 감숙성 臨洮縣)를 노략하고 아양(阿陽, 감숙성 靜寧縣)을 공격하였다.

6   오분전(五分錢)[20]을 시행하였다.

7   선평후(宣平侯) 장오(張敖, 장이의 아들)가 죽으니 시호를 내려서 노원왕(魯元王)이라 하였다.

고황후 7년(己未, 기원전 181년)

1   겨울, 12월에 흉노가 적도를 노략하여 2천여 명을 약탈하였다.

2   봄, 정월에 태후가 조의 유왕(幽王) 유우(劉友)를 불렀다.[21] 유우는 여러 여(呂)씨의 딸을 왕후로 삼았는데, 사랑하지 않고 다른 희첩을 사랑하였다.

여러 여씨 집안의 딸이 화가 나서 가서 태후에게 이를 참소(讒訴)하여 말하였다.

"왕이 말하기를, '여씨가 어떻게 왕이 될 수 있겠는가! 태후의 백세

---

20 한초 전(錢)의 명칭이다. 모양은 유협(楡莢)과 같고 무게는 3수이며, 반경은 5푼이며, '한흥(漢興)'이라는 글씨를 새겼다.

21 혜제 원년(기원전 194년)에 유우는 회양에서 옮겨서 조왕으로 하였으며, 그의 시호인 유왕을 쓴 것은 이 기사는 그가 죽은 것을 기록한 것이라는 뜻이다.

뒤[22]에 내가 반드시 이를 치리라.'라고 하였습니다."

태후가 이러한 연고로 조왕을 부른 것이다.

조왕이 도착하자 관저(官邸)[23]에 두고 만나 보지를 않고, 위사(衛士)에게 명령하여 그를 지키게 하고 먹을 것을 주지 않았으며, 그의 여러 신하들이 혹 몰래 음식을 보내면 번번이 체포하여 이를 죄로 판결하였다. 정축일(18일)에 조왕이 굶어 죽자 보통 백성의 예(禮)로 그를 장사 지냈는데, 장안의 백성들 무덤이 있는 곳이었다.

3   기축일(30일)에 일식이 있었는데 낮이 어두웠다. 태후가 이것을 싫어하여 좌우에 있는 사람들에게 말하였다.

"이것은 나 때문이다."

4   2월에 양왕(梁王 도읍은 睢陽, 하남성 商丘市) 유회(劉恢)를 옮겨서 조왕(趙王, 도읍은 邯鄲, 하북성 한단시)으로 삼고, 여왕(呂王) 여산(呂産)을 양왕으로 삼았다. 양왕이 봉국[梁]에 가지 않으니 황제의 태부(太傅)로 삼았다.

5   가을, 7월 정사일(28일)에 평창후(平昌侯) 유태(劉太)를 세워서 제천왕(濟川王, 濟北國 혹은 呂國, 도읍은 東平陵, 산동성 歷城縣)으로 삼았다.

---

22 죽은 뒤라는 뜻이다.

23 각 봉국은 장안에 각기 저택을 마련하고 있었다. 여기서는 경사에 있는 조나라의 저택이다.

6   여수(呂嬃)의 딸이 장군인 영릉후(營陵侯) 유택(劉澤)의 처가 되었다. 유택이란 사람은 고조의 6촌동생이었다. 제인(齊人)인 전생(田生)이 그를 위하여 대알자(大謁者) 장경(張卿)에게 유세하였다.

"여러 여씨가 왕이 되었는데 여러 대신들이 크게 복종하지 않습니다. 이제 영릉후(營陵侯) 유택은 여러 유씨 가운데 가장 어른이니, 지금 경(卿)이 태후에게 말하여 그를 왕으로 삼는다면 여씨가 왕 노릇하는 것은 더욱 확고해질 것입니다."

장경이 들어가서 태후에게 말을 하니 태후도 이를 그렇겠다고 생각하여 마침내 제의 낭야군(琅邪郡, 산동성 諸城縣)을 나누어 유택을 책봉하여 낭야왕으로 삼았다.

7   조왕 유회(劉恢)가 조로 옮겨지니 즐겁지 않은 마음을 품었다. 태후가 여산(呂産)의 딸로 왕후를 삼게 하였는데, 왕후의 수행관은 모두 여러 여씨이고 권력을 멋대로 휘두르고 가만히 조왕을 감시하니 조왕은 자기 멋대로 할 수가 없었다. 왕에게는 아끼는 희첩(姬妾)이 있었는데, 왕후가 사람을 시켜서 그를 짐살하였다.

6월에 왕이 슬프고 분함을 이기지 못하고 자살하였다. 태후가 이 소식을 듣고 왕이 여자를 위하여 종묘(宗廟)의 예절을 포기(抛棄)하였다고 생각하여 그의 후사를 폐지하였다.

여태후의 죽음과 여씨의 몰락

8 이때에 여러 여씨들이 권력을 멋대로 하고 용사(用事)²⁴하였는데, 주허후(朱虛侯) 유장(劉章, 劉邦의 아들)은 나이가 스무 살이고, 기력도 가지고 있었는데, 유씨들이 직책을 얻지 못하는 것을 분하게 생각하였다. 일찍이 들어가서 태후를 모시고 연회에서 술을 마시는데, 태후가 유장에게 주리(酒吏)²⁵를 하라 하였다.

유장이 스스로 요청하여 말하였다.

"신은 장수의 종자(種子)입니다. 청컨대 군법으로 술을 돌리게 하여 주십시오."

태후가 말하였다.

"좋다."

술이 취하자 유장이 '경전가(耕田歌)'를 부르겠다고 청하니, 태후가 이를 허락하였다.

유장이 말하였다.

---

24 일을 전횡하여 처리하는 것을 말한다.

25 술자리에서 술을 돌리는 책임을 지는 것을 말한다.

"깊이 갈아 빽빽하게 씨를 뿌리고, 싹이 돋아나면 퍼지게 하려 하니, 그 종자가 아닌 것은 호미로 매어 버리리라."[26]

태후는 잠자코 있었다.

얼마 후에 여러 여씨 가운데 한 사람이 술에 취하여 술에서 도망하니 유장이 좇아가서 칼을 뽑아 그의 목을 베고 돌아와서 보고하였다.

"술을 피하여 도망하는 사람이 있어서, 신이 삼가 군법을 시행하여 그의 목을 베었습니다."

태후의 좌우에 있던 사람들은 모두 크게 놀랐으나, 이미 그 군법을 시행하도록 허락하였으므로 죄를 줄 수가 없었고 이어서 끝냈다. 그 이후로는 여러 여씨들은 주허후(朱虛侯)를 꺼렸고, 비록 대신이라고 할지라도 모두 주허후에 의지하고 유씨들은 더욱 강하게 되었다.

진평(陳平)은 여러 여씨(呂氏)를 걱정하였으나 힘으로 통제할 수가 없었고, 그 화가 자기에게 미칠까 두려워하여 일찍이 조용히 홀로 깊이 생각하고 있었는데, 육가(陸賈)가 곧바로 들어가서 앉았으나, 진 승상 (陳 丞相)이 쳐다보지 않았다.[27]

육생(陸生, 육가)이 말하였다.

"무슨 생각이 그렇게 깊습니까?"

진평이 말하였다.

"그대는 내가 무슨 생각을 하는지 헤아려 보시오."

---

26 경전가는 밭가는 노래이다. 이 노래를 통하여 황실의 종자가 아닌 여씨를 뽑아버리겠다고 한 것이다.

27 진 승상은 진평이다. 진평은 이때 승상이었으므로 그 성과 관직을 붙여서 쓴 것이다. 진평이 깊은 생각에 빠져 있어서 사람이 들어오는 것을 보지 못한 것이다.

육생이 말하였다.

"족하께서는 아주 부귀하시니 바랄 것이 없지만 그러나 근심거리가 있다면 여러 여씨와 어린 황제를 걱정하는데 불과할 것입니다."

진평이 말하였다.

"그렇소. 이를 위하여 어떻게 해야 하오?"

육생이 말하였다.

"천하가 편안하면 재상에 대하여 주목을 할 것이고, 천하가 위태로우면 장수에 대하여 주목을 합니다. 장수와 재상이 조화를 이루면 사대부들은 평소에도 잘 따르고, 천하가 비록 변란이 있다고 하여도 권력은 나누어지지 않습니다. 사직을 위하여 계책을 세운다면 양군(兩軍)[28] 손에서 장악될 뿐입니다.

신은 일찍이 태위 강후(絳侯, 주발)에게 말을 하고 싶었는데 강후는 나와는 유희(遊戲)를 하는 사이이기 때문에 나의 말을 가볍게 취급하였습니다. 그대는 어찌하여 태위와 사귀는데, 서로 깊이 사귀지를 못합니까?"

이어서 진평을 위하여 여씨에 관한 몇 가지 일을 계획하였다.

진평은 그 계책을 써서 마침내 500금(金)으로 강후에게 축수를 보내고 두터운 예를 갖추어 즐기고 마셨고, 태위도 보답하기를 역시 이와 같이 하였다. 두 사람이 깊이 서로 단결하니 여씨의 음모는 더욱 쇠퇴하였다. 진평이 노비 100명과 수레와 말 50대 그리고 전(錢) 500만을 육생에게 보내어 음식의 비용으로 쓰게 하였다.

---

28 다른 판본에는 양군(兩君)으로 되어 있는 것도 있다. 원문대로라면 두 군대라는 뜻이지만 양군으로 하면 두 사람이라는 뜻이 된다. 결국 문관인 진평과 무관인 주발을 의미한다.

9   태후가 사자를 시켜서 대왕(代王)²⁹에게 알려 조왕(趙王)으로 옮기고자 하였다. 대왕(代王)이 이를 사양하고 대(代)에서 변경을 지키기를 원하였다. 태후는 마침내 오빠의 아들 여록(呂祿)을 세워서 조왕으로 삼고, 여록의 아버지 건성강후(建成康侯) 여석지(呂釋之)를 추존하여 조소왕(趙昭王)이라 하였다.

10   9월 연령왕(燕靈王) 유건(劉建, 劉邦의 아들)이 죽었다. 미인(美人)³⁰의 아들이 있었는데, 태후는 사람을 시켜서 그를 죽였다. 나라[연]를 없앴다.

11   융려후(隆慮侯) 주조(周竈)를 파견하여 군사를 거느리고 가서 남월(南越)을 치게 하였다.

고황후 8년(辛酉, 기원전 180년)

1   겨울, 10월 신축일(16일)에 여숙왕(呂肅王, 여태)의 아들인 동평후(東平侯) 여통(呂通)을 연왕으로 삼고, 여통의 동생인 여장(呂莊)을 책봉하여 동평후로 삼았다.

---

29 대왕은 유항(劉恒)으로 봉국은 산서성 태원시인 태원에 도읍하였는데 고조 7년(기원전 200년)에 책봉되었다.

30 연왕 유건은 죽은 다음에 시호를 영왕으로 한 것이며, 미인은 연왕 유건의 후궁이다.

2 3월[31]에 태후가 불(祓)[32]을 지내고 돌아오면서 지도(軹道, 섬서성 西安市 동북)를 지나는데,[33] 푸른 개와 같은 물건이 태후의 겨드랑을 잡는 것 같이 보이다가 홀연히 다시 보이지 않았다. 이를 점쳐보고 말하였다.

"죽은 조왕 유여의(劉如意)가 빌미가 되었습니다."

태후는 드디어 병이 나서 겨드랑이가 상하였다.

태후는 외손자인 노왕(魯王) 장언(張偃)은 나이가 어리고 외롭고 약하여 여름, 4월 정유일(15일)에 장오(張敖, 장언의 아버지)의 전 희첩의 소생 두 아들인 장치(張侈)를 신도후(新都侯)로 삼고, 장수(張壽)를 낙창후(樂昌侯)로 삼아서 노왕을 보필하도록 하였다. 또 중대알자(中大謁者)[34] 장석(張釋)을 책봉하여 건릉후(建陵侯)로 삼았는데, 그가 여러 여씨를 왕으로 삼으라고 권하여서 그에게 상으로 내린 것이다.

3 강(江, 장강)과 한수(漢水)가 넘쳐서 1만여 가구가 떠내려갔다.

4 가을, 7월에 태후의 병이 심하게 되자 마침내 조왕(趙王) 여록(呂

---

31 다른 판본에는 3월 앞에 춘(春)이 들어가 있는 것도 있는데, 통감필법에는 이 것이 맞다. '춘(春)'자가 누락된 것으로 보인다.

32 불(祓)이란 악을 제거하는 제사를 말한다.

33 고제 원년(기원전 206년)에 진의 마지막 황제인 영자영(嬴子嬰)이 여기에서 유 방에게 항복하였다.

34 알자는 접대를 맡은 관직으로 경우에 따라서는 사신으로 가기도 하는데, 역 사적으로는 관영(灌嬰)이 중(中)알자가 된 이후로 항상 환관이 이를 맡았으 며, 중(中)이 들어가는 관직은 대체적으로 환관이 맡는 관직이다.

祿)을 상장군으로 삼아서 북군(北軍)에 있게 하고 여왕(呂王) 여산(呂產)은 남군(南軍)에 있게 하였다.

태후는 여록과 여산에게 훈계하여 말하였다.

"여씨가 왕이 되니 대신들이 불평한다. 내가 바로 죽게 되면 황제는 나이가 어리니 대신들이 변란을 일으킬까 두렵다. 반드시 병사를 점거하고 궁궐을 호위하며, 신중하여 상여(喪輿)를 전송하지 말아야 하는 것은 다른 사람에게 통제되기 때문이다!"

신사일(30일)에 태후가 붕어하였고, 조서를 남겼는데, '천하를 크게 사면하고, 여왕(呂王) 여산을 상국(相國)으로 삼고, 여록의 딸을 제후(帝后)로 삼으라.'고 하였다. 고후를 이미 장사 지내고 나서, 좌승상 심이기(審食其)를 황제의 태부로 삼았다.

5   여러 여씨들이 변란을 일으키고자 하였으나, 대신 강후(絳侯)와 관영(灌嬰) 등을 두려워하여 아직 감히 발동하지 아니하였다. 주허후(朱虛侯)는 여록의 딸을 처로 삼았으니 그런 고로 그 음모를 알아서 마침내 몰래 사람으로 하여금 그의 형인 제왕(齊王) 유양(劉襄)에게 말하고 군사를 내서 서쪽으로 나오고, 주허후와 동모후(東牟侯, 劉章의 동생 劉興)가 내응(內應)하여 여러 여씨를 죽이고 제왕(齊王)을 세워서 황제로 삼고자 하였다. 제왕이 마침내 그의 장인인 사균(駟鈞)과 낭중령(郞中令) 축오(祝午) 그리고 중위 위발(魏勃)과 더불어 몰래 군사를 발동하기로 모의하였다. 제의 재상 소평(召平)이 말을 듣지 않았다.

8월 병오일(26일)에 제왕이 사람을 시켜서 재상을 죽이고자 하니, 재상이 이미 소식을 듣고 마침내 병졸을 동원하여 왕궁을 포위하였다. 위발이 소평(邵平)[35]을 속여서 말하였다.

"왕이 군사를 발동하고자 하지만 한의 호부(虎符)[36]의 증거를 가지고 있지 않습니다. 상군(相君)께서 왕을 포위한 것은 정말로 잘한 것입니다 마는 저 위발이 청컨대 그대를 위하여 제가 군사를 거느리고 왕을 호위하겠습니다."

소평은 이 말을 믿었다.

위발이 이미 군사를 거느리게 되자 드디어 상부(相府, 제의 재상부)를 포위하니 소평이 자살하였다. 이에 제왕은 사균(馴鈞)을 재상으로 삼고, 위발을 장군으로 삼으며, 축오(祝午)를 내사(內史)로 삼아 가지고 제나라 안의 군사를 다 발동하였다.

축오로 하여금 동쪽으로 낭야왕(瑯邪王)[37]에게 가서 속여서 말하였다.

"여씨가 난을 일으켜서 제왕이 군사를 발동하여 서쪽으로 가서 그들을 주살하려고 합니다. 제왕은 스스로 나이가 어리고, 병혁(兵革, 군사)에 관한 일을 익히지 않았으니, 바라건대 나라를 들어서 대왕께 위탁하기를 원하였습니다. 대왕은 고제 때부터 장수였으니, 청컨대 대왕께서 임치(臨緇, 산동성 임치현, 齊의 도읍)까지 행차하시어서 제왕을 만나서 일을 계획하여 주십시오."

---

35 앞에서 김平이라고 하였는데 여기서는 邵平이라고도 썼다. 소평은 광릉 사람인 소평과 동릉후인 소평 그리고 여기서 말하는 제의 재상 소평 등 세 명의 동명이인(同名異人)이 있다.

36 구리로 만든 호부에는 1급에서 5급까지 있다. 국가에서 군의 군사를 발동할 때에는 사자를 그 군에 파견하여 군에 이르러 그 호부를 맞추어 보고 호부가 맞으면 마침내 군에서는 그 명령을 듣게 되어 있다.

37 유택(劉澤)인데, 고후 3년(기원전 185년)에 제의 낭야를 잘라내어 여기에 왕으로 책봉하였다.

낭야왕은 이를 믿고 서쪽으로 달려가서 제왕을 보았다.

제왕은 이어서 낭야왕을 머물게 하고, 축오로 하여금 낭야국의 군사를 모두 발동하여 이를 아울러 거느리게 하였다. 낭야왕이 제왕에게 유세하였다.

"대왕은 고황제의 적장손(嫡長孫)이니 마땅히 세워져야 하는데 지금 여러 대신들은 여우처럼 의심을 하고 아직 확정한 것은 없지만 그러나 저 유택은 유씨 가운데 가장 연장자이니 대신들은 진실로 이 유택을 기다려서 계책을 결정하려 하고 있습니다. 이제 대왕께서 신(臣)을 머물게 하는 것은 하지 못하게 하는 것이니 나로 하여금 입관(入關)하여 일을 계획하게 함만 못합니다."

제왕이 그러할 것이라고 생각하여 마침내 수레를 더욱 많이 늘려서 낭야왕을 보냈다.

낭야왕이 이미 떠나니 제는 드디어 군사를 들어서 서쪽으로 제남(濟南, 산동성 歷城縣)을 치고 제후왕들에게 편지를 보내서, 여러 여씨들의 죄상을 늘어놓고 군사를 들어 그들을 죽이자고 하였다.

상국 여산(呂産) 등은 이 소식을 듣고 마침내 영음후 관영을 파견하여 군사를 거느리고 이를 치게 하였다. 관영이 형양(滎陽, 하남성 형양현)에 이르러서 모의하였다.

"여러 여씨가 관중에서 군사를 장악하고 유씨를 위태롭게 하고 자립(自立)하려고 한다. 이제 내가 제(齊)를 격파하고 돌아가서 보고하면, 이는 여씨를 돕는 밑천이 된다."

마침내 형양에 머물러 주둔하고서, 사자를 시켜서 제왕과 제후들에게 타일러 더불어 연합하여서 여씨의 변란을 기다려 함께 그들을 주살하자고 하였다. 제왕은 이 소식을 듣고 마침내 군사를 돌려서 서쪽의 경계에서 약속을 기다렸다.

여록과 여산은 변란을 일으키려고 하였으나, 안으로 강후와 주허 등을 꺼리고, 밖으로 제와 초의 군사를 두려워하고, 또 관영이 이를 배반할까도 걱정하며 관영의 군사가 제와 합하여 발동하기를 기다리면서 미적거리면서 결행하지 아니하였다.

당시에 제천왕(濟川王) 유태(劉太)·회양왕(淮陽王) 유무(劉武)·항산왕(恒山王) 유조(劉朝) 그리고 노왕(魯王) 장언(張偃)은 모두 나이가 어려서 아직 국(國, 封國)에 가지 않고 장안에 있었고 조왕 여록과 양왕 여산은 각기 군사를 거느리고 남·북군(南·北軍)에 있었는데, 모두 여씨의 사람들이었다. 열후와 군신들은 스스로 그 목숨을 굳게 지킬 수가 없었다.

태위인 강후 주발(周勃)은 군사를 주관할 수가 없었다. 곡주후(曲周侯) 역상(酈商)은 늙고 병들었지만, 그의 아들인 역기(酈寄)는 여록과 잘 지냈다. 강후는 마침내 승상 진평과 더불어 모의하여 사람을 시켜서 역상을 협박하여 그의 아들인 역기로 하여금 여록에게 가서 속여서 말하게 하였다.

"고제와 여후는 함께 천하를 평정하여 유씨로 세운 왕은 아홉[38]이고 여씨로 세운 왕은 셋[39]인데, 모두 대신들의 논의를 거쳤고, 일은 이

---

38 유방의 동생인 ①초왕 유교(楚王 劉交), 유방의 아들인 ②대왕 유항(代王 劉恒)과 ③회남왕 유장(淮南王 劉長), 유방의 조카인 ④오왕 유비(吳王 劉濞), 유방의 종제인 ⑤낭야왕 유택(琅邪王 劉澤), 유방의 손자인 ⑥제왕 유양(齊王 劉襄), 혜제 유영의 아들인 ⑦항산왕 유조(恒山王 劉朝), ⑧회양왕 유무(淮陽王 劉武) 그리고 ⑨제천왕 유태(濟川王 劉太)이다.

39 ①양왕 여산(梁王 呂産), ②조왕 여록(趙王 呂祿), ③연왕 여통(燕王 呂通)이다.

미 제후들에게 널리 알려서 모두 마땅하다고 여깁니다. 지금 태후가 붕어하고, 황제는 어리니, 족하는 조왕(趙王)의 인새를 차고서 급히 국(國, 봉국인 趙)으로 가서 번국을 지키지 않고, 마침내 상장(上將)이 되어 군사를 거느리고 여기에 머무르고 있으면, 대신들과 제후들이 의심하는 바가 됩니다.

족하는 어찌하여 장수의 인새를 돌려보내고 군사를 태위에게 소속시키지 않으시는지, 양왕에게 청하여 상국에게 인새를 돌려주고 대신들과 맹약하고 국[봉국]으로 가십시오. 제의 군사는 반드시 철폐할 것이어서 대신들은 편안함을 얻을 것이고 족하께서도 베개를 높이 베고, 천 리에서 왕 노릇하게 될 것이니 이는 만세를 갈 이익입니다."

여록은 그 계책을 그러리라 믿고 군사를 태위에게 위촉하고자 하여 사람을 시켜서 여산과 여러 여씨 집안의 노인들에게 보고하니, 어떤 사람은 편하다고 여기고, 어떤 사람은 불편하다고 말하여 계책은 미적거리며 아직 결정되지 아니하였다.

여록이 역기를 믿고 때로 함께 사냥을 나갔는데, 그 고모인 여수(呂嬃)의 집을 지났다. 여수는 크게 화를 내고 말하였다.

"네가 장수가 되어서 군사를 버린다면 여씨는 이제 있을 곳이 없게 되겠구나!"

마침내 주옥(珠玉)과 보배로운 기물들을 모두 꺼내어 당(堂) 아래로 흩어버리면서 말하였다.

"다른 사람을 위하여 지킬 것이 없다!"

9월 경신일(4일) 아침에 평양후(平陽侯) 조줄(曹窋)이 행어사대부사(行御史大夫事)[40]로 상국 여산을 찾아보고 일을 상의하고 있었다. 낭중령(琅中令) 가수(賈壽)가 제에서 돌아와서 이어서 자주 여산에게 말하였다.

"왕께서 일찍 국[봉국]으로 가지 않으셨는데, 이제 비록 가려고 하더라도 오히려 갈 수가 있겠습니까!"

관영이 제와 초와 더불어 합종(合從)하여 여러 여씨를 죽이려 한다는 것을 여산에 모두 보고하고, 또 여산에게 재촉하여 급히 입궁하게 하였다. 평양후[조줄]가 자못 그 말을 듣고 말을 달려 승상과 태위[41]에게 알렸다.

태위가 북군으로 들어가려 하였으나 들어갈 수가 없었다. 양평후(襄平侯) 기통(紀通)이 상부절(尙符節)[42]이었는데 마침내 부절을 가지고 고쳐서[43] 태위에게 북군을 받도록 하였다. 태위는 다시 역기와 전객(典客)[44] 유게(劉揭)에게 명령하여 먼저 여록에게 유세하게 하였다.

"황제가 태위로 하여금 북군을 지키게 하고, 족하에게는 국[봉국]으로 가기를 원하였습니다. 급히 장군의 인새를 돌려보내서 사직하고 떠나십시오. 그렇지 않으면 화가 또 일어납니다."

여록은 역황(酈況, 酈寄)이 자기를 속이지 않는다고 여기고 드디어 인새를 풀어서 전객에게 부탁하고, 군사를 태위에게 주었다.

---

40 행직으로 임시로 업무를 수행하는 직책인데, 여기서는 어사대부의 일을 임시로 수행하는 직책이다.

41 승상은 진평이고, 태위는 주발이다.

42 고대에 명령을 전달하거나 군사를 징발하거나 또는 관문을 출입하는데 쓰이는 징표를 말한다. 상부절은 부절을 주관하는 직책이고, 후대의 부절령에 해당한다.

43 황제의 명령을 임의로 고친 것이다.

44 외국과 소수민족의 사자를 접대하는 책임을 가진 관리를 말한다.

태위가 군(軍, 북군)에 이르니 여록은 이미 떠났다. 태위가 군문(軍門)에 들어서자 군사들에게 명령을 내려서 말하였다.

"여씨를 위하면 오른쪽 어깨를 드러내고, 유씨를 위하면 왼쪽 어깨를 드러내라!"

군중(軍中)에서 모두 왼쪽 어깨를 드러냈다.

태위가 드디어 북군을 거느렸지만 그러나 아직도 남군이 남아 있었다. 승상 진평이 마침내 주허후 유장을 불러서 태위를 돕게 하니 태위는 주허후에게 명령하여 군문을 감독하게 하고 평양후[어사대부]를 시켜서 위위(衛尉)[45]에게 알리게 하여 말하였다.

"상국 여산은 궁전 문에 들어오지 못하게 하라!"

여산은 여록이 이미 북군을 떠난 것을 모르고 마침내 미앙궁으로 들어가서 변란을 일으키고자 하였다. 궁전 문에 이르렀으나 들어갈 수가 없어서 배회하며 왔다 갔다 하였다. 평양후는 이기지 못할까 걱정하여 말을 달려 태위에게 가서 말하였다. 태위는 오히려 여러 여씨를 이기지 못할까 걱정하여 감히 그를 죽이라고 공언하지 못하고 마침내 주허후에게 말하였다.

"급히 입궁(入宮)하여 황제를 호위하라!"

주허후가 군졸을 청하니 태위는 군졸 1천여 명을 주었다.

미앙궁의 문에 들어가서 여산이 궁정에 있는 것을 보았다. 해가 포시(餔時)[46]가 되었는데, 드디어 여산을 치니 여산이 도주하였다. 하늘

---

45 황궁을 호위하는 책임자로 궁궐 문을 호위하며 군사를 주둔시키는 것을 관장하였다.

46 신시(申時) 즉 오후 4시를 말하며, 이 시간에 먹는 밥을 포(餔, 새참)라 하여서

에서 바람이 크게 일어나니 이런 연고로 하여 그를 수행하였던 관리들
이 혼란하여 감히 싸우려 하지 못하였고, 여산을 쫓아가서 낭중부(郎中
府)[47] 관리의 변소에서 그를 죽였다.

주허후가 이미 여산을 죽이니 황제는 알자(謁者)에게 명령하여 부절
을 가지고 가서 주허후를 위로하게 하였다. 주허후는 그 부절을 탈취하
려 하였으나 알자가 하려하지 않았다. 주허후가 바로 더불어 수레를 타
고 이어서 부절을 갖고 있음을 믿고 말을 달려서 장락궁의 위위 여경
시(呂更始)의 목을 베었다. 돌아와서 북군으로 말을 달려가서 태위에
게 보고하니 태위가 일어나서 절하며 축하하였다.

주허후가 말하였다.

"걱정하였던 것은 오직 여산뿐이었는데, 이제 이미 주살하였으니,
천하는 안정되었습니다."

드디어 사람을 파견하여 부서를 나누어서 여러 여씨의 남녀를 모두
체포하여 어린이고 어른이고 가릴 것 없이 모두 목을 베었다.

신유일(5일)에 여록을 체포하여 죽이고 여수(呂嬃)는 태장을 때려
죽였고, 사람을 시켜서 연왕(燕王) 여통(呂通)을 주살하고 노왕(魯王)
장언(張偃)을 폐위시켰다. 무진일(12일)에 제천왕(濟川王, 劉太)을 옮겨
서 양(梁)에서 왕 노릇하게 하였다. 주허후 유장(劉章)을 파견하여 여
러 여씨를 죽인 일을 제왕에게 알리고 군사 행동을 철폐하게 하였다.

관영은 형양에 있다가 위발(魏勃)이 본래 제왕을 교사(敎唆)하여 군

생긴 말이다.

47 낭중령의 관부로 낭중령은 궁전의 문호를 관장하는 책임자이므로 낭중부는
　궁전 안에 있다.

사를 일으키게 하였다는 소식을 듣고, 사자로 하여금 위발을 불러오게 하여 도착하자 그를 문책하였다. 이에 위발이 말하였다.

"잘못하여 불을 낸 집에서 어느 겨를에 먼저 어른에게 말씀드리고 나서 불을 끄겠습니까?"

이어서 물러나 섰는데, 다리가 후들후들 떨렸고, 말할 수 없을까 두려워하며 끝내 다른 말은 없었다.

관장군[관영]이 그 모습을 자세히 보고는 웃으면서 말하였다.

"사람들이 위발은 용감하다고 생각하였는데, 망령되고 용렬한 사람일뿐이로군. 무엇을 할 수 있겠는가?"

마침내 위발을 놓아주었다. 관영의 군사도 역시 형양에서 철수하고 돌아왔다.

❖ 반고(班固)[48]가 찬탄하였습니다.

효문제 때에 천하에서는 역기(酈寄)가 친구를 팔았다고 하였다. 무릇 친구를 팔았다는 것은 이익을 보고 의를 잊는 것을 말한다. 만약에 역기의 아버지가 공신이면서도 또 잡혀 위협을 당하였다면,[49] 비록 여록을 꺾고 사직을 안정시켰다 하더라도 의당 군주와 아버지를 살아남게 하는데 있었으니, 옳은 일이다.

---

48 후한시대의 역사가로《한서》를 지었다.

49 주발이 역기의 아버지인 역상에게 협박하여 역기로 하여금 여록을 속이게 한 것이다.

천리마를 돌려보낸 문제 유항

6 　 여러 대신들이 서로 더불어 드러나지 않게 모의하여 말하였다.

"소제(少帝)와 양왕(梁王)·회양왕(淮陽王)·항산왕(恒山王)[50]은 모두 진짜 효혜제의 아들이 아닌데, 여후가 계책을 써서 다른 사람의 아들에게 거짓으로 이름을 붙이고 그 어미를 죽이고 후궁에서 길러서 효혜제로 하여금 아들이라고 하게하여 후사와 제후왕으로 삼아서 여씨를 강하게 한 것이다. 이제 모두 여러 여씨를 이멸(夷滅)하였으나 세워진 저들이 다 자라서 용사(用事)한다면, 우리는 종자도 안 남을 것이다. 여러 왕 가운데 가장 현명한 사람을 살펴서 이를 황제로 세우느니만 못할 것이다."

어떤 사람이 말하였다.

"제왕은 고제의 장손이니 세울 수 있을 것이다."

대신들이 모두 말하였다.

"여씨가 외가(外家)로서 악한 짓을 하여 거의 종묘를 위태롭게 하였

---

50 소제는 유홍(劉弘)이고, 양왕은 유태(劉太)이며, 회양왕은 유무(劉武), 항산왕은 유조(劉朝)이다.

고 공신들을 어지럽혔습니다. 이제 제왕의 장인은 사균(駟鈞)인데 호랑이에 모자까지 쓰도록 바로 제왕을 세우면 다시 여씨처럼 될 것입니다.

대왕(代王)[51]은 바야흐로 지금 고제의 살아 있는 아들이며, 나이가 가장 많고, 어질며 효성스럽고 넓고 후한 사람이고, 태후의 집안은 박씨(薄氏)[52]인데 삼가고 훌륭합니다. 또 제일 어른을 세우는 것이 정말로 순리인데 하물며 어질고 효성스러움이 천하에 알려져 있음에서이겠습니까?"

이에 서로 더불어 몰래 사람을 시켜서 대왕(代王, 劉恒)을 불렀다.

대왕이 좌우에 있는 사람에게 물었더니, 낭중령(郎中令) 장무(張武) 등이 말하였다.

"한의 대신들은 모두 고제시대의 대장들이어서 군사에 익숙하고, 대부분 꾀를 내어 속입니다. 이는 그 무리들의 가진 뜻이 여기에서 그치지를 않지만 특히 고제나 여태후의 위엄을 두려워하였을 뿐입니다. 이제 이미 여러 여씨를 주살하였고 새로이 경사(京師)를 피로 물들였는데, 이는 대왕을 영접하는 것을 명목으로 삼지만 실제로는 믿을 수가 없습니다. 바라건대, 대왕께서는 병이 들었다고 하고 가지 말고 그 변화하는 양상을 관찰하십시오."

중위(中尉) 송창(宋昌)이 나아가서 말하였다.

"여러 신하들이 의논한 것은 잘못입니다. 무릇 진(秦)은 그 정치에 실패하여 제후들과 호걸들이 나란히 일어났고, 사람마다 스스로 이를 얻는다고 생각한 사람이 1만 명을 헤아렸지만 그러나 끝내 천자의 자

---

51 유항을 말하며 후에 등극하여 문제가 된다.

52 유항은 고제의 희비(姬妃)인 박(薄)씨의 소생이다.

리를 밟은 사람은 유씨이며, 천하에는 희망이 끊어져 버렸으니 첫 번째입니다.

고제가 자제들을 왕으로 책봉한 땅은 개의 이빨처럼 서로 견제하게 하였으니 이는 이른바 반석과 같은 종족이 된 것입니다. 천하가 모두 그 강함에 굴복하니 두 번째입니다. 한이 일어나서 진의 가혹한 정치를 없애고 법령을 줄였으며 덕과 은혜를 베풀어서 사람마다 스스로 편안하여 동요시키기가 어려우니 세 번째입니다.

무릇 여태후의 엄격함을 가지고 여러 여씨를 세워서 세 명의 왕을 만들고 권력을 멋대로 하고 전제(專制)하였는데, 그러나 태위가 한 개의 부절(符節)을 가지고 북군에 들어가서 한 번 소리를 치니, 군사들은 모두 왼쪽 어깨를 드러내서 유씨를 위하겠다고 하고 여러 여씨를 배반하여 끝내 그들을 멸망시켰습니다. 이것은 마침내 하늘이 주신 것이지 사람의 힘이 아닙니다.

이제 대신들이 비록 변란을 일으키고 싶으나 백성들은 부리게 되지 아니 하니 그 무리들이 어찌 하나로 오로지할 수 있겠습니까? 바야흐로 지금 안으로는 주허후(朱虛侯)와 동모후(東牟侯) 같은 종친(宗親)이 있고, 밖으로는 오(吳)·초(楚)·회양(淮陽)·낭야(琅邪)·제(齊)[53]와 우리 대(代)의 강함을 가지고 있습니다.

바야흐로 이제 고제의 아들은 다만 회남왕(淮南王)과 대왕뿐인데, 대왕은 또한 윗분이시며, 현명하고 성스러우며 어질고 효성스러움이

---

53 주허후(朱虛侯)는 유장(劉章)이고, 동모후(東牟侯)는 유흥거(劉興居)이고, 오(吳)왕은 유비(劉濞)이고, 초(楚)왕은 유교(劉交)이고, 회양왕(淮陽王)은 유장(劉長)이고, 낭야왕(琅邪王)은 유택(劉澤)이며, 제(齊)왕은 유양(劉襄)이다.

천하에 소문이 나 있으니, 그러므로 대신들이 천하 사람들의 마음으로 인하여 대왕을 영접하여 황제로 세우고자 하였습니다. 대왕께서는 의심하지 마십시오."

대왕(代王)은 태후[54]에게 보고하고 이를 계산하다가 미루며 결정하지를 못하였다.

이를 점쳤더니 조(兆)에서는 '대횡(大横)'[55]이 나왔는데 복사(卜辭)에서 말하였다.

"대횡이 아주 분명하니 나는 천왕이 될 것이고 하의 계(啓)가 빛났던 것 같다."

대왕이 말하였다.

"과인은 본디 이미 왕이 되었는데, 또 어떤 왕이오?"

점친 사람이 말하였다.

"이른바 천왕이라는 것은 바로 천자입니다."

이에 대왕은 태후의 동생인 박소(薄昭)를 파견하여 가서 강후를 찾아보게 하였는데, 강후 등이 박소를 위하여 왕을 영접하여 세우려는 뜻을 모두 말하였다.

박소가 돌아와서 보고하여 말하였다.

"믿으십시오. 의심할 만한 것이 없습니다."

대왕이 마침내 웃으면서 송창에게 말하였다.

---

54 여기에서 태후란 대왕의 모친을 말한다. 여태후가 아니다.

55 고대에 거북점을 치는데 거북의 등껍질을 불에 대어서 거북의 등이 모두 가로로 파열되면 이를 대횡이라고 한다. 보통 거북점의 결과로 나온 것을 조(兆)라고 하고 서(筮, 점치는 막대)를 괘라고 한다.

"과연 공(公)의 말과 같구려."

마침내 송창에게 참승(驂乘)[56]하도록 명하고 장무(張武) 등 6인은 전거(傳車)[57]를 타고 좇아서 장안에 갔다. 고릉(高陵, 섬서성 高陵縣)에 이르러서 쉬려고 머무르면서 송창으로 하여금 먼저 장안으로 달려가서 상황의 변화를 관찰하게 하였다. 송창이 위교(渭橋, 위수에 놓인 다리)에 이르니 승상 이하 모두가 나와서 영접을 하였다. 송창이 돌아와서 보고를 하였다. 대왕이 말을 달려서 위교에 이르니 여러 신하들이 배알하고 칭신(稱臣)[58]하였고 대왕도 수레에서 내려서 답례하는 절을 하였다.

태위 주발이 나아가서 말하였다.

"바라건대, 한가한 틈을 주시기를 청(請)하나이다."

송창이 말하였다.

"말하려는 것이 공적(公的)인 것이라고 공적으로 말하고, 말하려는 것이 사적(私的)인 것이라면 왕자(王者, 제왕 된 사람)는 사사로움이 없는 것이오."

태위가 이에 무릎을 꿇고 천자의 인새(印璽)와 부절(符節)을 올렸다. 대왕이 감사하며 말하였다.

"대저(代邸)[59]에 가서 이를 논의하겠소."

---

56 옛날에 존귀한 사람의 왼쪽에는 말몰이가 앉고, 오른쪽에는 비슷한 사람을 태우게 되어 있다. 이 사람을 참승이라고 하는데 호위의 의미를 가지며, 오른쪽에 앉기 때문에 우참이라고도 한다.

57 문서의 전달이나 사신의 왕래를 위하여 이들이 이용할 수 있는 수레를 역마다 갖추고 있다. 이러한 수레를 전거라고 한다.

58 상대방에 대하여 자기를 신하라고 말하는 것이다. 이로서 군신관계가 성립된다.

후(後, 閏)9월 그믐 기유일(29일)에 대왕이 장안에 이르러 대저에 묵었는데, 여러 신하들이 좇아서 그 저택에 이르렀다. 승상 진평 등이 모두 두 번 절하고 말하였다.

"자홍(子弘)[60] 등은 모두 효혜제의 아들이 아니니, 종묘를 받드는 것이 마땅하지 않습니다. 대왕께서는 고제의 맏아들이시니[61] 마땅히 후사가 되어야 합니다. 바라건대 대왕께서 천자의 자리에 오르십시오."

대왕이 서쪽을 향해 앉아서 사양하기를 세 번 하고, 남향을 하고 앉아서 두 번을 사양하고 나서 드디어 천자에 즉위하니,[62] 여러 신하들이 예절의 순서대로 시립하였다.

동모후(東牟侯) 유흥거(劉興居)가 말하였다.

"여씨를 주살하는데 신은 아무런 공로를 세우지 못하였으니, 청컨대

---

59 장안에는 제후국들을 위한 국빈관이 있는데, 대저(代邸)란 대국의 빈객을 위하여 마련한 저택이다.

60 현재의 황제인 유홍(劉弘) 즉, 후소제를 말한다. 자홍이라고 한 것은 아들인 유홍이라는 뜻이다. 구태여 해석한다면 혜제의 아들이라고 하는 유홍이라 해야 할 것이다.

61 유방의 뒤를 이은 효혜황제 유영은 기원전 210년 출생이고, 지금 황제에 오른 효문황제 유항은 기원전 202년 출생이므로 유영이 8살 많다. 그러나 그때까지 살아 있는 사람으로 본다면 유항이 제일 위라는 말이다.

62 손님과 주인의 관계로 앉을 때는 동서로 앉고, 임금과 신하의 관계로 앉을 때는 남북으로 앉는다. 대왕이 자기 소속의 건물인 대저에 도착하고 한의 신하들이 이 대저를 방문하였으므로, 군신들은 아직은 대왕의 신하는 아니므로 주인으로서 동쪽에 앉아서 한의 신하들에게 세 번 사양한 것이다. 이들의 권고에 의하여 다시 자리를 옮겨서 북쪽에 앉아서 남쪽을 향하고서 두 번 사양하자 여러 신하들이 남향하여 앉게 한 것이다. 남향한다는 것은 제왕의 위치에 앉는다는 말이다.

궁궐을 깨끗이 하게[63]하여 주십시오."

이에 태복인 여음후(汝陰侯) 등공(滕公)과 함께 궁궐에 들어가 앞으로 나아가서 소제(少帝)에게 말하였다.

"족하는 유씨의 아들이 아니니, 세워지는 것은 마땅하지 않습니다."

마침내 좌우에서 무기를 들고 있는 사람들을 돌아보고 손짓하여 무기를 놓고 떠나게 하니, 몇 사람이 무기를 놓으려고 하지 않자 환자령(宦者令) 장석(張釋)이 그들을 타이르자 역시 무기를 치웠다. 등공이 마침내 타는 수레를 불러서 소제를 싣고 나가게 하였다.

소제가 말하였다.

"장차 나를 어디로 가게 하려는가?"

등공이 말하였다.

"나아가면 바로 살집이 있소."

소부(少府)[64]에 살게 하였다.

마침내 천자의 법가(法駕)[65]를 받들고서 대왕을 대저(代邸)에서 영접하면서 보고하였다.

"궁전은 삼가 소제되었습니다."

대왕은 그날 저녁에 미앙궁에 들어갔다. 그런데 알자(謁者) 10여 명이 무기를 들고 단문(端門)을 지키다가 말하였다.[66]

---

63 이때에는 아직도 후소제가 있으므로 이 문제를 처리하겠다는 뜻이다.

64 궁궐에 필요한 물건을 공급하는 관청이다.

65 황제의 의장행렬은 대가(大駕)와 법가(法駕) 그리고 소가(小駕)가 있다. 이 가운데 법가는 경조윤과 집금오와 장안령이 앞에서 길을 인도하고 시중이 참승한다. 이때의 수레는 모두 36대이다.

"천자가 있는데, 족하는 무엇을 하려고 들어가십니까?"

대왕이 마침내 태위에게 말을 하였다. 태위가 가서 효유하니 알자 10여 명이 모두 무기를 모아놓고 떠났고 대왕이 드디어 들어갔다.

밤에 송창에게 벼슬을 주어 위장군(衛將軍)으로 하여 남북군(南北軍)을 진무하게 하였으며, 장무(張武)를 낭중령으로 삼아서 전중(殿中)의 일을 시행하게 하였다. 유사들을 부서를 나누어 양왕(梁王, 劉太)·회양왕(淮陽王, 劉武)·항산왕(恒山王, 劉朝)과 소제(少帝; 後少帝, 劉弘)를 저택에서 주살하였다. 문제(文帝)[67]는 전전(前殿)으로 돌아와 앉아서 밤에 조서를 내려 천하를 사면하였다.

효문제 전원년(壬戌, 기원전 179년)

1   겨울, 10월 경술일(7일)에 낭야왕(琅邪王) 유택(劉澤)을 옮겨서 연왕(燕王)으로 삼고, 조유왕(趙幽王)[68]의 아들인 유수(劉遂)를 책봉하

---

66 알자는 황제의 예의를 담당하는 관직이고, 단문은 미앙궁 전전에 있는 문으로 미앙궁의 정문이다. 그런데 이들이 무기를 들고 있다는 것은 황제[소제]를 시위하고 있는 것을 의미한다.

67 대왕으로 황제에 오른 유항을 말한다. 아마도 황제라고 표현하면 소제와의 구별이 혼란이 있을 듯하여 시호를 사용한 것 같다.

68 유택(劉澤)을 옮겨서 연왕(燕王)으로 삼은 것은 1년 전인 고후 8년(기원전 180년)에 유택이 제왕인 유양의 속임으로 나라를 빼앗기고 장안으로 도망하였다가 유항을 영립하는데 공로를 세웠기 때문이다. 그런데 유택은 여씨와의 관계에서 유양에게 나라를 빼앗긴 것은 아닌데도 유항이 즉위하자 유항에 의하여 나라를 탈취하였다. 조유왕(趙幽王)의 아들인 유수(劉遂)를 조왕으로

여 조왕으로 삼았다.

2   진평이 병으로 사죄하였는데, 황상이 물으니 진평이 말하였다.
  "고제 때에는 주발(周勃)의 공로는 신과 같지를 못하였으나, 여러 여씨를 주살한 것에서는 신의 공로가 주발과 같지 못하니, 바라건대 우승상을 주발에게 양보하게 해주십시오."
  11월 신사일(8일)에 황상이 진평을 옮겨서 좌승상으로 하고, 태위 주발을 우승상으로 삼았고, 대장군 관영(灌嬰)을 태위로 삼았다. 여러 여씨가 빼앗았던 제(齊)와 초(楚)의 옛 땅은 모두 회복시켜 돌려주었다.

3   여러 여씨를 주살한 공로를 논의하여 우승상 주발 이하에게 호(戶)를 더하여 주고 상금을 내렸는데, 차등 있게 하였다. 강후(絳侯, 周勃)는 조회가 끝나자 빨리 나가는데 뜻을 다 얻은 듯 하는 것이 심하였으나, 황상은 그를 예우하는 것이 공손하여 항상 눈으로 그를 배웅하였다.
  낭중(郎中)인 안릉(安陵, 우부풍) 사람 원앙(袁盎)이 간하였다.
  "여러 여씨들이 패역(悖逆)하여 대신들이 서로 더불어 하고 함께 그들을 주살하였습니다. 이때에 승상은 태위여서 본래 병권을 잡고 있었는데, 바로 그가 성공을 할 수 있었던 것입니다. 이제 승상이 군주에게 교만한 안색을 띠고 있고, 폐하께서는 겸양하시니 신하와 군주간의 예를 잃어서 가만히 생각하건대 폐하께서는 그리하지 마십시오."
  후에 조회에서 황상이 더욱 장중(莊重)하니 승상은 더욱 두려워하였다.

───────
  삼은 것은 고후 7년(기원전 181년)에 조왕인 유우가 여태후에 의하여 장안으로 불려 와서 굶어 죽었기 때문이며, 죽은 후에는 유왕(幽王)이라는 시호가 붙었다.

4   12월에 조서를 내렸다.

"법이라는 것은 다스리는 올바른 기준이다. 이제 법을 범하여 이미 판결이 나고서 죄 없는 부모와 처자와 형제까지 이에 연좌시켜서 처자를 잡아들이기에 이르니 짐은 아예 채택하지 않겠다. 그 자식을 잡아들이고, 여러 사람이 연좌되는 율령(律令)을 없앤다."

5   봄, 정월에 유사가 일찍 태자를 세울 것을 청하였다. 황상이 말하였다.

"짐은 이미 덕이 부족하고, 설사 천하의 현명하고 성스러우며 덕을 갖춘 사람을 널리 구하여 천하를 선양(禪讓)할 수 없다고 하더라도 미리 태자를 세우겠다고 말하는 것은 나의 덕이 부족함을 늘리는 것이니, 그것은 천천히 합시다."

유사가 말하였다.

"미리 태자를 세우는 것은 종묘와 사직을 중시하는 것이고 천하를 잊지 않기 위한 것입니다."

황상이 말하였다.

"초왕은 숙부이고, 오왕(吳王)은 형이며, 회남왕(淮南王)은 동생인데, 어찌 미리하지 않는다는 것이오? 이제 뽑아 들어내지 않으면 반드시 나의 아들을 말할 것인데, 사람들은 그것은 짐이 현명하고 덕 있는 사람을 망각하고, 내 아들에게 오로지한다고 할 것이니, 이는 천하를 우대[69]하기 위한 것이 아니요!"

---

69 다른 판본에는 우(優)를 우(憂)로 쓴 것이 있다. 우(憂)로 해석한다면 '천하를 걱정시키는 것이 아니겠소.'라고 하여야 할 것이다.

유사가 굳게 청하여 말하였다.

"옛날에 은(殷)과 주(周)가 나라를 가지고서 편안하게 다스린 것이 모두 1천여 년인데, 이러한 도(道, 아들로 이어지는 도)를 사용하였으니, 후사를 세우는 것은 반드시 아들로 한 것은 그 내력이 깁니다.

고제가 천하를 평정하고 태조가 되었고, 자손들이 후사가 되어 세세토록 끊이지 않는 것인데, 이제 마땅히 세워야 하는 것을 놓아버리고, 제후와 종실에서 다시 선택한다는 것은 고제의 뜻이 아닙니다. 다시 논의하는 것은 마땅하지 않습니다. 아들 유계(劉啓)가 가장 연장자이고 순박하며 후덕하고 어진 분이니 청컨대 세워서 태자로 삼으십시오."

황상이 마침내 이를 허락하였다.

6   3월에 태자의 모친 두씨(竇氏)를 황후로 삼았다. 황후는 청하(淸河)의 관진(觀津, 하북성 武邑縣) 사람이다. 그녀에게는 두광국(竇光國)라는 동생이 있었는데, 자(字)는 소군(少君)이고 어려서 어떤 사람이 약취(略取)하여 팔렸고, 10여 집을 전전하다가 두황후(竇皇后)가 세워졌다는 소식을 듣고, 마침내 글을 올려서 스스로의 사정을 진술하였다. 불러서 보고 시험하여 물어보니 사실이어서 마침내 전택과 금전을 후히 내려주고 형 두장군(竇長君)과 더불어 장안에서 살게 하였다.

강후(絳侯)와 관영(灌嬰)장군 등이 말하였다.

"우리들이 죽지 않는다면 우리의 운명은 이 두 사람에게 걸려 있다. 두 사람은 미천한 출신이라 사부(師傅)나 빈객(賓客)을 고르지 아니할 수 없을 것인데, 또다시 여씨를 본받을 것이니 큰일이다!"

이에 마침내 선비들 가운데 덕을 갖춘 사람을 골라서 더불어 살게 하였다. 두장군(竇長君)과 두소군(竇少君)은 이로 말미암아서 겸양한 군자가 되어 감히 높고 귀하다 하여 다른 사람에게 교만하지 아니하였다.

7   조서를 내려서 홀아비, 과부, 고아, 무의탁 노인과 가난한 사람을 진대(賑貸)하게 하였다. 또한 명령을 내렸다.

"여든 살 이상 된 사람에게는 매월 쌀과 고기와 술을 내리고, 아흔 살 이상에게는 비단과 솜을 더 내려주라. 내려주는 물건에는 응당 죽을 쑬 쌀이 있어야 하는데, 장리(長吏)는 살펴보고 승(丞)이나 위(尉)[70]가 직접 가는데, 아흔 살에 아직 이르지 않은 사람에게는 색부(嗇夫)나 영사(令史)가 가고 이천석은 도리(都吏)[71]를 파견하여 순행하게 하고 알맞지 않은 사람이 있는지 이를 감독하라."

8   초원왕(楚元王) 유교(劉交)가 죽었다.[72]

9   여름, 4월에 제와 초에 지진이 있었는데, 29개의 산이 같은 날 붕괴되고, 큰물이 무너진 곳에서 나왔다.

---

70 장리(長吏)란 장급(長級) 관리 즉, 군의 태수와 현의 현령을 말하며, 승과 위는 각기 현승과 현위 또는 군승과 군위를 말하며, 이는 모두 장급 관리 밑에서 각기 문무(文武)에 관한 일을 나누어 처리하는 관직이다.

71 색부는 향장에 해당하는 직책이고, 영사는 현장 밑에서 현장을 돕는 좌사(佐史)인데 이를 영사라고 불렀으며, 이천석 관리는 직급을 표현하는 것으로 여기서는 군수를 말하는 것이고, 도리는 독찰하는 직책인데, 보통 덕이 있는 사람에게 맡기는 직책이다.

72 유교는 초왕이었는데, 죽은 다음에 시호를 원왕으로 한 것이다.

10   이때에 천리마(千里馬, 하루에 천리를 달리는 말)를 가져다 바친 사람이 있었다. 황제가 말하였다.

"난기(鸞旗)가 앞에 있고, 속거(屬車)가 뒤에 있어서 길사(吉事)로 가면 하루에 50리이고, 군사는 30리를 가는데,[73] 짐이 천리마를 탄다면 나 홀로 먼저 어디로 갈 것인가?"

이에 그 말을 돌려주고 노비를 주어 보내고 조서를 내려서 말하였다.

"짐은 헌납을 받지 않겠다. 그러니, 사방에 명령을 내려서 와서 헌납하겠다고 요구하지 말도록 하라."

11   황제가 이미 천하에 은혜를 베푸니, 제후들과 4이(四夷)[74]의 원근에서 화합하였는데, 마침내 대(代)에서 오면서 세운 공로를 살펴서 송창(宋昌)을 책봉하여 장무후(壯武侯)로 삼았다.

12   황제가 더욱 국가의 업무를 익혔다. 조회에서 우승상 주발(周勃)에게 물었다.

"천하에서 1년에 옥사(獄事)를 판결하는 것이 얼마인가?"

주발이 알지 못함을 사과하자, 또 물었다.

---

73 난기는 임금이 행차할 때에 앞에 가지고 가는 어기이며, 속거는 이를 따르는 수레로 대가(大駕)의 경우에는 81대의 수레가 따랐고, 법가는 그 반이었으며, 길사는 좋은 일이고, 군사의 움직임은 무장이 있으므로 하루에 30리를 가는 것이고, 이를 1사(舍)라고 한다.

74 중국에서 보통 주변 먼 곳에 사는 족속을 동서남북으로 나누어, 동이(東夷)·남만(南蠻)·서융(西戎)·북적(北狄)으로 부르고 이를 합쳐서 사이라고 하였다. 이 말 속에는 주변 족속이 개화되지 않았다는 의미를 내포하고 있다.

"1년에 전(錢)과 곡식이 들어오는 것이 얼마나 되는가?"

주발이 또 알지 못함을 사과하고 당황하고 부끄러워서 땀이 등에서 배어 나왔다.

황상이 좌승상 진평에게 물었다. 진평이 말하였다.

"주관하는 사람이 있습니다."

황상이 말하였다.

"주관하는 사람이 누구요?"

말하였다.

"폐하께서 바로 옥사를 판결하는 것을 물으셨는데 정위(廷尉)에게 책임이 있고, 전곡을 물으셨는데 치속내사(治粟內史)에게 책임이 있습니다."

황상이 말하였다.

"만약에 각기 그 주관하는 사람이 있다면 그대가 주관하는 것은 무슨 일이오?"

진평이 사과하며 말하였다.

"폐하께서는 그 노하(駑下)를 모르시고 대죄(待罪)하는 재상을 시켰습니다.[75] 재상이란 사람은 위로는 천자를 보좌하고 음양을 순조롭게 다스리고 사시(四時)에 순응하며, 아래로는 만물의 마땅함을 이루고, 밖으로는 4이(夷)와 제후들을 진무(鎮撫)하고, 안으로는 백성들에게 가까이 하며 경(卿)과 대부들로 하여금 각기 알맞게 그 직책을 맡도록

---

75 노(駑)는 둔한 말이란 말로 재능이 없고 미련한 것을 형용하는 것인데, 여기에 아래라는 하(下)를 붙여 아랫사람이라는 말을 합쳐서 부른 것으로 자기 자신을 낮추어 말한 것이며, 대죄란 높은 사람에 대하여 항상 죄를 받을 준비가 되어 있는 상태에 있다는 뜻이다.

하는 것입니다."

황제가 마침내 칭찬하였다.

우승상이 크게 부끄러워하면서 나와서 진평을 나무라며 말하였다.

"그대는 특히 평소에 나에게만 대답할 것을 가르쳐 주지 않았군요!"

진평이 웃으면서 말하였다.

"그대는 그 자리에는 있으면서 그 임무를 모르십니까? 또 폐하께서 바로 장안의 도적의 숫자를 물으신다면 그대는 억지로 대답하려고 하십니까?"

이에 강후(絳侯)는 스스로 그의 능력이 진평만 아주 못하다는 것을 알았다.

얼마 안 있다가 어떤 사람이 주발에게 유세하였다.

"그대는 이미 여러 여씨를 주살하고 대왕을 세워서 위세가 천하를 진동시켰습니다. 그리고 그대는 후한 상을 받고 높은 자리에 있게 되었는데, 오래 가면 바로 화(禍)가 몸에 닥칠 것입니다."

주발도 역시 스스로 위태로워서 마침내 병이 들었다고 사과하면서 재상의 인(印)을 돌려보내게 해달라고 청하니 황상이 이를 허락하였다. 가을, 8월 신미일(27일)에 우승상 주발을 면직시키고, 좌승상 진평. 만이 오로지 승상이 되었다.

육가와 남월왕 그리고 간언을 채택한 문제

13 애초에, 융려후(隆慮侯) 주조(周竈)가 남월(南越, 도읍은 광동성 廣州市인 番禺)을 공격하였는데,[76] 마침 덥고 습하여서 사졸들이 크게 역질을 앓으니 군사들이 오령(五嶺, 광동성과 호남성이 교차되는 경계의 산맥)을 넘을 수 없었다. 1년여 후에 고후가 죽자 바로 군사를 철수하였다.

조타(趙佗, 남월왕)는 이를 이용하여 군사를 가지고 위협하고 재물을 가지고 뇌물을 민월(閩越, 복건성 福州市)·서구(西甌, 광서 貴縣)·낙(駱, 駱越인데 鬱林郡 경계)에 보내면서 부리며 복속시켰다. 동서(東西)로 1만여 리가 되어 황옥(黃屋)에 좌독(左纛)을 꽂고서 칭제(稱制)하면서[77] 중국과 동등하게 하였다.

황제는 이에 조타(趙佗)의 친가의 무덤을 위하여 진정(眞定, 하북성 正定縣)에 지킬 읍(邑)을 두고, 세시(歲時)로 제사를 올리게 하고 그 형

---

76 이 일은 고후 7년(기원전 181년)에 여태후가 공격하게 하였다.

77 황옥은 황제의 전용 수레를 말하는데, 이 수레는 황색비단으로 지붕을 덮었기 때문에 황옥이라 하며, 독은 군대나 의장대에서 쓰는 큰 기를 말한다. 제란 황제가 내는 명령을 말하는데, 황제가 발하는 명령은 조서(詔書)와 제서(制書)가 있다. 따라서 칭제란 황제가 발하는 제서라고 하면서 명령을 내는 것이다.

제들을 불러서 관위(官位)를 높여주고 그들에게 후하게 내려주고 총애하였다.

다시 육가(陸賈)[78]로 하여금 남월에 사자로 가게하고 조타에게 편지를 내렸다.

"짐은 고황제의 측실(側室, 嫡妻가 아니라는 뜻)의 아들이어서 밖으로 버려져 대(代)에서 북쪽의 번국(藩國)을 받들었소. 길이 멀고 막히고 어리석어서 아직 일찍이 편지를 못 보냈소. 고황제가 여러 신하를 버리자[79] 효혜제가 즉위하였는데 고후가 스스로 모든 일을 가까이하다가 불행히도 병이 들었고, 여러 여씨들이 변란을 일으키니, 공신들의 힘에 의하여 그들을 이미 주살하였소.

짐은 왕(王)·후(侯)·이(吏)들이 놓아주지 않는 연고로[80] 부득불 세워졌고 이제 즉위하였소. 얼마 전에 듣건대, 왕께서 장군인 융려후에게 편지를 보내서 친형제를 찾았고, 장사(長沙, 호남성 장사시)에 있는 두 장군[81]을 철수시켜 달라고 청하였다 하였소. 짐은 왕의 편지로 장군 박양후(博陽侯)를 철수시켰고, 친형제들로 진정(眞定)에 있는 사람에게는 이미 사람을 보내서 문후하였으며, 선조들의 무덤도 잘 손질하게 하였소.

---

78 육가는 고제 11년(기원전 196년)에 남월의 사신으로 간 일이 있고, 이 일은 《자치통감》 권12에 실려 있다.

79 죽었다는 말을 신하들을 버렸다고 표현하였다.

80 이 말속에는 사양하였으나 놓아주지 않았다는 뜻이 포함되어 있다.

81 고후 7년(기원전 181년)에 조타가 장사를 공격하자 한에서는 두 명의 장군으로 하여금 군사를 거느리고 장사에서 경계활동을 하게 하였다.

전날에 왕이 변경에서 군사를 동원하여 노략질하여 재앙이 그치지 않는다는 말을 들었소. 그 당시에 장사에서는 이를 괴롭게 생각하였고, 남군(南郡, 호남성 강릉현)이 더욱 심하였지만, 비록 왕의 나라라고 하여 어떤 이로움만 있겠소![82] 반드시 사졸들을 죽이는 일이 많았을 것이고, 훌륭한 장수와 관리들을 다치게 하고, 다른 사람의 처를 과부로 만들고, 다른 사람의 아들을 고아로 만들며, 다른 사람의 부모를 외로운 사람으로 만들어서 하나를 얻고 열은 잃었을 것이니, 짐은 차마 아니합니다.

짐이 땅을 확정하고 개의 이빨처럼 서로 들어오게 하고자 관리에게 물으니, 관리가 이르기를, '고황제가 장사(長沙)의 땅을 경계로 하였기 때문입니다.'라고 하였소. 짐은 이것을 멋대로 변경시키지는 않겠소. 이제 짐이 왕의 땅을 얻는다 하여도 크다고 여기기에는 모자라는 것이고, 왕의 재물을 다 얻는다 하여도 부유하다고 여기기에는 부족하오. 그러니 복령(服嶺) 이남[83]은 왕이 스스로 이를 다스리시오.

비록 그렇다고 하더라도 왕이 황제를 칭한다면 두 황제가 나란히 서는 것이어서 한 수레로 가는 사자는 그 길을 다니지를 못하여 다툴 것인데, 다투다가 겸양하지 아니한 것은 인자(仁者)는 못하는 것이오. 바라건대, 왕과 더불어 앞에 있었던 나쁜 감정을 나누어 버리고 끝낸 이후 이제부터는 끝까지 옛날처럼 사자를 교환하기로 합시다."

육가(陸賈)가 남월에 이르렀다.

---

82 한에서도 군사로 막을 것이므로 남월에게도 이로움만 있는 것을 아니라는 말이다.

83 이에 대한 해석이 분분하다. 이를 산령(山嶺)의 이름이라고 하는 경우도 있고, 5복(服)의 복으로 보아서 오령(五嶺) 밖의 황복(荒服)의 관장 지역을 말하기도 한다고 하였는데, 어쨌든 남월이 현재 차지하고 있는 지역을 가리키는 말이다.

남월왕은 두려워서 머리를 조아리며 사죄하면서 밝은 조서를 받들고 오래 번신(藩臣)이 되어 공직(貢職)[84]을 받들기를 원하였다. 이에 그 나라에 명령을 내려 말하였다.

"내가 듣건대 두 영웅은 함께 서 있을 수 없고, 두 현인은 세상을 나란히 하지 않는다고 한다. 한의 황제는 현명한 천자이다. 오늘부터 황제의 제서(制書)와 황옥과 좌독을 철폐하라."

이어서 편지를 써서 말하였다.

"만족 야만인[蠻夷]의 큰 어른이며 늙은 신하인 조타는 우매하여 죽을죄를 짓고 황제 폐하께 두 번 절하고 글을 올리나이다.[85] 이 늙은이는 옛 월(越)의 관리였는데, 고황제께서 다행스럽게 신 조타에게 인새(印璽)를 하사하셔서 남월왕으로 삼으셨습니다. 효혜황제께서 즉위하셔서 의(義)를 생각하시고 차마 끊지 않으시었고 늙은이에게 내려주신 것이 아주 두터웠던 것입니다.

고후께서 용사(用事)함에 만이(蠻夷)를 특별히 달리하여 명령을 내려서 말하였습니다. '만이인 월에게는 금철(金鐵)·농기구·말·소·양을 주지 마라. 준다고 하더라도 수놈을 주지 암놈은 주지 마라.' 이 늙은이는 벽지에 있고, 말과 소와 양의 나이도 이미 늙었습니다. 스스로 제사를 제대로 지내지 못하여 죽을죄를 지으니, 내사(內史)인 번(藩)·중위(中尉)인 고(高)·어사(御史)인 평(平) 등 무릇 세 사람으로 하여금 글을

---

84 번신은 울타리가 되는 신하라는 말로 제후에게 붙이는 이름이며, 공직은 제후라는 직책을 가진 사람으로 지방 특산을 황제에게 바치는 것을 말한다.

85 이 부분에 '왈(曰)'자가 들어가 있으나, 다른 판본에는 이것이 없으며, 문맥으로 보아 없는 것이 맞는 것 같다.

올려 사과를 하게 하였으나, 모두 돌아오지 않았습니다.[86] 또한 바람결에 듣건대 이 늙은이 부모의 분묘는 이미 파서 없앴고, 형제와 종족들도 이미 죽이기로 판결하였다고 합니다.

관리들이 서로 더불어 의논하여 말하였습니다. '이제 안으로 한보다 떨쳐 일어날 수 없고, 밖으로 스스로 높고 다르게 하지를 못하였습니다.' 그러한 고로 호칭을 바꾸어 황제라 하고 스스로 그 나라에서 황제 노릇을 하였지만, 감히 천하에 해를 끼치지는 아니하였습니다. 고황후가 이 소식을 듣고, 크게 노하여 남월의 적(籍)[87]을 삭제하고 사자를 통하지 않게 하였습니다.

이 늙은이는 가만히 장사왕(長沙王)이 신(臣)을 참소하였기 때문인 것으로 의심하였으니 그러므로 군사를 발동하여 그 변경을 쳤습니다. 이 늙은이는 월(越)에서 49년간이나 있었으며, 지금에는 손자들을 품고 있습니다.

그러나 아침에 일어나고 저녁에 자지만 잔다고 하여도 편안치가 않고, 밥을 먹어도 달지가 않으며, 눈에는 살결이 곱고 아름다운 여인도 보이지를 않고, 귀에는 종고(鐘鼓)의 음악 소리가 들리지가 않는 것은 한을 섬길 수가 없어서입니다. 이제 폐하께서 다행히 슬프고 가련하게 여기셔서 옛 호칭을 회복시켜 주시고 한과 사신을 옛날처럼 왕래하게 하시니, 이 늙은이는 죽어도 뼈가 썩지 않을 것입니다. 호칭을 고쳐 감히 황제를 칭하지 않겠습니다."

---

86 남월에서 한에 사신으로 온 사람들이며, 모두 성(姓)은 알려지지 않았다.

87 왕적(王籍)을 말한다. 제후로 책봉하고 그것을 적은 장부를 말한다.

14   제애왕(齊哀王) 유양(劉襄)이 죽었다.[88]

15   황상이 하남(河南, 하남성 낙양현) 군수 오공(吳公)의 치적이 천하
에서 제일이라는 말을 듣고, 불러서 정위(廷尉)로 삼았다. 오공이 낙양
(洛陽) 사람 가의(賈誼)를 추천하니, 황제가 불러서 박사로 삼았다. 이
때에 가생(賈生)은 나이가 스무 살 남짓하였다.

   황제가 그의 글 솜씨와 박식함을 아껴서 1년 동안에 뛰어넘어 승진
시켜서 태중대부(太中大夫)에 이르렀다. 가생이 정삭(正朔)을 고치고
복색(服色)[89]을 바꾸며 관리의 수를 확정하고, 예악(禮樂)을 일으켜서
한의 제도를 만들어서 진법을 고치자고 청하였는데, 황제는 겸양한 생
각으로 아직은 서두르지 아니하였다.

문제 전2년(癸亥, 기원전 178년)

1   겨울, 10월에 곡역헌후(曲逆獻侯)[90] 진평(陳平)이 죽었다.

---

88 유양은 제왕이었는데, 죽은 다음에 시호를 애왕이라 한 것이다. 시법에 애(哀)
   란 공손하고 어질지만 일찍 죽은 것을 말한다.

89 정삭은 매년의 초하루를 어떻게 정하느냐의 문제인데, 지금까지 10월 1일을
   1년의 첫날로 하였던 것은 진시대에 정해진 것이고 복색은 관복의 색깔을 말
   하는 것인데, 오덕론에 의하면 한 왕조는 응당 황색을 써야 하는데, 여전히 진
   시대에 쓰던 흑색을 쓰고 있었다.

90 진평은 이때에도 재상이었으며, 곡역후였는데 죽은 다음에 시호를 헌후로 한
   것이다.

2   열후(列侯)들에게 조서를 내려서 각기 국[봉국]으로 가게하고 관리가 된 사람과 머물도록 조서를 받은 사람도 태자를 보내게 하였다.

3   11월 을해일(2일)에 주발(周勃)이 다시 승상이 되었다.

4   그믐 계묘일에 일식이 있었다. 조서를 내렸다.

"여러 신하들은 모두 짐의 과실과 알아보아서 미치지 못한 것을 생각하여 짐에게 알려주기를 바란다. 현량(賢良)한 사람·방정(方正)한 사람·직언을 하되 끝까지 간(諫)할 수 있는 사람을 뽑아서 짐이 미치지 못한 것을 고칠 수 있도록 하라."

이어서 각기 맡은 바의 직책을 다하고, 경비를 절감하여 백성들을 편리하게 하고, 위장군(衛將軍)을 철폐하고, 태복(太僕)[91]은 현재에 있는 말을 충분할 정도를 남기고 나머지는 모두 역참(驛站)에 보내어 두도록 하였다.

영음후(潁陰侯, 灌嬰)의 기(騎, 騎從者)[92]인 가산(賈山)이 글을 올려서 치란의 도(道)를 말하였다.

"신이 듣건대, 벼락이 치고 간 곳은 꺾어지지 않은 것이 없고, 만 균(鈞)의 무게로 눌려지면 부서지지 않는 것이 없다고 합니다. 이제 인주(人主)의 위엄은 벼락만이 아니고, 잡은 것의 무겁기는 만 균뿐만이 아닙니다.

---

91 위장군은 황제의 자위군이며, 태복은 위장군 소속으로 말을 담당하는 관리이다.

92 수행하는 기병을 말한다.

　길을 터놓고 간하기를 구하고 평화로운 낯으로 이를 받아들이시며, 그들 말을 채용하여 그 사람을 들어내셔도 선비들은 오히려 두려워서 감히 스스로를 다하지 못하는데 또 하물며 방종하고 방자하며 횡포하여 그 자신의 허물을 듣기 싫어하는 데서이겠습니까?

　위엄으로 이들을 떨게 하고 장중함으로 이들을 누르면 비록 요(堯)와 순(舜)의 지혜를 가지고 있고, 맹분(孟賁)[93]의 용기를 가지고 있다고 하여도 어찌 꺾이지 않을 사람이 있겠습니까? 이와 같으니, 인주는 그 스스로의 허물을 듣지 않으려고 하면 사직이 위태로워집니다.

　옛날에 주(周)는 대개 1천800국(國, 侯國)이었는데, 9주(州)[94]의 백성을 가지고 1천800국의 군주들을 길렀지만, 군주에게는 남은 재산이 있었고, 백성들은 남은 힘을 가지게 되어 칭송하는 노래가 지어졌습니다.

　진(秦)의 황제는 1천800개국의 백성들로 자기를 기르게 하였는데, 힘은 피폐하여 그 요역(徭役)을 이길 수가 없었고, 재물은 다 없어져서 그가 요구하는 것을 이길 수 없었습니다. 한 명인 군주의 몸일 뿐이고, 그 스스로 기르는 것은 말을 달려 수렵하는 오락일 뿐이었는데 천하 사람들은 이것을 공급할 수가 없었습니다.

---

93 진시대의 용사이다.

94 주의 작위는 5등작이었고, 토지는 3등으로 되어 있었다. 공(公)과 후(侯)는 100리였고, 백(伯)은 70리였으며, 자(子)와 남(男)은 50리였는데, 이를 채우지 않은 것은 부용국(附庸國)이었다. 9주에서 주(州)는 사방으로 천 리였다. 8주에는 주에 210국이 있고, 천자의 현(縣) 안에서는 93국이 있어서 무릇 9주는 1천773국이다. 1천800국이라고 한 것은 대강을 말한 것이며, 여기서 국(國)이란 읍(邑)과 상통하는 의미의 국이다.

　진의 황제는 그의 공덕을 계산하여 그 후사(後嗣)들이 세세 무궁토록 누릴 것을 헤아렸지만 그러나 몸이 죽자 겨우 몇 달일 뿐인데, 천하의 사방에서 그를 공격하게 되어 종묘가 멸망하여 끊겼습니다. 진의 황제는 멸망하고 끊어지는 가운데서도 스스로 알지 못한 것은 무엇입니까? 천하에서 감히 고(告)하지 않은 것입니다.

　그들이 감히 알리지 못한 까닭은 무엇입니까? 노인을 봉양하는 의로움을 없이 하였고, 보필하는 신하를 없이 하고, 관리를 비방하는 사람을 물리치고, 직간(直諫)하는 신하를 죽였습니다. 이리하여서 아부하며 구차하게 합치시키고 억지 얼굴을 하니, 그 덕을 비교하면 요(堯)와 순(舜)보다 현명하고 그의 공로에 점수를 매겨도 탕(湯)과 무왕(武王)보다 현명하다고 하겠는데, 천하가 이미 무너져도 이 사실을 알리지 못하였습니다.

　이제 폐하께서는 천하로 하여금 현량(賢良)하고 방정(方正)한 선비를 뽑게 하셔서 천하가 모두 즐거워하며, 말하였습니다. '장차 요(堯)와 순(舜)의 도(道)와 삼왕(三王)의 공(功)을 일으키려 한다.' 천하의 선비들은 아주 깨끗한 사람으로 아름다운 덕을 잇게 하지 않는 것이 없을 것입니다.

　이제 방정한 선비들은 모두 조정에 있고, 또 그 가운데 현명한 사람을 뽑아서 상시(常侍)나 여러 관리 노릇을 하게 하였는데, 그들과 더불어 말을 달려서 사냥하는 일이 하루에도 두세 번 나갑니다. 신은 조정이 해이해지고, 백관들이 일에서 게을러질까 두렵습니다.

　폐하께서 즉위하여서는 스스로 부지런히 하여서 천하를 두텁게 하시고 쓰임을 절약하여 백성을 사랑하며, 옥사(獄事)를 고르게 하고 형벌을 느슨하게 하시니, 천하에서 기뻐하지 않는 사람이 없습니다. 신이 듣건대, 산동(山東, 효산의 동쪽)에서는 관리들이 조령(詔令)을 공포하면 백성들은 비록 늙고 마르고 병들었다고 할지라도 지팡이를 짚고 가서 이를 듣는다고 하는데, 적지만 잠시라도 죽지 않기를 원하며 덕화(德化)의 성과를 보고자 생각하는 것입니다.

이제 공로와 업적이 바야흐로 이루어져서 명성이 소문나서 바야흐로 밝아지고, 사방에서 바람처럼 좇아오는데, 뛰어난 호걸과 뛰어난 신하와 반듯하고 올바른 선비들이 곧바로 더불어 매일 사냥을 하여 토끼를 쏘고 여우를 잡아서 큰 업적을 다치게 하여 천하의 바라는 것을 끊어 버리고 있으니 신은 이를 애도합니다.

옛날에 대신들은 더불어 연회하는 놀이는 하지 않았으며, 모두 그 스스로 반듯하기에 힘쓰고 그의 절의(節義)를 높이게 하였으니, 여러 신하들이 감히 몸을 바르게 하고 수행하지 않는 이가 없어서 진심으로 대례(大禮)에 맞게 하였습니다. 무릇 선비는 집안에서 이를 수행을 하는데 천자의 조정에서 이것을 파괴하니 신은 이를 가만히 민망하게 여깁니다. 폐하와 여러 신하들이 연회를 열고 놀면서 대신과 방정(方正)들과 더불어 조정의 논의를 하면 놀이에서도 즐거움을 잃지 않고, 조회에서도 예(禮)를 잃지 않게 되니[95] 일을 궤도[법도]에 따르게 하는 큰 것입니다."

황상이 그 말을 좋게 받아들였다.

황상이 조회에 때마다 낭(郎)과 종관(從官)들이 서소(書疏)를 올리면 연(輦)을 멈추어서 그 말을 받아들이지 않는 일이 아직 없었다. 말한 것이 쓸 만한 것이 못되면 이를 내버려두고, 말한 것이 쓸 만한 것은 이

---

95 다른 판본에는 논의하여도 계책을 잃지 않는다는 말이 들어가 있는 것도 있다.

를 채택하고 훌륭하다고 말하지 않는 일이 없었다.

황제가 패릉(霸陵, 섬서성 서안시의 경계)에서 서쪽으로 달려서 험한 산비탈을 달리고자 하였다. 중랑장 원앙(袁盎)이 말을 타고 수레와 나란히 하고는 고삐를 잡아당겼다. 황상이 말하였다.

"장군은 겁나오!"

원앙이 말하였다.

"신이 듣건대, '천금(千金)을 가진 사람의 아들은 모서리 쪽의 마루에 앉지 않는다.'[96]고 합니다. 성스러운 군주는 위험한 것을 타지 않아서 요행히 괜찮을 것을 바라지 않습니다. 이제 폐하께서 6마리가 끄는 수레를 몰아 나는 듯 험준한 산을 달려가니, 만약에 말이 놀라서 수레가 부서지고 폐하께서 멋대로 스스로를 가볍게 여기는 것 같은 일이 있다면 고조와 태후(太后, 文帝의 어머니 薄씨)에게 어떻게 하실 것입니까?"

황상이 마침내 중지하였다.

황상이 아끼는 신부인(慎夫人)은 금중에서 항상 황후와 더불어 같은 자리에 앉았다. 낭서(郎署)[97]에서 앉게 되었는데, 원앙이 신부인을 끌어서 물려 앉게 하였다. 신부인이 화가 나서 앉으려 하지 않았고, 황상도 역시 화가 나서 일어나서 금중으로 들어갔다.

원앙은 이어서 앞에 나아가서 말하였다.

---

96 마루[堂]의 모서리에 앉아 있다가 혹여 지붕에서 기와장이 떨어지면 다칠 수 있기 때문이다. 즉 조금이라도 위험한 자리에는 앉지 않는다는 것을 말한다.

97 황제의 정원인 상림원 안에 있는 황제를 호위하는 부서이다. 원앙은 이때에 중랑장이어서 천자가 낭서에 행차하게 되면 미리 황제가 머물 임시 장소를 준비하게 되어 있었다.

"신이 듣건대, '높고 낮은 것에 순서가 있으면 상하가 평화롭다.'고 합니다. 이제 폐하께서 이미 황후를 세우셨고, 신부인은 첩인데, 첩과 주인이 어떻게 같이 앉을 수 있습니까? 또 폐하께서 그를 총애하시면 바로 그에게 후하게 내려주는데, 폐하께서 신부인을 위하는 것이 바로 그에게 화가 되게 하는 것입니다. 폐하께서는 홀로 '사람 돼지[人彘]'[98]를 못 보셨습니까?"

이에 황상이 마침내 기뻐하고는 신부인을 불러서 말하니, 신부인이 원앙에게 금(金) 50근을 내렸다.

가의(賈誼)가 황상에게 유세하였다.

"《관자(管子)》[99]에서 말하였습니다. '창고가 가득하면 예절을 알고, 의식(衣食)이 풍족하면 영욕(榮辱)을 안다.' 백성들이 만족하지 않는데도 다스릴 수 있었던 일은 옛날부터 오늘날까지 아직 일찍이 들어본 일이 없습니다.

옛 사람이 말하였습니다. '한 지아비가 밭을 갈지 않으면 혹 어떤 사람은 주림을 받고, 한 여자가 길쌈을 하지 않으면 혹 어떤 사람은 추위를 받는다.' 생산하는 데는 때를 가져야 하는데, 이를 절도 없이 쓰면 물건과 힘이 다 소진됩니다. 옛날에 천하를 다스림에는 아주 세심하고 아주 남김 없게 하였으니, 그러므로 그 축적된 것이 충분히 믿을 만 하였습니다.

이제 근본에 배치하여 지엽적인 것을 좇는 것이 아주 많으니 이는

---

98 이 사건은 혜제 원년(기원전 194년)에 여태후가 척부인을 학대하고 인체라고 불렀던 것이며, 이는 《자치통감》 권12에 실려 있다.

99 관중(管仲)이 쓴 책이다.

천하의 커다란 해[殘]입니다. 음란하고 사치한 습속은 날로 자라니, 이는 천하의 커다란 도적[賊]입니다. 이처럼 잔적(殘賊)이 공공연히 돌아다니면 이를 그치게 할 것이 없으며, 커다란 천명은 장차 기울어질 것이고 이를 떨쳐서 구할 길이 없습니다. 생산하는 사람이 아주 적고 이를 쓰는 사람이 아주 많으니, 천하의 재산은 어찌 기울어 다 없어지지 않겠습니까?

한이 한을 만든 지 거의 40년인데 공사(公私)간에 축적된 것은 오히려 애통할 만합니다. 적절한 시기를 잃고 비도 안 내려서 백성들은 또 여우처럼 힐끔힐끔 돌아보고 흉년이 든 해에는 수입이 없게 되니 작위(爵位)와 아들을 팔고자 청한다 하는데, 이미 귀에 들어왔습니다.[100] 어디에 천하를 위하여 위급한 것이 이 같은 것이 있다고 위에서는 놀라지도 않습니다.

세상의 기근과 풍년은 하늘이 주는데, 우(禹)와 탕(湯)도 이를 겪었습니다. 바로 불행히도 사방 2천~3천 리가 한재(旱災)가 들었다면 나라에서 어떻게 서로 돕게 한단 말입니까? 또 갑자기 변경에 급한 일이 생기면 수십만 또는 수백만의 무리[101]를 나라에서 어떻게 먹입니까? 전쟁과 한재(旱災)는 상승작용을 하여 천하는 크게 굽어지고 용기와 힘이 있는 사람은 무리를 모아서 가로질러 치면 피로한 지아비와 말라

100 원문은 '청매작자(請賣爵子)'인데, 이를 해석하면 '작위(爵位)와 아들을 팔고자 청한다.'에 대한 다른 의견이 있다. 문장대로 해석하는 사람이 있고, 이것을 청작(請爵) 매자(賣子)라고 보고, 돈 있는 사람은 돈을 내고 '작위를 요구하고, 가난한 사람은 아들을 판다.'고 이해하는 사람이 있다. 또 귀에 들린다는 것은 황제의 귀에 들렸다는 말이다.

101 급한 일을 막기 위하여 동원되는 군사를 말한다.

빠진 늙은이들은 아들을 바꾸어서 그 뼈를 씹게 됩니다.

정치가 아직 반드시 잘 통하지 않으면, 먼 곳에서는 참칭(僭稱)할 수 있는 사람들이 나란히 드러나서 다투며 일어나고 마침내 놀라서 이를 도모하려 하니 어찌 장차 도달함이 있겠습니까?

무릇 저축이라는 것은 천하의 커다란 목숨입니다. 만약에 곡식이 많고 재물에 여유가 있으면 무엇을 한들 이루지 못하겠습니까? 공격하면 이를 빼앗고, 지키면 굳게 되며, 싸운다면 이기니, 적을 품어 주면서 먼 곳에 있는 사람들은 귀부시키려면 어떻게 부른들 오지 않겠습니까?

이제 백성들을 몰아서 이들을 농사짓게 돌려보내어 모두 근본에 귀착시키면 천하로 하여금 각기 그 자신의 힘으로 생산한 것을 먹게 하고, 말기(末技, 상업)와 놀고먹는 백성들을 남쪽 밭으로 돌린다면 저축이 충족되고 사람들은 그가 있는 곳에서 즐깁니다. 천하를 부유하고 안정시킬 수 있으니, 다만 이 때문에 늠늠(廩廩, 위태하고 두려운 모습)하다가 가만히 폐하를 위하여 이를 애석하게 생각합니다."

황상이 가의의 말에 감동하여 봄, 정월 정해일(15일)에 조서를 내려서 적전(藉田)[102]을 열게 하고 황상이 친히 밭을 갈고 천하의 백성들을 이끌었다.

5 3월에 유사가 황제의 아들을 세워서 제후왕으로 삼기를 청하였다. 조서를 내려서 먼저 조유왕(趙幽王)의 작은아들인 유벽강(劉辟彊)을 하간왕(河間王, 도읍은 하북성 獻縣)으로 삼고, 주허후(朱虛侯) 유장(劉章)을 성양왕(城陽王, 도읍은 산동성 莒縣)으로 삼고, 동모후(東牟侯)

---

102 황실의 전지(田地)를 말한다. 권농의 의미를 갖고 있다.

유흥거(劉興居)를 제북왕(濟北王, 도읍은 산동성 長淸縣)으로 삼고, 그런 후에 황제의 아들 유무(劉武)를 세워서 대왕(代王, 하북성 蔚縣)으로 삼고, 유참(劉參)을 태원왕(太原王, 도읍은 산서성 太原市)으로 삼고, 유읍(劉揖)을 양왕(梁王, 하남성 商丘市)으로 삼았다.

6   5월에 조서를 내려서 말하였다.

"옛날에 천하를 다스리는 데는 조정에 진선(進善)의 정(旌)과 비방(誹謗)의 나무[103]가 있었는데, 치도를 막힘이 없이 통하게 하여 간(諫)하는 사람을 오게 하려는 것이었다. 이제 법에는 비방과 요언의 죄[104]라는 것이 있으니, 이것이 여러 신하들로 하여금 감히 마음을 다하여 말할 수 없게 하고, 황상도 과실을 들을 수 없게 한 것이니, 장차 어떻게 먼 곳에 있는 현량한 사람을 오게 할 것인가? 그러니 이를 없앤다."

7   9월에 조서를 내려서 말하였다.

"농사는 천하의 커다란 근본이며, 백성들이 믿고 살아가는 것인데 백성들이 혹 본업(本業)에 힘쓰지 않고 말업(末業)[105]을 섬기니, 사는

---

103 진선(進善)의 정(旌)에서 정은 깃발로 요(堯)가 이를 세워서 사방에서 백성들이 좋은 방법을 올리게 한 것인데, 말할 것이 있는 사람은 이 정 아래에서 이야기 하였다. 비방(誹謗)의 나무도 요가 세운 것으로 교량의 옆에 판을 두어 정치의 잘못을 쓰게 한 것이다.

104 요언죄는 고후 원년(기원전 187년)에 벌써 폐지하였는데, 이때에 다시 폐지하였다.

105 본업은 농업이고, 말업은 상업이다. 백성들의 직업을 4민(民), 즉 사농공상(士農工商)으로 나누어 농업은 본업이 되고, 상업은 말업인 것이다.

것이 어려워진다. 짐은 그러한 것을 근심하니 그러므로 이제 친히 여러 신하를 이끌고 농사를 지어 이들에게 권하며, 그래서 천하의 백성들에게 금년의 전조의 반을 내려준다."

8   연경왕(燕敬王)[106] 유택(劉澤)이 죽었다. *

---

106 유택은 연왕이었는데, 죽은 다음에 시호를 경왕이라 한 것이다. 시법에 선(善)에 합치되고, 법을 다룬 것을 경(敬)이라 한다고 하였다.

권014

한기6

한 왕조의 안정

장석지, 주발 그리고 유홍거의 반란

문제 전3년(甲子, 기원전 177년)

1 겨울, 10월 그믐 정유일에 일식이 있었다.

2 11월 그믐 정묘일에 일식이 있었다.

3 조서를 내려서 말하였다.

"앞서 열후들을 파견하여 각자의 국(國, 封國)으로 가게 하라고 하였는데,[1] 어떤 사람은 사양하고 아직 가지 않았다. 승상은 짐이 중히 여기는 바이니, 짐을 위하여 열후를 이끌어 국[봉국]으로 가게 하라."

12월에 승상 주발(周勃)을 면직시켜서 국[봉국]으로 가게 하였다. 을해일(6일)에 태위 관영(灌嬰)을 승상으로 삼고 태위의 관직을 철폐하고 승상에게 귀속시켰다.

---

1 이 사건은 문제 전2년(기원전 178년)에 있었던 일로,《자치통감》권13에 보인다.

4   여름, 4월에 성양경왕(城陽景王)² 유장(劉章)이 죽었다.

5   애초에, 조왕(趙王) 장오(張敖)가 미인(美人)을 고조에게 바쳤는
데, 총애를 받아서 임신하였다. 관고(貫高)의 사건³이 발생하자 미인
도 역시 연좌되어 하내(河內, 하남성 沁陽縣)에 갇혔다. 미인의 어머니
의 남동생인 조겸(趙兼)이 벽양후(辟陽侯) 심이기(審食其)를 통하여 여
후(呂后)에게 말하였으나, 여후가 투기를 하여 말하려 하지 않았다.

미인은 아들을 낳고는 분하여 바로 자살하였다. 관리가 그 아들을
받들어 황상에게 가니 황상은 후회하고 이를 유장(劉長)이라고 이름을
짓고 여후로 하여금 어머니 노릇을 하게하고 그 어미를 진정(眞定, 하
북성 正定縣)에 장사 지냈다. 뒤에 이 유장을 책봉하여 회남왕(淮南王)
으로 하였다.⁴

회남왕은 일찍 어머니를 잃고 항상 여후에게 붙어 있어서 효혜제와
여후의 시절에는 아무런 걱정이 없었는데, 그러나 늘 마음으로 벽양후
(辟陽侯, 심이기)가 여후에게 강하게 다투지 않아서 그의 어머니가 한
스럽게 죽었다고 원망하였다.

황제(현 황제인 문제)가 즉위하게 되자 회남왕은 스스로 가장 가깝다
고 하고⁵ 교만하고 전횡하여 자주 법을 받들지 않았는데, 황상은 늘 관

---

2   유장은 성양왕이었는데, 그가 죽자 시호를 경왕으로 하였다.

3   이 사건은 고조 9년(기원전 198년)에 일어났는데, 이 내용은 《자치통감》 권
    12에 실려 있다.

4   고제 11년(기원전 196년)에 영포의 반란이 일어나자 유장을 제후왕으로 책봉
    하였다. 이 사건은 《자치통감》 권12에 실려 있다.

5   이때에 유방의 아들로 살아 있는 사람은 황제인 유항과 회남왕 유장뿐이었다.

대하게 그를 용서하였다. 이 해에 들어와서 조현하였다가 황상을 좇아서 원유(苑囿)에 들어가서 사냥을 하면서 황상과 더불어 같이 수레를 타고 항상 황상을 '대형(大兄)'이라고 불렀다.

회남왕에게는 재능이 있었는데, 힘은 강정(扛鼎, 솥)을 들 수 있었다. 마침내 벽양후를 가서 보고 소매에서 철퇴(鐵槌)를 꺼내어 벽양후를 치고, 그 종자(從者, 수행원)인 위경(魏敬)으로 하여금 벽양후의 목을 자르게 하고 궁궐 아래로 달려가서 어깨를 드러내고 사죄하였다.

황제는 그의 뜻이 어머니를 위한 것이라고 마음 아파하니, 그러므로 사면하여 처리하지 않았다. 당시에 박태후(薄太后)와 태자, 여러 대신들은 모두 회남왕을 꺼렸다. 회남왕이 이렇게 하고서 귀국(歸國)하여 더욱 교만하고 방자하니 출입할 때에도 경필(警蹕)[6]을 칭하였고 칭제하여 천자를 본떴다. 원앙(袁盎)이 간하였다.

"제후가 너무 교만하면 반드시 근심거리가 생깁니다."

황상은 듣지를 않았다.

6   5월, 흉노의 우현왕(右賢王)[7]이 하남(河南, 河套以南) 땅에 들어와 살면서 상군(上郡, 섬서성 綏德縣)에서 보호하는 요새의 만이(蠻夷)를 침략하고 도적질하면서, 인민들을 죽이고 약탈하였다. 황상이 감천궁(甘泉宮, 섬서성 淳化縣)에 행차하였다.

---

6   《한서(漢書)》에 출경입필(出警入蹕)이라 하여 황제가 출입할 때에 길을 치우는 예의를 말한다.

7   흉노는 우현왕과 좌현왕을 두었는데, 우현왕은 서방에 있었으니, 바로 상군(上郡)의 서쪽이다.

승상 관영(灌嬰)을 파견하여 전차와 기병 8만5천을 발동하여 고노(高奴, 섬서성 鄜縣)로 가서 우현왕을 공격하게 하고 중위(中尉)의 재관(材官)을 발동하여 위장군(衛將軍)[8]에 소속시키고 장안에 진을 치게 하였다. 우현왕이 도망하여 요새 밖으로 달아났다.

7   황상이 감천궁에서 고노에 갔다가 이어서 태원(太原, 산서성 太原市)에 까지 가서 옛날의 여러 신하를 접견하고 모두 이들에게 하사하고, 진양(晉陽, 산서성 태원시)과 중도(中都, 산서성 平遙縣) 백성들의 3년간의 부세를 면제하였다. 태원에 머물면서 유람한 것이 열흘 남짓이었다.

8   애초에, 대신들이 여러 여씨를 주살하면서 주허후(朱虛侯)의 공로가 특히 커서 대신들은 조(趙)의 땅을 가지고 주허후를 왕 노릇하게 하는 것과 양(梁)의 땅을 가지고 동모후(東牟侯)를 왕 노릇하게 하는 것을 모두 허락하였다.[9] 황제가 즉위하였는데, 주허후와 동모후가 처음에 제왕(齊王, 劉襄)을 세우려고 하였다는 말을 듣고,[10] 고의로 그들의 공로를 깎고, 여러 아들을 왕으로 하기에 이르자 마침내 제(齊)의 두 개의 군(郡)을 베어내서 여기서 왕 노릇하게 하였다.

유흥거(劉興居, 東牟侯)는 스스로 자기의 직위를 잃고, 공로를 빼앗

---

8   중위는 장안의 치안을 담당하는 직책이며, 재관은 기계부대를 말하고, 위장군은 수도지역의 방위를 책임진 직책이다.

9   주허후 유장과 동모후 유흥거는 형제이다.

10 이 사건은 고후 8년(기원전 180년)에 있었고, 그 내용은《자치통감》권13에 실려 있다.

기게 되어 자못 앙앙불락(怏怏不樂)하였는데, 황제가 태원에 행차하였다는 소식을 듣고, 천자가 또한 스스로 흉노를 칠 것이라고 여기고, 드디어 군사를 일으켜서 반란하였다. 황제가 이 소식을 듣고, 승상과 출동한 군사[11]를 철수하여 모두 장안으로 돌아오게 하고 극포후(棘浦侯) 시무(柴武)를 대장군으로 삼아서 4명의 장군과 10만의 무리를 거느리고 그를 격파하게 하였고, 또 기후(祁侯) 증하(繒賀)를 장군으로 삼아 형양(滎陽)에 진을 치게 하였다.

가을, 7월에 황상이 태원에서 장안에 이르렀다. 조서를 내렸다.

"제북(濟北, 都邑은 산동성 長淸縣)의 관리와 백성들은 군사가 아직 이르기 전에 먼저 스스로 평정한 사람과 군대와 성과 읍을 가지고 항복한 사람은 모두 이를 사면하고 그 관작(官爵)을 회복시키고, 유흥거와 함께 거래하였던 사람일지라도 이를 사면할 것이다."

8월에 제북왕 유흥거는 군사가 패하자 자살하였다.

9   애초에, 남양(南陽, 하남성 남양시)의 장석지(張釋之)가 기랑(騎郎)[12]이 되고서 10년 동안 승진을 못하여 면직하고 돌아가려 하였다. 원앙(袁盎)이 그가 똑똑한 것을 알고 그를 추천하니, 알자복야(謁者僕射)[13]로 삼았다.

---

11 흉노를 치기 위하여 이미 출동하였던 보병과 기병 8만5천을 말한다.

12 관명으로 낭중령(郎中令)에 소속되어 있으며, 문호 지키는 일을 관장하여 거기를 내고들이는 일을 한다.

13 알자복야는 관직의 이름이다. 춘추전국시대에 처음으로 이 관직을 설치하였을 때에는 군주(君主)를 위하여 말을 전달하는 일을 관장하였다. 한대에는 낭중령에 소속된 관직 가운데 알자가 있는데 이는 손님 접대하는 일을 맡았고

　장석지가 좋아서 수행하여 호권(虎圈, 호랑이를 기르는 곳)에 올랐더니, 황상이 상림위(上林尉)에게 여러 금수부(禽獸簿)[14]를 묻고, 또 10여 가지를 물었는데, 위(尉, 상림위)는 좌우에 있는 사람들을 보면서 모두 대답을 할 수가 없었다. 호권의 색부(嗇夫)[15]가 좋아서 옆에 있다가 위(尉)를 대신하여 대답하였다.

　황상이 물은 금수부는 아주 자세히 하여 그의 능력을 보고자 한 것인데 입으로 대답하는 것이 메아리치듯 끝이 없었다. 황제가 말하였다.

　"관리란 마땅히 이와 같아야 되지 않겠는가? 위[상림위]는 믿을 것이 없다."

　마침내 장석지에게 조서를 내려서 그 색부에게 벼슬을 내려 상림령(上林令)으로 삼게 하였다.

　장석지가 한참 있다가 앞으로 나아가 말하였다.

　"폐하는 강후(絳侯) 주발을 어떤 사람으로 보십니까?"

　황상이 말하였다.

　"어른이지."

　또 다시 물었다.

　"동양후(東陽侯) 장상여(張相如)는 어떤 사람입니까?"

　황상이 다시 말하였다.

　"어른이다."

　숫자는 70명 정도였고, 그 책임자가 알자복야이다.

14　상림위(上林尉)는 황실의 동산인 상림원의 관리 책임을 맡은 사람이고 금수부(禽獸簿)는 금수의 숫자를 기록한 장부로 상림위가 관장한다.

15　관리인을 말한다.

장석지가 말하였다.

"무릇 강후와 동양후는 어른이라고 불리는 사람인데, 이 두 사람은 일을 말하면서 일찍이 입에서 말을 꺼내지를 못하였는데, 어찌 이 색부가 입에 발린 말을 재빨리 하는 것을 본받으라고 하십니까? 또 진(秦)은 도필(刀筆)을 잡은 관리에게 일을 맡겨서 다투어 아주 재빠르고 가혹하게 살피기를 서로 경쟁하였는데, 그 폐단은 헛되이 문사(文辭)만을 갖추고 알맹이는 없었고, 그 허물을 들으려 하지 않아 점차로 흙이 무너지는 상황에 이르렀습니다.

이제 폐하는 색부의 말재주를 가지고 이를 뛰어넘어 올려 주려고 하시니, 신은 아마도 천하가 풍문을 좇아서 흩어지고, 다투어 말재주만 피우려 하고 그 알맹이를 없이 할까 걱정입니다. 무릇 아랫사람이 윗사람으로 본받으려는 것은 그림자가 비추는 것보다 빠르니 들어서 추천하는 것은 신중히 하지 않으면 안 됩니다."

황제가 말하였다.

"훌륭하다."

마침내 색부에게 벼슬을 주지 않았다.

황상이 수레에 가서 장석지를 불러서 참승(參乘)하게 하였다. 천천히 가면서 장석지에게 진(秦)의 폐단을 묻자 갖추어 정성스레 말하였다. 궁궐에 이르러서 황상이 장석지에게 벼슬을 주어 공거령(公車令)으로 삼았다.

얼마 후에 태자가 양왕(梁王)과 함께 수레를 타고 들어와 조현하는데, 사마문(司馬門)[16]에서 내리지를 않았다. 이에 장석지가 쫓아가서

---

16 황궁의 대문을 말한다.

태자와 양왕을 중지시키고, 전문(殿門)으로 들어갈 수 없게 하고 드디어 탄핵하였다.

"공문(公門)에서 내리지 않으니, 불경(不敬)입니다."

이를 상주하였다.

박태후(薄太后)가 이 소식을 들었는데, 황제는 관(冠)을 벗고[17] 아들을 삼가게 하지 못하였음을 사과하였다. 박태후가 마침내 사자로 하여금 조(詔)를 이어받아 태자와 양왕의 잘못을 용서하였고, 그런 다음에 들어올 수가 있었다. 황제는 이로부터 장석지를 기이(奇異)하게 생각하여 벼슬을 주어 중대부(中大夫)[18]로 삼았는데, 얼마 후에 중랑장에 이르렀다.

좇아서 패릉(覇陵, 섬서성 서안시의 동쪽)에 이르렀는데, 황상이 여러 신하들에게 말하였다.

"아! 북산(北山, 북방의 여러 산)의 돌로 곽(槨)을 만들고, 모시와 솜조각을 써서 그 사이를 칠한다면 어찌 움직일 수 있겠는가?"[19]

좌우에 있던 사람들이 모두 말하였다.

"훌륭합니다."

장석지는 말하였다.

---

17 관을 벗는다는 것은 죄를 지어 명령을 기다린다는 것을 표시하는 것이다.

18 중대부는 논의하는 것을 관장하였으며, 낭중령에 소속되었고, 그 지위는 태중대부의 아래이고 간대부의 위에 있었다.

19 옛날에 관곽을 2중으로 쓰는데 관(棺)은 안에 있는 것으로 나무로 만들며, 밖에 있는 것을 곽(槨)이라 하여 돌로 만든다. 옛날의 군왕은 즉위하면서 부터 자기의 묘를 만들기 시작한다. 문제의 능이 패릉에 있는 것으로 보아 이때에 자기 묘의 건설 상황을 시찰하러 간 듯하다.

"그 속에 바랄 수 있는 것[20]을 있게 한다면, 비록 이 남산(南山)을 땜질한다고 하더라도 오히려 틈새가 있을 것이고, 그 안에 사람들이 갖기를 바라는 것을 없게 한다면 비록 돌로 된 곽(槨)이 없다고 하여도 어찌 근심하겠습니까?"

황제가 훌륭하다고 칭찬하였다.

이 해에 장석지는 정위가 되었다. 황상이 중위교(中渭橋)[21]로 나가는데, 어떤 한 사람이 다리 아래에서 달아나니 승여(乘輿)를 끄는 말이 놀랐는데, 이에 기병으로 하여금 그를 잡게 하여 정위에게 위촉하였다.

장석지가 판결을 내려서 상주하였다.

"이 사람은 경필령(警蹕令)을 어겼으니 벌금에 해당합니다."

황상이 화가 나서 말하였다.

"이 사람은 가까이서 나의 말을 놀라게 하였는데, 말이 온순하고 부드러워서 괜찮았지 다른 말이었다면 정말로 나를 상하게 하지 않았겠는가? 그런데 정위는 마침내 그를 벌금에 해당된다고 하다니!"

장석지가 말하였다.

"법이라는 것은 천하가 공적으로 공용(共用)하는 것입니다. 지금 법은 이와 같은데, 그를 더욱 무겁게 처리한다면 이는 법이 백성들에게 믿음을 주지 못하게 됩니다. 또 바야흐로 그때 황상께서 사자로 하여금 그를 주살하였다면 그뿐입니다. 이제 이미 정위에게 내려 보내졌고, 정위란 천하의 공평한 사람인데, 정위가 한 번 기울어져서 천하에서 법을

---

20 무덤 속에 부장품으로 넣은 것 가운데 보통사람들이 갖고 싶은 보물 같은 것을 이르는 말이다.

21 옛날 장안에는 위교가 셋이 있었는데, 서위교, 동위교, 중위교가 이것이다.

쓰는 것이 모두 이 때문에 가볍거나 무겁게 된다면 백성들은 어떻게 그 수족을 놀리겠습니까? 다만 폐하께서 이를 살펴 주십시오."

황상이 한참 있다가 말하였다.

"정위의 판결이 옳소."

그 후에 어떤 사람이 고묘(高廟) 자리 앞에 있는 옥환(玉環)을 훔쳤다가 붙잡혔는데, 황제가 화가 나서 이를 정위에게 내려 보내어 그를 다스리게 하였다. 장석지가 '종묘의 복식(服飾)과 어물(御物)을 훔친 자'에 대한 규정에 의하여 '기시(棄市)'[22]로 판결하여서 상주하였다.

황상이 크게 화가 나서 말하였다.

"사람이 무도(無道)하여 마침내 먼저 돌아가신 황제의 그릇을 훔쳤다. 내가 정위에게 부탁한 것은 그를 멸족(滅族)에 이르게 하고자 함이었는데 그대는 법으로 판결하여 이를 상주하니, 내가 공손하게 종묘의 뜻을 이으려는 것이 아니다."

장석지가 관(冠)을 벗고 머리를 조아려서 사과하며 말하였다.

"법이 이와 같으며 이것으로 충분합니다. 또한 죄가 같은데, 그러나 역(逆)과 순(順)으로 차등을 두게 됩니다. 이제 만약에 종묘의 기물을 훔친 자를 멸족시킨다면, 만에 하나라도 가령 어리석은 백성이 장릉(長陵, 劉邦의 묘)에서 한 움큼의 흙을 가져갔다고 한다면 폐하께서는 또 어찌 그에게 법을 적용하실 것입니까?"

황제가 마침내 태후에게 말하고서 이를 허락하였다.

---

22 사형을 시켜서 저자에 내거는 형벌이다.

문제 전4년(乙丑, 기원전 176년)

1 겨울, 12월에 영음의후(穎陰懿侯) 관영[23]이 죽었다.

2 봄, 정월 갑오일(14일)에 어사대부인 양무(陽武, 하남군 양무현) 사
람 장창(張蒼)을 승상으로 삼았다. 장창은 책을 좋아하여 넓은 견문을
가졌으며, 더욱이 율력(律曆)을 깊이 알았다.

3 황상이 하동(河東, 산서성 夏縣) 군수 계포(季布)를 불러서 어사대
부로 삼고자 하였다. 그는 용기는 있으나, 술을 좋아하여 가까이 하기
가 어려운 사람이라고 말하는 사람이 있었는데, 그가 도착하여 관저에
한 달을 머물게 하였다가 보고는 철회하였다.
   계포가 이어서 나아가서 말하였다.
   "신은 공로는 없었으나 가만히 은총을 받아서 하동(河東)에서 대죄
(待罪)하고 있는데,[24] 폐하께서 아무 연고 없이 신을 부르셨으니, 이리
한 사람은 반드시 신을 가지고 폐하를 속인 사람일 것입니다.[25] 이제
신이 이르러서 업무를 받은 바가 없는데, 철폐하고 가라 하시니 이리한
사람은 신을 헐뜯은 것이 있는 사람일 것입니다.

---

23 관영은 영음후였는데, 죽은 다음에 시호를 의후라 하였다.

24 대죄란 죄를 짓고 벌 받기를 기다린다는 말이지만 관직에 있었다는 말을 겸
   손하게 표현한 것이다.

25 이 말은 자신은 재주가 없는데도 폐하에게 추천하였으니, 폐하를 속인 것이
   라는 뜻으로 자기의 무능함을 표현한 겸사이다.

무릇 폐하께서는 한 사람의 칭찬으로 신을 부르고, 한 사람의 헐뜯음으로 신을 가라고 하시니, 신은 천하의 아는 사람이 이를 듣게 되어 폐하의 얕고 깊음을 살펴보게 될까 걱정입니다."

황상이 잠자코 있다가 부끄러워하고는 오래 있다가 말하였다.

"하동은 나의 고굉(股肱)과 같은 군이니 그런 고로 특히 그대를 부른 것이오."

4   황상이 가의(賈誼)에게 공경의 자리를 맡기는 것을 가지고 의논
하였다. 대신들은 대부분 그를 짧게 보고 말하였다.

"낙양(洛陽) 사람으로 나이 어린[26] 초학(初學)인데, 오로지 권력을
멋대로 하려고만 한다면, 여러 가지의 일을 어지럽힐 것입니다."

이에 천자는 후에도 그를 소원하게 하여 그의 건의를 쓰지 않고 장
사왕(長沙王, 吳差)의 태부(太傅)로 삼았다.

5   강후(絳侯) 주발(周勃)이 이미 국[봉국]으로 갔는데, 매번 하동(河
東, 산서성 夏縣)의 군수와 군위가 각 현(縣)을 순행하면서 강현(絳縣)에
이를 때마다 주발은 스스로 주살 될까 두려워서 항상 갑옷을 입고 집
안사람들로 하여금 무기를 잡고 이를 살피게 하였다.[27] 그 후에 어떤

---

26 당시 스무 살이었다.

27 한 왕조를 건국한 후에 한신은 항상 유방이 암살할까를 걱정하였고, 팽월은
   여태후가 주살할까 걱정하였으며, 주발은 문제가 주살할까를 걱정하였다. 다
   만 문제는 주발이 권세를 지나치게 부릴까를 걱정한 것뿐이었다.

사람이 편지를 올려서 주발이 반란을 일으키려 한다고 고하여 정위에
게 내려 보냈는데, 정위가 주발을 체포하여 이를 다스렸다.

주발은 두려워하고, 할 말을 알지 못하니, 옥리(獄吏)가 차츰 그를 침
범하여 모욕하였다. 주발이 천금을 옥리에게 주니, 옥리가 마침내 서독
(書牘, 木簡)의 뒤에다가 글을 써서 그에게 보여 주었다.

"공주(公主)로 보증하시오."

공주란 황제의 딸로 주발의 태자인 주승지(周勝之)가 그녀를 모셨
다.[28]

박태후(薄太后)도 역시 주발이 반란을 일으킬 수 없다고 여겼다. 황
제가 태후에게 아침 문안을 갔더니 태후가 모여(冒絮)를 황제에게 던
지면서[29] 말하였다.

"강후가 처음에 여러 여씨를 죽이고, 황제의 인새(印璽)를 매고 북군
에서 군사를 거느렸소. 이때에 반란하지 않고 이제 한 개의 조그만 현
에 살면서 도리어 반란을 일으키려고 한단 말이오?"

황제는 이미 강후가 옥(獄)에서 한 말을 읽어보았으므로 마침내 사
과하며 말하였다.

"옥리가 바야흐로 조사하고 그를 내보낼 것입니다."

이에 사자로 하여금 지절(持節)로 강후를 사면하고 작읍(爵邑)을 회
복시켰다. 강후가 이미 나오고 나서 말하였다.

---

28 공주가 주발의 아들인 주승지에게 시집을 갔으나, 공주를 취(娶)하였다는 말
을 쓸 수가 없었고, 오히려 주승지가 공주를 상(尙)하였다고 쓰고 있다.

29 모여는 노인의 머리를 덮게 만든 두건인데, 이 표현은 화가 난 모습을 말한다.
화가 나서 주위에 있던 물건을 잡아 던진 것이다.

"내가 일찍이 백만의 군사를 거느렸는데, 그러나 어찌 옥리가 귀하다는 것을 알았겠는가?"

6   고성묘(顧成廟)[30]를 지었다.

문제 전5년(丙寅, 기원전 175년)

1   봄, 2월에 지진이 있었다.

2   애초에, 진(秦)은 반량전(半兩錢)을 사용하였었는데, 고조가 그것이 무거워서 사용하기 어려운 것을 싫어하여 다시금 협전(莢錢)[31]을 주조하였다. 이에 물가가 올라서 쌀이 1석에 만 전(錢)이 되었다. 여름, 4월에 다시 사수전(四銖錢)을 주조하고,[32] 도주전령(盜鑄錢令)[33]을 폐지하고 민간으로 하여금 스스로 주전할 수 있게 하였다.

---

30 이 사당은 섬서성 서안시 서남쪽에 있다. 이는 문제가 스스로 사당을 만들었는데, 낮고 협소하여 돌아보는 사이에 완성되었다는 의미이다.

31 반량전(半兩錢)은 무게가 12수(銖)이고, 협전(莢錢)은 무게가 8수이다 .

32 진 시황은 중국을 통일한 뒤에 조개, 칼, 포 등의 화폐를 폐지하고 반량 무게의 전으로 전국의 전폐를 통일하였다. 그 한 개의 중량은 당시에 반량, 즉 12수였다. 한 초에 주조한 전은 비록 계속하여 중량을 감량하였지만 여전히 반량이라고 불렀다. 예컨대 여후 2년(186년)에는 이를 감하여 8수로 하였고, 문제 5년(175년)에는 4수로 감하였다. 민간에서 사사로이 주조하는 '반량'은 1수가 모자랐고 그것의 가볍기가 느릅나무 잎과 같다하여 '협전'이라 하였다.

33 몰래 전(錢)을 주조하는 것을 금하는 법령이다.

가의가 간하였다.

"법에는 천하의 사람들로 하여금 공개적으로 고용하여 구리와 주석을 녹여서 전(錢)을 만들게 하고 있지만 감히 연(鉛)과 철(鐵)을 섞어서 다른 기교를 부리는 사람은 그 죄를 경형(黥刑)[34]에 처한다고 하였습니다. 그러나 주전하는 사정은 잡된 것을 섞어서 기교를 부리지 않으면 이익을 얻을 수가 없고 이를 조금만 섞어도 이익은 아주 많습니다.

무릇 일에는 화(禍)를 부르는 것이 있고, 법에는 간사함을 일으키게 하는 것이 있는데, 이제 영세한 백성들로 하여금 조폐(造幣)하는 형세를 조종하게 하였으니 각기 숨기고 가리면서 주조하는데, 이어서 그들이 많은 이익을 금지하고 간사한 짓을 아주 적게 하려고 한다면 비록 매일 같이 경죄(黥罪)를 범한 사람이 보고되어도 그 형세는 그치지 않을 것입니다.

근래에 백성들 가운데 죄에 저촉되는 자가 많은 경우에 한 현(縣)에서 백 명을 헤아리게 되고, 관리가 의심하여 체포하고 태장을 치니 도망하는 사람도 아주 많습니다. 무릇 법을 걸어 놓고 백성을 유혹하여 함정에 들어가게 하는 것으로 어느 것이 이보다 많겠습니까?

또 백성들이 전(錢)을 사용하는데, 군현(郡縣)마다 달라서 혹은 경전(輕錢)을 쓰게 되면 백에 얼마간을 더하고, 혹 중전(重錢)을 사용하면 표준을 치다가 받지 않습니다.[35] 법(法)으로 정한 전(錢)이 확립되지

---

34 얼굴에 뜸을 떠서 죄인이라는 것을 표시하는 형벌이다.

35 기준보다 무거운 전은 평가하여 넘는 것을 거슬러 달라고 하면 받는 사람은 이를 받지 않는다는 말이다. 당시에 전의 무게는 4수(銖)인데, 법전(法錢)으로 100문(文)이면 무게가 1근 16수가 된다. 가벼우면 전(錢)을 가지고 이를 채우는데, 몇 닢을 더 보태어 근수가 맞게 하였다.

않으니, 관리가 이것을 급하게 통일시키겠습니까? 그렇다면 크게 번거롭고 복잡하여 힘으로 도저히 감당할 수 없을 것인데 내버려두고 꾸짖지 않겠습니까?

그렇다면 시장에서 다른 것들이 사용되어 전문(錢文)에 크게 혼란할 것이니, 진실로 그것은 방법이 아니니 어떻게 하면 좋겠습니까? 이제 농사일은 버려지고 구리를 캐는 사람은 날로 늘어날 것이며, 그들은 호미와 쟁기를 놓고 야금(冶金)하는 용광로에서 탄을 땔 것이고, 간사한 전(錢)은 날로 많아지고 오곡(五穀)은 많아지지를 않습니다.

선량한 사람은 유혹을 받아서 간사하게 되고, 착한 백성들은 유혹에 빠졌다가 형벌을 받게 되는데, 형벌이라는 것이 장차 아주 자세하지 못하니, 어찌 소홀(疏忽)하게 하겠습니까? 나라에서 이것을 걱정거리로 알게 되면 관리들은 의논하여 반드시 '이를 금지하십시오.'라고 할 것입니다. 이를 금지시켜도 그 방법을 갖지 못하면 그 상처는 반드시 클 것입니다.

법령으로 주전(鑄錢)을 금하면 전(錢)은 반드시 중시될 것이고, 중시되면 그 이익은 더욱 깊어질 것이니, 도주(盜鑄)는 구름처럼 일어나고, 그 기시(棄市)의 죄는 또 충분히 금지시킬 수가 없습니다. 간사(奸詐)한 일을 자주 일어나서 이기지 못하면 법으로 금지하는 것도 자주 무너지게 되는데, 구리가 그렇게 한 것입니다. 구리가 천하에 퍼져 있어서, 그것이 화(禍)가 됨은 넓으니, 그러므로 이를 거둬들이느니만 못합니다."

가산(賈山)이 또한 편지를 올려서 간(諫)하였다.

"전(錢)이라는 것은 쓸데없는 물건이지만,[36] 그러나 부귀를 바꿀 수는 있습니다. 부귀라는 것은 임금이 조종하는 칼자루인데, 백성들로 하여금 이것을 만들게 하면 이는 임금과 함께 칼자루를 조종하게 되니, 오래 가도록 할 수는 없습니다."

황상은 듣지 않았다.

이때에 태중대부 등통(鄧通)이 바야흐로 총애를 받아서 황상이 그를 부유하게 하고자 하여 그에게 촉엄도(蜀嚴道, 사천성 雅安縣)의 구리광산을 내려주고 주전(鑄錢)을 하게 하였다.

오왕 유비(劉濞)는 예장(豫章, 강서성 남창현)의 구리광산을 가지고 있었는데, 천하의 망명한 사람들을 불러다가 주전을 하였으며, 또 동쪽에서 바닷물도 끓여서 소금을 만들었으니, 이러한 까닭에 세부를 없이 하고도 나라의 쓸 것이 풍부하였다. 이에 오와 등통의 전(錢)이 천하에 두루 퍼졌다.

3   애초에, 황제는 대(代)를 나누어 두 나라로 만들고,[37] 황제의 아들 유무(劉武)를 세워서 대왕(代王)으로 삼고, 유참(劉參)을 태원왕(太原王, 산서성 태원시에 도읍)으로 삼았다.

이 해에 대왕 유무를 옮겨서 회양왕(淮陽王, 하남성 회양현에 도읍)으로 삼고, 태원왕 유참을 대왕으로 삼아서 그 원래의 옛 땅을 모두 얻게 하였다.

---

36 실제로 생활의 도구로 사용할 수 없는 물건이라는 말이다.

37 이 일은 문제 전1년(기원전 179년)에 있었고, 그 내용은 《자치통감》 권13에 실려 있다.

문제 전6년(丁卯, 기원전 174년)

1   겨울, 10월에 복숭아와 자두 꽃이 피었다.

2   회남여왕(淮南厲王) 유장(劉長)[38]이 스스로 법을 만들어 그 나라에서 시행하고 한에서 둔 관리를 쫓아버리고, 스스로 재상과 이천석[39]을 두게 해달라고 요청하였는데, 황제가 뜻을 굽혀서 이를 좇았다. 또 죄없는 사람에게 멋대로 형벌을 주어 죽이며, 사람에게 작위를 주는데 관내후(關內侯)[40]에 이르렀고, 자주 편지를 올린 것이 공손하지 못하였다.

황제는 그를 스스로 고치도록 책망하기가 어려워하여 마침내 박소(薄昭)로 하여금 편지를 보내게 하여 그에게 넌지시 타이르면서 관숙(管叔)과 채숙(蔡叔)의 일[41]과 대(代)의 경왕(頃王)과 제북왕(濟北王) 유흥거[42]를 인용하여서 경계하도록 하였다.

회남왕은 기쁘지 않아서 대부 단(旦)과 사오(士伍) 개장(開章) 등 70인으로 하여금 극포후(棘蒲侯) 시무(柴武)의 태자인 시기(柴奇)와 더불어 모의하고서 연거(輦車) 40승(乘)[43]을 타고서 곡구(谷口, 섬서성

---

38 유방의 아들이다. 고제 11년(기원전 196년)에 회남왕으로 봉해졌으며, 이 사실은《자치통감》권12에 실려 있다.

39 후국(侯國)에서 재상에서부터 내사, 중위까지의 모든 관리는 이천석으로 한이 이를 임명하고 그 이하는 스스로 임명하도록 되어 있다.

40 후작이지만 채읍을 주지 않는 후작으로 작위의 등급으로는 19급이었다.

41 주 성왕 때에 관숙과 채숙이 반란을 일으켰던 일을 말한다.

42 유방의 형인 유희가 변경의 위급상황에서 도망하여 후작으로 깎아 내린 일(기원전 200년)과 제북왕인 유흥거의 일(기원전 177년)을 말한다.

醴泉縣 서북쪽)에서 반란을 일으키게 하고, 사자를 민월(閩越)과 흉노로 보냈다. 일이 발각되어서 유사가 이를 다스리고 사자로 하여금 회남왕을 소환하게 하였다.

왕이 장안에 이르자 승상 장창과 전객(典客) 풍경(馮敬)이 행어사대부사(行御史大夫事)[44]를 맡아 종정(宗正)과 정위와 더불어 상주하였다.

"유장의 죄는 기시(棄市)에 해당합니다."

제(制)[45]하여 말하였다.

"그러하니 유장의 죽을죄를 용서하고, 폐위하여 왕 노릇을 못하게 하고, 촉군(蜀郡) 엄도(嚴道, 사천성 雅安縣)의 공우(邛郵)로 귀양 보내라."

더불어 모의한 사람은 모두 주살하였다. 유장을 치거(輜車)에 실어서 여러 현(縣)으로 하여금 차례로 그를 이송하게 하였다.[46]

원앙(袁盎)이 간하였다.

"황상께서 평소 회남왕을 교만하게 하고, 엄한 스승과 승상을 두지 아니하였으니, 그런 고로 여기에 이르게 되었습니다. 회남왕은 사람이 강(剛)한데, 이제 별안간에 그를 꺾어버리면 신은 갑자기 안개와 이슬을 만나서 병들어 죽을까 걱정이니, 폐하께서 동생을 죽였다는 이름을 얻게 되면 어떻게 합니까?"

---

43 연거는 병기를 실은 수레이며, 승은 수레를 헤아리는 단위인데, 네 마리의 말이 끄는 수레를 세는 단위이다.

44 행직이다. 임시 또는 대리로 다른 직책의 업무를 수행하도록 임용하는 방법이고, 여기서는 어사대부의 업무를 임시로 수행하는 직책이다.

45 황제의 명을 말하는데, 조(詔)보다는 한 단계 높은 명령이다.

46 치거는 휘장을 친 수레인데, 귀양지로 가면서 지나는 현에서 호송 책임을 지게 한 것이다.

황상이 말하였다.

"나는 다만 그에게 고생 좀 시키려는 것뿐이고, 이제 그를 회복시킬 것이다."

회남왕이 과연 분하고 화가 나서 먹지를 않다가 죽었다. 현(縣)에서 이송하여 옹(雍, 섬서성 鳳翔縣)에 이르렀는데, 옹 현령이 봉함한 것을 뜯어보고[47] 죽은 것을 보고하였다. 황상이 아주 슬프게 곡을 하고 원앙에게 말하였다.

"내가 공의 말을 듣지 않아서 끝내 회남왕을 죽였소. 이제 어떻게 해야 하오?"

원앙이 말하였다.

"다만 승상과 어사의 목을 베어서 천하에 사죄하면 됩니다."

황상이 즉시 승상과 어사에게 명령을 내려서 여러 현에서 회남왕을 이송하면서 수레의 봉함(封緘)을 열어 음식을 제공하지 않은 사람을 조사하고 체포하여 모두 기시하게 하고, 열후로서 회남왕을 옹에 장사 지내고 그 무덤을 지키는 30호(戸)를 두었다.

3   흉노의 선우가 한에 편지를 보내서 말하였다.

"앞선 때에 황제가 화친하기로 한 일을 말씀하셨는데, 편지의 뜻과 같아서 기뻤습니다. 한의 변방 관리가 우리 우현왕(右賢王)을 침범하고 모욕하니, 우현왕은 청하지도 않고[48] 후의로후(後義盧侯) 난지(難

---

47 치거로 호송하였는데, 포장을 치고 봉함하여 밖에서 볼 수 없도록 하였으므로 어디서 죽었는지를 알 수 없게 되었다.

48 우현왕이 선우에게 군사행동을 하게 해달라고 요청하지 않고 자의로 하였다

支) 등의 계책을 듣고 한의 관리와 서로 대치하였습니다.

두 군주[한의 황제과 흉노의 선우]의 약속을 끊고 형제 같은 친함을 떨어뜨려 놓으니, 그러므로 우현왕을 벌하고 그로 하여금 서쪽으로 가서 월지(月氏, 감숙성 張掖縣)를 찾아 이를 공격하라고 요구하였습니다.

하늘의 복을 받고 이졸(吏卒)들이 훌륭하며 말의 힘이 강하여 월지를 이멸(夷滅)시키고 모두 목 잘라 죽이고 항복시켜서 이를 평정하였고, 누란(樓蘭)·오손(烏孫)·호게(呼揭)[49]와 그 주변의 26개 나라는 모두 이미 흉노가 되었고, 여러 활을 쏘는 백성들은 한 집안이 되어 북주(北州, 북방 지역)는 평정되었습니다.

바라건대 무기를 잠재우고 사졸들을 쉬게 하고 말을 기르며 앞에 있었던 일을 없었던 것으로 하여 옛날의 약속을 회복시켜서 변방의 백성들을 편안하게 하고자 합니다. 황제께서 바로 우리 흉노가 요새에 접근하기를 원치 않는다면 또 조서를 내려 관리나 백성들이 변방에서 멀리 집을 짓게 하십시오."

황제가 답장을 보내서 말하였다.

"선우께서 전의 일을 없었던 것으로 하고, 옛 약속을 회복하려 한다니 짐은 아주 이를 가상하게 생각하오. 이는 옛 성왕의 뜻이오. 한은 흉노와 약속하여 형제가 되었으니 그러므로 선우에게 아주 후하게 내려주는 바인데 약속을 배반하고 형제 같이 친함을 멀리 떨어지게 한 자들은 늘 흉노에 있소.

는 말이며, 동시에 선우로서는 미리 허락한 일이 아니라는 뜻이다.

[49] 누란은 신강성 나포박 호반(羅布泊 湖畔) 근처에 있고, 오손은 신간성 이녕시(伊寧市)에 있으며, 호게는 중앙아시아 아라무트시에 있다.

그러나 우현왕의 일은 이미 사면하기 전에 있었던 것이니 선우께서는 깊이 주살하지 마시오. 선우께서 만약에 편지에 쓴 뜻과 같이 하신다면 여러 관리에게 분명히 알리고, 약속을 위반하지 않고, 신의를 갖게 하면 존중하여 선우의 편지처럼 하겠소."

얼마 후에 묵돌(冒頓)이 죽고 그의 아들인 난제계죽(欒提稽粥)이 섰는데 노상선우(老上單于, 흉노의 3대 선우)라고 불렀다. 노상선우가 처음 서자 황제는 다시 종실의 딸 옹주(翁主)를 보내어 선우의 연지(閼氏)가 되게 하고, 환자(宦者)인 연인(燕人) 중행열(中行說)로 하여금 옹주를 가르치게 하였다.

중행열이 가려고 하지 않았지만 한은 억지로 이를 하게 하였다. 중행열이 말하였다.

"반드시 나이어야 한다면 한의 걱정거리가 됩니다."

중행열이 이미 도착하고 이어서 선우에게 항복하니, 선우는 그를 아주 친하게 총애하였다.

애초에, 흉노는 한의 비단 솜과 음식물을 좋아하였다. 중행열이 말하였다.

"흉노 사람들은 무리로는 한의 한 개의 군(郡)을 당할 수 없지만 그러나 강하게 된 까닭은 옷과 식품이 다르지만 한에 바라지 않기 때문입니다. 지금 선우께서 습관을 바꾸시어 한의 물건들을 좋아하니 한의 물건 불과 10분의 2로 흉노는 모두 한에 귀속될 것입니다."[50]

그는 한의 비단과 솜을 입고서 풀과 가시덤불 속으로 말을 달리니

---

50 한이 쓰는 물건의 10분의 2라면 흉노의 무리들은 장차 한에 귀부할 것이라는 말이다.

옷과 바지가 다 찢어지고 해지게 하여 가죽 털옷이 완벽하게 좋은 것 같지 않음을 보여 주었고, 한의 음식물을 갖다가 모두 버려 우유제품이 편리하고 맛있는 것 같지 못함을 보여 주었다.

이에 중행열은 선우의 좌우에 있는 사람들에게 자세히 기록하며 가르쳐서 그 사람의 무리와 가축 수를 서투르지만 기록하게 하였다. 그는 한에 보내는 서간과 인장은 모두 길고 크게 하고, 그 말을 거만하게 하고, 스스로 '천지가 낳고 일월이 만들어둔 흉노대선우(匈奴大單于)'라고 하였다.

한의 사자 가운데 혹 흉노의 습속에 예의가 없음을 헐뜯고 비웃었더니, 이에 중행열은 번번이 한의 사자에게 추궁하여 말하였다.

"흉노는 약속을 간단하게 하고 쉽게 실행하는데, 군신간의 예절은 간단하여도 오래갈 수 있고 일국(一國)의 정치가 마치 한 몸과 같다. 그러므로 흉노는 비록 혼란하지만 반드시 종종(宗種)을 세운다.

지금 중국은 비록 예의가 있다고 말하지만 친속이라도 좀 멀면 서로 죽이고 빼앗고 성(姓)을 바꾸기에 이르러도 모두 이를 좇는 무리이다.[51] 아! 흙집에 사는 사람아, 생각하건대 많은 말을 하여 번지르르 하게 하지 마시오. 한이 흉노에게 보내는 비단 옷과 쌀로 만든 술을 돌아보아 그 수량이 맞고 반드시 맛있으면 그뿐이지 어찌하여 말을 하는가? 또 보내 준 것이 잘 갖추어지고 좋으면 그만이지만, 다 갖추지 못하고 질이 나쁘면 가을에 곡식이 익을 때를 기다려서 기병(騎兵)으로 달려가서 너희들이 농사지은 것을 유린하겠다."

---

51 종종(宗種)이란 중심이 되는 지파라는 말이고, 중국에서 성(姓)을 바꾸기란 바로 왕조의 교체를 말한다.

4   양(梁)의 태부인 가의(賈誼)가 상소를 올렸다.

"신이 가만히 생각하건대, 오늘날의 사태와 형세는 통곡할 만한 것이 하나 있고, 눈물을 흘려야 할 것이 둘이 있으며, 긴 탄식을 해야 할 것이 여섯 개가 있는데, 만약에 그 외에 이치를 배반하고 도(道)를 상하게 하는 것이라면 두루 소(疏)를 들어올리기가 어렵습니다.

말씀을 올리는 사람들이 모두 이르기를 '천하는 이미 편안하고 이미 잘 다스려지고 있습니다.'라고 합니다. 신만이 아직은 아니라고 하는데, 편안하고 또한 잘 다스려진다고 말하는 사람이 어리석지 않다면 아부하는 사람일 것이니, 모두 사실상 치란(治亂)의 본체(本體)를 아는 사람이 아닙니다.

무릇 장작을 쌓아 놓고 불씨를 그 밑에 놓고, 그 위에서 자면서 불이 아직은 타기에 이르지 못하였으니 그 때문에 이를 편안하다고 말하는 것이어서, 바야흐로 지금의 형세는 이것과 무엇이 다르겠습니까? 폐하께서는 어찌하여 신으로 하여금 한 번 폐하 앞에서 이를 충분히 헤아리게 하고 이어서 치안대책을 진술하게 하여 자세히 선택하여 시험해 보시지 않습니까?

　잘 다스려지게 하려면, 뜻[52]과 염려를 수고롭게 하고, 신체를 고생
스럽게 하며 종고(鐘鼓)의 즐거움을 벌이고, 하지 말아야 좋습니다. 즐
기는 것은 오늘날과 같게 하는데, 이를 제후들의 궤도(軌道)[53]에 덧붙
이면 병혁(兵革, 군사)을 동원하지 않아도 흉노는 빈복(賓服)하며, 백
성들은 소박하여 살아서는 밝은 황제가 되고 죽어서는 밝은 신령이 되
며, 빛나는 이름의 아름다움은 끝없이 이어 내려가게 하여 고성(顧成)
의 사당[54]으로 하여금 태종(太宗)으로 불리게 하며, 위로는 태조(太祖)
를 배향하며 한과 더불어 끝이 없이 이어지고,[55] 원칙을 세우고 기강
을 벌려 놓아서 만세(萬世)의 법이 될 것이니, 비록 어리석고 어리며 불
초(不肖)한 후손이라고 하여도 오히려 그 업적에 힘입어서 편안할 것
입니다. 폐하께서 밝고 통달하심을 가지고 이어서 다스리는 본체를 조
금 아는 사람으로 하여금 보좌하게 하여 이러한 풍조를 내려 보내시면
여기에 이르기는 어렵지 않습니다.

　무릇 나라를 세워서 굳어지면 반드시 서로 의심하는 형세가 아래로

---

52 다른 판본에는 지(志)를 지(智)로 쓴 것이 있으며, 이대로라면 '지혜와 염려를
　수고롭게 한다.'고 해야 한다.

53 도의 길을 따라가는 것, 즉 법제를 준수하는 것이다.

54 문제가 세운 묘인데 섬서성 장안현의 동쪽에 있다.

55 황제는 살아 있을 때에 자기의 무덤 만드는 것과 마찬가지로 살아 있을 때에
　하나의 묘(廟, 사당)를 갖게 된다. 황제가 죽은 후에는 이 묘는 그 황제에게 제
　사를 지내는 곳이 된다. 왕조가 오래되어 죽은 황제의 수가 많아지면 묘도 많
　아져서 그 묘에 호(號)를 붙이게 된다. 그런데 이 묘호(廟號)는 그 해당 황제
　의 업적을 반영하여 붙이는데, 태조(太祖)나 고조(高祖)는 창업(創業)의 군주
　이고, 그 다음으로는 종(宗)을 붙이는데, 고종(高宗)이나 태종(太宗)이 가장
　존중되는 묘호이다.

가서 자주 그 재앙(災殃)을 입게 되고, 위로는 자주 그 근심거리가 일어 날까 의심하게 되니 위를 편안히 하고 아래를 온전히 하기 위한 것이 아주 아닙니다.

지금 혹 친동생[淮南王 劉長]은 꾀하여 동제(東帝, 濟北王 劉興居)가 되려고 하고, 친형의 아들은 서쪽을 향하여 치려고 하기도 하는데, 이 제 오왕(吳王, 劉濞)도 또한 고발을 당하였습니다. 천자께서는 춘추(春秋)가 한창 왕성하시고, 의(義)를 행하여 아직 허물이 없고, 덕택을 더하여주시는데도 오히려 이와 같은데, 하물며 막대한 제후들이고 권력이 또 이것의 열 배나 됨에서야![56]

그러나 천하가 조금 안정된 것은 무엇 때문입니까? 큰 나라의 왕은 어리고 약하며 아직 굳세지 못하여 한에서 둔 태부와 승상이 바야흐로 그 일을 장악하고 있습니다.

몇 년 후에는 제후의 왕들이 대개 관례를 치르게 되면 혈기가 바야흐로 강건해지고, 한에서 임명한 태부와 승상들은 병이 들었다 하여 파직이 내려지고, 저들은 스스로 현승(縣丞)과 현위(縣尉) 이상의 관리에 두루 사사로운 사람을 둘 것인데, 이와 같이 하면 회남왕과 제북왕이 한 것과 다르겠습니까? 이때에는 잘 다스리고 편안하게 하려고 하지만, 비록 요(堯)와 순(舜)이라도 잘 다스려지지 않습니다.

황제(黃帝)가 말하였습니다. '해가 중천에 올랐거든 반드시 젖은 것을 말리라! 칼을 잡았거든 반드시 베라.'[57] 이제 이 도리로 하여금 순조

---

56 가의의 생각으로는 회남이나, 제북은 1개국이었지만 이러한 나라들이 서로 단합하게 된다면 걱정거리는 열 배가 된다는 말이다.

57 해가 났을 때에 젖은 것을 말리지 않거나 칼을 뽑고도 베지 않는다는 것은 기

롭게 하게 한다면 모두 안정되는 것은 아주 쉬운데, 일찍 이러한 일을 하려고 하지 않으니, 이미 마침내 골육에 속한 사람들을 무너뜨려 그들을 들어 목 베게 될 것인데, 어찌 진(秦)의 말년과 다름이 있겠습니까?

그 가운데 이성(異姓)은 강한 세력을 짊어지고 움직였으나, 한은 이미 다행히 그들을 이겼지만, 또 그것이 그렇게 된 원인을 바꾸지 않았고, 동성(同姓)[58]들도 이러한 흔적을 이어받아서 움직이니 이미 그 징조가 나타나고 있는데, 그 형세는 다하였다가 또 다시 그렇게 될 것입니다. 재앙과 화(禍)의 변함은 옮겨질 곳을 알지 못하는데, 밝은 황제께서 이렇게 계셔도 오히려 안정시킬 수가 없는데 후세에는 장차 어떠하겠습니까?

신이 가만히 전에 일어났던 일을 더듬어 생각해 보니, 대개 강한 사람이 먼저 반란을 일으킵니다. 장사왕(長沙王)은 2만5천 호일 뿐이고 공로도 적었지만 가장 완전하고, 형세는 멀지만[59] 가장 충성스러운데, 다만 성품이 다른 사람과 다를 뿐만 아니라 또한 형세도 그러합니다.

지난번에 번쾌(樊噲)·역이기(酈食其)·강후(絳侯) 주발(周勃)·관영(灌嬰)으로 하여금 수십 개의 성(城)을 점거하여 왕 노릇하게 하였으나, 이제 보면 비록 잔망(殘亡)시키는 것이 옳았을 것이고, 한신(韓信)과 팽월(彭越)의 순서를 철후(徹侯)[60]로 삼아서 살게 하였더라면, 비록

회를 잃는다는 말이다. 즉 때가 되면 실행에 옮겨야 한다는 뜻이다.

58 이성(異姓)은 한의 황제 유씨와 다른 성을 가진 사람으로 제후에 책봉된 사람이고, 동성이란 유씨로 제후에 책봉된 사람이다.

59 황제와의 혈연관계로 보면 먼 친척이라는 뜻이다. 한 초의 공신으로 왕에 책봉된 자 가운데 장사왕 오예만이 나라를 문제 때까지 전하였다.

오늘에 이르렀어도 살아 있는 것이 가능하였을 것입니다.

그런즉 천하의 큰 계책은 알 수 있을 뿐인데, 여러 왕들이 모두 충성스럽게 붙도록 하려면 장사왕처럼 하게하는 것 만한 것이 없고, 신하들로 하여금 젓 담가지지 않게 하고자 한다면 번쾌와 역이기 등과 같게 해서는 안 되고, 천하로 하여금 잘 다스려져서 편안하게 하려면 제후들을 많이 세워서[61] 그들의 힘을 줄이는 것 같은 것이 없습니다. 힘이 적으면 의(義)로 쉽게 부리게 되고, 나라가 적으면 간사한 마음이 없어집니다.

해내(海內)의 세력으로 하여금 만약에 몸이 팔을 부리는 것과 같게 하고 팔이 손가락을 부리듯 통제하고 좇지 않는 것이 없게 한다면 제후인 군주가 감히 다른 마음을 갖지 못하고, 폭주(輻輳)하여 나란히 나와 천자에게 목숨을 돌립니다.

땅을 나누고 제도를 확립하여, 제(齊, 도읍은 임치)·조(趙, 도읍은 한단)·초(楚, 도읍은 강소성 徐州)로 하여금 각기 몇 개의 나라로 만들게 하고, 도혜왕(悼惠王, 劉肥)·유왕(幽王, 劉友)·원왕(元王, 劉交)의 자손들로 하여금 차례로 각기 할아버지의 나눈 땅을 받게 하다가 나누어 줄 땅이 다 없어진 다음에야 그치게 하고, 그 나눌 땅은 많으나 자손이 적은 곳에는 세워서 나라를 만들고, 빈 채로 두었다가 반드시 그 자손이 낳기를 기다렸다가 들어서 왕 노릇을 하게하여 한 치의 땅이나 한 사람의 백성도 천자가 이익으로 하는 바가 없을 것이니, 진실로 안정하게 다스리는 것일 뿐입니다.

---

60 진대 이후의 최고의 작위이다. 후에 한무제 유철의 철자를 피휘하려고 통후(通侯) 혹은 열후(列侯)로 부른다.

61 이를 중건제후정책(衆建諸侯政策)이라고 한다.

이와 같이 하면, 어린아이를 천하의 윗자리에 뉘어 놓아도 안전할 것이며, 유복자(遺腹子)를 세워놓고 조정에서 옷을 입혀 놓아도 천하는 혼란하지 않을 것이니, 당대에는 크게 다스려질 것이고, 후세에는 성스럽다고 칭송될 것입니다. 폐하께서는 누구를 꺼려서 오랫동안 이 일을 하지 않으십니까?

천하의 형세는 바야흐로 크게 수종다리 병이 걸린 것 같아서, 한쪽 정강이는 대체로 허리처럼 되었고, 한쪽 손가락은 대체로 넓적다리처럼 되어 있어서 평상시에도 굽혔다 폈다 할 수 없고, 한두 개의 손가락을 움직이면 아프게 되니, 몸은 의지할 곳이 없는 것을 염려합니다. 지금 기회를 잃고 치료를 하지 않으면 반드시 고질이 되어서 뒤에 가서 비록 편작(扁鵲)[62]이 있다고 하여도 처리할 수가 없을 것입니다. 병은 다만 수종다리 병만이 아니고 또한 곰배팔이로 고생합니다.

원왕(元王)의 아들은 황제의 사촌동생이고 지금의 왕 노릇하는 사람은 사촌동생의 아들입니다. 또 혜왕(惠王)의 아들은 친형의 아들이며 지금 왕 노릇하는 사람은 형의 아들의 아들입니다. 가까운 사람은 혹은 땅을 나누어서 천하를 편안하게 못하고, 먼 사람은 혹 대권(大權)을 장악하여 천자를 핍박하고 있으니, 신(臣)은 그러기 때문에 수종다리 병을 앓고 있을 뿐만 아니라 또한 곰배팔이 병까지 앓고 있다고 말하는 것입니다. 통곡할 노릇은 바로 이 병인 것입니다.

천하의 형세는 바야흐로 거꾸로 매달려 있습니다. 무릇 천자란 천하의 머리입니다. 왜 그러합니까? 위이여서입니다. 만이(蠻夷)란 것은 천하의 발입니다. 왜 그러합니까? 아래여서입니다. 지금 흉노가 업신여

---

62 고대에 있었던 명의(名醫)의 이름이다.

기고 모욕하면서 침략하며 불경스런 지경에 이르렀고, 한은 해마다 금과 비단을 보내서 그들을 받듭니다. 발이 도리어 위에 있고 머리는 도리어 아래에 있습니다. 거꾸로 매달린 것이 이와 같으나 이를 풀 수 없는데, 오히려 나라를 위한 사람이 있습니까? 눈물을 흘리게 될 수 있다는 것은 이것입니다.

이제 사나운 적(敵)을 사냥하지 아니하고 전원(田園)의 돼지를 수렵하며, 반란을 일으킨 도적을 잡지 않고 기르는 토기를 잡으며, 세세한 오락을 즐기면서 커다란 환란에 대한 대책을 모색하지 않으니, 덕은 멀리까지 베풀어져서 수백 리 밖까지 나가지만 위엄 있는 명령은 펼쳐지지 않으니[63] 눈물을 흘리게 될 수 있는 것은 이것입니다.

이제 서민들의 집과 벽에는 황제의 복장을 할 수 있고, 창기(倡妓)와 배우(俳優) 등은 낮고 천하지만 황후의 장식을 할 수 있는데, 또 황제의 몸에는 스스로 백제(帛綈)[64]를 걸치지만, 부유한 사람의 담장과 집은 무늬로 수놓고 있으며, 천자의 황후는 그 옷깃에만 꾸몄는데, 서인들의 첩실들은 신발도 꾸몄으니, 이것이 신이 말씀드리는바 어긋난 것입니다.

무릇 100명이 이를 만들어도 한 사람을 옷 입힐 수 없는데, 천하에 모두 추위를 없애려 한다면, 어떻게 얻을 수가 있겠으며, 한 사람이 경작하고 열 사람이 모여서 이를 먹게 하면서, 천하가 주리지 않게 하고자 한다면 얻을 수 없으니, 배고픔과 추위가 백성들의 살가죽에서 절실한데 그것이 간사하게 되는 것을 없애려고 하여도 얻을 수 없는 것입

---

63 원문은 승(勝)으로 되어 있어서 '명령은 이길 수 없으니'로 하여야 하나, 다른 판본에는 승(勝)을 신(伸)으로 한 것도 있으므로 신(伸)으로 해석하였다.

64 조악한 검은 의복을 말한다.

니다. 긴 탄식을 하게 될 수 있다는 것은 이것입니다.

상군(商君)[65]은 예의를 남겨두고 인(仁)과 은(恩)을 버리고, 아울러 나아가서 빼앗는 것을 마음에 두었지만 이를 시행하여 2년 만에 진(秦) 의 풍속은 날로 부서졌습니다.

그런 고로 진인(秦人)들은 집안이 부유하고 아들이 장성하면 내보내 나누었고, 집안이 가난한데 아들이 장성하면 데릴사위[66]로 내보내고, 아버지에게 우조(耰鉏)를 빌려주면서 생각에는 덕을 베푼다는 기색이 있으며,[67] 어머니는 키질하고 비질을 하는데, 선 채로 나무라는 말을 하며,[68] 그의 아들에게 젖 먹이면서 시아버지와 함께 걸터앉았고,[69]

---

65 상앙(商鞅)을 말하는데, 이에 관한 일은 주 현왕 8년(기원전 361년)에 있었고, 그 내용은《자치통감》권2에 실려 있다.

66 원문의 출췌(出贅)란 부잣집 데릴사위로 내보내는 것을 말하는데, 이 경우는 반드시 부잣집의 딸에게 장가드는 것을 말하는 것이 아니고, 빚에 물건을 저 당 잡히듯 사람을 저당 잡히는 것이다. 저당 잡힌 기간이 끝나면 속(贖)하여 서 돌아올 수 있는데, 돈이 없어서 빚을 갚지 못하면 노예(奴隸)가 된다. 혹 주인이 보건대 인품이 좋다고 인정되면 그의 딸을 이 사람과 결혼시키는 수 도 있어서 이러한 경우를 '췌서(贅婿)'라고 부르는데, 그렇다고 하여도 정식 결 혼한 '사위[女婿]'와는 다르다.

67 우조는 호미 같은 농기구로 밭을 갈고 씨를 덮는데 쓰는 것인데 이것을 아버 지에게 빌려 주면서 당연한 것으로 알지 않고 아버지에게 덕을 베푸는 것으 로 생각한다는 것이다.

68 데릴사위로 아들을 그 처가로 보내어 어머니가 아들 집에서 곡식을 까불고, 비질을 하면서 청소를 하는데, 잘못한다고 며느리가 나무라는 것을 말한다.

69 전통적인 예의에 의하면 며느리는 시아버지나 시아주버니와는 단독으로 얼 굴을 마주할 수가 없다. 어쩔 수 없이 얼굴을 마주해야 할 것 같으면 며느리 는 반드시 한쪽에 서 있어야 한다. 더군다나 대단히 불경으로 보는 태도인 다 리를 벌리고 앉은 것이다.

며느리와 시어머니가 서로 기뻐하지 않으니 도리어 입술을 삐죽하면서 서로 따져 그들은 아들을 사랑하고 이익을 좋아하지만, 금수와 다른 것이 거의 없습니다.

지금도 그 유풍(遺風)이 풍속에 남아 아직도 오히려 고쳐지지 않아서 예의를 버리고 염치를 버리는 것이 날로 심해지니 달마다 다르고 해마다 다르다고 말할 수 있습니다. 이로움을 좇을 뿐만 아니고, 생각하는 중에 행한 것을 돌아보지 않는데, 지금 그 가운데 심한 사람은 부형을 죽입니다.

그러나 대신들은 다만 공문서로 보고하지 않고, 약정된 기한이 끊어지지 않는 것을 큰 일로 여기니, 풍속이 흘러가 잃어버리고, 세상이 파괴되고 썩어 버리기에 이르러서도 편안함으로 인하여 이상하다는 것을 알지 못하니, 생각은 귀에 들리고 눈으로 보아도 움직이지도 않으니 그것이 적당하고 그러하다고 여길 뿐입니다.

무릇 풍속을 바꾸고 천하로 하여금 마음을 돌려서 도(道)를 향하게 하는 것은 속된 관리들이 할 수 있는 일이 아닌 것 같습니다. 속된 관리들이 힘쓰는 것은 글을 쓰거나 문서를 보관하는데 있으니 대체(大體)를 모릅니다. 폐하께서도 또한 스스로 근심하시지를 않으니 가만히 폐하를 위하여 이것을 애석하게 여깁니다.

어떻게 지금처럼 제도를 확정하여, 임금이 임금답고 신하는 신하다우며, 위아래가 차별이 있고, 부자(父子)와 육친(六親)[70]이 각기 그들이 있어야 할 마땅한 곳을 얻게 하실 것입니까? 이 사업이 하나로 확정되면 세세토록 늘 편안할 것이며, 이후에도 유지하여 따를 것인데, 만

---

70 아버지, 아들, 형, 동생, 지아비, 지어미를 말한다.

약에 제도를 확정하지 않는다면 마치 강과 하천을 건너면서 밧줄과 노를 없애는 것과 같아서 중간에서 흐르다가 풍파를 만나면 반드시 전복됩니다. 긴 탄식을 할 수 있는 것은 이것입니다.

하(夏)·은(殷)·주(周)에서 천자가 된 것은 모두 수십 세(世)였는데, 진(秦)에서는 천자가 되어 2세만에 망하였습니다. 사람의 본성이란 서로 간의 차이가 그렇게 심한 것은 아닌데, 어찌하여 삼대의 군주는 도(道)를 가지고 있어서 장구하였는데, 진은 무도(無道)하여 폭망(暴亡)하였습니까? 그 연고를 알 수 있습니다.

옛날의 제왕 된 사람은 태자가 처음 탄생하면 본디부터 예(禮)를 가르치는데, 유사들이 일제히 정숙하고 단정하게 의관을 고루 갖추고 남교(南郊)에서 알현하고, 대궐 앞을 지나면서는 수레에서 내리고, 사당을 지나면서는 빠르게 하니, 그러므로 갓난아이가 되면서부터 가르쳐서 진실로 실행하였습니다.

아동이 되어 아는 바가 있으면, 삼공(三公)과 삼소(三少)[71]가 효(孝)·인(仁)·의(義)·예(禮)를 밝혀서 도를 가지고 이를 익게 하여, 삐뚤어진 사람을 쫓아내고 악한 행동을 보지 못하게 하며, 이에 모두 천하의 단정한 선비와 효심이 있고 우애가 있으며, 널리 공부를 많이 하여 도술(道術)을 가진 사람들을 뽑아서, 그를 호위하고 돕게 하여 태자와 함께 있고 출입하게 하였습니다. 그러므로 처음 태자는 나면서 옳은 일을 보고 옳은 도(道)를 행하는데, 좌우(左右) 전후(前後)의 주위에는 모

---

71 삼공(三公)과 삼소(三少)는 모두 태자의 스승을 맡은 관직인데, 삼공이란 태사·태부·태보로 이들은 황제와 재상 중간쯤의 지위에 있는 국가 최고의 원로를 말한다. 삼소란 소사·소부·소보를 말하는데, 재상과 같은 지위에 있거나 혹은 재상보다 한 등급 정도 낮은 영예관을 말한다.

두 올바른 사람들이었습니다.

　무릇 익히 올바른 사람과 더불어 살면 바르게 아니 할 수가 없는 것은 제(齊)에서 자라면 제의 말을 아니 할 수 없는 것과 같고, 익히 바르지 않은 사람과 살면 부정하지 아니 할 수가 없으니, 마치 초(楚)의 땅에서 나서 자라면 초의 말을 아니 할 수가 없는 것과 같습니다.[72]

　공자(孔子)께서 이르기를, '어려서 천성(天性)을 이루면 익힌 것이 자연과 같이 된다.'[73]고 하였습니다. 익히 지혜로운 사람과 자라니 그러므로 절실하여 부끄러운 일이 없을 것이고, 된 것이 마음과 더불어 이루니 그러므로 도(道)에 맞아서 천성(天性)처럼 됩니다. 무릇 삼대가 장구하게 된 까닭은 태자를 보도(輔導)하는데, 이렇게 갖추어 가졌습니다.

　진(秦)에 이르러서는 그러하지를 못하였으니, 조고(趙高)로 하여금 호해(胡亥)를 가르치게 하여 그에게 감옥에 관한 일을 가르쳤고, 익힌 것은 사람을 목 베거나 의형(劓刑)[74]이 아니면 다른 사람의 삼족(三族)을 이멸(夷滅)하는 것이었습니다.

　호해는 오늘 즉위하였다면 다음 날 사람을 쏘았고, 충성스럽게 간(諫)하는 사람에게 비방(誹謗)한다고 생각하였고, 깊이 계책을 세우는 사람에게 이를 요사스러운 말이라고 생각하고, 그가 사람 죽이는 것 보기를 마치 잡초를 베어 버리는 것처럼 하였습니다. 어찌 다만 호해의

---

72 제(齊) 지역은 문화가 우수하고 예의를 갖춘 지역으로 보고 초는 그렇지 않은 지역으로 생각하고 말한 것이다.

73 이 구절은《대대례(大戴禮)》〈보부(保傅)〉에 나온다.

74 코를 베는 형벌이다.

천성이 악(惡)해서만이겠습니까? 저것은 그를 이끌었던 사람이 그 이치대로 아니하였던 연고입니다.

속담에 이르기를, '앞에 가는 수레가 넘어지면 뒤에 가는 수레는 경계로 삼아야 한다.'고 하였습니다. 진(秦)시대가 빨리 망한 이유는 그 흔적을 찾아 볼 수가 있는데, 그러나 피하지 않으면 뒤에 가는 수레도 또한 장차 전복될 것입니다.

천하의 운명은 태자에게 달려 있으며 태자가 착한 것은 일찍부터 잘 가르치는 것과 주변 사람을 잘 선발하는데 있습니다. 무릇 마음이 아직 함부로 하지 않는데, 먼저 타이르고 가르치면 교화는 쉽게 이루어지며, 도술(道術)과 지혜의 마땅함을 열어주는 지침은 가르치는 힘에 있으니, 만약에 그가 복종하여 익히고 습관을 쌓아두게 하려면 좌우에게 달려 있을 뿐입니다.

무릇 호인(胡人)과 월인(粤人)[75]들도 낳아서는 같은 소리를 내고 좋아하고 바라는 것도 다르지 않지만 그들이 자라게 되면서 풍속을 익히게 되어 여러 차례 통역을 하여도 서로 통할 수가 없게 되며, 비록 죽는 일이 있다고 하여도 서로 상대를 못하게 되니, 가르치고 익힌 것이 그렇게 만든 것입니다.

신은 그런 고로 좌우에 있을 사람을 선발하고 일찍 타이르고 가르치는 것이 가장 급한 일이라고 말하는 것입니다. 무릇 가르침이 얻어지고, 좌우에 있는 사람들이 올바르다면 태자는 올바르게 되고, 태자가 올바르면 천하는 안정됩니다.

---

75 호인(胡人)은 북쪽에 사는 족속이고 월인(粤人)은 남쪽에 사는 족속으로 그 습관과 행동이 각기 다르다.

《서경(書經)》에 이르기를 '한 사람이 경사스러운 일을 갖게 되면 억조(億兆)나 되는 백성들이 이에 의지합니다.'[76]라고 하였으니, 이것이 시무(時務)[77]입니다.

범인(凡人)의 지혜는 이미 그러하였던 것을 볼 수 있지만 앞으로 일어날 것은 볼 수 없습니다. 무릇 예(禮)라는 것은 장차 그렇게 되기 전에 금지시키는 것이며, 법(法)이란 이미 그렇게 된 다음에 금지시키는 것입니다. 이러한 연고로 법의 쓰임새는 쉽게 나타나지만 예가 만들어내는 것은 알기가 어렵습니다.

만약에 무릇 경하(慶賀)하고 상을 주어서 착한 일을 권고하는 것이라면 형벌을 주면서 악을 징계하는 것이니, 선왕(先王)이 이러한 정치를 잡으면 굳기가 쇠나 돌과 같았고, 이러한 명령을 시행하면 신의(信義)가 네 계절[78]과 같았고, 이러한 공적인 것에 근거하면 사사로움을 없이 하는 것이 천지와 같은데, 어찌 돌아보아 쓰지 않으십니까?

그러나 '예(禮)에서 이르기를, 예에서 이르기를'이라고 하는 것은 아직 싹트기 전에 악을 끊어 버리는 것이며, 미세하고 희미할 때에 가르침을 일으키는 것을 귀하게 여기는 것이고, 백성들로 하여금 날로 선으로 옮겨가게 하고 죄에서 멀리하게 하지만 스스로 알지 못합니다.

공자께서 말씀하시기를, '송사(訟事)를 들으면 나도 오히려 다른 사

---

76 《서경》의 〈주서〉 여형에 나오는 말이다. 여기서 한 사람이란 천자를 말하는 것이고, 억조란 백성을 말하는 것이다.

77 이 시기에 꼭 힘써야 할 일을 말한다.

78 사계절은 그것이 닥치는 것이 분명하여 아무도 안 믿는 사람이 없는 것처럼 분명하게 믿었다는 말이다.

람 같겠지만 반드시 송사를 없게 할 것이다.'[79]라고 하였습니다. 임금
이 되어서 계획할 것은 먼저 버릴 것과 취할 것을 살피는 것 만한 것이
없습니다. 취사(取捨)가 안에서 알맞게 정해지면, 밖에서 안위(安危)의
싹이 나타날 것입니다.

진왕은 종묘를 존중하고 자손을 편안하게 하는 것이 탕(湯, 은의 탕임
금)·무(武, 주 무왕)와 같았을 것이지만 그러나 탕·무는 그의 덕행을 넓
고 크게 하여 600~700년이 되어도 왕조를 잃지 않았고, 진왕은 천하
를 다스린 지 10여 년에 크게 실패하였습니다. 이는 다른 연고가 없습
니다. 탕·무가 정한 것은 취하고 버릴 것을 살폈으나, 진왕이 정한 것은
취하고 버릴 것을 살피지 않았습니다.

무릇 천하란 하나의 커다란 그릇인데, 이제 사람이 그릇을 놓으면서
이것을 편안한 곳에 놓으면 안전하고, 위태로운 곳에 놓으면 위태로워
집니다. 천하의 인정(人情)도 그릇과 다름이 없는데, 천자가 있는 곳에
이것을 놓습니다. 탕·무는 천하를 인의예악(仁義禮樂)에 두어서 자손
들이 수십 세대를 거듭하게 하였으니, 이것은 천하 사람들이 다 들었을
것이고, 진왕은 천하를 법령과 형벌에 두었으니, 그 화(禍)가 거의 자기
몸에 미치고 자손은 주살되어 끊겼으니, 이는 천하 사람들이 다 본 것
이어서 옳고 그름은 그것이 아주 분명하게 그 증거를 나타냈습니다.

사람들이 하는 말에 이르기를, '말을 듣는 도리란 반드시 그 사실을
가지고 본다면 말하는 사람이 감히 망령된 말을 하지 못한다.'고 합니
다. 지금 혹 어떤 사람이 '예의(禮誼)가 법령만 못하다고 하며, 교화는

---

79 《논어(論語)》 안연 12에 나오는 말이다. 이는 도덕교화를 통하여 송사를 없게
하겠다는 말이다.

형벌만 못하다'고 말하는데, 임금께서는 어찌 은(殷)·주(周)·진(秦)의 일을 인용하여 이를 보지 않으십니까? 인주(人主)는 높으시기가 마치 마루와 같으며, 여러 신하는 폐(陛)[80]와 같고 많은 서민들은 땅바닥과 같습니다.

그러므로 폐(陛)는 아홉 단계 위이고 마루의 터는 변두리의 땅바닥에서 멀리 있으니 마루는 높은데 폐(陛)에 등급이 없으면 마루 터의 변두리는 땅바닥에 가깝게 되니 마루도 낮습니다. 높은 곳은 오르기가 어렵고 낮은 것은 쉽게 짓밟히는 것은 이치와 형세가 그러합니다.

그러므로 옛날의 성왕의 제도를 보면, 등급을 두어 늘어놓았으니, 안으로는 공(公)·경(卿)·대부(大夫)·사(士)가 있고, 밖으로는 공(公)·후(侯)·백(伯)·자(子)·남(男)이 있으며, 그러한 연후에 관사(官師)[81]와 소리(小吏)가 있고, 이어서 서인들에게까지 미쳤으니, 등급(等級)은 분명하며 천자는 그 위에 더하여져서 그러므로 그 높은 것에는 따라잡을 수가 없었습니다.

속담에 '쥐를 잡으려고 하면서 그릇을 걱정한다.'는 말이 있는데, 이는 훌륭한 비유입니다. 쥐가 그릇 가까이 있으니 오히려 꺼려서 돌을 던지지 아니하는 것은 그 그릇을 다칠까 걱정하는 것인데, 하물며 귀한 신하가 임금 가까이 있는 것에서이겠습니까? 염치와 예절로 군자를 다스리는 것이니 그러므로 죽음을 내릴지언정 육욕(戮辱)하는 일은 없습니다.

이리하여 경(黥)과 의(劓)의 죄는 대부에게까지는 적용하지 않는 것

---

80 계단을 말하는데, 마루로 올라가는 정면에 있는 계단이 아니라 양 옆에 있는 계단을 말한다.

81 한 관청의 수장을 말한다.

인데 그들이 주상에게서 떨어진 것이 멀지 않아서이니,《예기(禮記)》에 '임금의 노마(路馬)는 감히 치아(齒牙)를 검사하지 아니하며, 그 꼴을 밟는 사람도 벌을 받게 되어 있다.'는데, 이것은 주상을 위하여 미리 불경(不敬)하는 것을 멀게 하려는 것입니다.

이제 왕(王)·후(侯)·삼공(三公)의 귀한 사람들에서부터 모두가 천자가 얼굴을 바꾸는 바, 그들을 예로 대하는데, 옛날의 천자가 말한 바는 백부(伯父)와 백구(伯舅)[82]였지만, 그러나 많은 서민들과 경(黥)·의(劓)·곤(髡)·월(刖)·태(笞)·마(傌)·기시(棄市)의 법[83]을 똑같게 하니, 그러한다면 마루에는 계단이 없는 것이 아닙니까! 육욕(戮辱)을 당하는 사람이 너무 가까이 있는 것은 아닙니까!

염치가 시행되지 않으니 대신은 마침내 무거운 권력과 높은 관직을 장악하였으나 노예들처럼 수치심이 없는 것은 아닙니까! 무릇 망이(望夷)의 일[84]에서 이세(二世)는 법을 중히 여긴 결과를 당장 본 것인데, 쥐에게 돌을 던지면서 그릇을 꺼리지 않는 것을 익힌 것입니다.[85]

---

82 국왕이 동성인 제후들에게는 백부나 숙부라는 말을 썼고, 이성제후들에게는 대체적으로 혼인관계가 있기 때문에 구부(舅父)라는 용어를 사용하였다.

83 모두 육체적인 형벌로, 경형은 얼굴을 묵으로 뜸뜨는 형벌이고, 의형은 코를 자르는 형벌이며, 곤형은 머리를 다 깎아 버리는 형벌이고, 월형은 다리를 자르는 형벌이며, 태형은 매질하는 형벌이고, 마형은 욕을 하는 형벌이며, 기시는 목을 잘라 저자에 내거는 형벌이다.

84 조고가 망이궁으로 진 2세황제를 자살시키려고 사람을 파견하였던 것을 말한다. 이 사건은 진 2세황제 3년(기원전 207년)에 일어났는데, 그 내용은《자치통감》권8에 실려 있다.

85 진의 제도로는 윗사람을 꺼리는 풍조가 전혀 없었기 때문에 황제도 꺼리는 바가 되지 못하였다.

신이 듣건대, '신발은 비록 깨끗하다고 하지만 베개에 올려놓지 않으며, 관(冠)은 비록 떨어졌다고 하여도 신발 아래에 둘 수는 없다.'고 하였습니다.

무릇 일찍이 이미 귀하고 총애를 받는 지위에 있다면 천자가 얼굴을 바꾸고 그들에게 예모를 갖추시면 이민(吏民)은 일찍이 엎드려서 그를 존경하고 두려워할 것이니, 지금 허물이 있다면 황제는 그를 그만두도록 해도 좋고, 그를 물리쳐도 좋으며, 죽음을 내려도 좋고, 그를 없애버려도 좋은데, 만약에 무릇 그를 결박하고 끈으로 동여매어, 이를 사구(司寇)에게 보내고, 그를 도관(徒官)⁸⁶에 엮어 넣어서 사구의 낮은 관리들이 그에게 욕을 하고 매질을 하는데, 거의 많은 서민들에게 이를 보일 것이 아닙니다.

무릇 비천한 사람이 존귀한 사람이라도 어느 날 나도 역시 마침내 이런 것⁸⁷을 더 할 수 있다는 것을 익혀 알게 된다면, '높은 사람을 높이 여기고 귀한 사람을 귀히 여기게 하도록 하는 것'이 아닐 것입니다.

옛날에는 대신들 가운데 청렴하지 않았다는데 걸려서 그만두는 사람이 있어도 청렴하지 않다고 말하지 않고 '보궤불식(簠簋不飾)'⁸⁸이라고 하였고, 또한 더러워지고 음란하며 남녀가 구별이 없다고 걸린 자에게는 '오예(汙穢, 더럽다)'라고 말하지 않고 '유박불수(帷薄不修)'라고 하며,

---

86 사구는 형벌을 주관하는 관직이며, 도관은 형도를 관청에 보내는 관리이다.

87 비천한 사람이 형리가 되어 존귀한 사람에게 형벌을 매길 수 있게 되는 것을 말한다.

88 보궤는 제기를 말하는 것으로 제사 지내는 그릇이 깨끗하지 못하다는 말인데, 여기에서 대신의 수뢰를 힐문하는 말이다.

피연(罷軟, 일 못하고 나약함)하여 책임을 이기지 못하는 자에게도 '피연(罷軟)'이라고 말하지 않고 '하관불직(下官不職)'[89]이라고 합니다.

그러므로 귀한 대신은 그 죄가 있다고 확정하였더라도 오히려 아직은 배척하여 바로 이[죄명]를 부르지를 않고, 오히려 말을 바꾸어서 그를 위하여 기휘(忌諱)합니다.

그러므로 그는 큰 견책과 큰 질문을 받은 범위에 들어 있는 사람은 견책을 듣거나 물음을 받자마자 바로 백관리영(白冠氂纓)으로 물 담은 대야에 칼을 넣고 '청실(請室)'을 만들고 죄를 받게 해달라고 청하는 것이지,[90] 위에서 잡아서 결박을 하여 끌고 가지는 않습니다.

그래서 중죄(中罪)를 지은 자는 명령(命令)[91]이 내려진 것을 듣자마자 스스로 죽었지, 황상께서 사람을 시켜서 그의 목을 자르게 하지 않았습니다. 그래서 대죄(大罪)를 지은 자는 명령을 들으면 북쪽을 향하여 두 번 절하고 무릎을 꿇고 스스로 형벌을 시행하였지, 황상께서 사람을 시켜서 머리를 잡아서 형을 주지 않고 말하였습니다. '그대 대부는 스스로 허물을 갖고 있을 뿐이나, 나는 그대에게 예로 대우한다.'라고 하였습니다. 그들을 대우하는데 예의를 갖추니 많은 신하들도 스스

---

89 오예는 더럽다는 말이고, 유박불수(帷薄不修)는 부인의 품행이 좋지 못하다는 말이다. 또 파연(罷軟)이란 일을 못하고 나약하다는 말이고, 하관불직(下官不職)은 관직을 내려 주어도 제 직책을 다하지 못한다는 뜻이다.

90 백관은 흰색으로 된 관이며, 이영은 소꼬리 털로 짠 갓 끈으로 이는 상복에 해당하는 의관이고, 물은 평평한 성질이 있으므로 법을 공평하게 집행하기를 바란다는 의미이고, 칼은 죄에 대한 판결의 의미를 갖는다. 따라서 이는 자살하겠다는 의미이다. 또한 청실은 고급 관리가 공소되었을 때에 이를 받아들이는 감옥을 지칭한다.

91 죄에 대한 판결을 의미하는 말이다.

로 좋아하고, 이렇게 염치를 덧붙여 주니 그러므로 사람들은 오히려 절의(節義)를 숭상합니다.

황상께서 염치와 예의를 설정하여 그 신하들을 대우하는데, 신하가 절의 있는 행동으로 그 윗사람에게 보답하지 않는다면 사람의 종자가 아닙니다.

그러므로 교화가 완성되고 풍속을 안정시키면 신하 된 사람이 모두 자기의 행동을 돌아보고 이익을 잊게 되며 절의를 지키고 대의에 복종하게 될 것이니 그러므로 어거(御擧)하지 않는 권력을 의탁할 수 있고, 6자 밖에 안 되는 고아(孤兒)[92]에게 권력을 기탁하여도 이들은 염치에 힘쓰고, 예의를 시행하게 하여 이를 것이니 주상께서 무엇을 잃겠습니까? 이것이 시행되지 않고, 저들을 돌아보며 오랫동안 시행하였으니, 그러므로 긴 탄식을 할 만하다고 말하는 것은 이것입니다.”

가의는 강후 주발(周勃)이 전에 체포되어 옥에 갇혔으나 끝내는 아무런 일이 없었으니 그러므로 이것으로 황상을 충고하였다. 황상은 그 말을 깊이 받아들이고 신하들을 기르는데 절도가 있었고, 이 이후로는 대신이 죄를 짓게 되면 모두 자살을 하였고, 형벌을 받지 아니하였다.

---

92 자립할 수 없는 아버지 없는 아이를 말한다. 여기서는 미성년으로 황제위를 계승한 사람을 말한다.

문제 전7년(戊辰, 기원전 173년)

1 겨울, 10월에 열후의 태부인·부인[93]·제후들의 왕자와 이천석[태수급 관리] 이상으로 하여금 멋대로 백성들을 불러 체포할 수 없도록 하였다.

2 여름, 4월에 천하를 사면하였다.

3 6월 계유일(2일)에 미앙궁 동쪽 궁궐의 부시(罘罳)[94]에서 화재가 있었다.

4 백성들 사이에서 회남왕(淮南王)을 노래한 것이 있었다.

---

93 열후의 처를 부인이라고 하고 열후가 죽으면 그 아들이 열후가 되면 그 열후의 어머니는 태부인이 된다. 그 아들이 열후가 되지 못하면 태부인이라고 부르지 않는다.

94 궁궐에 이어져 있는 굽은 건물을 말하는데, 겹으로 된 담장이다.

"한 자의 포(布)라도 오히려 꿰맬 수 있고, 한 말의 곡식이라도 오히려 절구질 할 수 있는데, 형제 두 사람은 서로를 받아들이지 못하네."

황제가 이 말을 듣고 괴로워하였다.

문제 전8년(己巳, 기원전 172년)

1 여름, 회남여왕(淮南厲王)의 아들인 유안(劉安) 등 네 명[95]을 책봉하여 열후로 삼았다. 가의는 황상이 반드시 장차 이들을 다시 왕으로 할 것을 알고 상소를 올려 간하였다.

"회남왕이 패역무도(悖逆無道)한 것은 천하에서 누가 그 죄를 모릅니까! 폐하께서는 다행히도 그들을 사면하고 옮겼지만, 스스로 병이 들어서 죽었으니 천하에서 누가 왕[회남왕]의 죽음을 마땅하지 않다고 하겠습니까! 지금 죄인의 아들을 받들어 높이니, 바로 천하에서 비방(誹謗)을 듣기에 충분합니다.[96]

이 사람들이 조금씩 자라면 어찌 그 아버지를 잊을 수가 있겠습니까? 백공승(白公勝)[97]이 아버지를 위하여 원수 갚아야 될 사람은 큰아

---

95 회남왕 유장(劉長)의 맏아들인 유안(劉安)을 부릉후(阜陵侯)로 책봉하고, 유발(劉勃)을 안양후(安陽侯)로 삼고, 유사(劉賜)를 양주후(陽周侯)로 삼고, 유량(劉良)을 동성후(東城侯)로 삼았다.

96 회남왕의 아들을 열후로 책봉하는 것은 바로 회남왕은 죄가 없는데 황제가 죽였고, 그래서 황제는 그의 아들을 열후로 임명하였다는 오해를 받게 된다는 말이다.

97 백공승(白公勝, ?~497년)은 춘추시대의 초 사람으로 초 평공(平公)의 손자이

버지와 작은아버지였습니다. 백공이 난을 일으킨 것은 나라를 빼앗아
서 임금을 대신하려고 한 것이 아니고, 분한 마음을 드러내서 마음을
시원하게 하려고 날카로운 손으로 원수의 가슴을 찔러서 진실로 함께
망해버리자고 하였을 뿐입니다.

회남(淮南, 도읍은 安徽省 壽縣)은 비록 작지만 경포(黥布)가 일찍이
이곳을 이용하였었는데,[98] 한(漢)이 아직도 존재하니 특별히 다행일
뿐입니다. 무릇 원수[99]들을 제멋대로 하게하는 것은 한을 위태롭게 하
기에 충분한 밑천이니, 정책에서는 좋지 아니합니다.

그들에게 많이 쌓아 놓은 재물을 내리니 이는 오자서(伍子胥)[100]나
백공이 광도(廣都)에서 보복하는 일이 있지 않다고 하여도, 바로 전제
(剸諸)[101]와 형가(荊軻)[102]가 두 개의 기둥 사이에서 일어났던 것이 있

고 태자 미건(半建)의 아들이었다. 초의 평왕이 미건을 죽이려 한 후에 미건
의 아들인 백공승이 오자서(伍子胥)를 좇아서 오국(吳國)으로 도망하였다.
기원전 506년에 초로 돌아와서 초 평왕의 시체에 매질을 하고 그의 숙부인
자서와 자기를 죽였다.

98 이 사건은 고제 11년(기원전 196년)에 일어났으며, 그 내용은《자치통감》권
12에 실려 있다.

99 유장의 네 아들을 말한다.

100 오자서(?~484년)는 춘추시대 말 오의 대신이다. 원래는 초 사람이었는데, 그
의 아버지인 사(奢)가 태자의 건부(建傅)가 되었는데, 직간을 하다가 피살되어
그는 오로 피난하여 오왕료(吳王僚)를 죽이려고 획책하고 공자인 광(光)으로
하여금 왕위를 빼앗게 하였다. 후에 오왕 합려(闔廬)를 보좌하여 일거에 초를
공격하여 영(郢, 초의 도읍, 湖北省 江陵縣)을 멸망시켰다. 오왕 부차(夫差) 때에
일을 맡았던 대부였으나, 후에 오왕과 소원하게 되어 사사(賜死) 되었다.

101 춘추 말 오의 용사이다. 그는 오자서의 추천을 받아 공자 광의 아들이 될 것
을 허락하였다. 한 번 연회석에서 비수를 물고기 뱃속에 넣어 음식을 올리기

을까 의심이 되니, 이는 이른바 도적에게 무기를 빌려 주는 것이며, 호
랑이에게 날개를 달아주는 것입니다. 바라건대 폐하께서 조금 계책을
보류하십시오."

황상은 이 말을 듣지 않았다.

2   장성(長星)[103]이 동쪽에 나타났다.

문제 전9년(庚午, 기원전 171년)

1   봄에 큰 가뭄이 있었다.

문제 전10년(辛未, 기원전 170년)

1   겨울, 황상이 감천(甘泉; 甘泉宮, 陝西省 淳化縣 서북쪽 甘泉山)에
갔다.

_____

편하게 하고 그 자리에서 오왕 료를 찔러 죽이고 그도 그 자리에서 피살되었
다. 공자광이 즉위하자 그의 아들을 상경에 봉하였다.

102 이 사건은 진 시황 20년(기원전 227년)에 일어난 것인데,《자치통감》권7에 실
려 있다.

103 고대의 천문가들은 하늘에는 패성(孛星), 혜성(彗星), 장성(長星) 등 세 종류
의 별을 구별하였다. 장성은 긴 꼬리를 갖고 있는데 길이가 2장(丈) 혹은 3장
정도로 일정치가 않았으며, 이 별이 나타나면 전쟁이 일어난다고 여겼다.

2   장군인 박소(薄昭)가 한의 사자를 죽였다.[104] 황제는 차마 그에
게 주살을 가하지 못하고 공경들로 하여금 그를 좇아서 술을 마시게
하고 스스로 목을 하게 하려고 하였으나 박소가 하려 하지 않으니, 군신
들로 하여금 상복을 입고 그에게 가서 곡(哭)을[105] 하니 마침내 자살
하였다.

❖ 신 사마광이 말씀드립니다.

이덕유(李德裕)[106]는 생각하였습니다. '한 문제가 박소를 주살
한 것은 과단성이 있는 것은 분명하지만 의(義)에 있어서는 타당
하지 않습니다. 진(秦)의 강공(康公)이 진(晉) 문공(文公)을 호송
하면서 흥(興)이 나기를 마치 함께 살아 있는 것 같이 하였습니
다.[107] 그런데 하물며 태후가 아직 살아 있고, 또 그의 유일한 동

---

104 태후인 박씨의 동생이니 문제의 외삼촌이 된다. 그런데 조정의 사신을 죽인
   것이다.

105 곡(哭)을 하는 것은 죽은 사람을 애도하는 표시인데, 박소가 죽지 않았음에
   도 죽은 것으로 간주한다는 의미이다.

106 당(唐) 때의 재상이다.

107 《시경》에 있는 내용이다. 진(秦) 목공(穆公)은 진(晉) 헌공(獻公)의 딸과 결혼
   하여 진(秦) 강공(康公)을 낳았으므로 후에 진 문공이 된 중이(重耳)는 진 강
   공의 외삼촌이었다. 그런데 기원전 7세기에 진(晉)에서 여희(驪姬)의 난이 일
   어났고, 중이는 아직 제후왕이 되기 전이었는데 도망 나왔다. 기원전 636년에
   진(晉)의 문제가 해결되어 중이는 진(晉) 문공으로 취임하려고 진(秦)으로 돌
   아가는데, 진(秦) 강공은 이때에 아직 태자였다. 외삼촌인 중이를 위수의 남
   쪽에서 작별하게 되었는데, 자기 어머니가 죽어서 볼 수 없으므로 외삼촌을
   보내면서 마치 자기 어머니를 보는 것처럼 생각하고 시를 썼다.

생이 박소인데 이를 단안(斷案)하는 것은 의심할 것이 없지만 어머니를 위로하는 마음을 쓴 것은 아니었습니다.'

신은 어리석지만 '법이라고 하는 것은 천하의 공기(公器)이고, 오직 법을 잘 유지하는 것은 가깝건 멀건 똑 같아서 시행되지 아니할 것이 없으니, 사람이 감히 믿는 바를 갖고 있다'고 하여서 이를 범하는 것은 없습니다.

무릇 박소는 비록 본디 어른이라고 불렸지만, 문제는 그에게 현명한 사부(師傅)를 두지 않고, 무력을 총괄하도록 하는 일에 썼으니, 교만하여 황상을 범하고 한의 사자를 죽이기에 이른 것은 믿는 데가 있어서 그렇게 한 것이 아닙니까?

만약에 또 그를 좇아서 사면하였다면 성제(成帝)와 애제(哀帝) 시절과 무엇이 다르겠습니까? 위(魏)의 문제(文帝)[108]는 일찍이 한 문제의 미덕을 칭찬하였지만 그가 박소를 죽인 것을 봐주지 않고서 말하였습니다. '외삼촌과 태후의 집안인데 다만 은혜로 마땅히 길러주어야지, 권력을 빌려 준 것은 마땅하지 않으며 이미 그리하고 죄를 지어 법에 저촉되게[109] 하였으니, 또한 해롭게 하지 않을 수가 없었다.'

문제가 처음에 박소가 범법하는 것을 미연에 방지하지 못한 것을 나무란 것인데, 이 말은 제대로 된 것입니다. 그러한즉 어머니의 마음을 위로하려고 하였다면 장차 처음에 신중해야 합니다.＊

---

108 성제는 한 12대 황제이며, 애제는 한 13대 황제이고, 위 문제는 삼국시대 위의 1대 황제인 조조의 아들 조비를 말한다.

109 권력을 갖게 하였기 때문에 자연히 범법을 하게 되었다는 의미가 있다.

한기7

덕으로 통치한 문제

가의와 조조의 당면대책

문제 전11년(壬申, 기원전 169년)

1 겨울, 11월에 황상이 대(代, 河南省 蔚縣)에 갔고, 봄, 정월에 대에
서 돌아왔다.

2 여름, 6월에 양회왕(梁懷王) 유읍(劉揖)[1]이 죽었는데, 아들이 없
었다.

가의가 다시 상소를 올려서 말하였다.

"폐하께서 즉각 제도를 확정하지 않으셔서 오늘날의 형세가 된다는
것은 한 번 전해지고 두 번 전해지는 데 불과한 것임에도 제후들은 오
히려 또 사람이 방자해져서 통제를 하지 못하게 되고, 호걸로 심어져
서 크고 강해지니 한의 법이 시행될 수가 없습니다.

폐하께서 울타리가 된다고 여기고 황태자가 믿는 바는 오직 회양(淮

---

1 유읍이 양왕으로 책봉 된 것은 문제 2년(기원전 178년)이고, 그 내용은 《자치
통감》 권13에 실려 있으며, 죽은 다음에 시호를 회왕으로 한 것이다.

陽, 淮陽王은 劉武)과 대(代, 代王은 劉參) 두 나라[2]뿐입니다. 대는 북쪽으로 흉노와 경계하고 있으니 강한 적과 이웃하고 있어서 스스로 완전할 수 있기에 충분하지만 그러나 회양은 다른 커다란 제후국과 비하면 겨우 검은 점(點)이 얼굴에 붙어 있는 것 같아서 큰 제후국에게 먹이가 되기에는 충분하지만 금지하고 막아내기에는 부족합니다. 바야흐로 이제 통제하는 것은 폐하에게 있어서 나라를 통제하고 있으나 아들들로 하여금 바로 먹이가 되기는 충분하니 어찌 세심한 것이라고 말할 수 있겠습니까?

신의 어리석은 계책으로는 바라건대 회남(淮南, 도읍은 하남성 商丘縣)의 땅을 들어내서 전부 회양에 덧붙여 주시고, 양왕을 위하여 후사를 세워서 회양의 북쪽에 있는 2~3개의 열성(列城)과 동군(東郡)을 나누어 양에 덧붙여 주십시오.

할 수 없을 것이라면 대왕을 옮겨서 수양(睢陽, 하남성 상구현)에 도읍하게 할 수는 있을 것입니다. 양은 신처(新郪, 안휘성 태화현)에서 시작하여 북으로 하(河, 황하)에 닿아 있고, 회양은 진(陳, 河南省 淮陽縣)을 가지고 남쪽으로 강(江, 장강)에 경계를 만든다면 커다란 제후들 가운데 다른 마음을 갖고 있는 자라도 간담을 깨뜨리게 되니 감히 모의하지 못할 것입니다.

양은 충분히 제(齊)와 조(趙)를 막을 것이며, 회양은 오(吳)와 초(楚)를 충분히 꺼리게 할 것이니, 폐하께서는 베개를 높이 하고, 끝내 산동(山東)의 근심거리를 없앨 것인데, 이는 두 세대(世代)의 이로움입니다.

---

2 이들은 모두 효문제인 유항의 아들이며 후에 경제가 되는 황태자인 유계(劉啓)의 동생들이다.

오늘날에 마음이 편안한 것은 바로 제후들이 모두 어린 상황을 만나서인데, 몇 년 후에는 폐하께서 또 이러한 상황을 친히 보게 될 것입니다. 무릇 진(秦)은 밤낮으로 고심하고 노력하여 6국의 화(禍)를 없이 하였는데, 이제 폐하께서 힘써 천하를 통제하신다면 턱으로 가리켜도 뜻대로 될 것이지만, 높이 팔짱을 끼고서 6국의 화를 만드신다면 지혜롭다고 말하기 어렵습니다.

진실로 몸소 일을 없이 하면 어지러움을 기르고, 화(禍)를 묵게 하는 것인데, 익히 보면서 확정하지 아니하니 만년(萬年) 뒤[3]에 이를 늙은 어미와 약한 아들[4]에게 전해 주면 장차 편안치 않게 될 것이니, 인(仁)이라고 말할 수 없습니다."

황제는 이에 가의의 계책을 좇아서 회양왕 유무를 옮겨서 양왕으로 삼아, 북쪽으로 태산(泰山)을 경계로 삼고 서쪽으로 고양(高陽, 山東省 高密縣 西北쪽)에 이르게 하여 큰 현 40여 성(城)을 얻게 하였다. 그 뒤 1년여 만에 가의는 죽었는데, 죽었을 때의 나이는 서른세 살이었다.

3　성양왕(城陽王) 유희(劉喜, 劉章의 아들)를 옮겨서 회남왕[도읍은 壽春, 安徽省 壽縣]으로 삼았다.

4　흉노가 적도(狄道, 甘肅省 臨洮縣)를 침구하였다.
이때에 흉노가 자주 변방에서 근심거리가 되었는데, 태자가령(太子

3　직접 죽는다는 단어를 사용하기를 꺼려서 죽은 뒤를 은유적으로 표현한 것이다.
4　박태후와 아들인 유계를 말한다.

家令)⁵ 조조(鼂錯)⁶가 병사에 관하여 말씀을 올렸다.

"《병법》에는 '반드시 승리를 하는 장수는 있어도 반드시 승리하는 백성을 없다.'고 하였습니다. 이것에 따라서 이를 보건대 변경을 편안하게 하고 공명(功名)을 세우는 것은 훌륭한 장수에게 있으니, 반드시 선택하지 않으면 안 됩니다.

신이 또한 듣건대 군사를 사용하여 싸움에 나아가서 칼을 부딪치는데는 급한 것이 셋이 있습니다. 그 하나는 지형을 얻는 것이고, 두 번째로 졸병이 복종하고 익히는 것이며, 세 번째로는 무기를 예리하게 사용하는 것입니다.

병법에는 보병(步兵)·거기(車騎, 전차와 기병)·궁노(弓弩, 활과 쇠뇌)·장모(長戟, 긴 창)·모(矛, 세모진 창)·연(鋋, 작은 창)·검(劍, 칼)·순(楯, 방패)이 쓰이는 곳은 각기 마땅한 곳을 가지고 있는데, 그 마땅한 곳을 얻을 수 없으면 혹 열로서도 하나를 당하지 못합니다.

사(士, 士官)가 선발되어 훈련되지 않고, 졸(卒, 卒兵)은 복종하며 익히지 않으며, 기거(起居, 일어나고 있는 것)가 정확하지 않고, 동정(動靜)이 모아지지 아니하면, 이로움을 좇아도 따라잡지 못하고, 어려움을 피하여도 끝내지 못하여 앞에서는 치는데 뒤에서 흩어져서 금고(金

---

5 태자궁의 총괄책임을 지는 직책이다.

6 조조(鼂錯, 기원전 200~기원전 154)는 하남성 우현인 영천(潁川, 河南省 禹州市) 사람으로 젊어서 신(申)과 상(商)의 학문을 익혔다. 문제 때에 태자가령이 되었는데 '꾀주머니'라는 말을 들었다. 경제 때에 중앙집권을 공고히 하는데 기여하였으나, 오초7국의 반란 때에 참수되었고, 〈논귀속소(論貴粟疏)〉라는 책이 있다. 조조의 조(鼂)는 호삼성은 '착잡(錯雜)의 착(錯)으로 읽는 것은 잘못이다.'라고 하였고, '조(朝)라고 읽어야 한다.'고 하였다.

鼓)**7**가 지시하는 것을 잃어버리니, 이것은 졸병을 챙겨서 익히게 하지 않은 허물이니, 백이 열을 감당하지 못합니다.

병기가 완전히 날카롭지를 아니하면 빈손과 같으며, 갑옷은 단단하고 조밀하지 않다면 옷을 벗은 맨몸과 같고, 노(弩)로 멀리까지 미칠 수가 없다면 짧은 병기와 같고, 쏘아도 맞지를 않으면 화살이 없는 것과 같고, 맞아도 뚫고 들어가지를 못하면 촉(鏃, 화살 촉)이 없는 것과 같으니, 이것은 장군이 병기를 살피지 않은 화(禍)이니, 다섯이 하나를 당하지 못합니다.

그러므로《병법》에서 이르기를, '기계(器械)가 예리하지 아니하면 그 졸병을 적에게 주는 것이고, 졸병을 쓸 수가 없다면 그 장수를 적에게 주는 것이고, 장수가 병법을 모르면 그 주군을 적에게 내어 주는 것이고, 군왕이 장수를 고르지 않으면 그 나라를 적에게 주는 것인데, 네 가지는 병법의 가장 요긴한 것이다.'라고 하였습니다.

신이 또 듣건대, '작은 것과 큰 것은 형태를 달리하고, 강한 것과 약한 것은 형세를 달리하며, 험한 곳과 쉬운 곳에는 그 방비를 달리한다.'고 합니다. 무릇 몸을 낮추어 강한 것을 섬기는 것은 작은 나라의 형편이고, 작은 것을 합쳐서 큰 것을 공격하는 것은 대적(對敵)하는 나라의 형편이고, 만이(蠻夷)로 만이를 공격하게 하는 것은 중국의 형편입니다.

이제 흉노의 지형과 기예(技藝)는 중국과는 다른데, 산비탈을 오르내리고 시내와 골짜기를 들락날락하는 것은 중국의 말은 이들만 못하고, 험한 길과 비탈진 옆길에서 달리면서 활을 쏘는 것도 중국의 기병

---

7 전투를 하는 곳에서 쇠를 치면 후퇴하라는 명령이고, 북을 치면 전진하라는 명령이다.

은 이들만 못하고, 비바람에 피로하고 기갈(飢渴)도 어렵지 않아 하는 것도 중국의 사람들이 이들만 못하니, 이것이 흉노들의 장기입니다.

만약에 무릇 평평한 들판과 다니기 쉬운 지역에서 가벼운 수레와 돌격하는 기병(騎兵)이라면 흉노의 무리가 쉽게 소란하게 되고, 강한 쇠뇌[勁弩]와 긴 창[長戟]으로 멀리 쏘고[8] 멀리까지 이르게 하는 것에서 흉노의 활[弓]은 막을 수 없을 것이고, 굳은 갑옷과 예리한 칼을 가지고 긴 칼과 짧은 칼을 서로 섞고 유노(遊弩, 옮기는 쇠뇌)가 왕래하며, 십오(什伍)가 함께 전진하면 흉노의 군대가 감당할 수가 없고, 재관(材官)[9]의 화살이 발사되어 그 화살 가는 길이 표적을 같이 한다면 흉노들의 가죽옷과 나무 방패들도 지탱할 수 없고, 말에서 내려서 땅에서 싸우는데 칼과 창이 서로 부딪치며 서로 육박전(肉薄戰)을 한다면 흉노의 발은 이어질 수 없는데, 이것이 중국의 장기입니다.

이러한 것을 가지고 보면 흉노의 장기는 셋이고, 중국의 장기는 다섯이고, 폐하께서 또 수십만의 많은 무리를 일으켜서, 수만의 흉노를 주륙하는 것은 많고 적음으로 계산하면 하나로 열을 공격할 술책입니다.

비록 그렇다고 하나 무기란 흉기이며 전투는 위험하니, 그러므로 큰 것이 작은 것이 되고, 강한 것이 약한 것이 되는 것은 머리를 숙였다가 쳐드는 정도로 짧은 순간에 일어날 뿐입니다.[10] 무릇 사람의 죽음을

---

8   긴 창을 쏠 수 있느냐의 문제는 아주 강한 노일 경우에 발사할 수 있다고 하는 해석과 창이기 때문에 발사할 수 없다는 의견이 있다.

9   말을 타고 활을 쏘는 관리를 말한다.

10 안사고는 이 말은 그 기술을 모르는 데서 나온 것이라고 하였다. 즉 '비록 크더라도 반드시 작아지고, 비록 강하더라도 약해진다.'고 해야 한다는 것이다.

가지고 싸워서 이기는데, 넘어져서 떨쳐 일어나지 못한다면 후회하여
도 따라잡지 못하며, 제왕의 길은 만전을 기하는데서 나옵니다.

이제 항복한 호(胡)와 의거(義渠)와 만이(蠻夷)[11]의 족속들로 와서
귀부한 사람은 그 무리가 수천인데, 그들이 먹고 마시는 것과 장기는
흉노와 같습니다. 이들에게 굳은 갑옷과 솜옷과 강한 활과 날카로운 화
살을 내려 주시어, 변방의 군(郡)에 있는 훌륭한 기마(騎馬)를 보태 주
시고, 그들의 습속을 알 수 있고, 그들의 마음을 사로잡을 수 있는 사람
을 밝히 거느리게 하는데, 폐하의 밝은 약속으로써 그들을 거느리게 하
십시오.

바로 험조(險阻)한 곳이 있다면, 이들로써 그곳을 담당하게 하고 평
지여서 길이 통하는 곳이라면 가벼운 수레와 재관으로 그들을 제압하
게 하는데, 이들 두 군사가 서로 표리를 이루게 하여 각기 그들의 장기
를 사용하게 하고, 가로질러 무리를 덧붙여 주면 이것이 만 가지가 온
전한 술책입니다.”

황제가 이를 가상히 생각하여 조조(鼌錯)에게 총애하는 답장을 내
렸다.

조조가 또 말씀을 올렸다.

“신이 듣건대, 진(秦)이 군사를 일으켜서 호(胡)와 월(粤)[12]을 공격
한 것은 변방을 보위하여 백성들의 죽음을 구하려는 것이 아니고, 탐욕
스러워서 그 땅을 넓히려는데 있었으니, 그러므로 공로가 아직 세워지

---

11 호(胡)는 북방의 야만인, 즉 흉노를 말하며, 의거는 서방의 야만인이며, 만이
　는 남방의 야만인이다.
12 호는 북방 야만인, 즉 흉노이며 월은 남방 야만인을 말한다.

기도 전에 천하는 어지러워졌습니다.

또 무릇 군사를 일으켰으나 그 형세를 몰라서 싸우면 그 다른 사람에게 잡히고 주둔하여 갑자기 죽음이 쌓였습니다. 무릇 호와 맥(貉, 한족)의 사람들은 그 본성이 추위를 잘 참고, 양(揚)과 월(粤)[13]의 사람들은 그 본성이 더위를 참습니다. 진의 수(戍)자리 서는 졸병들은 그 물과 토질을 참지 못하여 수자리 서는 사람들은 변방에서 죽었고, 수송하는 사람은 길에서 엎어졌습니다.

진의 백성들은 출행하는 것을 만나면 마치 기시(棄市)되려고 가는 것처럼 생각하였고, 이어서 귀양 가는 사람을 징발하니 그 이름을 '적수(謫戍)'[14]라고 하고 먼저 관리 가운데 귀양 가는 사람과 췌서(贅壻)와 고인(賈人)을 징발하고, 후에는 일찍이 시적(市籍)[15]을 가졌던 사람이었고, 또 그 후에는 조부모와 부모가 일찍이 시적이었던 사람으로 하다가 그 후에는 여(閭, 里門)로 들어가서 왼쪽에 사는 사람[16]들을 데려갔습니다.

그들을 징발하는 것이 순조롭지 아니하니, 가는 사람은 분을 내고

---

13 중국의 남방에 사는 사람들을 말하는데, 양(揚)은 남월 또는 양월이라 부르는데, 복건과 광동이다.

14 귀양 가서 수자리를 지킨다는 말이다.

15 췌서(贅壻)란 데릴사위를 말하는 것으로 가난한 사람이고, 고인은 점포를 가지고 장사하는 사람이며, 시적은 시장에서 장사하는 것으로 등록되어 있는 사람을 말한다.

16 진 2세황제 원년(기원전 209년)에 일어났던 기사 가운데, 진승이 기병하자 진은 결국 골목의 오른쪽에 사는 사람들까지 동원해야 하였으며, 그런 후에 진은 망하였다고 하는 대목이 있다. 진대에는 골목의 오른쪽에는 부유한 사람이 왼쪽에는 가난한 사람이 살았다.

원망하는데, 만 번 죽는 해로움이 있으나 수량(銖兩)의 보답도 없었고, 죽는 일 다음에 일산(一算)[17]의 면제도 얻지를 못하였으니, 천하에서는 화(禍)의 매서움이 자기에게 이른 것을 분명히 알아서, 진승(陳勝)은 수자리로 가다가 대택(大澤, 안휘성 宿縣의 남쪽)에 이르러서 천하를 위하여 가장 먼저 부르짖자[18] 천하에서는 그를 좇은 것이 마치 물이 흐르는 것 같았는데, 진이 위협하고 겁을 주는 것으로 이를 행사하였던 폐단입니다.

호인(胡人)들이 먹고 입는 일은 땅에 붙어 있지 않기 때문에[19] 그 형세는 쉽게 변경을 소란하게 하고 왕래하면서 돌아서 옮기는데, 때로 오고 때로 가니, 이것이 호인의 생업이나 중국(中國, 중원 지역에 있는 나라)이 남무(南畝, 남쪽에 있는 농경지)를 떠나게 되는 까닭입니다. 지금 호인들은 자주 요새(要塞) 아래에서 목축을 하거나 수렵하면서 요새를 방비하는 졸병을 엿보다가 졸병의 수가 적으면 들어옵니다.

폐하께서 구해 주시지 않으면 변방의 백성들은 절망하여 적에게 항복할 마음을 갖게 되는데 이들을 구원하면서 적게 발동한다면 부족할 것이고, 많이 발동하면 먼 곳의 현(縣)에서 겨우 도착하면 호들은 또 이미 떠났습니다. 모아 두고 이를 철수하지 않으면 비용이 아주 크며 이

---

17 수량(銖兩)은 작은 무게를 말한다. 보답이란 부역(賦役)이나 세금의 감면을 말하는 것이고, 일산(一算)은 한의 율령에 의하면 120전이었다.

18 이 일은 진 2세황제 원년(기원전 209년)에 있었고, 그 내용은 《자치통감》 권 7에 실려 있다.

19 이들은 농경지대인 땅에서 농사를 지은 곡식을 먹고, 땅에서 자라는 식물에서 옷감을 구하는 것과는 달리, 먹는 것은 짐승의 고기이며, 입는 것은 짐승의 가죽이므로 땅에 정착할 필요가 없다.

를 철수하면 호인들이 다시 들어옵니다. 이와 같이 매해 이어지면 중국 은 가난하고 고생스러워지니, 백성들은 불안합니다.

폐하께서 다행히 변경을 걱정하시고, 장수와 관리를 파견하여 요새 를 잘 다스리니 아주 큰 은혜입니다. 그러나 지금 먼 곳의 졸병들이 요 새를 지키는데, 1년이면 바꾸어 주니[20] 호인의 능력을 잘 모릅니다. 항 상 그곳에 살 사람을 뽑아서 집 짓고 농사짓게 하느니만 못한데, 또 이 에 대비하면서 이를 편하게 하기 위하여 성을 높이고 참호를 깊게 하 고, 요새가 되는 곳과 냇물이 통하는 길에는 조사하여 성읍을 세우되 1천 호(戶)를 내려가지 말아야 합니다.

먼저 집을 만들고 농기구를 갖추고 이에 백성들을 모집하되 죄를 면 제해 주고 작위를 주며 그 집안을 면역(免役)시켜 주고 겨울옷과 여름 옷과 먹을 것도 주어서 능히 자급할 수 있으면 그칩니다.

요새 아래에 사는 백성은 녹봉의 이익이 두텁지 않으면 위험하고 어 려운 곳에서 오랫동안 살게 할 수가 없습니다. 호인이 들어와서 몰아가 는데, 능히 그들이 몰아가는 것을 그치게 할 수 있는 자에게는 그 반을 주고, 현관(縣官)은 대속(代贖)합니다.[21] 그 백성들에게도 이와 같이 하면 읍(邑)과 리(里)에서 서로 구조하면서 호인들에게 나아가서도 죽 음을 피하지 않습니다.

---

20 이 일은 고후 5년(기원전 190년)에 있었고, 그 내용은《자치통감》권13에 실려 있다.

21 현관은 관부를 말하는 것으로 임금이나 조정의 별칭이기도 하고, 지방관을 말하기도 한다. 대속(代贖)의 내용에 관하여 여러 의견이 있는데, 한인(漢人) 을 얻게 되면 관에서 대속하는 것이라고 하기도 하며, 관에서 값을 준비하였 다가 이를 대속한다고 하기도 하였다. 이는 없어진 가축에 대한 조치이다.

황상에게 덕을 주려는 것이 아니고, 친척을 온전히 하고 그 재물의 이롭게 하려는 것이고, 이는 동방의 수졸(戍卒)들이 땅의 형세를 익히지 못하고 마음으로는 호인을 두려워하는 것에 비교한다면 공이 1만 배에 상당할 것입니다.[22] 폐하의 시기에 백성을 옮겨서 변방을 알차게 하여 먼 곳의 사람들로 하여금 둔수(屯戍)하는 일이 없게 하고, 요새 아래에 사는 백성들은 부자(父子)가 서로 보호하고 호로(胡虜)에 관한 근심을 없게 하고, 이익을 후세에 남기어 성스럽고 밝으시다는 이름으로 불리게 하시면, 그것은 진이 백성들에게 원망을 받도록 실시한 것과는 아주 다른 것입니다.”

황상이 그 말을 좇아서 백성을 모집하여 요새 아래로 옮겼다.

조조가 다시 말하였다.

“폐하께서 다행히 백성을 모집하여 옮기시어 요새의 아래를 알차게 하고, 둔수(屯戍)의 일을 더욱 줄였고, 수송비용을 더욱 적게 하였으니, 대단히 커다란 은혜입니다.

하리(下吏)들이 진실로 두터운 은혜를 능히 칭송할 수 있어서 밝은 법을 받들고 이사시킨 노약자들을 가엽게 여기며, 그 장사(壯士)들을 잘 대우해 주고, 그 마음을 화합하여 모으며, 각박하게 침탈하지 말고, 먼저 도착한 사람들로 하여금 편안하게 즐기면서 고향을 생각하지 않게 한다면 가난한 백성들은 서로 모집하여[23] 가기를 권할 것입니다.

---

22 요새를 지키는 점에서, 동방에서 강제로 끌어온 수졸들과 선발하여 모든 것을 보장해 주는 사람들을 비교하여 보면 그 효능은 1만 배라고 말한 것이다.

23 본문은 모(募)로 되어 있으나, 다른 판본에는 모(慕)로 되어 있는 것도 있는데, 이대로라면 ‘서로 흠모하여 가기를 권한다.’고 해석해야 할 것이다.

신이 듣건대 옛날의 사민(徙民)이라는 것은 그 음양(陰陽)이 고른가를 살펴보는데, 그 물이나 샘물의 맛을 보고 그런 다음에 읍(邑)을 만들고 성을 세우며 리(里)를 만들고 집터를 구획하여 먼저 집을 짓고 기물(器物)들을 두어서 백성들이 도착하면 살 곳이 있고 일하려면 사용할 것이 있게 하였습니다.

이것은 백성들이 가벼이 고향을 떠나서 새로운 읍으로 가게 권하는 것입니다. 의사와 무사(巫士)를 두어 질병에서 구하게 하고, 제사를 지내게 하며, 남녀가 혼인하게 하고, 생사(生死) 간에 서로 걱정을 하며 분묘에는 서로 좇아가고 나무를 심고, 가축을 기르면 집은 완전하고 편안하게 됩니다. 이것은 백성들로 하여금 그 있는 곳에서 즐기며 오래 거주할 마음을 갖게 하기 위함입니다.

신이 또 듣건대 옛날 제도로는 변방의 현(縣)은 적을 대비하는 것이어서 다섯 집으로 오(伍)를 만들고, 오에는 장(長)을 두었으며, 10의 오장을 합하여 1리(里)로 하는데, 리에는 가사(假士)를 두었고, 4리를 1연(連)으로 하며, 연에는 가오백(假五百)을 두고, 10연(連)을 1읍(邑)으로 하여 읍(邑)에는 가후(假侯)[24]가 있었는데, 모두 그 읍의 현명한 인재 가운데 보호할 만하고, 지형을 익히며 민심을 아는 사람을 선택한 것이며, 거주하면서는 활 쏘는 법을 백성들에게 익히게 하고, 출정하여서는 백성들에게 적에 대응하는 것을 가르치게 합니다. 그러므로 졸오(卒伍)는 안에서 완성되고, 군정(軍政)은 밖에서 확정됩니다.

복역하여 익혀서 이루어지면 이사하여 옮겨가지 못하게 하니, 어려

---

24 가사는 이장(里長)이고, 가오백은 연장(連長)이며, 가후는 읍장(邑長)을 말한다. 가(假)란 임시로 설치하는 것을 말하며, 상설되는 것은 아니다.

서는 같이 놀고 자라서는 같이 일을 하게 됩니다. 밤에 싸우더라도 서로 소리를 알고 있으니 충분히 서로 구원해 주며, 낮에 싸우는 데는 눈으로 서로 보아 충분히 서로 알 수 있게 되며, 기뻐하고 아껴주는 마음을 갖게 되어 서로 죽음도 같이 하기에 충분합니다.

이와 같이 하고서 후한 상으로 권고하고, 무거운 벌을 가지고 위엄을 보인다면 앞에 가던 사람이 죽는다 하여도 발길을 돌리지 않을 것입니다. 옮긴 백성 가운데 강건(剛健)하고 재주가 있는 사람이 아니면 다만 의복과 식량만 소비할 것이니 쓸 수 없을 것이고, 비록 재주와 힘을 갖고 있다고 하여도 좋은 관리를 만나지 못하면 오히려 공로를 세울 수 없을 것입니다.

폐하께서는 흉노를 끊으시고 더불어 화친하지 않는데 신이 가만히 생각해 보건대 그들은 겨울에 남쪽으로 내려올 것으로 의심되는데, 한 번 크게 다스려 놓으면 죽을 때까지 징계될 것입니다. 위엄을 세우고 싶은 사람은 절교(折膠)[25]에서 시작하니, 왔으나 곤혹스럽게 할 수 없고, 기(氣)를 얻어서 돌아가게 한다면 뒤에 가면 아직 쉽게 항복하지 않습니다."

조조의 사람됨은 급하고 곧으며 엄격하나 그 변론하는 것으로 태자의 총애를 받았는데, 태자가 가호(家號)[26]를 '지혜의 주머니[智囊]'라고 하였다.

---

25 가을을 말한다. 가을이 되면 아교도 꺾을 수 있고 궁노(弓弩)는 사용할 수 있으며, 흉노는 항상 엿보다가 군사를 출동시킨다. 그러므로 적절한 시기임을 말한다.

26 집에 대하여 부치는 명칭이다.

입속수작과 교화정치 그리고 전공

문제 12년(癸酉, 기원전 168년)

1   겨울, 12월에 하(河, 황하)가 산조(酸棗, 하남성 延津縣)에서 터지니 동쪽으로 금제(金隄; 千里隄, 하남성 滑縣의 동쪽)와 동군(東郡, 하남성 濮陽縣)이 붕궤되었는데, 졸병들을 크게 일으키어 이를 막았다.

2   봄, 3월에 관법(關法)을 없애어 전(傳)[27]을 쓰지 않았다.

3   조조가 황상에게 말하였다.

"성왕(聖王)이 위에 있어서 백성들은 얼거나 주리지 아니하게 하는 것은 밭을 갈아서 먹이고 길쌈을 하여 입힐 수 있는 것이 아니고, 그들의 물자와 재화의 길을 열어주는 것입니다. 그러므로 요(堯)는 9년간의

---

27 관법이란 관문을 출입하는 방법을 말하며, 전이란 신표인데 비단에다 두 줄로 글씨를 써서 나누어 하나씩 갖고 있다가 관을 출입할 때에 이를 합쳐본 다음에 맞으면 지나갈 수가 있었다. 이 전은 나무로 만드는데, 길이가 1척 5촌이라고 하였다.

홍수가 있었고, 탕(湯)은 7년간의 가뭄이 있었더라도 국가가 여윈 사람이라도 덜어내는 일이 없었으니, 저축이 많고 먼저 갖출 것을 준비하여서였습니다.

지금 해내(海內)가 하나로 되었고 토지와 인민은 많기는 탕(湯)과 우(禹) 시대보다 적지 않고, 천재(天災)도 몇 년 동안 계속되는 수재나 한재가 덧붙여진 일이 없었는데도 저축해 둔 것이 아직도 따라가지 못한 것은 무엇 때문입니까? 땅에는 이익을 남겨 두고, 백성들에게는 남겨 둔 힘이 있으며, 곡식을 생산할 땅을 아직 다 개간하지 않고, 산과 연못의 이로운 것들도 아직 다 드러내지 못하며, 놀고먹는 백성들도 아직 다 농사짓는 곳으로 돌아가게 하지 못하여서입니다.

무릇 추워하는 사람에게는 옷이란 가볍고 따뜻한 것만을 찾지는 아니하고 주린 사람에게 먹을 것이란 달고 기름진 것을 기다리는 것이 아니지만 주리고 추운 것이 몸에 닥치게 되면 염치(廉恥)를 돌아보지 못합니다.

사람의 마음은 하루에 두 번 먹지 않으면 주리고, 한 해가 끝나도록 옷을 짓지 아니하면 추운 것입니다. 무릇 배가 주렸는데도 먹을 수 없고, 피부가 찬데도 옷을 얻을 수 없으면 비록 자비스런 아버지라도 그 아들을 보장할 수 없는데, 군주가 어찌 그 백성을 가질 수 있겠습니까?

밝은 군주는 그것이 그러한 것을 아니, 그러므로 백성들을 농상(農桑)에 힘쓰게 하고 부렴(賦斂)을 적게 하면서도 저축을 넓히며, 창고를 채워서 수재와 한재에 대비하니, 그런 까닭에 백성들을 얻어서 보유할 수가 있습니다. 백성이란 윗사람이 이들을 길러주는 것이고, 백성들이 이익을 좇는 것은 마치 물이 아래로 흘러가면서 사방으로 흩어져서 가리지를 않는 것과 같습니다.

무릇 구슬[珠]·옥(玉)·금(金)·은(銀)은 배가 고파도 먹을 수가 없고 추워도 입을 수가 없지만 그러나 많은 사람들이 이것을 귀히 여기는 것은 윗사람이 이것을 쓰기 때문입니다. 그것은 물건이 가볍고 작아서 쉽게 숨길 수 있고, 그것을 쥐고 있으면 해내를 두루 다녀도 주리거나 추위에 떨 근심거리를 없앨 수 있습니다.

이것은 신하로 하여금 그 주군을 쉽게 배반할 수 있게 하며, 백성들이 쉽게 그 고향을 떠나게 하고, 도적들이 권고하는 바를 갖게 하며, 도망하는 사람이 가벼운 물자를 얻게 하는 것입니다. 조[粟]·쌀[米]·포(布)·백(帛)은 땅에서 나고, 시절을 따라 자라며, 힘을 들여야 모여지는 것이어서 하루에 이룰 수 있는 것은 아닙니다. 몇 석(石)의 무게는 보통 사람이 이기지 못하니, 간사한 사람이 이로워할 바가 아니지만 하루라도 얻지 못하면 주리고 추운 것이 다가옵니다. 이러한 고로 밝은 임금은 오곡을 귀하게 여기고 금과 옥을 천하게 여깁니다.

지금, 농사짓는 사람이 무릇 다섯 식구를 가진 집에는 복역(服役)하는 사람이 두 사람 아래는 아닐 것이고, 그들이 경작할 수 있는 것은 100무(畝)[28]에 지나지 않을 것인데, 100무에서 수확되는 곡식은 100석(石)에 불과할 것입니다. 봄에 밭 갈고 여름에 김매며 가을에 수확하고 겨울에 저장하는데, 땔감을 베어야 하고, 관부(官府)를 수선(修繕)하고, 요역에도 제공되니, 봄에도 바람과 먼지를 피할 수 없고, 여름에도 더위를 피할 수 없으며, 가을에도 찬비를 피할 수가 없고, 겨울에도 추위에 얼어 터지는 것을 피할 수가 없어서 네 계절 동안 하루도 쉬는 날이 없으며, 또 그 사사롭게 스스로 가는 것을 보내고 오는 것을 맞

---

28 무(畝)는 토지의 넓이를 재는 단위로 1무는 614.4m^2이다.

이하며 죽은 사람을 조문하고 병든 사람을 위문하며 어린이를 기르는 것이 그 속에 있습니다.

부지런하고 고생스러움이 이와 같은데, 오히려 다시 수재와 한재를 입고, 급한 정치와 갑작스런 부세(賦稅)에 부렴(賦斂)도 때를 가리지 아니하고, 아침에 명령을 내렸다가 저녁에 고칩니다. 있는 사람은 물건을 반값에 팔고, 없는 사람은 배의 이자를 주고 가져 오니, 이에 밭이나 집을 팔고 처자(妻子)를 팔아서 채무를 상환하는 사람이 있습니다.

그러나 상고(商賈)[29] 가운데 큰집들은 저축해 놓고 이자를 배로 늘리며, 작은 집은 앉아서 늘어놓고 판매를 하는데, 그들은 기영(奇贏)[30]을 조종하면서 매일 큰 저자에서 놀다가 위에서 급하게 쓸 일에 편승하여 파는 것은 반드시 배로 합니다. 그러므로 그 집의 남자들은 밭을 갈거나 김매지 않으며, 여자들은 길쌈을 하지 않는데도 옷은 반드시 무늬 있는 것이고 먹는 것은 기름진 고기이며, 농부처럼 고생함이 없이도 천백(千百)의 수익을 갖게 됩니다.

그 부유함을 이용하여 왕후(王侯)들과 교류하니 힘은 관리의 세력보다 더하며, 이익을 가지고서 서로에게 기울어지며, 천 리를 놀러 가는데, 관개(冠蓋)는 서로 바라보게 되며 튼튼한 것을 타고 살찐 것을 채찍질하며,[31] 비단실 신발에 흰 옷을 질질 끌고 있습니다. 이는 상인이 농

---

29 상인이다. 다니면서 물건을 파는 사람은 상(商)이고, 앉아서 판매하는 사람은 고(賈)라고 한다.

30 여유 있는 재물인데, 기이한 물건을 축적하여 모아두는 것을 말한다. 그러나 잔여물건이라는 설도 있다.

31 관개(冠蓋)는 사람이 쓰는 모자와 수레를 덮는 포장이며, 서로 바라본다는 말은 그런 사람이 많아서 앞사람과 뒷사람이 바라보게 되었다는 말이다. 튼

사짓는 사람을 겸병하는 까닭이며, 농사짓는 사람이 흩어져 도망하는 까닭입니다.

바야흐로 오늘날에 힘써 해야 할 일은 백성들로 하여금 농사에 힘쓰게 하는 것 뿐 만한 것이 없습니다. 백성들에게 농사에 힘쓰게 하려면 곡식 값을 비싸게 하는데 있으며, 곡식 값을 올리는 길은 백성들로 하여금 곡식을 가지고 상을 주거나 벌을 받게 해야 합니다.

이제 천하에서 곡식을 바치고 관직을 받을 사람을 모집하여 작위(爵位)를 받을 수 있고, 죄를 면제받을 수 있게 합니다. 이와 같이 하면 부자는 작위를 갖게 되고, 농민은 돈을 갖게 되며, 곡식은 여러 사람에게 흩어지게 됩니다. 무릇 곡식을 들여서 작위를 받으려는 사람은 모두가 여유 있는 사람들이니, 여유 있는 것에서 가져다가 위에서 쓸 곳에 제공한다면 가난한 백성들의 부세가 줄어들 수 있는데, 이것이 이른바 여유 있는 것을 덜어내서 부족한 곳에 보충하는 것이며, 명령을 내보내면 백성들이 이로울 것입니다.

지금 백성들로 하여금 수레를 끌거나 탈 수 있는 말 한 필을 갖게 하면 졸병 세 사람의 몫으로 계산합니다. 수레와 타는 말은 천하의 무비(武備)이니 그러므로 졸병을 면제합니다.[32] 신농(神農)의 가르침에서 '석성(石城) 10인(仞)[33]을 갖고, 탕지(湯池)가 100보(步)이며, 갑옷을 입은 사람이 100만이라고 하여도 곡식이 없으면 성을 지킬 수가 없다.'

튼한 것은 수레이고, 살찐 것은 말(馬)을 말한다.

32 병졸이 되는 의무를 가지고 있는 사람이 그 역을 면제 받으려면 돈으로 대신하는데, 말을 헌납하는 사람에게 세 명의 갑졸의 군역을 면제한다는 말이다.

33 인(仞)은 6척(尺)이라고도 하고 8척(尺)이라고도 한다.

라고 하였습니다. 이것으로 보건대 곡식이라는 것은 제왕이 크게 쓸 것이며 정치의 본래 임무입니다.

지금 백성들이 곡식을 들여놓고 작위를 받는데 5대부(大夫)[34] 이상에 이르고, 마침내 한 사람을 면제할 뿐인데, 이것은 기마를 제공하고 공로와는 아주 거리가 멉니다. 작위라는 것은 위에서 오로지하는 것으로 입에서 나오는 것이니 끝이 없지만, 곡식이라는 것은 백성들이 심는 것이고 땅에서 나는 것이면서도 모자라서는 안 됩니다. 무릇 높은 작위를 얻는 것과 죄를 면제받는 것은 사람들이 몹시 바라는 것인데, 천하의 사람들로 하여금 변방에다 곡식을 들여놓고 작위를 받거나 죄를 면하게 한다면, 3년이 지나지 않아서 요새 아래에 곡식이 반드시 많아질 것입니다."

황제가 이를 좇아서 백성들로 하여금 변방에다 곡식을 들여 놓게 하고, 작위를 주는 것은 각기 많고 적은 급수로 차이를 두었다.[35]

조조가 다시 상주하여 말하였다.

"폐하께서 다행히 천하로 하여금 요새 지역에 곡식을 들여놓게 하고 작위를 주시니 아주 커다란 은혜입니다. 가만히 생각해 보건대 요새의 졸병의 먹을 것은 충분히 다 쓰지 아니하여 천하의 곡식을 크게 흩어지게 할까 걱정입니다. 변방에서 먹을 것은 충분히 5년을 지탱하게

---

34 고대의 작위(爵位) 가운데 중급인 9급 작위이다. 한(漢)은 진(秦)의 관계(官階)를 그대로 썼는데, 오대부(五大夫)는 4천 석을 입속(入粟)하여야 얻을 수 있었다.

35 당시에 곡식을 바쳐서 작위를 얻는데, 600석이면 상조(上造)의 작(爵)을 주고, 점차 늘려서 4천 석에 이르면 오대부(五大夫)가 되고, 1만2천 석이면 대서장(大庶長)이 되었다.

되면, 군현(郡縣)에다 곡식을 들이도록 할 수 있을 것이고, 또한 군현에서는 충분히 1년 이상을 지탱하게 되면 때로 사면하여 농민들의 조(租)를 거둬들이지 않을 수 있습니다. 이와 같이 덕택(德澤)은 만백성에게 내려지고, 백성들은 더욱 부지런히 농사를 지을 것이니, 크게 부유하여 즐길 것입니다.”

황상이 다시 그 말을 좇고, 조서를 내려서 말하였다.

“백성을 이끄는 길은 본업(本業, 농업)에 힘쓰게 하는데 있다. 짐이 친히 천하를 이끌어서 농사를 한 지가 지금까지 10년이 되었으나, 들에는 개척되지 않은 곳이 있고, 1년 흉년이 들어도 백성들에게는 주린 기색이 있는데, 이는 종사하는 사람이 아직도 적고, 관리들이 아직도 더욱 힘쓰지 않은 것이다.

내가 조서(詔書)를 자주 내려서 해마다 백성들에게 나무[36]를 심으라고 권고하였으나, 그 공로는 아직 나타나지 않았으니 이는 관리가 나의 조서를 받드는 것에 부지런하지 아니하고, 백성들에게 권고한 것이 분명하지 않아서이다. 또 나의 농민들이 아주 고생을 하지만 관리들은 이를 덜어주지 않으니 장차 무엇으로 권고를 하겠는가! 그러니 금년 조세(租稅)의 절반을 농민들에게 내려 주노라.”

문제 전13년(甲戌, 기원전 167년)

---

36 종사하는 사람이란 농사에 종사하는 사람을 말하고, 나무를 심으라는 것은 뽕나무를 심도록 권한 것이다.

1   봄, 2월 갑인일(16일)에 조서를 내렸다.

"짐이 친히 천하를 이끌고 농경을 하여 자성(粢盛)[37]에 공급할 것이고, 황후는 친히 잠상(蠶桑)을 하여 제복(祭服)에 공급할 것이니, 예의 절차를 갖추라!"

2   애초에, 진(秦) 시절에 축관(祝官)은 비축(秘祝)을 갖고 있다가 바로 재난이 있게 되면 번번이 이것을 아랫사람들에게 옮겨 놓았다.[38] 여름에 조서를 내렸다.

"대개 천도(天道)를 들어보니, 화라고 하는 것은 원망을 쌓아 놓는데 서 일어나고, 복이라고 하는 것은 덕(德)이 일어나는 것과 관계있다고 하니 백관들의 잘못은 마땅히 짐 자신으로 말미암았다. 이제 비축하는 관리가 허물을 아랫사람에게 옮긴다면 이는 나의 부덕함을 드러내려고 하는 것이니, 짐은 아예 채택하지 않겠다. 그러니 이를 없애라."

3   제(齊)의 태창령(太倉令) 순우의(淳于意)가 죄를 지어서 형(刑, 사 형)을 받도록 판결되었는데, 조옥(詔獄)하여 잡아서 장안(長安)으로 압송하게 하였다. 그의 어린 딸인 순우제영(淳于緹縈)이 편지를 올려서

---

37 자(粢)라는 것은 고대 곡물류를 총칭하는 것이고, 성은 그릇에 가득 채운 것을 말하니, 자성이란 제물로 쓰는 곡식을 그릇에 가득 채우는 것을 말한다.

38 진대에는 축관(祝官)과 비축(秘祝)이 있었다고 하는데 축이란 제사를 지낼 때에 귀신에게 고하는 일을 맡은 사람을 말한다. 이때에 축관은 고도의 비밀로 만들어진 저주문(咀呪文, 秘祝)을 갖고 있다가 재난이 있을 때에 가장 은 밀한 장소에서 축관이 기도하고 황제에게 있는 허물을 신하에게 옮겨 놓아서 그 신하가 천벌을 받게 하는 것이었다.

말하였다.

"첩(妾)의 아버지는 관리가 되어 제(齊)에서는 모두 그가 청렴하고 공평하다고 불렀는데, 이제 법에 저촉되어 형을 받도록 판결되었습니다. 첩은 '무릇 죽은 사람은 다시 살아날 수 없으며, 형벌을 받은 사람은 다시 붙일 수가 없고, 비록 뒤에 허물을 고쳐서 스스로 새로워지고자 하여도 말미암을 길이 없다.'는 것을 아파합니다. 첩이 바라건대 몰입(沒入)시켜 관비(官婢)로 삼으시고 아버지의 형과 죄를 용서해 주셔서 스스로 새로워지게 하여 주십시오."

천자가 그 뜻을 가련하고 슬프게 생각하여 5월에 조서를 내렸다.

"《시(詩)》에서 말하였다. '자상한 군자(君子)야! 백성의 부모니라.'[39] 오늘 사람들이 허물이 있다면 교화가 아직 시행되지 아니하였는데 형벌을 내리는 것이니, 혹 행실을 고쳐서 착하게 되고자 하는 사람이 있다고 하여도 말미암을 길이 없으니, 짐은 이를 심히 가련하게 생각하노라!

무릇 형벌이 몸의 지체를 자르는데 이르고, 살가죽을 긁어 놓는다면, 죽을 때까지도 소생하지 아니하니 얼마나 그 형벌이 고통스럽고 부덕한 일인가? 어찌 백성의 부모 된 사람의 뜻이겠는가? 그러니 육형(肉刑)[40]을 없애고 이를 바꾸는데, 그리고 죄인들로 하여금 각기 경중(輕重)에 따라서 도망하지 않는다면[41] 해가 지난 다음에는 면제하여 주도

---

39 《시경(詩經)》〈대아(大雅)〉 형작(泂酌)에 나오는 말로 군자란 백성들의 부모라는 뜻이다.

40 이때까지 시행된 육형(肉刑)에는 다리를 자르는 월형(刖刑), 얼굴에 글씨를 새기는 경형 같은 것들이 있었다.

록 하라. 이를 갖추어서 령(令)을 만들라!"

승상 장창(張蒼)과 어사대부 풍경(馮敬)이 상주하여 율(律)을 정하게 해달라고 청하였다.

"여러 곤(髡)에 해당하는 자는 성단(城旦)이나 용(舂)으로 하고, 경(黥)과 곤(髡)에 해당하는 자는 칼을 씌워 성단과 용을 하게하고, 의(劓)에 해당하는 자는 태(笞)[42] 300으로 하며, 왼쪽 다리를 자르는 죄에 해당하는 자는 태 500으로 하고, 오른쪽 다리를 자르는 죄에 해당하는 자와 사람을 죽이고 먼저 스스로 자수한 자, 그리고 관리로서 수뢰하거나 법을 굽혀 적용한 자, 현관(縣官)의 재물을 지키다가 바로 이를 훔친 자, 이미 벌을 받았던 자가 다시 태형 이상의 죄를 지은 자는 모두 기시(棄市)하도록 합니다. 죄인의 옥사가 이미 결정되어서 성단이나 용을 하도록 한 자는 각기 몇 년이 지난 다음에 이를 면제해 줍니다."

제(制)하여 말하였다.

"좋다."

이때에 황상은 벌써 몸소 수양하면서 조용히 있었는데, 장상(將相)들은 모두 옛날의 공신들이어서 문화적 소양이 적고 질박(質朴)함이 많았다. 망한 진의 정치를 징계하고 싫어하여 관대하고 후하게 대하여 주는 정치에 힘쓰도록 논의하고, 다른 사람의 과실을 말하는 것을 수치로 여겼는데, 이러한 교화가 천하에 시행되니 윗사람의 죄를 몰래 고발

---

41 죄를 지은 사람이 도망하지 않고서 그 연수를 채운다면 그 죄를 면제하여 서인이 되게 하는 것이다.

42 곤(髡)은 머리를 깎는 형벌이고, 성단(城旦)은 아침 일찍 일어나서 성 쌓는 일에 참가하는 것이며, 용(舂)은 방아를 찧는 일이며, 경(黥)은 얼굴에 묵을 뜨는 형벌이며, 태(笞)는 곤장을 맞는 형벌이다.

하는 풍속이 바뀌었다.

관리는 그의 관직에서 편안히 하였고, 백성들은 그들의 생업에서 즐겼으며, 저축하는 것도 매년 늘어가고, 호구도 점차 늘었다. 풍속과 유행이 두텁게 되고 금하는 그물도 성글고 넓어져서, 죄를 지은 것으로 의심받는 사람은 백성들에게 주니,[43] 이로써 형벌이 크게 줄어들어서 옥사로 판결한 것은 400에 이르러서 형벌을 받아야 하나 내버려두는 풍조가 있었다.

4   6월에 조서를 내렸다.

"농사는 천하의 근본이니 힘 써야 할 것이 막대하다. 이제 몸을 부지런히 하여 농사에 종사하여서 조세(租稅)의 부(賦)를 내는 것에서는 본말(本末)이 다름이 없는데, 그것은 농사를 권하는 길이 아직 갖추어지지 않은 것이다. 그러니 농전(農田)의 조세를 없애도록 하라!"

문제 전14년(乙亥, 기원전 166년)

1   겨울에 흉노의 노상(老上) 선우[44]의 14만 기병이 조나(朝那, 甘肅省 平涼縣의 서북쪽)와 소관(蕭關, 甘肅省 固原縣 경계 지역)에 들어와서 북지(北地, 甘肅省 寧縣)도위 손앙(孫卬)을 죽이고, 인민과 가축을 잡아

---

43 의심받는다는 것은 의심은 가되 긍정하지 않는 경우를 말하며, 이 경우에는 가장 가벼운 조목을 좇게 하였다는 말이다.

44 흉노의 제3대 난제계죽을 말한다.

간 것이 아주 많았는데, 드디어 팽양(彭陽, 甘肅省 鎭原縣)에 이르렀다가 기습병들에게 들어와서 회중궁(回中宮, 陝西省 鳳翔縣)에 불 지르게 하고, 척후기병은 옹(雍)의 감천(甘泉; 甘泉宮, 陝西省 淳化縣 서북쪽 甘泉山)에 이르렀다.

황제는 중위 주사(周舍)와 낭중령 장무(張武)를 장군으로 삼아서 전차 1천 승(乘)과 기병 10만을 내어 장안의 주변에 진을 치고 흉노의 침구에 대비하게 하였고, 창후(昌侯) 노경(盧卿)[45]을 상군(上郡, 陝西省 綏德縣)장군으로 삼고, 녕후(甯侯) 위속(魏遫)을 북지(北地)장군으로 삼았으며, 융려후(隆慮侯) 주조(周竈)를 농서(隴西, 甘肅省 臨洮縣)장군으로 삼아서 삼군(三郡)에 주둔시켰다.[46]

황상은 친히 군사들을 위로하고 병사들을 챙기며, 교령(敎令)을 밝히고, 이졸(吏卒)들에게 하사하면서 스스로 흉노를 정벌하고자 하였다. 여러 신하들이 간하여 말렸으나 듣지를 않았는데, 황태후가 굳게 요구하자 황상이 마침내 중지하였다.

이에 동양후(東陽侯) 장상여(張相如)를 대장군으로 삼고, 성후(成侯) 동적(董赤)[47]과 내사(內史) 난포(欒布)를 모두 장군으로 삼아서 흉노를 쳤다. 선우가 한 달 넘어 요새 안에 머물다가 끝내는 갔다. 한은 축출하여 요새를 나가자 바로 돌아왔는데, 죽인 것을 가질 수 없었다.

---

45 노경은 본래 강여경으로 한 고조의 공신인데, 노 지역에 봉하여졌기 때문에 노씨로 바꾸었다.

46 삼군이란 상군, 북지군, 농서군을 말하며, 한 개 군에 한 명의 장군을 두어 방비하게 한 것이다.

47 고제의 공신인 동설(董渫)의 아들이다.

2   황상이 연(輦)을 타고 낭서(郎署)⁴⁸를 지나가다가 낭서장 풍당
(馮唐)에게 물었다.

"아버지의 집은 어디인가?"

대답하였다.

"신의 할아버지는 조인(趙人)인데, 아버지가 대(代)로 이사하였습니
다."

황상이 말하였다.

"내가 대(代)에 살 때에 나의 상식감(尙食監)⁴⁹ 고거(高祛)가 자주
나에게 조(趙)의 장수 이제(李濟)가 똑똑하여 거록(鉅鹿) 아래에서 잘
싸웠다⁵⁰고 말하였소. 요즈음 나는 매번 밥 먹을 때마다 마음이 거록
의 전투에 있지 않은 적이 없소. 아버지가 이 사실을 아오?"

풍당이 대답하였다.

"오히려 염파(廉頗)와 이목(李牧)이 장군 노릇한 것만은 못합니다."

황상이 무릎을 치면서 말하였다.

"아! 나는 다만 염파와 이목 같은 사람을 얻어서 장군으로 삼을 수
없었을 뿐이오. 내가 어찌 흉노를 근심하였겠는가?"

풍당이 말하였다.

"폐하께서는 비록 염파와 이목 같은 사람을 얻었다고 하더라도 채용

---

48 낭서는 한 왕조의 궁궐의 호위를 담당한 부서이다.

49 임금의 식사를 담당하는 관리이다.

50 진 2세황제 3년(기원전 207년)의 일이다. 당시에 진의 장군인 왕리가 거록을
   포위하고 있었을 때에 일어난 이야기인데, 이 내용은 《자치통감》 권8에 실려
   있다.

하실 수 없을 것입니다."

황상이 화가 나서 일어나서 금중으로 돌아와서 한참 있다가 풍당을 불러서 나무라고 말하였다.

"공(公)은 어떤 무리이기에 나를 모욕하면서 다만 빈틈이 없었다는 말이오?"

풍당이 사죄하며 말하였다.

"저는 시골 사람이어서 기휘(忌諱)[51]하는 것을 알지 못하였습니다."

황상이 흉노가 쳐들어와서 노략질하는 것에 대하여 생각하면서 마침내 다시 풍당에게 물어서 말하였다.

"공은 어떻게 내가 염파나 이목 같은 사람을 채용할 수 없을 것을 아는가?"

풍당이 대답하였다.

"신이 듣건대 상고의 임금이 된 사람은 장군을 파견하면서 무릎을 꿇고 수레를 밀면서 말하기를, '문지방 안쪽은 과인(寡人)이 이를 통제할 것이니, 문지방 밖의 것들은 장군이 이를 통제하시오.'라고 하였고, 군사적 공로로 주는 작위(爵位)와 상은 모두 밖에서 결정하고, 돌아와서 이를 상주하였으니, 이 말은 헛말이 아닙니다.

신의 할아버지가 말하였습니다. 이목이 조의 장수가 되고 나서, 변방에 살면서 군시(軍市)의 조세(租稅)[52]는 모두 스스로 병사들에게 향응

---

51 기휘는 윗사람에게 좋지 않게 들리는 단어를 쓰지 않는 것이다. 예컨대 윗사람에게는 죽는다는 말 대신에 '백년 뒤'라고 한다던가, 황제의 이름자가 들어간 글자를 사용하지 않는다던가 하는 것들이다. 그런데, 여기서는 직접 대고 황제를 비판한 것이다.

52 군대 안에 시장이 있었고, 이 시장이 있으므로 여기에 세금을 물게 하였다.

(饗應)하는데 사용하였고, 상을 내리는 것도 밖에서 결정하였으며, 중앙의 회답을 좇지 않았습니다.

임무를 맡기고 성공하는 것을 책임지게 하였으니, 이러한 연고로 이목은 마침내 그의 지혜와 능력을 다할 수 있었는데, 전차 1천300승(乘)과 활 쏘는 기병 1만3천, 백금(百金)의 전사(戰士)[53] 10만을 가려 뽑았으니, 이리하여서 북쪽으로는 선우를 좇아 버리고 동호(東胡, 요령성)를 격파하고, 담림(澹林, 산서성)을 멸망시키고, 서쪽으로는 강한 진(秦)을 누르고, 남쪽으로는 한(韓)과 위(魏)를 지원하였습니다. 이때에 조는 거의 패권을 누리게까지 되었습니다.

그 후에 조왕 조천(趙遷)이 서게 되자 곽개(郭開)가 참소하는 말을 채용하여 끝내는 이목을 죽이고, 안취(顔聚)로 하여금 그를 대신하게 하였습니다.[54] 이리하여 군사들은 깨지고 병졸은 패배하여 진에게 잡혀 없어진바 되었습니다.

이제 신이 가만히 듣건대 위상(魏尙)은 운중(雲中, 內蒙古 托克托)의 군수가 되었는데, 그의 군시의 조(租)는 모두 사졸들을 향응하는데 쓰고, 사사로이 돈을 마련하여 닷새에 한 번씩 소를 잡아서 스스로 빈객(賓客)·군리(軍吏)·사인(舍人)들에게 향응을 베푸니, 이로써 흉노들은 멀리 피해 달아나고 운중의 요새에는 가까이 오지 않는다 합니다.

호로(胡虜)가 일찍이 한 번 들어왔는데, 위상은 거기(車騎)를 이끌고

---

53 백금(百金)은 많은 돈을 의미하는 말이므로 훌륭한 병사 하나 하나의 값이 백금이 된다는 말로 훌륭한 전사를 말하는 것이다.

54 이 사건은 진 시황제 18년(기원전 229년)에 일어났으며, 그 내용은 《자치통감》 권6에 실려 있다.

서 이들을 공격하여서 죽이는 것이 아주 많았습니다. 무릇 사졸들은 모두 서인 집안의 아들이어서 모두 밭을 갈다가 종군(從軍)한 것인데 어찌 척적(尺籍)과 오부(伍符)[55]를 알겠습니까? 이들이 종일토록 힘써 싸워서 목을 베고 포로를 잡아와 가지고 세운 공로를 군부(軍府)에 올리는데, 한마디라도 상응하지 않으면, 문직(文職)인 관리는 법을 가지고 얽어매고 그 상을 시행하지 않으니, 관리는 법을 받들어서 반드시 적용해야 하였습니다.

신은 어리석으나 폐하께서는 내리시는 상은 아주 가벼운데, 벌은 아주 무겁습니다. 또 운중의 군수인 위상이 공로로 적을 목 자르고 포로로 잡았다고 보고를 올린 것이 6명의 차이가 있었는데 폐하께서 이를 형리에게 내려 보내서 그의 작위를 깎고 그를 벌작(罰作)[56]하였습니다. 이로 말미암아 말한다면 폐하께서는 비록 염파나 이목을 찾아냈다고 하여도 채용할 수 없을 것입니다."

황상이 기뻐하였다.

이날로 풍당으로 하여금 부절(符節)을 갖고 가서 위상을 사면하게 하고 다시 운중 군수로 삼고, 풍당을 거기도위(車騎都尉)[57]에 임명하였다.

---

55 척적은 군령을 적은 한자짜리 목간을 말하고, 오부는 군사의 오오(伍伍)들이 서로 보호하게 하는 부호와 신임표이다.

56 벌작이란 1년간의 형을 말한다.

57 한서를 보면 이때에 한에는 거기장군이라는 관직이 없었고, 이때 풍당으로 하여금 중위(中尉)와 군국(郡國)의 수레와 병사를 주관하게 하였다.

오덕론과 신원평, 신도가와 주아부

3　봄에 여러 제사를 지내는 단장(壇場)과 규폐(珪幣)[58]를 확대하고
늘리도록 조서를 내리고 또 말하였다.

"내가 듣건대 사관(祠官)들이 축복을 하는데, 모두 짐 한 사람에게
복이 오도록 하고 백성들을 위하지 않는다고 하니, 짐이 이를 심히 부
끄러워한다. 무릇 짐은 덕스럽지 아니하여 홀로 그 좋은 복을 혼자만
향응(饗應)하고 백성들에게 주지 않으니, 이는 나의 덕스럽지 못함을
거듭하는 것이다. 그러니 사관으로 하여금 경건하게 기도를 올려야 하
지만 빌 것이 없다!"

4　이 해에 하간문왕(河間文王)[59] 유벽강(劉辟彊)이 죽었다.

5　애초에, 승상 장창(張蒼)이 한은 수덕(水德)을 얻었다고 여겼는

---

58 흙을 쌓아 놓은 것이 단이고 흙을 제거한 것이 장이며 규폐란 신에게 드리는
　제물이다.

59 유벽강은 하간왕이었는데, 그가 죽자 시호를 문왕이라고 하였던 것이다.

데, 노인(魯人) 공손신(公孫臣)이 한은 토덕(土德)에 해당하는데 그것
이 감응하여 황룡이 보였다고 여겼지만[60] 장창은 이를 잘못이라고 여
기고 이를 철폐하였다.

문제 전15년(丙子, 기원전 165년)

1   봄에 황룡(黃龍)이 성기(成紀, 甘肅省, 秦安縣)에 나타났다.[61] 황
제가 공손신을 불러서 벼슬을 주어 박사(博士)로 하고 제생(諸生)[62]과
더불어 토덕(土德)을 펼쳐서 밝히게 하고, 역법(曆法)과 복장의 색깔에
관한 일을 고치게 하였다. 장창은 이로부터 스스로 굽혔다.

---

60 국가나 개인의 운명은 오행의 순서에 따라서 움직인다고 생각한 것이 오덕론
   이다. 오덕론에는 상생론과 상극론이 있어서 오행이 시대에 따라서 변하는 순
   서를 달리하고 있다. 상생론에서는 수목화토금(水木火土金)의 순서로 진행되
   고 금에서 다시 수(水)로 가는 순서이다. 상극론에서는 수토목금화(水土木金
   火)로 진행되고, 화에서 다시 수(水)로 가는 것이다. 상생론은 물에서 나무가
   자라고, 나무에서 불이 붙는 등과 같이 순(順)의 순서로 변하는 것이고, 상극
   론은 물을 흙으로 막고, 흙은 나무로 파며, 나무는 쇠로 자르는 등과 같이 앞
   의 것을 이기고 새로운 시대로 접어든다는 역(逆)의 순서로 변한다는 것이다.
   따라서 왕조가 바뀌면 앞에 있었던 왕조를 이어받은 것이냐 이기고 들어선
   것이냐에 따라서 달리 정하는 것이다. 여기에서 장창은 한이 수덕이므로 황
   하가 금제(金隄)가 터졌다고 하였고, 공손신은 진은 수덕이었으므로 복색도
   검은색이었다면, 한은 진을 이기고 건설되었으므로 당연히 토덕이어야 하고
   따라서 복색도 황색을 숭상해야 하며 그 증거로 황룡이 나타났다는 것이다.

61 전설에 의하면 포희(庖犧)가 출생한 곳이다.

62 박사의 제자들인 학생을 말한다.

2   여름, 4월에 황상이 처음으로 옹(雍)⁶³에 가서 교외에서 오제(五帝)에게 제사를 지내고 천하를 크게 사면하였다.

3   9월에 제후왕과 공경(公卿) 그리고 군수들에게 조서를 내려서 현량(賢良) 한 사람과 곧은 말을 하고 끝까지 간언(諫言)을 할 수 있는 사람을 천거하라고 하고, 황상이 친히 이들에게 대책(對策)을 쓰게 하였다. 태자가령(太子家令) 조조(鼂錯)가 쓴 대책이 높은 단계였으므로 발탁하여 중대부(中大夫)로 삼았다.

   조조는 또한 마땅히 제후들의 토지를 삭탈(削奪)할 것과 법령 가운데 고쳐서 정할 수 있는 것에 관하여 말씀을 올렸는데 책이 무릇 30편(篇)이었으며, 황상은 비록 그것을 다 들어주지는 않았으나, 그의 재주를 기이하게 보았다.

4   이 해에 제(齊)의 문왕(文王)인 유칙(劉則)과 하간애왕(河間哀王)⁶⁴ 유복(劉福)이 모두 죽었는데, 모두 아들이 없어서 나라[봉국]를 없앴다.

5   조인(趙人) 신원평(新垣平)이 기(氣)를 보고 황상을 알현하고, 장안의 동북쪽에는 신(神)이 있어서 기(氣)가 다섯 가지의 색채를 이루었

---

63 진 때에 백제(白帝), 적제(赤帝), 황제(黃帝), 청제치(靑帝時)를 옹(雍, 陝西省 鳳翔縣)에 세웠는데, 한의 고제가 다시 흑제치를 세웠기 때문에 옹에는 오제치가 있었다.

64 문왕과 애왕은 모두 시호이다.

다고 말하였다. 이에 위양(渭陽)[65]에 오제묘(五帝廟)를 만들었다.

문제 전16년(丁丑, 기원전 164년)

1   여름, 4월에 황상이 교외에서 위양에 있는 오제묘에서 오제(五帝)
에게 제사를 지냈다. 이에 신원평을 귀하게 여기게 되어 상대부(上大
夫)[66]에 이르게 하고, 누천금(累千金, 수천금)을 하사하였는데, 박사와
제생들로 하여금 6경에서 뽑아서 '왕제편(王制篇)'을 짓게 하고, 황제
가 순수하고 봉선(封禪)하는 일을 의논하게 꾀하였다. 또 장문(長門)으
로 가는 길의 북쪽에 오제단(五帝壇)[67]을 세웠다.

2   회남왕(淮南王) 유희(劉喜)를 옮겨서 다시 성양왕(城陽王)으로 삼
았다.[68] 또 제(齊)를 나누어서 여섯 나라로 만들고, 병인일(17일)에 제
도혜왕(齊悼惠王, 劉肥)의 아들로 남아 있는 사람 6명을 세웠는데, 양
허후(楊虛侯) 유장려(劉將閭)를 제왕(齊王, 齊의 도읍은 臨淄)으로 삼고,

---

65 위수의 북쪽을 말한다. 양은 물과 이야기할 때는 그 물의 북쪽이고, 산과 이
야기 할 때는 그 산의 남쪽이다. 그러므로 위양은 위수의 북쪽이다.

66 주(周)대에는 상대부가 있었으나, 한(漢)대에는 상대부가 없고, 태중대부, 중
대부, 간대부가 있으므로 착오로 보인다.

67 장문은 정(亭)의 이름이다. 서안의 동남쪽에 있으며, 오제단이란 백제단, 적제
단, 황제단, 청제단, 흑제단이다.

68 성양왕 유희는 문제 전11년(기원전 169년)에 회남왕으로 책봉되었는데, 이 해
에 다시 성양왕으로 회복시킨 것이다.

안도후(安都侯) 유지(劉志)를 제북왕(濟北王, 濟北의 도읍은 산동성 長淸縣)으로 삼고, 무성후(武成侯) 유현(劉賢)을 치천왕(菑川王, 菑川의 도읍은 산동성 陵縣)으로 삼고, 백석후(白石侯) 유웅거(劉雄渠)를 교동왕(膠東王, 膠東의 도읍은 산동성 平度縣)으로 삼고, 평창후(平昌侯) 유앙(劉卬)을 교서왕(膠西王, 膠西의 도읍은 산동성 高密縣)으로 삼고, 륵후(扐侯) 유벽광(劉辟光)을 제남왕(濟南王, 濟南의 도읍은 산동성 歷城縣)으로 삼았다.

회남여왕(淮南厲王, 회남의 도읍은 안휘성 壽縣)의 아들로 남은 사람이 셋인데, 부릉후(阜陵侯) 유안(劉安)을 회남왕으로 삼고, 안양후(安陽侯) 유발(劉勃)을 형산왕(衡山王, 衡山의 도읍은 안휘성 六安縣)으로 삼고, 양주후(陽周侯) 유사(劉賜)를 여강왕(廬江王, 廬江의 도읍은 안휘성 廬江縣)으로 삼았다.

3　가을, 9월에 신원평이 사람을 시켜서 옥배(玉杯)를 가지고서 글을 올리고 궁궐 아래에서 이를 바치게 하였다. 신원평이 황상에게 말하였다.

"궁궐 아래까지 보옥(寶玉)의 기운을 가지고 온 자가 있습니다."

마치고, 그곳을 보니 과연 옥배를 바치는 자가 있었는데, 새겨 있기를 '인주는 늘려서 오래 사신다.'라고 하였다.

신원평이 또 말하였다.

"신이 살펴보니 해가 다시 중천에 뜨겠습니다."

얼마 있다가 해가 물러갔다가 다시 중천에 떴다. 이에 비로소 17년을 바꾸어 원년으로 하고, 천하에 대포(大酺)하도록 하였다.[69]

---

69 이때 문제 17년을 원년으로 하여서 이를 후원년이라 하고 그 후에는 숫자에

신원평이 말하였다.

"주(周)의 정(鼎)이 없어졌는데, 사수(泗水)에 있습니다.[70] 이제 하(河, 황하)를 터서 사수로 통하게 하는데, 신이 동북쪽의 분음(汾陰, 山西省 榮河縣)을 바라보니, 곧장 금보(金寶)의 기운이 있으며 그 뜻은 주의 정이 거기서 나온다는 것입니다! 징조를 보니 영접하지 않으면 오지 않을 것입니다."

이에 황상이 사신으로 하여금 분음에 사당(祠堂)를 만들게 하고, 남쪽으로 황하에 이르러서 주의 정이 출현하기를 제사 지내려고 하였다.

문제 후원년(戊寅, 기원전 163년)

1   겨울, 10월에 어떤 사람이 편지를 올려서 '신원평이 말한 것이 모두 속인 것입니다.'라고 알렸는데, 이(吏, 刑吏)에게 내려 보내어 다스려서 신원평을 주살하였다. 그 후에 황상은 또한 정삭(正朔)과 복색을 고치고, 귀신에게 제사 지내는 일에 게을러졌으며, 위양(渭陽)과 장문

후를 앞에 붙여서 앞의 연수와 구별하고, 앞의 숫자도 전(前)을 넣게 되니, 문제 때의 연호에는 전과 후가 있게 되었다. 대포는 큰 잔치를 열어 술을 먹는 것을 말한다. 한의 율령에 의하면 아무 이유 없이 세 명 이상이 모여서 술을 먹으면 4냥의 벌금을 물도록 되어 있다. 이제부터는 모여 음식을 먹을 수 있도록 한 것이다.

70 진이 주를 멸망시키고서 아홉 개의 정(鼎)을 함양으로 옮기다가 그 중 한 개의 정이 홀연히 날아가서 사수에 빠졌는데, 진 시황이 이를 건지려고 하였으나, 못 건졌다. 이러한 이야기는 진 시황제 28년(219년)에 있었고, 《자치통감》 권7에 실려 있다.

(長門)의 오제는 사관(祠官)으로 하여금 주관하게 하여 때에 따라서 예
(禮)를 드리게 하고 가지 아니하였다.

2   봄, 3월에 효혜황후(孝惠皇后) 장씨(張氏)가 훙(薨)[71]하였다.

3   조서를 내려서 말하였다.

"최근 몇 년 동안 풍년이 들지 않았고, 또한 수재와 한재 그리고 질병
의 재앙이 있어서 짐은 이를 심히 걱정한다. 어리석고 밝지 못하여 그
허물에 통달하지 아니한데, 생각되는 것은 짐이 정치를 하는데 있어서
실수한 것이 있었고, 행동하는데 있어서 허물이 있었는가?

마침내 천도(天道)는 순조롭지 아니하였고, 땅에서의 이로움도 혹
얻지 못하며, 인사(人事)에서는 많은 부분에서 화합을 잃었고, 귀신(鬼
神)이 제사를 받기를 그만둔 것인가? 무엇 때문에 여기에 이르게 했는
가? 백관들의 봉양(奉養)을 그만두고 쓸데없는 일이 혹 많았는가? 어
찌하여 그 백성들이 먹을 것이 적고 모자라는가?

무릇 농사짓는 땅을 헤아려 보아도 더 적어진 것은 아니고, 백성의
수를 계산해 보아도 아직 더 많아지지 아니하였고, 인구수를 가지고 토
지를 계산하여 본다면 그것은 옛날에 비하여 여유가 있는데, 그러나 먹
는 것이 아주 부족하니 그 허물은 어디에 있는가?

백성들이 말업(末業)에 종사하여 농업을 해치는 일이 많아지고, 술

---

71 효혜황후는 장오(張敖)의 딸로 여씨 일파여서 여씨들이 죽은 후에 북궁으로
   옮겨져서 살았다. 통일 제국의 황후가 죽은 것이므로 붕(崩)이라는 용어를 써
   야 하나 여씨 일파라고 하여 붕이라는 용어 대신 한 등급 낮은 훙(薨)이라는
   용어를 사용하였다.

을 빚는데 곡식을 소비하는 것이 많으며, 육축(六畜)[72]이 먹어 치우는 것이 많은 것은 없는가? 작고 큰 뜻에서 나는 그 알맞은 것을 찾지 못하였으니, 승상과 열후와 이천석(二千石)과 박사들은 이것을 의논하여 백성들을 도와줄 수 있는 것이 있다면 의견을 모으고 멀리 생각하되 숨기는 바가 없이 하라."

문제 후2년(己卯, 기원전 162년)

1   여름에 황상이 옹(雍, 섬서성 부봉현)에 있는 역양궁(棫陽宮)[73]에 갔다.

2   6월에 대효왕(代孝王) 유참(劉參)이 죽었다.[74]

3   흉노가 해마다 변경을 들어와서 인민들과 가축들을 죽이고 약탈하여 간 것이 아주 많았는데, 운중(雲中, 내몽고 탁극탁현)과 요동(遼東, 요녕성 요양시)이 가장 심하여, 군(郡)마다 1만여 명이었다. 황상이 이를 근심하여 마침내 사신으로 하여금 흉노에게 보내는 편지를 가지고 가

---

72 여섯 종류의 가축 즉, 말·소·양·닭·개·돼지를 말한다.

73 이 궁은 진의 3대 영직[昭王]이 건설한 것이다.

74 대왕인 유참이 죽자 그의 시호를 효왕으로 한 것이다. 유참은 문제 전2년(기원전 178년)에 태원에 책봉되었다가 전3년(기원전 177년)에 대로 옮겨졌다.

게 하였다. 선우도 역시 당호(當戶)[75]로 하여금 사과하는 회보(回報)를 보내오게 되어 다시 흉노와 화친하였다.

4   8월 무술일(2일)에 승상 장창이 면직되었다. 황제는 황후의 동생인 두광국(竇光國)이 똑똑하고 행실도 좋아서 그를 승상으로 삼고자 하여 말하였다.

"천하는 내가 두광국을 사사로이 생각한다고 할까 걱정하여, 오랫동안 안 된다고 생각하였다."

고제 시절부터 남아있는 대신 가운데에는 나머지 현존하는 사람이 없었다. 어사대부인 양국(梁國)의 신도가(申屠嘉)는 옛날에 재관궐장(材官蹶張)[76]으로 고제를 좇았고, 관내후(關內侯)로 책봉되었는데, 경오일(4일)에 신도가를 승상으로 삼고 고안후(故安侯)[77]에 책봉하였다. 신도가의 사람됨은 청렴하고 곧아서 문에서 사사롭게 배알(拜謁)하는 것을 받아들이지 않았다.

이때에 태중대부(太中大夫) 등통(鄧通)이 바야흐로 아낌을 받았는데, 상으로 하사해 준 것이 거만(鉅萬)에 이르렀고, 황제가 일찍이 등통의 집에서 연회를 열고 술을 마셨는데, 그 총애함이 비할 데가 없었다. 신도가가 일찍이 조회를 하러 들어갔는데, 등통이 황상의 옆에 앉아서

---

75 흉노의 관직에는 좌현왕, 우현왕, 우대당호가 있는데, 모두 24장이 있으며 당호는 의례를 담당하는 직책이다.

76 재관은 힘이 많아서 강노(强弩)를 발로 벌릴 수 있는 것을 말하는데, 노(弩)를 손으로 벌리면 벽장(擘張)이라 하고 발로 벌리면 궐장(蹶張)이라 하였다.

77 관내후는 작위는 있으나 식읍이 없는 작위이다. 그런데 신도가는 호안후로 책봉되어 작위와 식읍을 갖게 되었다.

태만(怠慢)한 예의를 하고 있었다.

신도가가 상주하는 일을 마치고 이어서 말하였다.

"폐하께서는 군신 가운데 총애한다면 그를 부귀하게 하여도 조정에서의 예의에서는 정숙하게 하지 아니할 수 없습니다."

황상이 말하였다.

"그대는 말하지 마시오. 내가 그에 사사로이 하겠소."

조회를 파하고 부(府, 丞相府)에 앉아서 신도가는 격(檄)[78]을 만들어 등통을 불러서 승상부로 오게 하였고, 오지 않으면 또 목을 자르게 하였다. 등통이 두려워하며 들어가서 황상에게 말하니, 황상이 말하였다.

"네가 가면 내가 부리는 사람으로 하여금 너를 부르겠다."

등통이 승상부에 이르러 관(冠)을 벗고, 맨발을 하고서 신도가에게 머리를 조아리며 사과하였다.

신도가는 태연하게 예의를 차리지 않고 나무라서 말하였다.

"무릇 조정이란 것은 고제의 조정이다. 등통은 직위가 낮은 신하[79]인데 전상(殿上)에서 희롱하였으니, 커다란 불경죄를 범하였으므로 마땅히 목을 베어야 한다. 이(吏, 刑吏)는 이제 그에게 참형(斬刑)을 시행하라."

등통이 머리를 조아려서 머리에서 온통 피가 나는데도 신도가는 풀지 않았다.

---

78 격은 목서(木書)를 말하는데, 길이는 두 자이며 정식 문서이다. 이때에는 아직 종이가 발명되지 않았다.

79 이때에 등통은 태중대부였는데, 녹봉은 1천 석이었으므로 중급 관리라고 할 수 있다.

황상은 승상이 이미 등통을 곤욕스럽게 하였을 것이라고 헤아리고 부리는 사자(使者)로 하여금 지절(持節)로 등통을 부르고 승상에게 사과하였다.

"이 사람은 나의 장난감 노릇을 하는 신하이니, 그대는 그를 석방하시오."

등통은 이미 도착하여서 황상에게 말하였다.

"승상이 거의 신을 죽이려 하였습니다."

문제 후3년(庚辰, 기원전 161년)

1   봄, 2월에 황상이 대(代, 河北省 蔚縣)에 갔다.

2   이 해에 흉노의 노상(老上) 선우가 죽고, 그의 아들인 군신(軍臣) 선우[80]가 섰다.

문제 후4년(辛巳, 기원전 160년)

1   여름, 4월 그믐 병인일에 일식이 있었다.

2   5월에 천하를 사면하였다.

---

80 4대 선우로 난제군신이다.

3   황상이 옹(雍, 섬서성 鳳翔縣)에 행차하였다.

문제 후5년(壬午, 기원전 159년)

1   봄, 정월에 황상이 농서(隴西, 甘肅省 臨洮縣)에 행차하였고, 3월
에는 옹에 행차하였고, 가을, 7월에 대(代)에 행차하였다.

문제 후6년(癸未, 기원전 158년)

1   겨울에 흉노의 3만 기병이 상군(上郡, 陝西省 綏德縣)에 들어왔고,
3만 기병은 운중(雲中, 內蒙古 托克托)에 들어왔는데, 죽이고 노략질한
것이 아주 많으니, 봉화(烽火)[81]가 감천(甘泉, 陝西省 淳化縣)과 장안에
전달되었다.
    중대부(中大夫) 영면(令免)을 거기(車騎)장군으로 삼으니 비호(飛狐,

---

81 봉화란 고대에 군사상 긴급한 일을 전하는 시설이다. 수도에서 방사선 모양으
로 각 지역의 변방과 제후국에까지 연결되어 있는데 10km 혹은 15km 마다 높
은 망대(望臺)를 만들어 놓고 이 망대에는 군사들이 24시간 살펴볼 뿐만 아
니라 여기에는 나무와 이리의 분(糞)을 비축해 놓고 있다. 유사시에 밤중에
나무를 태워 불을 놓아 연락하는데 이를 봉화라 하고, 낮에는 이리의 분을
태우는데 이를 낭연(狼烟)이라 한다. 전해지는 말에 의하면 낭분을 태운 낭연
은 연기의 응집력이 강하여 연기가 곧바로 하늘로 올라가고 바람에 잘 흩어
지지 않는다고 한다. 만약에 적이 변방을 공격해 오면 변경에서는 봉화나 낭
연을 일으켜서 변방의 소식을 수도에까지 전달하여 군사를 일으켜서 대비하
도록 하는 것이다.

河北省 淶源縣)에 주둔하였고, 옛날 초(楚)의 재상인 소의(蘇意)를 장군으로 삼으니 구주(句注, 山西省 代縣)에 주둔하였고, 장군 장무(張武)는 북지(北地, 甘肅省寧縣)에 주둔하고, 하내(河內, 河南省 武陟縣) 태수 주아부(周亞夫)는 장군이 되어 세류(細柳, 陝西省 咸陽縣)에 위치하였으며, 종정(宗正) 유례(劉禮)는 장군이 되어 패상(霸上, 陝西省 藍田縣)에 자리를 잡고, 축자후(祝玆侯) 서려(徐厲)는 장군이 되어 극문(棘門, 長安城 北門의 서쪽 첫 번째 문)에 자리를 잡고서 흉노에 대비하였다.

황상이 스스로 군사들을 위로하려고 패상에 도착하여 극문에 있는 군영에 이르러서 곧장 말을 달려 들어갔더니 장군이 말에서 내려서 영접하고 전송하였다. 이미 그리하고서 세류에 있는 군영으로 가니 군대의 사졸들이 갑옷을 입고 무기와 칼을 날카롭게 하고 궁노(弓弩)를 잔뜩 당기고 있었는데, 천자의 선봉이 이르렀으나 들어갈 수 없었다.

선봉이 말하였다.

"천자께서도 도착하실 것이다."

군문도위(軍門都尉)가 말하였다.

"장군령(將軍令)에서 이르기를, '군중(軍中)에서는 장군의 명령을 듣는 것이지, 천자의 조서를 듣는 것이 아니다.'라고 하였습니다."

어찌할 수가 없이 있었는데, 황상이 이르렀으나 또한 들어갈 수가 없었다.

이에 황상이 마침내 사자(使者)로 하여금 지절(持節)로 장군에게 조서를 내리게 하였다.

"내가 군영으로 들어가서 군사들을 위무하고자 한다."

주아보가 마침내 말을 전하였다.

"성벽의 문을 열라."

벽문사(壁門士, 성문을 지키는 병사)가 거기(車騎)에게 요청하였다.

"장군이 약속하기를, '군중(軍中)에서는 말을 달릴 수 없다.'고 하였습니다."

이에 천자는 마침내 말고삐를 당겨 잡고서 천천히 갔다.

군영에 이르니 장군 주아부가 무기를 들고 읍(揖)[82]하고서 말하였다.

"갑옷을 입고 있는 군사는 절을 하지 않는 것이니, 청컨대 군례(軍禮)로 알현하게 하여주십시오."

천자는 감동을 받고 용모를 고치고 수레의 횡목(橫木)을 잡고 답례하고 사람을 시켜서 미안하다는 뜻으로 말하게 하였다.

"황제께서 장군을 경건(敬虔)하게 위로하오."

예(禮)를 마치고 돌아갔다.

이미 군문을 다 나갔는데, 여러 신하들은 모두 놀랐다. 황상이 말하였다.

"아! 이 사람이 진짜 장군이다. 이제 패상과 극문의 군영은 마치 아이들의 놀이일 뿐이니, 그 장수들은 정말로 습격 받는다면 포로가 될 것이다. 주아부가 있는 곳에 이르러서도 범접할 수 있겠는가?"

훌륭하다고 칭찬한 것이 오래갔다. 한 달이 좀 더 지나서 한의 군사가 변경에 도착하였는데, 흉노도 역시 요새에서 멀어지니 한의 군사들도 역시 철수하였다. 마침내 주아부에게 벼슬을 주어 중위(中尉)로 삼았다.

---

82 손과 어깨를 곧게 펴고 두 손을 마주잡고 위아래로 움직이는 것인데, 이러한 예법은 같은 직위를 가진 사람 사이에서 쓰는 예절이다.

2   여름, 4월에 큰 가뭄이 들었고 황충(蝗蟲)이 있었다. 제후들로 하여금 공물(貢物)을 들이지 않게 하고, 산이나 연못의 금령(禁令)을 해제하고, 여러 의복과 어가(御駕)를 줄이고, 낭관(郎官)과 이원(吏員)의 수를 줄였고, 창고를 열어서 백성들을 구휼하며, 백성들은 작위를 살 수 있었다.

문제 후7년(甲申, 기원전 157년)

1   여름, 6월 기해일(1일)에 황제가 미앙궁에서 붕어(崩御)하였다.[83] 유조(遺詔, 유언으로 남긴 조서)에서 말하였다.

"짐은 듣기를, '대개 천하의 만물에 싹이 생기면 죽지 아니하는 것이 없고, 죽는다는 것은 천지의 이치이며 만물의 자연스러움이다.'라 하였으니 어찌 심히 슬퍼할 만한 것인가! 오늘의 세상에서 모두가 살기를 즐

---

83 이때 문제(文帝)의 나이는 마흔여섯 살이었다.

겨하고 죽기를 싫어하며 후한 장례를 치르느라고 생업을 깨뜨리며[84] 복상(服喪)을 무겁게 하여 산 사람을 다치게 하지만, 나는 아주 이런 일을 하지 않겠노라.

또 짐은 이미 부덕(不德)하여 백성들에게 도움을 준 것이 없는데, 이제 죽으면 또 무거운 복상을 치르고 오래도록 곡(哭)을 하게 하여서[85] 추위와 더위의 고통을 여러 번 만나게 하고, 다른 사람들의 부자(父子)를 슬프게 하며, 장로들의 뜻을 상하게 하고, 그 음식을 손해나게 하며, 귀신(鬼神)에게 지내는 제사를 끊어지게 한다면 나의 부덕함을 더욱 겹치게 하는 것이니, 천하에 무엇이라 할 것인가?

짐이 종묘를 얻어 보호하여 보잘것없는 몸으로 천하에 있는 군왕들의 위에 있게 된 지 20여 년이다. 하늘에 있는 신령들과 사직의 복에 의지하여 바야흐로 안으로는 편안하여 전쟁을 한 일이 없었다. 짐은 이미 민첩하지 못하여 늘 허물 있는 행동으로 먼저 돌아가신 황제가 남겨 놓은 덕(德)에 부끄럽게 할까 두려워하였으며 오직 세월이 오래 되어도 끝나지 않은 것을 두려워하였다.

이제 마침내 다행히 천수(天壽)를 다하고 고묘(高廟)에 다시금 공양할 수 있게 되었으니,[86] 그 어찌 슬픈 생각을 가질 수 있겠는가! 이제 천하의 관리들과 백성들에게 명령을 내리니, 이 명령이 도착하면 출림

---

84 부모가 죽으면 아들은 삼년상을 치르는데, 매일 애통하게 울어야 하니 생업에 종사할 수 없게 된다.

85 임(臨)이라 하였는데 이는 다가가서 곡(哭)하는 것을 말한다. 곡하는 것은 출림(出臨), 복림(服臨), 당림(當臨), 석림(夕臨), 곡림(哭臨) 같은 것들이 있다.

86 죽으면 먼저 죽은 고조를 모실 수 있다는 의미이다.

(出臨)[87]을 사흘 하고 모두 상복을 벗는데, 며느리를 얻고 딸을 시집보내고, 제사를 지내고, 술 마시고, 고기를 먹는 일을 금지하지 말며, 스스로 상사(喪事)에 참여하여 복(服)을 입고 곡하면서 제사를 지내는 사람은 모두 맨발[88]로 있지를 말고, 질(絰)과 대(帶)는 세 치[寸]를 넘게 하지 말고, 수레와 병기에도 상포(喪布)를 늘어놓지 말고, 백성들을 징발하여 궁전에 와서 곡하게 하지 말고, 궁전에서 마땅히 곡할 사람은 모두 아침저녁으로 15인으로 곡소리를 내고 예(禮)를 마치고 파하며, 아침저녁에 다가와서 곡할 때가 아니고는 멋대로 곡하면서 오게 하지 말고, 이미 하관(下棺)을 하고 나면 대공(大功)은 15일, 소공(小功)은 14일만 복(服)을 입고, 시마(緦麻)는 7일로 하고 상복(喪服)[89]을 벗으라. 기타 이 조령 가운데 없는 것은 모두 이 조령의 뜻에 비추어서 일을 처리하라.

천하에 널리 알려서 짐의 뜻을 분명히 알게 하라. 패릉(霸陵)[90]의 산천(山川)은 그 옛것으로 말미암을 것이며, 고치지를 말 것이다. 부인(夫人) 이하 소사(小使)[91]에 이르기까지 집으로 돌려보내라."

---

87 임(臨)은 사람이 죽었을 때 곡하는 것을 말하며, 출림은 사자(死者)에게 제전(祭奠)을 하고 가족에게 위문하는 것을 말한다.

88 옛날에 맨발로 맨땅을 밟고 있는 것은 애통함을 표시하는 것이었다.

89 유교에서 상례는 대단히 중요한 것이다. 죽은 사람과의 관계에 따라서 5등으로 나뉘어 복을 입는데 이를 오복이라고 한다. 1급은 참최, 2급은 자최, 3급은 대공, 4급은 소공, 5급은 시마인데, 그 급수에 따라서 복상 기간이 다르며, 참최는 3년 동안 복상을 입고, 5급은 3개월 동안 복상을 하도록 되어 있다.

90 섬서성 서안시의 동쪽에 있는 문제의 능묘가 있는 곳이다. 문제 2년(기원전 178년)에 이에 관한 기사가 있다.

을사일(7일)에 패릉에 장사 지냈다.

문제는 즉위한 후 23년 동안 궁실(宮室), 원유(苑囿), 거기(車騎), 복어(服御)를 늘린 바가 없었는데, 불편을 줄 만한 것이 있으면 번번이 풀어버려서 백성들을 이롭게 하였다. 일찍이 노대(露臺)를 만들려고 하여 장인(匠人)을 불러 이를 계산하게 하니, 값은 백금(百金, 2천 냥)이었다.

황상이 말하였다.

"백금이라면 재산이 보통사람 열 집의 재산이다. 내가 먼저 돌아가신 황제의 궁실을 받들면서도 일찍이 이를 두렵고 부끄러워하였는데 어찌 노대를 만들겠는가?"

몸에는 검은 색의 거친 옷감을 입었고, 아끼던 신부인(愼夫人)도 옷이 땅에 끌리지 않았고, 휘장에는 수놓은 일이 없어서 순박함을 보이기를 천하보다 먼저 하였다. 패릉을 만들면서 모두 질그릇으로만 하고, 금(金)·은(銀)·동(銅)·석(錫)으로 장식할 수 없게 하고, 그 산을 이용하고 분묘(墳墓)를 더 높이지 않았다.

오왕(吳王)이 거짓으로 병을 핑계로 하여 조회에 나오지 않자 지팡이를 하사하였다.[92]

군신인 원앙(袁盎) 등이 간(諫)하는 말이 비록 자르는 듯하였으나, 항상 빌려 받아서 채용하였다. 장무(張武) 등이 금전을 뇌물을 받았다

---

91 이때의 궁정 비빈제도는 황후 다음으로 1급은 부인, 2급은 미인, 3급은 양인, 4급은 팔자, 5급은 칠자, 6급은 장사, 7급은 소사이다.

92 오왕 유비가 조회에 나오지 않자 문제가 지팡이를 하사한 사건은 다음에 나오는 경제 전3년(기원전 154년)에 있었고, 이 내용은 《자치통감》 권16에 자세히 기록되었다.

가 발각이 되자 더욱 상을 내려주어서 그 마음을 부끄럽게 하니, 오직 덕으로써 백성들을 교화하기에 힘썼다. 이리하여 해내가 안녕하였고 집에는 공급되고 사람은 만족하니 후세에 그를 따라잡을 수 있는 일이 적었다.

2　정미일(9일)에 태자가 황제의 자리에 올랐다. 황태후 박씨(薄氏)를 높여서 태황태후(太皇太后)라고 하고, 황후를 황태후라 하였다.

3　9월에 패성이 서쪽에 있었다.

4　이 해에 장사왕(長沙王) 오저(吳著)가 죽었는데, 아들이 없자 국(國, 장사국)을 없앴다.[93]

　애초에, 고조는 문왕(文王) 오예(吳芮)를 똑똑하다고 생각하여 어사로 삼는 조서를 내렸다.

　"장사왕은 충성스러우니, 그래서 착령(着令)을 확정한다."[94]

　효혜제와 고후 때에 이르러서 오예의 두 서자(庶子)를 열후(列侯)로 삼았으며 나라를 전한 것이 몇 세대 지나서 끊겼다.

93　고제는 오예를 장사왕으로 봉하였고, 이것이 성왕인 오신, 공(애)왕인 오회, 그리고 다시 공왕인 오우에게 차례로 전하여지다가 오저에 이르러서 끊어졌다.

94　한(漢)은 원래 유씨가 아니면 왕으로 삼지 않았으나, 오예가 왕이 되니 그러므로 특별히 명령을 내려서 특히 왕으로 굳힌다는 것이다. 본문은 정착령(定着令)으로 되어 있는데, 이는 장사왕으로서의 거복과 토지 같은 것을 그대로 정착시키도록 명령한다는 말이다.

경제 전원년(乙酉, 기원전 156년)

1   겨울, 10월에 승상 신도가(申屠嘉) 등이 주문(奏文)을 올렸다.

"공로는 고황제보다 큰 분이 없으며, 덕(德)은 효문황제보다 성(盛) 한 분이 없습니다. 고황제의 사당은 마땅히 황제 된 사람들을 위하여 태조(太祖)의 사당으로 하여야 하며, 효문제의 사당은 마땅히 황제 된 사람들을 위하여 태종의 사당으로 하여야 합니다.[95]

천자는 마땅히 대대로 조종(祖宗)의 사당에 제사를 지내야 하고, 군국(郡國)의 제후들도 마땅히 각기 효문황제를 위하여 태종의 사당을 세워야 합니다."

제(制)하였다.

"좋다."

2   여름, 4월 을묘일(22일)에 천하를 크게 사면하였다.

3   어사(御史)대부 도청(陶靑)[96]을 파견하여 대(代, 하북성 蔚縣) 아래에 이르러서 흉노와 화친하게 하였다.

---

95 사당은 묘(廟)를 말하는데, 모든 사당 가운데 가장 으뜸 사당이 종묘이다. 황제의 시호를 정하는 경우, 천하를 처음으로 얻은 사람을 조라고 하고 처음으로 천하를 다스린 사람을 종이라고 한다. 또 조란 시작을 의미하므로 처음으로 천명을 받은 것을 말하며, 종이란 존의 뜻으로 덕이 있어서 존경할 만한 경우를 말한다. 또 다른 이론으로는 천명을 처음으로 받은 사람을 태조라고 하고, 공로가 있어도 조라고 부를 수 있다고도 한다.

96 개봉후인 도청은 고조의 공신인 도사(陶舍)의 아들이다.

4   5월에 다시금 민전(民田)의 조(租) 반을 걷게 하여 세(稅)를 30분의 1로 하였다.[97]

5   애초에, 문제가 육형(肉刑)을 없앤다고 하였는데,[98] 밖으로는 형벌을 가볍게 한다는 이름은 있었지만 안으로는 실제로 사람을 죽였으니, 오른쪽 다리를 자르는 죄는 사형으로 하였고, 왼쪽 다리를 자르는 죄는 태장(笞杖) 500을 치도록 하였으며, 코를 벨 죄를 지은 사람은 태장 300을 치도록 하였으니 대부분이 죽었다.

이 해에 조서를 내렸다.

"태장을 치는 것과 중죄(重罪, 사형)는 다를 것이 없으니, 다행히 죽지 않는다 하여도 사람 노릇을 할 수 없다. 그러니 율(律)로 정하는데, '태장 500은 300으로 하고, 태장 300은 200으로 하라.'"

6   태중대부 주인(周仁)을 낭중령(郎中令)으로 하고, 장구(張歐)를 정위로 삼고, 초원왕(楚元王)의 아들인 평륙후(平陸侯) 유례(劉禮)를 종정(宗正)으로 삼고, 중대부(中大夫) 조조(鼂錯)를 좌내사(左內史)[99]로 삼았다.

주인은 처음에 태자 사인이었는데 청렴하고 근신하여 총애를 받았

---

97 문제 12년(기원전 168년)에 민전의 조 가운데 반을 사(賜)하여 주었고 다음 해에 전의 조세를 전부 없앴다가 이제 전조의 반을 다시 받도록 한 것이다.

98 이 일은 문제 13년(기원전 169년)에 있었다.

99 내사는 원래 경읍을 다스리는 직책인데, 이것은 무제 건원 6년(기원전 135년)에 이르러서야 좌우로 나뉘었으므로 이 시기에 좌내사가 등장하는 것은 맞지 않아서 '좌(左)'자가 더 들어간 것으로 보인다.

다. 장구도 역시 태자궁에서 황제[100]를 섬겼는데, 비록 형명가(刑名家)를 공부한 사람이지만 사람됨이 어른다우니, 황제는 이로 말미암아서 그를 중히 여기다가 채용하여 9경(卿)으로 삼은 것이다. 장구는 이(吏, 刑吏)가 되어서도 사람을 조사한다고 말하지 않고, 오로지 진실한 어른으로서 관직을 수행하여 관속들도 어른으로 여기고 역시 감히 크게 속이지 않았다.

경제 전2년(丙戌, 기원전 155년)

1   겨울, 12월에 패성(孛星)이 서남쪽에 있었다.

2   천하에 명령을 내려서 남자는 나이 스무 살부터 부역(賦役)에 동원하기 시작하게 하였다.[101]

3   봄, 3월 갑인일(27일)에 황제의 아들인 유덕(劉德)을 세워서 하간왕(河間王, 河間의 도읍은 河北省 獻縣)으로 삼고, 유알(劉閼)을 임강왕(臨江王, 臨江의 도읍은 湖北省 江陵縣)으로 삼고, 유여(劉餘)를 회양왕(淮陽王, 淮陽의 도읍은 河南省 淮陽縣)으로 삼고, 유비(劉非)를 여남왕(汝南王, 汝南의 도읍은 하남성 汝南縣)으로 삼고, 유팽조(劉彭祖)를 광천왕(廣川王, 廣川의 도읍은 河北省 棗强縣)으로 삼고, 유발(劉發)을 장사

---

100 지금 황제인 경제의 태자 시절을 말한다.

101 구제(舊制)에 의하면 23세부터 부역에 복무하도록 되어 있었다.

왕(長沙王. 長沙의 도읍은 湖南省 長沙市)으로 삼았다.

4   여름, 4월 임오일(25일)에 태황태후 박씨(薄氏)[102]가 붕어하였다.

5   6월에 승상 신도가(申屠嘉)가 죽었다.

당시에 내사(內史)[103] 조조(鼂錯)는 자주 중간에서 일에 관한 말을 하였는데 번번이 들어주니 총애하는 것이 9경(卿)[104]을 기울였고, 법령은 많이 고쳐졌다. 승상 신도가는 스스로 자기가 말한 것이 물리치고 채용되지 않자 조조를 질시(疾視)하였다.

조조가 내사가 되어서 동쪽으로 나가기가 불편하자 문 하나를 내어 남쪽으로 출입하였다. 남쪽으로 나가는 것에는 태상황 사당의 연원(堧垣)[105]이 있었다. 신도가는 조조가 종묘의 담장을 뚫었다는 말을 듣고, 상주(上奏)하여 조조를 주살하기를 청하였다. 빈객 가운데 조조에게 말한 사람이 있었다.

조조는 두려워서 밤에 궁으로 들어가서 올라가 황상을 알현하니 황상에게 책임을 돌렸다. 아침이 되어 신도가가 내사 조착을 주살할 것을 상주하였다. 황상이 말하였다.

---

102 문제의 어머니이고 경제의 할머니이다.

103 경성에 대한 행정책임자이다.

104 한 초의 9경은 ①봉상; 제사 담당 ②낭중령; 궁정 호위 책임자 ③위위; 황성의 경비 책임자 ④태복; 교통담당 ⑤정위; 사법책임자 ⑥전객; 황실공급담당 ⑦정종; 황실사무담당 ⑧치속내사; 양식담당 ⑨소부; 황실재무담당이다.

105 연은 사당의 안 담장과 밖 담장 사이의 빈터이고, 원은 담장이다.

"조조가 뚫은 것은 진짜 종묘의 담장이 아니고, 밖의 연원이어서, 용 관(冗官)들이 그 속에 살았으며, 또 내가 그렇게 하게한 것이니 조조에 게는 죄가 없소."

승상 신도가가 사과하였다.

조회를 마치고 신도가가 장사(長史)[106]에게 말하였다.

"내가 먼저 조조의 목을 베지 않고 마침내 이를 주청하여 조조에게 팔리는 것을 당한 것을 후회한다."

거처에 이르렀고 이어서 피를 토하고 죽었다. 조조는 이로써 더욱 귀하게 되었다.

6   가을에 흉노와 화친하였다.

7   8월 정미일[107]에 어사대부인 개봉후(開封侯) 도청(陶青)으로 승 상을 삼았다. 정사일(2일)에는 내사 조조를 어사대부로 삼았다.

8   혜성(彗星)이 동북쪽에서 출현하였다.

9   가을에 형산(衡山, 安徽省 當涂縣)에 우박(雨雹)이 내렸는데, 큰 것은 5치[寸]이고 깊이 팬 곳은 두 자[尺]이었다.

---

106 한 관부의 장급 관원을 제외한 나머지 관리들 가운데 제일 위에 있는 사람 이다.

107 진원의 〈이십사윤표〉에 의하면 이 해 8월에는 정미가 없다. 다음에 나오는 정사가 8월 2일이므로 이 사건의 발생일은 7월 22일로 보인다. 그렇다면 8월 은 7월이어야 하고 정사일 앞에 8월이 들어가야 한다.

10 　형혹(熒惑, 火星)이 역행하여 북극성(北極星)을 지키고, 달이 북극성 사이에서 나타났고, 목성(木星)이 거슬러 천정(天廷) 가운데로 갔다.[108]

11 　양효왕(梁孝王)은 두태후(竇太后)의 막내아들인 고로 총애를 받아서 40여 개의 성(城)에서 왕 노릇하였는데, 천하에서도 비옥한 땅이었다. 상으로 내려준 것도 다 말할 수가 없어서 부고에는 금전이 또 100거만(巨萬, 억)이었고, 주옥(珠玉)과 보기(寶器)가 경사보다도 많았다. 동원(東苑)을 쌓았는데 사방으로 300여 리이고, 수양성(睢陽城, 치소)을 넓혀서 70리(里)로 하였으며, 궁실을 크게 짓고, 복도(複道, 2층도로)를 만들었는데 궁(宮)에서부터 평대(平臺)에까지 이어져서 30여 리였다.

　사방의 힘 있고 잘난 인사들을 초청하니, 예컨대, 오인(吳人)인 매승(枚乘)·엄기(嚴忌), 제인(齊人)인 양승(羊勝)·공손궤(公孫詭)·추양(鄒陽), 촉인(蜀人)인 사마상여(司馬相如) 같은 무리들이 모두 그를 좇아 교유하였다.

　매번 입조할 때면 황상이 사신으로 하여금 지절(持節)로 승여사마(乘輿駟馬)[109]로 양왕을 관(關, 函谷關) 아래에서 영접하였다. 이미 도착하여서 총애를 받음이 비할 데가 없으니, 들어가서는 황상을 모시고

---

108 천장은 태미성이다. 중국의 고대 점성가들은 태극성과 태미성좌는 지상의 군왕을 상징한다고 여겨왔다. 그리고 이 성좌로 다른 별이 지나가거나 들어가면 황제를 범하는 난이 일어난다고 생각하였다.

109 승여는 황제가 타는 수레이고 사마는 네 필이 끄는 수레를 말한다.

같은 연(輦)을 탔고, 나가면 같이 수레를 탔으며, 상림(上林)에서 사냥을 하고, 이어서 상소를 올려서 머물게 해달라고 청하면 또 반년이었다. 양의 시중(侍中)·낭(郞)·알자(謁者)들은 적(籍)[110]에 올라 있어서 천자의 궁전문을 출입하니 한의 환관들과 다름이 없었다.＊

---

110 궁정 출입자를 등록한 장부를 말한다.

권016

한기8

한 왕조 체제의 확립

오초7국의 반란과 실패

경제 전3년(丁亥, 기원전 154년)

1   겨울, 10월에 양왕(梁王, 劉武)이 와서 조현하였다. 이때에 황상은 아직 태자를 두지 않았었는데, 양왕과 더불어 연회를 열고 술을 마시며 조용히 말하였다.

"천추만세 뒤에는 왕(王, 양왕) 너에게 전하겠다."

양왕은 사양하며 사과하였고, 비록 진정으로 한 말이 아니라는 것을 알지라도 내심으로는 기뻐하였고, 태후도 그러하였다.

첨사(詹事)[1] 두영(竇嬰)이 술잔을 당겨서 황상에게 올리면서 말하였다.

"천하라는 것은 고조의 천하이고, 아버지에게서 아들로 전해지는 것이 우리 한(漢)의 약속이니, 황상께서 어떻게 양왕에게 전할 수 있습니까?"

태후는 이로 말미암아서 두영을 미워하니, 두영은 병으로 인하여서

---

1 진대부터 내려온 관제로는 황후와 태자의 집안을 관장하는 직책이다.

면직되고, 태후는 두영의 문적(門籍)²을 없애서 조청(朝請)할 수 없었다. 양왕은 이로써 더욱 교만하여졌다.

2   봄, 정월 을사일(22일)에 사면하였다.

3   장성(長星)³이 서쪽에서 나왔다.

4   낙양의 동궁(東宮)⁴에 화재가 있었다.

5   애초에, 효문제 때에 오(吳, 도읍은 강소성 揚州市)의 태자가 들어와서 알현하고 나서, 황태자⁵를 모시고 술을 마시고 바둑을 둘 수 있었다. 오의 태자가 바둑에서 이기려고 하다 공손하지 못하였고, 황태자는 바둑판을 들어서 오의 태자를 때려서 그를 죽였다.⁶

그 영구(靈柩)를 돌려보내서 장사 지내도록 하여 오에 이르니, 오왕이 화가 나서 말하였다.

"천하는 같은 집안인데, 장안에서 죽었으면 장안에서 장사 지낼 것이지 하필 보내와서 장사 지내란 말인가!"

2   궁전의 문을 출입할 수 있는 증명이다.

3   혜성의 일종으로 전쟁을 상징하는 현상으로 이해하였다.

4   유방이 낙양에 살 때에 건축한 것으로 여기에는 남궁·북궁·동궁이 있다.

5   경제 유계를 말한다. 이때에 황제는 문제 유항이었으므로, 지금의 황제인 경제 유계는 아직 황태자였다.

6   이 당시의 황태자는 지금의 경제이고, 오의 태자는 유현(劉賢)이며, 그의 아버지인 오왕은 유비(劉濞)이다.

다시 영구를 장안으로 보내서 장사 지냈다.

오왕은 이로 말미암아 번신(藩臣)으로서의 예(禮)를 점차 잃었고, 병이 났다고 말하고 조현하지 않았다. 경사에서는 그가 아들의 일에서 연고한 것이라고 알고 오의 사자를 가두고 다스리며 물으니, 오왕은 두려워서 비로소 반란을 일으킬 꾀를 가졌다.

뒤에 사람을 시켜서 가을에 추청(秋請)[7]을 하였는데, 문제가 다시 이를 물었더니, 사자가 대답하였다.

"왕은 실제 병이 나지 않았는데, 한에서 사자 여러 사람을 잡아서 다스리니 오왕이 두려워하여서 이러한 연고로 드디어 병이 들었다고 하였습니다. 무릇 '연못의 물고기를 살펴서 보는 것은 상서롭지 아니합니다.'[8] 오직 황상께서 전의 허물을 버리시고 그와 더불어 다시 시작하십시오."

이에 문제는 마침내 오의 사자를 사면하여 그를 돌려보내면서 오왕에게 탁자와 지팡이를 내려 주면서 늙었으니 조회하지 않게 하였다. 오왕은 그 죄를 풀어 놓을 수 있어서 반란할 음모도 또한 풀었다.

그러나 그가 사는 나라에는 구리와 소금으로 인하여 백성들에게는 부세를 없이 하였고[9] 졸병이 천경(踐更)하면 번번이 평가(平價)해 주

---

7 봉국의 국군은 매년 춘추 두 계절에 정기적으로 장안에 와서 황제를 알현하여야 하는데, 봄에는 이를 '조(朝)'라고 부르고, 가을에는 이를 '청(請)'이라고 한다.

8 천자가 아랫사람의 사사로운 것을 들여다보면 아랫사람이 두려워 하다가 드디어 반란을 꿈꾸게 되므로 상서롭지 못하다는 말이다.

9 동(銅)은 주전(鑄錢)하는 재료이고, 소금은 일반 생활의 필수품이므로 오(吳)는 경제적으로 여유가 있었다. 그리하여 자국의 장정이 변방에 수졸(戍卒)로

고 세시(歲時)에는 무재(茂才)[10]들을 위문하고 향리에게도 상을 내렸으며, 다른 군국(郡國)의 관리들이 와서 도망해 온 사람을 체포하려고 하여도 공공연히 금지하여 주지 않았다. 이와 같이 한 것이 40여 년이었다.

조조가 자주 편지를 올려서 오왕의 허물을 말하고 땅을 삭감하여야 한다고 하였으나 문제는 관대하여 차마 벌하지 아니하였고, 이로써 날로 더욱 더 횡포하였다.

황제[경제]가 즉위하자 조조가 황상에게 유세하였다.

"옛날에 고제는 처음으로 천하를 평정하였는데, 형제는 적고 여러 아들들은 약하여 동성(同姓)들을 크게 책봉하였으니, 제(齊)는 70여 성이었고, 초(楚)는 40여 성이며, 오(吳)는 50여 성이어서 이 세 서얼(庶孽)들을 책봉하는데, 천하의 반을 나누어주었습니다. 지금 오왕은 앞에서 태자의 일로 인하여 틈이 생겨서 거짓으로 병이 들었다고 하면서 조현하지 않았으니 옛날 법도로는 주살(誅殺)에 해당합니다.

문제는 차마 아니하시고, 이어서 탁자와 지팡이를 하사하여 덕(德)이 지극히 후하였으니, 마땅히 허물을 고치고 스스로 새롭게 하여야 하

나가는 경우에 봉국에서 그 대신 사람을 사서 보내거나 본인이 직접 간다면 그에 해당하는 비용을 지불하였다는 것은 인심을 얻으려는 정책이라고 할 수 있다.

10 한대에 졸병이 군역을 지는 방법은 세 가지가 있는데, 천경(踐更)·거경(居更)·과경(過更)이다. 천경은 스스로 군역에 나가는 것을 말하고, 평가(平價)란 천경한 사람에게 그 비용을 관에서 주는 것이고, 세시(歲時)는 한 해에 있는 절기를 말한다. 무재는 수재를 말하는 것이다. 수(秀)자를 무(茂)자로 바꾸어 쓴 것인데, 전한시대에는 수(秀)자를 피휘하지 않았지만 후한 이후에는 후한의 광무제 유수를 피휘하여 수를 무로 바꾸었다.

였는데 도리어 교만이 넘쳐흐르고, 산에 가서 주전(鑄錢)하고 바닷물을 끓여서 소금을 만들어 가지고 천하의 도망한 사람들을 유인하여 난을 일으키고자 모의합니다.

이제는 그를 삭감하여도 반란을 일으키고, 삭감하지 않아도 반란을 일으킵니다. 그를 삭감하면 그의 반란은 이를 것이지만 그 화는 적고, 그를 삭감하지 않으면 반란은 늦어지고 화는 큽니다.”

황상이 공경·열후(列侯)·종실(宗室)들로 하여금 이를 섞어서 논의하게 하였으나, 감히 어렵다고 하는 이가 없었는데, 다만 두영(竇嬰)만이 이를 다투었고, 이로부터 조조와 틈이 생겼다.

초(楚)왕 유무(劉戊)가 와서 조현을 하니, 조조는 이를 이용하여 말하였다.

“유무는 과거에 박태후(薄太后)가 붕어하여 복상(服喪) 중에도 사사로이 복상을 치르는 거실에서 간음하였으니, 청컨대 이를 주살하십시오.”

조서를 내려서 사면해 주고 동해군(東海郡, 山東省 郯城縣)만 삭감하였다.[11]

그 앞 해에는 조(趙, 도읍은 河北省 邯鄲市)왕이 죄를 짓게 되자[12] 그의 상산군(常山郡, 河北省 元氏縣)을 삭제하여 빼앗았고, 또한 교서왕(膠西王, 膠西의 도읍은 山東省 高密縣) 유앙(劉卬)은 작위를 팔았던 일로 간사해지니, 그 6개의 현(縣)을 삭감하였다.

조정의 신하들이 바야흐로 오를 삭감하는 문제를 의논하였다. 오왕

---

11 초국의 영역에서 동해군을 삭감하여 그 영역을 줄인 것이다.

12 앞 해에 죄를 지은 것을 조사하여 발견하게 되었다는 말이다.

은 땅을 삭감 당하는 일이 끊이지 않을까 두려워하고 이어서 일을 일
으키려고 모의를 시작하고, 제후들 가운데에는 충분히 함께 계획할 사
람이 없다고 생각하는데, 교서왕은 용기가 있고 전쟁을 좋아하여 제후
들이 그를 두려워하고 꺼린다는 말을 듣고 이에 중대부(中大夫) 응고
(應高)로 하여금 말로 교서왕에게 유세하게 하였다.

"오늘날, 주상은 간사한 신하[13]를 임용하고 참소(讒訴)하는 도적의
말을 들어서 믿고는 제후들을 침입하여 삭감하고, 진실하고 중후한 사
람을 주살하거나 벌주는 일이 날로 더욱 심하여지고 있습니다. 말속에
이런 것이 있지요. '개가 겨를 핥다가는 쌀에까지 미친다.'고 하였습니
다.

오와 교서는 이름이 알려진 제후국인데, 한 번 살펴보기만 하여도
편안할 수가 없습니다. 오왕은 몸에 병을 갖고 있어서 조청(朝請)할 수
없었던 것이 20여 년인데, 항상 의심을 받을까 걱정을 하고 스스로 밝
힐 수도 없었고, 어깨가 움츠려지고 발이 눌려서 오히려 벗어나지 못할
까 걱정하였습니다.

가만히 듣건대 대왕께서는 작위를 주는 일로 허물이 있다고 합니다.
들리는바 제후들에 대한 삭지(削地)는 그 죄가 이에 이를 것은 아니었
는데 이는 아마도 삭지에 그치지 않을까 두려울 뿐입니다."

왕(王, 교서왕)이 말하였다.

"그런 일이 있었소. 그대는 장차 어찌하려 하는가?"

응고가 말하였다.

"오왕은 스스로 대왕과 같은 걱정을 하고 있다고 여기면서 바라건대

---

13 조조를 지적한 것이다.

때를 이용하여 사리를 좇아서 몸을 버리고 천하에서 근심거리를 없애려고 하는데, 마음으로 또한 옳다 하십니까?"

교서왕이 멀리 바라보며 놀라서 말하였다.

"과인이 어떻게 감히 이같이 하겠소? 주상이 비록 급하다고 하더라도 진실로 죽음이 있을 뿐인데 어찌 주상을 섬기지 않겠소?"

응고가 말하였다.

"어사대부인 조조가 천자를 둘러싸고 미혹시키면서 제후들을 침범하여 빼앗고 있어서, 제후들은 모두 배반할 뜻을 갖고 있으며 사람들의 일이 극도에 달하였습니다. 혜성이 나타났고, 황충이 일어났으니, 이는 만세(萬世)에 한 번이나 있을 때이며, 근심하고 수고로워 하고 있으니, 성인이 일어나야 할 이유입니다.

오왕은 안으로는 조조를 죽이고, 밖으로는 대왕의 후차(後車)를 좇아 바야흐로 천하를 종횡하면, 향하는 곳에서는 모두 항복할 것이고, 가리키는 곳도 다 떨어질 것이니, 감히 복종하지 않을 일이 없습니다. 대왕께서 진실로 다행히 한 마디로 허락한다면, 오왕은 초왕을 인솔하여 함곡관(咸谷關)을 공략하고 형양(滎陽)과 오창(敖倉)[14]의 곡식을 지키면서 한의 군사를 막고, 쉬면서 대왕을 기다릴 것입니다.

대왕께서 다행히 이곳에 다가오시면 천하는 아우를 수 있으니, 두 주인이 분할하는 것이 또한 가능하지 않겠습니까?"

교서왕이 말하였다.

"훌륭한 말이오."

돌아와서 오왕에게 보고를 하니, 오왕은 오히려 그 열매가 안 맺을

---

14 형양은 하남성 형양현이고, 오창은 그 서북쪽에 있는 양곡 창고를 말한다.

까 두려워하여 마침내 몸소 스스로 사자가 되어 교서로 가서 얼굴을
마주하고 약속하였다.

교서의 여러 신하들 가운데서 어떤 사람은 교서왕이 모의한 것을 듣
고 간(諫)하였다.

"제후들의 땅은 한의 10분의 2를 감당할 수 없으니, 반역을 하여서
태후[15]를 근심시키는 것은 계책이 되지 않습니다. 지금 한 명의 황제
를 이어받는 것이 오히려 쉽지 않다고 말하면서 가령 일이 성공한다면
두 주인이 나누어 다툴 것인데, 걱정거리는 더욱 많이 생길 것입니다."

왕(王, 교서왕)은 듣지 않고, 드디어 사신을 내어서 제(齊)·치천(菑川)
·교동(膠東)·제남(濟南)과 약속하게 하니, 모두 허락하였다.

애초에, 초원왕(楚元王, 劉交)은 독서를 좋아하여 노(魯)의 신공(申
公)·목생(穆生)·백생(白生)과 더불어 부구백(浮丘伯)에게서 《시경》을
배웠는데 초(楚)에서 왕 노릇하게 되자, 세 사람을 중대부(中大夫)로
삼았다. 목생은 술을 좋아하지 않아서, 원왕은 술자리를 마련하면 항상
목생을 위하여 예주(醴酒)[16]를 마련하였다. 아들 이왕(夷王)과 손자왕
유무(劉戊)[17]도 즉위하기에 이르러서는 항상 진설하였다가 후에는 마
침내 진설하는 것을 잊었다.

---

15 교서왕의 어머니를 가리킨다.

16 예주(醴酒)는 감주(甘酒)로 밀을 적게 하고 쌀을 많이 넣어서 만든 것으로 술
   을 좋아 하지 않는 사람이 마실 수 있는 것이다.

17 초의 원왕은 제1대의 문왕을 말하는 것으로 이름은 유교이다. 그의 아들이
   계승하여 2대의 초왕이 되었는데, 이 사람이 이왕(夷王)이고 이름은 유영이
   다. 이왕이 죽은 다음에 그의 아들 유무가 계승하였는데 이 사람이 3대 초왕
   이다.

목생이 물러나면서 말하였다.

"떠날 수 있겠구나! 예주가 마련되지 아니하였으니, 왕의 뜻이 게을러 진 것인데, 떠나지 않으면 초인(楚人)들이 나를 장차 저자에서 형틀에 매달겠구나."

드디어 병을 핑계로 하고 누었다.

신공과 백생이 억지로 그를 일으켜 놓고 말하였다.

"홀로 먼저 돌아가신 왕[초원왕]의 은덕을 생각하지 않는단 말인가? 지금의 왕[초왕 유무]이 하루아침에 작은 예의를 잃었다 하여 어찌 이에 이를 만하겠소?"

목생이 말하였다.

"《주역(周易)》에서 이르기를, '기미(幾微)를 알면 그것이 바로 신(神)이오. 기미라는 것은 움직임이 아주 미미한 것이지만 길흉이 먼저 나타나 보이는 것이오. 군자는 기미를 보고 행동하는 것이며 해가 끝나기를 기다리는 것이 아니오.'라고 하였소.

먼저 돌아가신 왕이 우리 세 사람에게 예우한 것은 도(道)가 있는 것이고, 이제 이를 소홀히 하는 것은 그 도를 잊은 것이오. 도를 잊은 사람인데, 어찌 오래 더불어 머물러 있으면서 어찌 구구하게 예(禮)가 어떻다는 말을 하겠소?"

드디어 병이 들었다고 사직하고 떠났다.

신공과 백생만이 남게 되었다. 왕인 유무(劉戊)가 조금씩 음란하고 포악해지자, 태부 위맹(韋孟)이 시를 지어 풍자하여 간(諫)하였지만 듣지를 않자, 역시 떠나서 추(鄒, 山東省 鄒縣)에서 살았다.

유무는 삭지(削地)되는 일에 연루됨으로 인하여 오와 연락하여 모의하였다. 신공과 백생이 유무에게 간하니 유무는 이들을 무시하고, 이들에게 자의(赭衣, 붉은 죄수 옷)를 입혀서 저자에서 절구질을 하게 하였다. 휴후(休侯) 유부(劉富)[18]가 사람을 시켜서 왕에게 간하였다.

왕이 말하였다.

"숙부가 나와 더불어 하지 않는다면, 내가 일으키게 되면 먼저 숙부를 잡아들이겠소."

휴후는 두려워서 마침내 그의 어머니인 태부인(太夫人)[19]과 함께 경사(京師)로 달아났다.

오의 회계(會稽, 江蘇省 蘇州市)와 예장군(豫章郡, 江西省 南昌市)을 삭감한다는 편지가 도착하자 오왕이 먼저 군사를 일으켜서 한의 관리[20]로 이천석(二千石) 이하의 관원을 다 주살하였는데, 교서(膠西)·교동(膠東)·치천(菑川)·제남(濟南)·초(楚)·조(趙)도 역시 모두 반란을 일으켰다.

초의 재상인 장상(張尙)과 태부인 조이오(趙夷吾)가 유무에게 간하자 유무는 장상과 조이오를 죽였다. 조의 재상인 건덕(建德)과 내사(內史)인 왕한(王悍)이 왕[조왕] 유수(劉遂)에게 간하였는데, 유수는 건덕과 왕한을 불에 태워 죽였다.

제왕(齊王, 劉將閭)은 후회를 하고 약속을 어기고 성을 지켰다. 제북(濟北)의 왕성(王城)이 파괴되어 아직 다 완전히 수리를 하지 못하였는데 그 낭중령이 위협하여 지키자, 왕은 군사를 낼 수가 없었다. 교서왕

---

18 유부는 초 원왕의 아들이며, 이는 유무의 아버지인 이왕의 동생이므로 유무에게는 숙부가 된다.

19 후(侯)의 어머니를 말한다.

20 중앙정부인 한에서 각 제후국으로 파견한 관리를 말한다.

과 교동왕은 대대적으로 인솔하고 치천과 제남과 더불어 제(齊)를 공격하고 임치(臨菑, 山東省 壽光縣, 제의 도읍)를 포위하였다.

조왕 유수는 군사를 일으켜서 그 서쪽 경계 지역에 머물면서 오와 초가 함께 전진하기를 기다리고자 하여 북으로 흉노에 사신을 보내어 군대를 연합하고자 하였다.

오왕은 그의 사졸을 다 동원하고 그 나라에 명령을 내려서 말하였다.

"과인(寡人)의 나이 예순둘이지만 몸소 대군을 거느리고, 어린 아들은 열네 살이지만 역시 사졸을 위하여 먼저 할 것이다. 여러 사람 가운데 위로 과인과 같은 사람이나 아래로 어린 아들과 같은 사람들은 모두 출동하라."

무릇 20여만 명이었다.

남쪽으로 사신을 민(閩; 閩越, 도읍은 東冶, 복건성 福州市)과 동월(東越, 도읍은 東甌, 절강성 永嘉縣)에 파견하여 역시 군사를 내어 좇게 하였다. 오왕은 광릉(廣陵, 江蘇省 揚州市)에서 군사를 일으키고 서쪽으로 회(淮, 회하)를 건너고, 이어서 초의 군사와 합병하고 사신을 동원하여 제후들에게 편지를 보내어 죄는 조조(鼂錯)에게 씌우고 군사를 합하여 이를 죽이고자 하였다.

오와 초가 함께 양(梁)을 공격하여 극벽(棘壁, 河南省 寧陵縣)을 파괴하고 수만 명을 죽이고, 이긴 기세를 타고서 앞으로 나아가는데 아주 날카로웠다. 양의 효왕(孝王)이 장군을 파견하여 이를 공격하였으나, 또 양의 두 군대가 격파되니, 사졸은 모두 돌아서서 도망하였다. 양왕은 수양(睢陽, 河南省 商丘縣, 양의 도읍지)에 성을 쌓고 지켰다.

애초에, 문제는 또 붕어하면서 태자에게 경계하여 말하였다.

"바로 천천히 해야 할 것과 급히 해야 할 일이 있다면 주아부(周亞夫)는 정말로 군사를 거느리는 일을 맡길 만하다."

7국이 반란하였다는 편지가 보고되자, 황상은 마침내 중위 주아부에게 벼슬을 주어 태위로 삼고 36명의 장군을 거느리고 가서 오와 초를 치게 하고, 곡주후(曲周侯; 曲周縣은 廣平國 소속) 역기(酈寄)를 파견하여 조(趙)를 치게 하고, 장군 난포(欒布)는 제(齊)를 치게 하고, 다시 두영(竇嬰)을 불러서 대장군에 임명하고 형양(滎陽, 河南省 滎陽縣)에 주둔하게 하고 제(齊)와 조(趙)의 군사를 감독하게 하였다.

애초에, 조조가 고친 법률은 30장(章)이었는데, 제후들이 시끄럽게 지껄였다. 조조의 아버지가 이를 듣고 영천(潁川, 河南省 禹縣)에서부터 와서 조조에게 말하였다.

"황상이 처음으로 즉위하였고, 공(公)이 정치를 하고 용사(用事)하는데, 제후들을 침범하여 땅을 삭감시키고, 다른 집안[21]의 골육이 서로 멀어지게 하고, 입에서 원망하는 말이 많이 섞여 나오고 있으니 공은 무슨 일을 하는 것이오?"

조조가 말하였다.

"정말인데, 이와 같이 하지 않는다면 천자는 존중되지 않고 종묘가 불안해집니다."

아버지가 말하였다.

"유씨(劉氏)는 안정되지만 우리 조씨(鼂氏)는 위태로워질 것이니, 나

---

21 공이란 조조의 아버지가 아들인 조조를 가리키는 말이다. 비록 아들이지만 높은 벼슬에 있어서 존칭어를 사용한 것이고 다른 집이란 황제의 집안 즉, 유씨 집안을 말한다.

는 공(公)을 떠나서 돌아가겠다."

드디어 약을 먹고 죽으면서 말하였다.

"나는 차마 화(禍)가 몸에까지 닥치는 것을 볼 수가 없구나!"

그 후 열흘 남짓 만에 오(吳)와 초(楚) 7국이 모두 반란을 일으키고
는 조조를 죽이라는 것을 명분으로 삼았다.

황상이 조조와 더불어 군사를 내는 일을 의논하였는데, 조조는 황상
으로 하여금 스스로 군사를 거느리게 하고, 자신은 장안에 있으면서 지
키겠다고 하고, 또 말하였다.

"서(徐, 安徽省 泗縣의 동남쪽)와 동(僮, 安徽省 泗縣의 동북쪽)의 옆
에 있는 오(吳) 가운데, 아직 떨어지지 아니한 것은 오에 줄 수 있습니
다."22

조조는 평소에 오의 재상인 원앙(袁盎)과는 잘 지내지를 못하여 조
조가 앉아 있는 곳이면 원앙이 번번이 피하였고, 또한 원앙이 앉아 있
는 곳이면 조조도 역시 피하여 두 사람이 한 자리에서 말을 한 일이 없
었다.

조조가 어사대부(御史大夫)가 되기에 이르자 형리(刑吏)로 하여금
원앙이 오왕의 재물을 받은 것을 가지고 죄를 주게 하였는데 조서를
내려서 죄는 사면하여 주고 서인으로 삼았다. 오와 초가 반란을 일으키
자 조조는 승(丞, 御史丞)과 사(史, 侍御史)23에게 말하였다.

---

22 조착은 처음에 제후들의 땅을 억지로 삭지하여 한에 귀속시켰으나, 7국이 반
   란을 하자 서성과 동성 근처의 땅을 오에 돌려주자고 제의한 것이다.

23 이때에 조조는 어사대부였다. 이 어사대부 밑에는 두 명의 승(丞)과 15명의
   시어사가 있었는데, 승의 녹질은 2천 석이었다.

"원앙은 오왕에게서 금전을 많이 받고서 오로지 가리고 숨겨 두며 반란을 일으키지 않으리라고 말하였는데, 이제 결과적으로 반란을 일으켰으니, 원앙을 다스리기를 청하여 마땅히 그의 계획과 음모를 알아보고 싶다."

승과 사가 말하였다.

"사건이 아직 발생하기 전에 그를 다스렸다면 끊었겠지만, 이제 군사들이 서쪽을 향하고 있는데, 그를 처리하여도 무슨 이로움이 있겠습니까? 또 원앙이 음모를 꾀하였다고 보기에는 마땅치 않습니다."

조조가 미적거리면서 아직 이를 결정하지 아니하였다.

어떤 사람이 원앙에게 알려 주니, 원앙이 두려워서 밤으로 두영(竇嬰)을 찾아보고 오가 반란을 일으킨 까닭을 말하고, 앞에 가서 입으로 상황을 대답하기를 원하였다. 두영이 들어가서 말을 하니, 황상은 마침내 원앙을 불렀다. 원앙이 들어가서 알현하는데, 황상은 바야흐로 조조와 더불어 군사들의 식량을 계산하고 있었다.

황상이 원앙에게 물었다.

"이제 오와 초가 반란을 일으켰는데, 공(公)의 의향(意向)은 어떠한가?"

대답하였다.

"걱정거리가 되지 않습니다."

황상이 말하였다.

"오왕은 산에 가서 주전(鑄錢)을 하고 바닷물을 끓여서 소금을 만들어 가지고 천하의 호걸들을 유인하였고, 머리가 흰 나이에 거사를 하였으니, 이는 그의 계책이 완전하지 않았다면 어찌 군사를 발동하였겠소? 어찌하여 그가 할 수 없을 것이라고 말하시오."

대답하였다.

"오가 동(銅)과 소금의 이로움은 갖고 있다고 하지만, 어찌 호걸들을 유인할 수 있겠습니까? 진실로 오가 호걸들을 얻었다면, 역시 또 보필(輔弼)을 받아서 합당하게 하고, 반란을 일으키지 않았을 것입니다. 오가 유인한 사람은 모두 무뢰한(無賴漢)들의 자제·망명(亡命)²⁴한 사람·주전(鑄錢)이나 하는 간사한 사람들입니다. 이들은 서로 유인하여 반란을 일으킨 것입니다."

조조가 말하였다.

"원앙의 판단이 훌륭합니다."

황상이 말하였다.

"어떠한 대책을 내야 하겠소?"

원앙이 대답하였다.

"바라건대, 주위에 있는 사람들을 물리쳐 주십시오."

황상이 사람들을 물리쳤는데, 다만 조조만이 남아 있었더니, 원앙이 말하였다.

"신(臣)이 말하는 것은 신하가 알 수 없는 것입니다."

마침내 조조도 물리쳤다. 조조가 종종걸음으로 동상(東廂)으로 자리를 피하였으나 심히 한스러워 하였다.

황상이 급히 원앙에게 물으니, 대답하였다.

"오와 초가 서로 서신을 보내서 말하였습니다. '고황제가 자제들을 왕으로 삼아서 각기에게 땅을 나누어주었는데, 이제 적신(賊臣) 조조가

---

24 장회태자는 망명(亡名)이라고 하였다. 이는 그 명적에서 빠져서 도망한 사람이라는 뜻이다.

제후들을 제멋대로 귀양 보내고 땅을 삭감하고 빼앗으니 이런 연고로 반란을 일으켜서 서쪽으로 와서 함께 조조를 죽이고 옛 땅을 회복하고 나서 그만두겠다.' 바야흐로 지금의 계책은 다만 조조의 목을 베고, 사신(使臣)을 보내어 오와 초 등 7국을 용서해 주고, 그 옛 땅을 회복시켜 준다면, 군사들이 칼에 피를 묻히지 않고 모두 철수할 것입니다."

이에, 황상은 잠자코 한참 있다가 말하였다.

"돌아보건대 진실로 어찌할까? 나는 한 사람을 아끼면서 천하 사람들에게 사과하지는 않겠다."

원앙이 말하였다.

"어리석은 제가 이것을 냈으니 오직 황상께서 익히 이를 계산하십시오."

마침내 원앙을 태상(太常)[25]으로 삼고, 비밀리에 행장을 꾸려 가지고 갔다.

그 후 열흘 남짓에 황상은 승상 도청(陶靑)·중위(中尉) 가(嘉)·정위(廷尉) 장구(張歐)[26]로 하여금 조조를 탄핵하는 상주문을 올리게 하였다.

"주상의 덕(德)과 신의에 부합하지 아니하였고, 많은 신하들과 백성들을 멀어지게 하였으며, 또 성읍을 오에 주려고 하였고, 신하로서의 예의를 갖지 못하였으니, 대역무도합니다. 조조는 요참(腰斬)하여야 하고, 부모·처자와 동산(同産)의 어린아이서부터 어른까지 다 기시(棄

---

25 봉상(奉常)일 것이다. 봉상이 태상으로 바뀐 것은 경제 중6년(기원전 144년)이 었으므로 이때까지는 아직도 봉상이라는 관직만 있었고, 태상의 관직은 없었다.

26 중위인 가의 성은 알 수 없다.

市)²⁷하십시오."

황제가 제(制)를 내려 말하였다.

"좋다."

조조는 오히려 알지를 못하였다.

임자일(29일)에 황상이 중위로 하여금 조조를 부르게 하고 속여서 수레에 태워서 저자로 갔는데, 조조는 조복(朝服)을 입은 채로 동쪽 저자에서 참시되었다. 황상은 마침내 원앙으로 하여금 오왕의 조카이고 종정(宗正)인 덕후(德侯) 유통(劉通)²⁸과 더불어 오에 사신으로 가게 하였다.

한편 알자복야(謁者僕射)²⁹ 등공(鄧公)은 교위(校尉)였는데 편지를 올려서 군사에 관하여 말하고 황상을 알현하니 황상이 물었다.

"군사가 있는 곳에서 오는 길이니 조조가 죽었다는 말을 들었을 것인데, 오와 초가 철수하였는가?"

등공이 말하였다.

"오는 반란을 일으키려고 한 것이 수십 년이나 되는데 삭지(削地)로 화가 나서 조조를 죽이라는 것은 명목으로 삼은 것이고, 그 뜻은 조조를 제거하려는데 있지 아니합니다. 또한 신은 천하의 선비들이 입을 다물고 다시는 말을 하려고 하지 않을까 두렵습니다."

---

27 요참은 허리를 베어 죽이는 형벌이고, 동산은 같은 부모 밑에서 태어난 형제를 말하며, 기시는 죽여서 저자에 걸어 두는 형벌이다.

28 고조(高祖)의 형인 유중(劉仲)의 아들인 유광(劉廣)이 덕후(德侯)로 책봉(冊封)되었었는데, 이 사람의 아들이 유통(劉通)이다. 덕현(德縣)은 태산(泰山)의 경계 지역에 있다. 정종(正宗)은 황실사무를 관장하는 직책이다.

29 궁정에서 의례를 담당한 책임자를 말한다.

황상이 말하였다.

"어찌하여서?"

등공이 말하였다.

"무릇 조조는 제후들이 강대하여서 이를 통제할 수 없게 될까를 근심하였으니, 그러므로 이를 잘라내어 경사(京師)를 존중하게 해 달라고 요청하였으니 만세(萬世)의 이익이 되는 것이었습니다. 계획이 비로소 시행되는 데 졸지에 크게 죽임을 당하였으니, 안으로는 충신의 입을 막고 밖으로는 제후들을 위하여 원수를 갚았으므로 신은 가만히 폐하를 위하여 말씀드린다면 해서는 안 될 일이었습니다."

이에 황제는 한숨을 쉬고 길게 탄식하여 말하였다.

"공(公)의 말이 훌륭하고, 나 또한 이를 한스러워 한다."

원앙과 유통(劉通)[30]이 오에 도착하였다. 오와 초의 군사들은 이미 양(梁)의 성벽을 공격하였다. 종정 유통은 친척인 까닭에 먼저 들어가서 알현하고, 오왕[유비]에게 알아듣게 말하면서 조서를 절하며 받게 하였다.

오왕은 원앙이 왔다는 소식을 듣고, 그가 하고자 하는 말을 알고서 웃으며 응대하였다.

"나는 이미 동제(東帝)[31]인데, 오히려 누구에게 절을 하겠소?"

원앙을 만나려하지 않고 군중(軍中)에 머물게 하고 겁을 주어 장수를 시키려 하였으나 원앙이 이를 하려 하지 않으니 사람을 시켜서 포위하고 지키다가 또 그를 죽이려 하였다. 원앙이 틈을 얻어서 벗어나서

---

30 유통은 유비(劉濞)의 조카이다.

31 이미 유계(劉啓)와 동제(東帝), 서제(西帝)로 나누어 갖기로 하였다.

도망하여 돌아와서 보고하였다.

태위(太尉) 주아부(周亞夫)가 황상에게 말하였다.

"초의 군사는 사납고 날래서 더불어 칼끝을 다투기는 어려우니, 바라건대 양을 그들에게 맡기고, 그 양도(糧道)를 끊는다면 마침내 제압할 수 있을 것입니다."

황상이 이를 허락하였다.

주아부가 6승전(乘傳)[32]을 타고 장차 형양(滎陽, 河南省 滎陽縣)에서 군사를 모으려 하였다. 출발하여 패상(覇上, 섬서성 藍田縣의 북쪽)에 도착하였는데, 조섭(趙涉)이 가로막고 주아부에게 유세하였다.

"오왕은 원래 부유하여 죽기를 무릅쓰고 싸우려는 군사를 품어 모아 온 지가 오래 되었습니다. 이들은 장군께서 또한 가려는 것을 아니, 반드시 효산(殽山)과 면지(澠池, 河南省 澠池縣)의 험하고 좁은 샛길에 사람을 둘 것이며[33] 또 군사에 관한 일이란 오히려 신비스럽고 비밀스런 것인데, 장군께서는 어찌하여서 여기서 오른쪽으로 떠나서 남전(藍田)으로 달려가서 무관(武關, 陝西省 商南縣의 경계 지역)을 나와서 낙양(洛陽)에 이르려고 하지 않으십니까?

그 사이의 차이는 불과 하루나 이틀에 불과하니,[34] 곧바로 무고(武

---

32 역을 통하여 이동하는 전거를 말하며 한대에는 승전(乘傳)과 치전(馳傳)이 있는데, 역사에서 6승전이라는 것이 두 곳에 나오므로 승전(乘傳)과는 다른 것이라고 보는 사람도 있다.

33 이 길은 함곡관을 통과하는 길이다.

34 패상에서 왼쪽으로 효산과 면지를 거쳐서 낙양에 이르는 길은 가깝고, 패상에서 오른 쪽으로 남전을 거쳐서 무관을 지나서 낙양에 이르는 길은 굽었으므로 멀다. 그러므로 이 두 개의 길을 간다면 하루 이틀 정도의 차이가 난다.

庫)로 가서 전고(戰鼓)를 쳐서 크게 울리십시오. 제후들이 이를 듣게 되면 장군이 하늘에서 내려온 것으로 여길 것입니다."

태위가 그 계책대로 하여 낙양에 이르러서 기뻐하며 말하였다.

"7국(國)이 반란을 일으켰으나 나는 승전(乘傳)으로 여기에 이르는데, 스스로도 온전하리라고 생각지 아니하였다. 내가 형양을 점거하였으니, 형양의 동쪽은 걱정거리가 될 것이 없다."[35]

관리들로 하여금 효산과 면지의 사이를 수색하게 하니, 과연 오의 복병을 잡을 수가 있었다. 마침내 조섭을 청하여 호군(護軍)으로 삼았다.

태위가 군사를 이끌고 동북쪽으로 가서 창읍(昌邑, 산동성 金鄕縣)으로 달려갔다. 오가 양을 급히 공격하니 양에서는 자주 사신을 보내어 조후(條侯, 주아부)에게 구원하여 주기를 청하였으나 조후가 허락하지를 않으니,[36] 또 사신으로 하여금 황상에게 조후에 대하여 하소연하게 하였다.

황상의 사자가 조후에게 양을 구원하도록 하였으나, 주아부는 조서를 받들지 않고, 성벽을 굳게 하고 나오지를 않고, 궁고후(弓高侯)[37] 등으로 하여금 날쌘 기병(騎兵)을 거느리고 회사구(淮泗口)[38]로 나아가서 오와 초 군사의 후방을 끊고 그들의 식량보급로를 막게 하였다.

---

35 형양은 낙양에서 직선거리로는 80km 정도에 있다.

36 창읍에서 양의 도읍지인 휴양까지는 직선으로 100km 정도 떨어져 있다.

37 한왕 한신의 아들인 한퇴당(韓頹當)은 흉노에서부터 귀부하여 궁고후(弓高侯)로 봉하여졌으며, 궁고는 영릉현(營陵縣)에 속한다는 기록이 있고, 또 하간국(河間國)에 속한다는 기록이 있다.

38 사수의 남쪽에서 물이 회수로 들어가는 입구이다.

양은 중대부 한안국(韓安國)과 초의 재상인 장상(張尙)의 동생 장우
(張羽)를 장군으로 삼았는데, 장우는 힘써 싸우고 한안국은 신중함을
유지하자 마침내 오의 군사를 거의 패배시킬 수 있었다.

오의 군사가 서쪽으로 가려 하였으나, 양이 성을 지키고 있어서 감
히 서쪽으로 갈 수가 없었는데, 바로 조후의 군사에게로 달려가니 하읍
(下邑, 강소성 碭山縣)에서 만났는데, 오는 싸우고자 하였다. 조후는 성
벽(城壁)을 굳게 하고 싸우려 하지 않았으며, 오는 양식이 끊어져서 사
졸들이 주렸고, 또한 자주 도전하였지만 끝내 나오지 않았다.

조후의 군중(軍中)에서 밤중에 놀라서 안에서 서로 공격하여 소란함
이 장막의 바로 아래까지 이르렀으나, 주아부는 굳게 드러누워서 일어
나지 않았고, 얼마 있다가 다시 안정되었다. 오는 성벽의 동남쪽 귀퉁
이로 달려갔지만 주아부는 오히려 서북쪽을 대비하도록 하였는데, 이
미 그리하고서 정예의 군사들이 과연 서북으로 달려들었으나 들어올
수가 없었다.

오와 초의 사졸들은 대부분 배가 고파서 죽고, 배반하고 흩어지자
마침내 군사를 이끌고 돌아갔다. 2월에 주아부가 정병을 내어서 추격
하여 그들을 대파하였다. 오왕 유비(劉濞)는 그 군사를 버리고 장사 수
천 명과 더불어 밤에 도망하였으며, 초왕 유무(劉戊)는 자살하였다.

오왕이 처음에 군사를 일으키면서 오의 신하인 전록백(田祿伯)을 대
장군으로 삼았다. 전록백이 말하였다.

"군사를 모아서 서쪽으로 간다면 별다른 기이한 길이 없으니, 공로
를 세우기가 어렵습니다. 신은 바라건대 5만 명을 얻을 수 있다면 별
도로 강(江, 長江)과 회(淮, 淮河)를 따라 올라가서 회남(淮南, 安徽省 壽
縣)과 장사(長沙, 湖南省 長沙縣)를 거두고 무관(武關, 陝西省 南商縣 경

계 지역)으로 들어가서 대왕과 만난다면 이것 또한 하나의 기이한 대책입니다."

오왕의 태자가 간(諫)하였다.

"왕께서는 반란이라는 이름으로 군사를 일으켰으니, 이러한 군사로는 다른 사람을 빌려 쓰기가 어렵고, 다른 사람이 또 왕을 배반한다면 어떻게 하시겠습니까? 또한 군사를 멋대로 부려서 구별하면 또 다른 많은 이로움과 해로움이 있으니,[39] 헛되이 스스로 손해 볼 뿐입니다."

오왕은 바로 전록백에게 허락하지 않았다.

오의 젊은 장수인 환(桓) 장군[40]이 왕에게 유세하였다.

"오에는 보병이 많고 보병은 험한 곳에서 유리한데, 한은 전차(戰車)와 기병(騎兵)이 많고 전차와 기병은 평지에서 유리합니다. 바라건대 대왕께서는 지나는 곳의 성(城)들을 공격하여 떨어뜨리지 않고 곧바로 가는데, 빠르게 서쪽으로 달려서 낙양의 무고(武庫)를 점령하고 오창(敖倉)의 곡식을 먹도록 하면서, 산과 하(河, 황하)의 험한 곳을 막고, 제후들에게 명령한다면 비록 관(關, 咸谷關)에 들어가지는 못하더라도 천하는 정말로 이미 평정한 것입니다.

대왕께서 천천히 가면서 머물러 성읍을 떨어뜨리는데, 한군(漢軍)의 전차와 기병이 도착하여 달려서 양과 초의 교외(郊外)로 들어간다면 모든 일은 실패합니다."

오왕이 여러 늙은 장수들에게 물었더니, 늙은 장수들이 말하였다.

---

39 오백록이 만약에 군사를 거느리고 한(漢)에 항복하여 스스로 자기에게 이익이 되게 한다면 오에게는 걱정거리가 생긴다는 말이다.

40 성이 환씨이고 직급은 장군인데, 그 이름은 남아 있지 않다.

"이는 나이가 어리니 두드리거나 칼질하는 것을 할 수 있을 뿐이지 어찌 큰 생각을 알겠습니까?"

이에 왕은 환 장군의 계책을 채용하지 않았다.

왕(王, 오왕)은 군사 거느리는 일을 오로지하였다. 군사들이 아직 회(淮, 淮河)를 건너지 않았는데, 여러 빈객들은 모두 장(將, 將軍), 교위(校尉), 후(候), 사마(司馬)[41]로 채용될 수 있었으나, 오직 주구(周丘)만은 등용하지 않았다. 주구라는 사람은 하비(下邳, 江蘇省 邳縣) 사람으로 오로 망명을 하였는데, 술을 팔면서 아무런 좋은 행실을 하지 아니하여서 왕은 그를 야박하게 하고 맡기지 아니하였다.

주구가 마침내 올라와서 알현하고 왕에게 유세하였다.

"신은 아무 것도 할 수 없다가 행간(行間)에서 죄받기를 기다릴 수 없습니다.[42] 신은 감히 거느리는 일을 구하지는 아니합니다마는 왕께 바라건대 한(漢)의 부절(符節)[43] 하나를 청하니, 반드시 보답하는 일이 있을 것입니다."

왕이 마침내 그것을 주었다.

주구는 부절을 얻어 가지고 밤으로 하비로 내려갔는데, 하비에서는

---

41 군대의 계급으로 여기에는 대장(大將), 비장영군(裨將領軍)이 있는데 이들은 모두 부(部)와 곡(曲)을 갖고 있다. 부에는 교위를 두고 곡에는 군후(軍候)와 사마군(軍司馬)가 있으며, 또한 가후(假候)와 가사마(假司馬)가 있는데 모두 부(副)를 두었다. 그 별도의 영령(營領)에는 별부사마(別部司馬)를 두고 있다.

42 행간이란 군대가 행군하는 사이에 들어가서 군인이 된다는 뜻이고, 죄 받기를 기다린다는 말은 어떤 업무를 맡아서 잘못하면 죄를 받게 된다는 의미이다. 따라서 여기서는 군대에 들어갈 능력이 없다는 표현인 것이다.

43 오왕에게 중앙정부인 한의 부절을 달라고 한 것은 한의 부절을 위조해 달라는 말이다.

그때에 오가 반란을 일으켰다는 말을 듣고 모든 성이 지키고 있었다. 전사(傳舍)[44]에 이르러서 현령[하비 현령]을 불러서 문으로 들어오게 하여 종자(從者)들로 하여금 죄를 물어 현령의 목을 베고 드디어 형제들이 잘 알고 지내는 세력 있는 관리들을 불러서 알렸다.

"오가 반란을 일으켰고, 군사가 또한 하비에 이르러서 도륙(屠戮)하는 것은 밥 한 그릇 먹는 사이일 것인데, 이제 먼저 항복한다면 집안은 반드시 완전할 것이고, 유능한 사람은 후(侯)로 책봉될 것이다."

나아가서 마침내 서로 알리자 하비는 모두 떨어졌다.

주구는 하룻밤 사이에 3만 명을 얻었고, 사람을 시켜서 오왕에게 보고하게 하고, 드디어 그 병사를 거느리고 북쪽으로 가며 성읍들을 공략하였는데, 양성(陽城)[45]에 이를 즈음에는 병사가 10여만이 되어 양성 중위(中尉)의 군사를 격파하였다.

오왕이 패하여 도주한다는 소식을 듣고, 스스로 오왕과 함께는 성공할 수 없을 것을 헤아리고서는 바로 군사를 이끌어서 하비로 돌아오는데, 도착하지도 못하고 등창이 나서 죽었다.

---

44 역전(驛傳)에 있는 집을 말하는데, 이 집은 역전을 이용하는 관리가 묵을 수 있도록 된 숙소이다.

45 양성(陽城)은 《한서(漢書)》에는 성양(城陽)으로 되어 있다. 성양국은 거(莒)에 도읍하고 있으며 그 남쪽이 하비와 접해 있는데, 여기에는 중위가 무직을 담당하고 있다.

아들을 태자로 만든 왕부인

6   그믐 임오일에 일식이 있었다.

7   오왕이 군사를 버리고 도망하는데, 군대는 드디어 궤멸되어 왕 왕 점차 태위 조후(條侯, 周亞夫)와 양의 군대에 항복하였다. 오왕이 회(淮, 회하)를 건너서 단도(丹徒, 江蘇省 鎮江市)로 도주하여, 동월(東越; 도읍은 浙江省 永嘉縣)을 보존하는데, 군사는 1만여 명일 수 있었지만 도망하여 온 병졸을 모아들였다.

한에서는 사람을 시켜서 동월에 이로움을 가지고 먹였더니, 동월에서는 바로 오왕을 속여서 위로하는 군대를 내 보내고, 사람을 시켜서 창으로 찔러 오왕을 죽이고 그 머리를 그릇에 담아서 역전으로 보고하였다. 오의 태자인 유구(劉駒)는 도망하여 민월(閩越, 복건성 복주시. 당시에는 東冶)로 달아났다. 오와 초의 반란은 무릇 석 달 만에 모두 격파되어 소멸하니, 이에 제장들은 마침내 태위의 계책이 옳았다고 생각하였는데, 그러나 양왕은 이로 말미암아 태위와 틈이 생겼다.[46]

---

46 양왕이 주아부에게 원조해 줄 것을 요청하였으나 이를 직접 원조하지 않았

세 나라의 왕[47]이 임치(臨淄, 齊의 도읍으로 산동성 淄博市)를 포위하면서 제왕(齊王)은 노 중대부(路 中大夫)[48]로 하여금 천자에게 알리게 하였다. 천자는 다시 노 중대부에게 돌아가서 보고하면서 제왕에게 굳게 지킬 것을 알리게 하였다.

"한의 군대는 이제 오와 초를 격파하였다."

노 중대부가 돌아와 도착하니, 세 나라의 군사가 임치를 여러 겹으로 포위하고 있어서 들어가지는 못하였다.

세 나라의 장수가 노 중대부에게 맹세하게 하면서 말하였다.

"네가 반대로 '한은 이미 격파되었으니 제가 세 나라에 떨어질 것을 재촉하라. 그리 안하면 또 도륙될 것이다.'라고 말하라."

노 중대부는 이미 허락하고 성 아래에 이르러서 제왕을 올려다보면서 말하였다.

"한은 이미 백만 대군을 발동하여 태위 주아부(周亞夫)로 하여금 오와 초를 격파하게 하였고, 바야흐로 군사를 이끌고 제를 구원할 것이니, 제(齊)는 반드시 굳게 지키면서 떨어지지 마십시오."

세 나라의 장수들은 노 중대부를 죽였다.

제는 처음에 포위되어 급박하게 되자, 몰래 세 나라와 연락하기로 모의하였으나, 아직 이러한 약속을 확정하지 않았는데 노 중대부가 마침 한에서 오자 그 대신들은 마침내 다시 왕에게 세 나라에 떨어지지

던 일을 두고 하는 말이다.

47 치천국(菑川國), 교서국(膠西國), 교동국(膠東國)을 말한다.

48 노(路)는 성이며 이 사람의 이름은 전하지 않는다. 관직이 중대부인 노씨를 말하는 것이다.

말라고 권하였다.

마침 한의 장수인 난포(欒布)와 평양후(平陽侯)[49] 등의 군대가 제에 이르러서 세 나라의 군대를 격파하였다. 포위를 다 풀고 나서 후에 제가 처음에 세 나라와 몰래 모의한 일이 있었다는 보고가 있자 장차 군대를 가지고 제를 정벌하고자 하였다. 제의 효왕(孝王)은 두려워하여서 약을 마시고 자살하였다.

교서(膠西)와 교동(膠東)과 치천(菑川)의 왕[50]은 각기 군사를 이끌고서 귀국하였다. 교서왕은 맨발로 풀 자리에 앉아서 물만 마시면서 태후에게 사죄하였다. 왕태자 유덕(劉德)이 말하였다.

"한의 군대가 돌아가는데 신(臣)이 그들을 보니, 이미 피로하였으므로 습격할 수 있으며, 바라건대 왕의 남은 군사를 수습하여 가지고 이들을 치게 해주십시오. 이기지 못한다면 도망하여 바다로 들어가도 늦지는 않습니다."

왕이 말하였다.

"나의 사졸들도 이미 무너져서 써먹을 수가 없다."

궁고후(弓高侯) 한퇴당(韓頹當)이 교서왕에게 편지를 보내서 말하였다.

"조서를 받들건대, 불의한 사람을 죽이고 항복한 사람은 사면하여 그 죄(罪)를 없애 주어 옛날처럼 회복시킬 것이며, 항복하지 않는 사람은

---

49 반고의 《한서》 제왕전에는 평양후는 조양이라고 되어 있으나, 《사기색은》의 표에 의하면 평양후는 간후인 조기라고 되어 있었다.

50 교서왕은 유앙이고, 교동왕은 유웅, 치천왕은 유현이다. 각기 산동성의 고밀현, 평도현, 수광현에 도읍하였다.

이를 없앨 것이오. 왕은 어디에 있겠소? 기다렸다가 일을 처리하겠소?"

왕이 육단(肉袒)[51]을 하고 머리를 조아리면서 한의 군사가 있는 성벽으로 나아가서 아뢰었다.

"신 유앙(劉卬)은 법을 받드는 것에서 삼가 하지 못하여, 백성들을 놀라게 하였고, 마침내 장군께서 먼 길로 이 궁벽한 나라에까지 고생스럽게 오시게 하였으니, 감히 청컨대 죽어 젓으로 담가지는 죄를 내려 주기를 청합니다."

궁고후가 금고(金鼓)를 잡고 그를 보며 말하였다.

"왕께서 군사를 일으키느라고 고생을 하였는데, 바라건대 왕께서 군사를 일으킨 상황을 듣고 싶소."

왕이 머리를 조아리고 무릎으로 기어가서 대답하였다.

"오늘날 조조(鼂錯)는 천자의 용사(用事)하는 신하인데, 고황제의 법령을 변경하여 제후의 땅을 침탈하였습니다. 유앙 등이 그러한 일은 옳지 못하다고 생각하고, 그가 천하를 실패시켜 어지럽힐까 염려하여 7국이 군사를 일으켜서 조조를 죽이려 하였습니다. 이제 듣건대 조조는 이미 죽었다고 하니 저 유앙 등은 삼가 이미 군사를 철폐하고 귀환시켰습니다."

장군이 말하였다.

"왕은 진실로 조조를 옳지 못하다고 하였다면 어찌하여 보고하지 아니하였소? 아직 조서와 호부(虎符)를 얻지도 않았는데 멋대로 군사를 내어서 의로운 나라를 공격하였소? 이것으로 보건대 속으로는 다만 조조를 죽이려고 하는 것에만 있지는 않소."

---

51 죄를 진 사람이 윗옷을 벗고 살을 드러내는 것을 말한다.

마침내 조서를 내어서 왕에게 읽어 주고 말하였다.

"왕은 스스로 도모하시오."

왕이 말하였다.

"저 유앙 같은 사람은 죽는다고 하여도 죄가 남을 것입니다."

드디어 자살하였고, 태후와 태자도 모두 죽었다. 동교왕(東膠王)과 치천왕(菑川王), 제남왕(濟南王)이 모두 복주되었다.

역(酈) 장군[52]의 군대가 조(趙)에 이르렀는데, 조왕이 군사를 이끌고서 한단(邯鄲, 조의 도읍)에서 성을 지켰다. 역기가 이를 공격하기를 일곱 달이었는데도 떨어뜨릴 수가 없었다. 흉노는 오와 초가 패배하였다는 말을 듣고 역시 변경으로 들어오려 하지 아니하였다. 난포(欒布)는 제(齊)를 깨뜨리고 돌아와서 군사를 합병하여 물을 끌어들여 조의 성으로 대니, 성은 파괴되었고 왕은 드디어 자살하였다.

황제는 제(齊)가 처음에는 착하였지만 압박하고 겁주어 모의한 것으로써 이니 그의 죄는 아니라 하고, 제효왕(齊孝王)[53]의 태자인 유수(劉壽)를 불러서 왕으로 세우니, 이 사람이 의왕(懿王)이다.

제북왕(濟北王)[54]도 역시 자살하여 그의 처자를 온전하게 하고자 하였다. 제인(齊人) 공손확(公孫玃)이 제북왕에게 말하였다.

"신이 청컨대, 대왕을 위하여 양왕에게 명확하게 유세하여 천자에게

---

52 곡주후(曲周侯) 역기(酈寄)를 말한다.

53 조왕 유려(劉閭)를 말하는데, 죽은 다음의 시호를 효왕이라 하였으므로 이를 합하여 쓴 것이다.

54 제북왕은 유지(劉志)인데, 제의 도혜왕의 아들이고, 문제 전16년(기원전 164년)에 책봉을 받았다.

의사를 통하도록 시험해 보겠습니다. 유세하여도 채용되지 않으면 죽어도 늦지는 않습니다."

공손홍이 드디어 양왕을 보고 말하였다.

"무릇 제북의 땅은 동쪽으로는 강한 제와 이어져 있고, 남쪽으로는 오와 월을 이끌고 있으며, 북쪽으로는 연과 조를 협박하고 있습니다. 이것이 사분오열(四分五裂)된 나라입니다. 권모(權謀)를 쓴다 하여도 스스로 지키기에 부족하고, 강함을 가지고 보아도 침략을 막아내기에 부족하니, 또한 신기하고 이상한 일[55]이 있다고 말하지 아니하고는 기다리기 어려운데, 비록 오에게 말로 잃었으나 그것은 올바른 계책이 아니었습니다.

설사 제북이 정실(情實)을 보고서 그것을 좇지 않을 실마리를 보였다면, 오는 반드시 먼저 제를 거쳐서 제북에서 끝내고, 연과 조를 불러서 이를 통합할 것인데, 이와 같이 한다면 산동(山東)에 있는 나라들이 좇아서 결맹(結盟)하는 데는 아무런 틈도 없었을 것입니다.

이제 오왕은 제후들의 군사를 연결해가지고 백도(白徒)[56]의 무리들을 몰아 서쪽으로 가서 천자와 세력을 저울질 하고 있었는데, 제북(濟北)만이 홀로 신하로서의 절개를 지키고 떨어지지 아니하다가, 오로 하여금 더불어 하는 사람을 잃어 아무런 도움을 못 받게 하고, 반걸음씩 혼자 나아가다가 기와가 깨어지고 흙이 무너지는 것처럼 되어서 깨어지고 실패하여 구원받지 못하게 된 것은 반드시 제북의 힘이 아닌

---

55 안사고는 이것을 기괴한 신령의 도움이 없다면 막아내기도 어렵다고 해석하였다.

56 아무런 훈련을 받지 않은 무리를 말한다.

것은 아닙니다.

무릇 작디작은 제북으로서 제후들과 강함을 다투니 이는 염소나 송아지 같이 약함을 가지고 호랑이나 이리 같은 적을 막은 것입니다. 직분을 지키는데 굽히지 아니하였으니, 정성이 한가지라고 말할 수 있을 것입니다. 공로와 의로움이 이와 같은데, 아직도 황상에게 의심을 받아서 어깨를 움츠리고 머리를 숙이면서 발을 포개고 옷깃을 어루만지다가 스스로 앞으로 나아가지 않았던 마음을 후회하게 하니, 이는 사직에 이로움이 되지 않습니다.

신은 번신(藩臣)으로 직책을 지킬 사람들이 이를 의심할까 걱정입니다. 신이 가만히 생각하건대, 서쪽의 산⁵⁷을 지나서 장락(長樂, 장락궁)을 경유하여 미앙(未央, 미앙궁)에 이르기까지 소매를 걷고 올바르게 의론할 사람은 오직 대왕뿐인데, 위로는 망할 것을 온전하게 만든 공로를 세웠고, 아래로는 백성을 편안히 하였다는 명성을 갖고 있으며, 덕(德)은 골수에까지 사무쳤고 은혜는 무궁하도록 베풀었으니, 바라건대 대왕께서는 이 사실을 자세하게 생각하시기 바랍니다."

효왕(孝王, 劉武)은 크게 기뻐하여 사람을 시켜서 달려가서 보고하게 하니, 제북왕은 연좌되지 아니하고 치천(菑川, 치천국)으로 옮겨서 책봉되었다.

8   하간왕(河間王, 도읍은 낙성, 河北省 獻縣)의 태부(太傅)인 위관(衛

---

57 효산과 화산을 말하는데, 이 산을 경계로 하여 산서 지역과 산동 지역이 크게 구분된다. 그러므로 여기에서는 산동 지역의 제후들 가운데 산서에 있는 한과 교섭할 수 있는 사람을 말한다.

縮)이 오와 초를 공격하여 공로를 세우니, 벼슬을 주어 중위(中尉)로 삼 았다. 위관은 중랑장으로서 문제를 모셨는데, 변하지 않고 삼가면서 다 른 것은 없었다. 황상이 태자였을 때에 문제의 좌우에 있는 사람들을 불러서 술을 마셨는데, 위관은 병이 들었다고 하면서 가지 아니하였다. 문제가 또 붕어하면서 황상에게 부촉(咐囑)하여 말하였다.

"위관은 어른스러운 사람이니 그를 잘 대우하라!"

그러므로 황상도 역시 그를 총애하면서 일을 맡겼다.

9 여름, 6월 을해일(25일)에 조서를 내렸다.

"관리와 백성 가운데 오왕 유비(劉濞) 등이 그르치게 하여 연루될 사 람과 도망한 자와 도망한 군사도 모두 이를 사면한다."

황제는 오왕의 동생인 덕애후(德哀侯) 유광(劉廣)의 아들로 오를 잇 도록 하였고, 초원왕(楚元王)의 아들인 유례(劉禮)로 초를 잇도록 하였 다. 두태후(竇太后)가 말하였다.

"오왕은 늙은 사람이니 마땅히 종실을 위하여 순종하여 잘하여야 하 는데 이제 마침내 먼저 7국을 인솔하며 천하를 어지럽게 하였으니, 그 후사를 어떻게 이어준단 말인가!"

오를 허락하지 않고, 초의 후사를 세우는 것을 허락하였다.

을해일(25일)에[58] 회양왕(淮陽王) 유여(劉餘)를 옮겨서 노왕(魯王, 노, 산동성 曲阜縣)으로 삼고, 여남왕(汝南王) 유비(劉非)를 강도왕(江都

---

58 앞에 사면령을 내릴 때에 을해일을 기록하고 다시 을해를 쓴 것은 통감필법 에 맞지 않는다. 아마도 조서의 기사와 이 기사를 각기 달리 수집하고 뒤의 기사에서 을해를 지우는 일을 하지 못한 것으로 보인다.

王, 강도, 江蘇省 揚州市)으로 삼아서 옛날의 오 지역에서 왕 노릇하게 하였으며, 종정(宗正)인 유례(劉禮)를 세워서 초왕(楚王, 초, 江蘇省 徐州市)으로 삼고, 황제의 아들인 유단(劉端)을 세워서 교서왕(膠西王, 교서, 山東省 高密縣)으로 삼고, 유승(劉勝)을 중산왕(中山王, 중산, 河北省 定縣에 도읍)으로 삼았다.

경제 전4년(戊子, 기원전 153년)

1   봄에 다시 관(關)을 설치하고, 전(傳)[59]을 사용하여 출입하게 하였다.

2   여름, 4월 기사일(23일)에 아들 유영(劉榮)을 세워서 황태자로 삼고, 유철(劉徹)을 교동왕(膠東王)으로 삼았다.

3   6월에 천하를 사면하였다.

4   가을, 7월에 임강왕(臨江王) 유알(劉閼)이 죽었다.

5   겨울, 10월 그믐 무술일에 일식이 있었다.

---

59 문제 13년(168년)에 관문 출입증명인 전(傳)을 가진 사람만이 관문을 출입할 수 있던 제도를 없애서 자유롭게 출입하게 하였으나, 7국의 난이 끝난 지 얼마 안 되는 시점에서 다시 이 제도를 부활시킨 것이다.

6　애초에, 오와 초 등 7국이 반란하면서 오의 사자가 회남(淮南, 도읍, 安徽省 壽縣)에 이르니, 회남왕이 군사를 내서 이에 호응하고자 하였다. 그 승상이 말하였다.

"왕께서는 반드시 오에 호응하고자 한다면 신이 바라건대 거느리게 해 주십시오."

왕이 마침내 그에게 위촉하였다.

승상이 이미 군사를 거느리고 이어서 성을 굳게 지키면서 회남왕의 말을 듣지 아니하고 한을 위하였으며, 한도 역시 곡성후(曲城侯)로 하여금 군사를 거느리고 가서 회남을 구원하게 하니, 그러므로 완전할 수가 있었다.

오의 사자가 여강(廬江, 도읍은 안휘성 舒城縣)에 이르렀는데, 여강왕은 호응하지 않았으나 오가면서 월(越)에 사신을 보냈다. 형산(衡山, 안휘성 六安縣에 도읍)에 이르자 형산왕은 굳게 지키면서 두 마음을 품지 않았다. 오와 초가 이미 깨지기에 이르자, 형산왕이 함양에 들어와서 조현하였다.

황상은 곧고 신의가 있다고 여기고서 그에게 노고를 위로하여 말하였다.

"남쪽은 낮고 습기가 많다."

왕[형산왕]을 제북으로 옮겨 그에게 포상하였다. 여강왕은 월(越)의 변계에 있어서 자주 사신들에게 서로 교대하게 하였으므로, 그를 옮겨서 형산왕(衡山王)이 되어 강북(江北)에서 왕 노릇하게 하였다.

경제 전5년(己丑, 기원전 152년)

1   봄, 정월에 양릉읍(陽陵邑, 陝西省 咸陽縣의 동쪽)을 설치하였다.[60]
여름에 백성을 모집하여 양릉으로 옮기고 전(錢) 20만을 하사하였다.

2   공주를 파견하여 흉노의 선우(單于)[61]에게 시집을 보냈다.

3   광천왕(廣川王) 유팽조(劉彭祖)를 옮겨 조(趙, 도읍은 河北省 邯鄲
市)왕으로 삼았다.

4   제북정왕(濟北貞王)[62] 유발(劉勃)이 죽었다.

경제 전6년(庚寅, 기원전 151년)

1   겨울, 12월에 번개가 치고 장마[63]가 들었다.

2   애초에, 황상이 태자였을 때 박태후(薄太后)는 박씨 집안의 딸을
태자비로 삼았는데, 태자가 즉위하게 되자 황후가 되었으나 총애를 받

---

60 경제는 미리 수릉(壽陵, 황제가 죽기 전에 자기를 위하여 만든 능)을 이곳에 만들
   고 본래 익양(弋陽)현이었는데, 이어서 현의 명칭을 바꾸었다.

61 흉노의 4대 선우인 난제군신(欒提軍臣)이다.

62 유발은 제북왕이었는데, 그가 죽자 시호를 정왕이라 한 것이다.

63 여기서 장마라고 하는 것은 임우(霖雨)를 말하는 것으로 임(霖)이란 사흘 이
   상 계속하여 비가 내리는 것을 일컫는다.

지 못하였다. 9월에 황후 박씨를 폐하였다.

3   초문왕(楚文王) 유례(劉禮)[64]가 죽었다.

4   애초에, 연왕 장도(臧荼)에게는 장아(臧兒)라는 손녀가 있었는데, 시집을 가서 괴리(槐里, 陝西省 興平縣)의 왕중(王仲)의 처가 되었으며, 사내아이 왕신(王信)과 두 딸[65]을 낳았는데, 왕중이 죽으니, 다시 장릉(長陵, 섬서성 함양현의 동북쪽)의 전씨(田氏)에게 시집가서 전분(田蚡)과 전승(田勝)을 낳았다.

문제 때에 장아의 장녀[왕지]가 금왕손(金王孫)의 부인이 되어 금속(金俗)을 낳았다. 장아가 이를 점쳐보았다.

"두 딸[왕지와 왕식후]은 모두 귀하게 될 것이오."

장아가 마침내 금씨(金氏, 금왕손)의 부인[왕지]을 빼앗으니 금씨가 화가 났고, 결별하려고 하지 않았지만 그를 태자궁에 들여보내서 아들 유철(劉徹)을 낳았다. 유철이 바야흐로 몸속에 있을 때에 왕부인(王夫人, 왕지)이 해가 그의 품으로 들어오는 꿈을 꾸었다.

황제[경제]가 즉위하게 되자 장남 유영(劉榮)을 태자로 삼았는데, 그의 어머니인 율희(栗姬)는 제인(齊人)이었다. 장공주 유표(劉嫖)[66]는

---

64 초왕 유례가 죽자 시호를 문왕이라 하였다.

65 왕중과의 사이에서 낳은 딸을 말하며, 두 딸의 이름은 왕지(王娡)와 왕식후(王息姁)이다.

66 경제의 누나이며, 형제자매 가운데 제일 나이가 많으므로 장공주라 하는데, 이 유표가 당읍후(堂邑侯)인 진오(陳午)에게 시집을 가서 딸을 낳았는데, 이 사람이 무제의 진황후이다.

딸을 태자에게 시집을 보내고자 하였더니, 율희는 후궁(後宮)의 여러 미인들은 모두 장공주를 통하여 황제를 만났으니 그러므로 화가 나서 허락하지 아니하였고, 장공주는 왕부인의 아들 유철에게 시집보내려 하자 왕부인은 이를 허락하였다.

이로 말미암아서 장공주는 매일 율희를 참소하고 왕부인의 아름다움을 칭찬하였는데, 황제도 역시 스스로 그를 똑똑하다고 여겼고, 또 전에 해를 품은 꿈에 부합하였지만 계책은 아직 정해지지 아니하였다. 왕부인은 황제가 율희에게 이를 악문 것을 알자 화가 아직 풀리지 않은 것을 이용하여 몰래 사람을 대행(大行)[67]에게 보내어 율희를 세워서 황후로 삼으라고 청하게 하였다. 황제는 화가 나서 말하였다.

"이것이 네가 마땅히 해야 할 말인가!"

드디어 조사하고 대행을 주살하였다.

경제 전7년(辛卯, 기원전 150년)

1   겨울, 11월 기유일(23일)에 태자 유영을 폐하여 임강왕(臨江王)으로 삼았다. 태자태부 두영(竇嬰)이 힘써 다투었으나 할 수 없었고, 마침내 병이 들었다고 하여 면직되었다. 율희는 성이 나서 한스러워 하다가 죽었다.

---

67 예(禮)에는 대행인이 있고, 소행인이 있다. 대행은 관명인데, 구의(九儀)의 제(制)를 관장하여 제후를 접대하는 직책이다.

2   그믐 경인일에 일식이 있었다.

3   2월에 승상 도청(陶靑)이 면직되었다. 을사일(16일)에 태위 주아부(周亞夫)를 승상으로 삼고, 태위라는 관직은 철폐하였다.

4   여름, 4월 을사일(17일)에 황후에 왕씨(王氏, 왕지)를 세웠다.

5   정사일(29일)에 교동왕(膠東王) 유철(劉徹)을 세워서 황태자로 삼았다.

6   이 해에 태복(太僕) 유사(劉舍)[68]를 어사대부로 삼고, 제남(濟南) 태수 질도(郅都)를 중위(中尉)로 삼았다.

애초에, 질도는 중랑장이었는데 감히 직간(直諫)을 하였다. 일찍이 좇아서 상림(上林)[69]에 들어갔다가, 가희(賈姬)가 측간(厠間)에 갔는데, 들 돼지가 갑자기 와서 칙간에 들어갔다. 황상이 눈으로 질도를 보았으나 질도는 행동하지 아니하여 황상이 스스로 무기를 잡고 가희를 구하려고 하였다.

질도가 황상 앞에 엎드려서 말하였다.

"한 명의 희(姬)가 없어지면 다시 한 명의 희(姬)를 들여온다 하여도 천하에서 적어진 것은 차라리 가희 같은 사람일 뿐입니다. 폐하께서 멋

---

68 유사는 고조의 공신인 도안후(桃安侯) 유양(劉襄)의 아들이다. 본래 유양은 항씨였으나, 고조가 친히 사성하였다.

69 상림원을 말하는 것으로 황제의 정원이다.

대로 스스로를 가벼이 하시니 종묘와 태후는 어떻게 합니까?"

황상은 돌아오고 돼지도 역시 가버렸다.

태후가 이 말을 듣고 질도에게 황금 100근을 하사하였는데, 이로부터 질도를 중히 여겼다. 질도의 사람됨은 용감하고 사나우며 공정하고 청렴하여 사사로운 편지를 내는 일이 없었고 위문하거나 보내오는 물건을 받은 바가 없었으며, 청탁하고 만나자는 것도 들어주는 것이 없었다.

중위가 되자 먼저 엄격하고 혹독하여서 법을 시행하는데, 귀한 친척을 피하지 아니하니, 열후(列侯)와 종실(宗室)에서는 질도(郅都)를 보면 곁눈으로 보면서 '푸른 매[蒼鷹]'라고 이름을 붙였다.

경제 중원년(壬辰, 기원전 149년)

1   여름, 4월 을사일(23일)에 천하를 사면하였다.

2   지진이 있었다. 형산(衡山, 安徽省 六安縣)에 있는 원도(原都)에 우박이 내렸는데, 큰 것은 1자[尺] 8치[寸]였다.

경제 중2년(癸巳, 기원전 148년)

1   봄, 2월에 흉노가 연(燕)에 들어왔다.

2 3월에 임강왕(臨江王) 유영(劉榮)[70]이 태종묘(太宗廟, 문제 유환의 사당)의 연원(壖垣)[71]을 침범하여 궁을 만든 것에 연루되어 불려서 중위부(中尉府)에 와서 조사하고 기록하는 사람과 마주 하였다.

임강왕은 도필(刀筆)[72]을 얻어서 황상에게 사과하는 편지를 쓰려고 하였으나, 중위 질도는 형리에게 금하여 주지 아니하였는데 위기후(魏其侯, 竇嬰)가 사람을 시켜서 틈을 보아 임강왕에게 도필을 주었다. 임강왕이 이미 황상에게 사과하는 편지를 쓰고 이어서 자살하였다. 두태후가 이 소식을 듣고 노하였고, 뒤에 가서 끝내 위태한 법을 가지고 질도에게 적용시켜서 그를 살해하였다.

---

70 태자였다가 폐위되어 임강왕이 된 사람이다.

71 겹으로 된 담장 옆에 있는 빈 땅을 말한다.

72 이때에는 종이가 없었으므로 기록을 하기 위하여서는 죽간에 칼로 글자를 새겨야 한다. 그러므로 칼이 붓 역할을 한 셈이다. 그래서 필기도구를 도필이라 하였다.

3 여름, 4월에 서북쪽에 패성(孛星)[73]이 나타났다.

4 황제의 아들인 유월(劉越)을 세워서 광천왕(廣川王)으로 삼고, 유기(劉寄)를 교동왕(膠東王)으로 삼았다.

5 가을, 9월 그믐 갑술일에 일식이 있었다.

6 애초에, 양효왕(梁孝王)은 황제의 지친(至親)으로 공로를 세워서 천자의 정기(旌旗)를 하사 받았는데, 천승만기(千乘萬騎)[74]를 따르게 하였는데, 나가면서 필(蹕)을 하고 들어오면서 경(警)[75]을 하였다. 왕

---

73 혜성에 비하여 꼬리가 좀 짧은 별을 말한다.

74 양효왕은 황제의 친동생 유무이며, 천승만기란 많은 의장행렬을 말하는 것이다. 글자 그대로는 1천 대의 수레와 1만 명의 기병이라는 말이지만 이는 형용적 의미를 가진 말이다.

75 임금이 지나가는 길에서 사람을 쫓아 버리고 경계를 하는 것이다.

(王, 효왕)은 양승(羊勝)과 공손궤(公孫詭)를 아끼고 믿었는데, 공손궤를 중위로 삼았다. 양승과 공손궤는 이상하고 사악한 계책을 많이 내서 왕으로 하여금 한의 후사가 되기를 구하게 하였다.

율태자(栗太子)[76]가 폐출되자 태후는 속으로 양왕으로 후사를 삼고자 하였는데, 일찍이 술자리가 마련된 것을 이용하여 황제에게 말하였다.

"안거대가(安車大駕)[77]는 양왕(梁王)을 채용하여 기탁하시오."

황제는 무릎을 꿇고 몸을 들고서 말하였다.

"예."

술자리를 파하고 황제가 여러 대신들에게 물었더니, 대신 원앙(袁盎) 등이 말하였다.

"안 됩니다. 옛날에 송선공(宋宣公)은 아들을 세우지 않고 동생을 세웠다가 화란(禍亂)이 일어났고 5세(世)를 끊이지 않았습니다.[78] 적은 일을 참아내지 못하면 대의(大義)를 해치니,《춘추(春秋)》에는 크게 올바른데 있어야 한다고 하였습니다."[79]

---

76 원래의 태자였던 유영(劉榮)을 말한다. 그의 어머니가 율희였으므로 율태자라고 부른다.

77 편안한 수레와 큰 수레라는 말이지만 이 경우에는 안가(晏駕)를 말하여 황제가 죽은 다음에 타는 상여(喪輿)이다. 의미로는 죽은 다음을 말한다.

78 《춘추공양전(春秋公羊傳)》에 나오는 이야기이다. 춘추시대에 송의 선공은 그의 아들인 여이(與夷)를 버리고 목공(穆公)을 세웠고, 목공도 역시 그의 아들인 풍(馮)을 버리고 여이를 세웠는데, 그 후에 풍은 끝내 여이와 나라를 가지고 다투게 되어 화란이 5세 동안 끊이지 않았다.

79 《춘추공양전(春秋公羊傳)》에 '대거정(大居正)'이라고 되어 있는 바, 대의에 따라서 일을 주재해야 하고 소인(小仁)이나 소애(小愛)로 동요하여서는 안 된다는 의미로 쓰였다.

이로부터 태후도 의논을 중지하고 드디어 다시 말을 하지 아니하였다.

왕(王, 효왕)은 또 일찍이 편지를 올려서 말하였다.

"바라건대, 수레가 다닐 수 있는 땅을 내려 주셔서 지름길로 장락궁(長樂宮)에 이르게 하시면 스스로 양국(梁國)의 병사들로 하여금 용도(甬道)를 쌓아서 태후를 조현하겠습니다."

원앙 등이 모두 건의하며 불가하다고 생각하였다.

양왕은 이로부터 원앙과 의논하였던 신하들을 원망하고, 마침내 양승과 공손궤와 더불어 모의하여 몰래 사람을 시켜서 원앙과 의논하였던 다른 신하 10여 명을 칼로 찔러 죽였다. 도적이 아직 잡히지 않았지만 이에 천자는 속으로 양이라고 생각하였는데 도적을 쫓으니 과연 양에서 한 짓이었다.

황상은 전숙(田叔)과 여계주(呂季主)를 파견하여 양에 가서 일을 조사하게 하여 공손궤와 양승을 체포하게 하였는데, 공손궤와 양승은 왕의 후궁에 숨어 있었다. 사자 10여 명이 양에 이르러서 이천석[80]에게 매우 급하게 책임 지웠다. 양의 재상 헌구표(軒丘豹)와 내사(內史) 한안국(韓安國) 이하는 온 나라를 다 들어 수색하여 한 달이 넘었으나 잡지 못하였다.

한안국은 공손궤와 양승이 왕의 처소에 숨어 있다는 소문을 듣고 마침내 들어가서 왕을 알현하고 눈물을 흘리면서 말하였다.

"주인이 욕되면 신하는 죽습니다. 대왕에게 훌륭한 신하가 없었으니 그런 연고로 분분하다 여기에 이르렀습니다. 이제 양승과 공손궤가 잡히지 아니하였으니 청컨대 사직하게 해주시고, 죽음을 내리십시오!"

---

80 관직의 직급이다. 이천석 직급은 고위직으로 태수 이상을 말한다.

왕이 말하였다.

"어찌하여서 여기에 이르렀는가?"

한안국이 눈물을 여러 줄기 떨어뜨리면서 말하였다.

"대왕께서는 스스로 황제에 대하여 헤아려 보는데, 임강왕[태자였던 유영]과는 누가 더 친합니까?"

왕이 말하였다.

"그만 같지 않다."

한안국이 말하였다.

"임강왕은 적장자인 태자였지만 폐위되어 임강에서 왕 노릇하였는데, 궁궐의 담장 일로 끝내는 중위부(中尉府)에서 자살하였습니다. 무엇 때문입니까? 천하를 다스리는 데는 끝내 사사로움으로 공적(公的)인 것을 어지럽히지 않습니다.

지금 대왕께서는 제후의 열에 있으면서 사악한 신하의 들뜬 이야기에 빠져서 황상이 금지하는 것을 범하고, 밝은 법을 흔들었습니다. 천자는 태후로 인하여 차마 대왕에게 법을 적용하지 않는데, 태후는 밤낮으로 울고, 대왕께서 스스로 고치면 다행이겠지만, 대왕께서는 끝내 깨닫지를 못하였습니다. 만약에 태후궁의 수레가 안가(晏駕)[81]가 되면 대왕께서 오히려 누구를 붙잡겠습니까?"

말을 다 마치지도 않아서 왕은 눈물을 흘리면서 한안국에게 사과하며 말하였다.

"나는 이제 양승과 공손궤를 내놓겠소."

---

81 편안한 수레라는 말이지만 임금이 붕어(崩御)하는 것을 말한다. 그러나 여기서는 양왕의 어머니인 태후가 죽는다는 것을 말한다.

왕은 마침내 양승과 공손궤로 하여금 모두 자살하게 하고 이를 내놓았다. 황상은 이로부터 양왕을 원망하였다.

양왕은 두려워서 추양(鄒陽)으로 하여금 장안에 들어가서 황후의 오빠인 왕신(王信)을 만나서 유세하게 하였다.

"장군(長君)과 여동생[82]이 황상에게 총애를 받아서 후궁(後宮)에서는 따라잡을 사람이 없지만 장군의 행적은 대부분 도리를 좇지 않습니다. 이제 원앙의 사건이 끝까지 가면 양왕은 잡혀 죽게 되고, 태후께서는 화를 낼만 한 곳이 없게 되어 이를 갈면서 귀한 신하에게 곁눈질을 하게 될 것인데, 가만히 족하가 이를 걱정하게 됩니다."

장군이 말하였다.

"이를 어떻게 하여야 하오?"

추양이 말하였다.

"장군께서는 진실로 황상을 위하여 이를 말씀 드리면서 정성을 다할 수 있다면 끝내 양의 사건을 없앨 수 있고, 장군께서는 반드시 진실로 스스로 태후에게 연결하시면 태후는 장군을 후덕하다고 생각하는 것이 골수에 박힐 것이고, 장군의 누이동생은 양쪽 궁[83]에게 총애를 받을 것이니, 금성(金城)처럼 굳을 것입니다.

옛날에 순(舜)의 동생인 상(象)은 매일 같이 순을 죽이는 것을 일로 삼았는데, 순이 천자가 되자 그를 유비(有卑, 湖南省 寧安縣)에 책봉하였습니다. 무릇 어진 사람은 형제간에는 화를 감추어 두는 일이 없으며, 원망함도 묵혀둠이 없이 두텁게 친하게 아껴줄 뿐입니다. 이것으로

---

82 장군은 왕신이고 그 동생은 황후인 왕부인을 말한다.

83 황제와 태후를 말한다.

후세에도 그를 칭찬하는 것입니다. 이러한 말로 천자에게 유세하여서 요행히도 양의 사건은 다시 상주하지 않게 하십시오."

장군이 말하였다.

"좋소."

틈을 보아서 들어가서 이와 같이 말을 하니 황제의 노기(怒氣)가 점차 풀어졌다.

이때에 태후는 양의 일을 걱정하여 밥을 먹지 아니하고 밤낮으로 눈물을 그치지 아니하자 황제가 이를 근심하였다. 마침 전숙(田叔) 등이 양의 사건을 조사하고 돌아와서 패창구(覇昌廐)[84]에 이르러서 불을 가져다가 양의 옥사(獄辭)[85]를 다 태워버리고 빈손으로 와서 황제를 뵈었다.

이에 황제가 말하였다.

"양에 그 일이 있더냐?"

전숙이 대답하였다.

"죽을죄였으며 그런 일이 있습니다."

황상이 말하였다.

"그 일은 어디에 있는가?"[86]

전숙이 말하였다.

"황상께서는 양의 일을 가지고 묻지를 마십시오."

---

84 패창역을 말한다. 역참이므로 말을 두고 있어서 구(廐)라는 말을 사용한 것이며, 패창은 수도인 장안의 동쪽에 있다.

85 옥사(獄事)에서 죄수를 신문하고 이를 기록한 장부를 말한다.

86 옥사(獄辭)가 어디 있는가를 묻는 것이다.

황상이 말하였다.

"어째서 그런가?"

말하였다.

"이제 양왕을 잡아 죽이지 않는다면 이것은 한의 법이 시행되지 못하는 것이고, 법으로 복주(伏誅)한다면 태후께서 밥을 먹어도 달게 먹지를 못할 것이며 누워도 편안한 잠자리가 아닐 것인데, 이로써 근심거리가 폐하에게 있게 됩니다."

황상이 크게 그렇다고 생각하고 전숙 등으로 하여금 태후를 알현하게 하고 또 말하였다.

"양왕은 몰랐는데, 이를 만든 사람은 다만 총애하는 신하인 양승과 공손궤의 무리들일 뿐이며, 삼가 이들은 이미 복주(伏誅)하였으며, 양왕은 걱정할 것이 없습니다."

태후가 이를 듣고 바로 일어나 앉아서 식사를 하고 기분이 평상적으로 회복하였다.

양왕이 이어서 편지를 올려서 조현하기를 청하였다. 이미 그리하고 관(關, 函谷關)에 이르렀는데, 모란(茅蘭)이 양왕에게 유세하여 포차(布車)[87]를 타고, 두 명의 기병(騎兵)을 따르게 하고 들어가서 장공주(長公主, 관도공주인 유표)의 집에 숨어들게 하였다.

한에서는 사자로 하여금 왕을 영접하게 하였는데, 왕은 이미 입관(入關)하였고, 수레와 기병은 모두 밖에 있는데, 왕이 있는 곳을 알지 못하였다.

태후는 울면서 말하였다.

---

87 항복한 사람이 스스로 상인(喪人)에 비유하여 타는 수레이다.

"황제가 과연 나의 아들을 죽였구나!"

황제도 걱정스럽고 두려웠다.

이에 양왕이 도끼를 짊어지고 대궐 아래에 와서 사죄하였다. 태후와 황제가 크게 기뻐하고 서로 눈물을 흘리고, 다시 옛날같이 되었으며, 왕을 따르는 모든 관원들을 불러서 관문을 들어오게 하였다. 그러나 황제는 더욱 양왕과 소원하여, 수레나 연(輦)을 함께 타지 아니하였다. 황제는 전숙(田叔)을 똑똑하다고 생각하고, 발탁하여 노(魯)의 재상으로 삼았다.[88]

경제 중3년(甲午, 기원전 147년)

1　　겨울, 11월에 제후들의 어사대부라는 관직을 없앴다.

2　　여름, 4월에 지진이 있었다.

3　　가뭄이 들어서 술파는 일을 금지시켰다.

4　　3월 정사일(1일)에 황제의 아들인 유승(劉乘)을 세워 청하왕(淸河王, 청하, 河北省 淸河縣)으로 삼았다.

5　　가을, 9월에 황충(蝗蟲)이 나타났다.

---

88 노왕은 유계가 책봉한 유여(劉餘)이다.

6   패성(孛星)[89]이 서북쪽에 나타났다.

7   그믐 무술일에 일식이 있었다.

8   애초에, 황상이 율태자(栗太子)를 폐위하는데, 주아부(周亞夫)가
이것을 강하게 다투었으나 할 수 없었고, 황상은 이로부터 그를 소원히
하였다. 그리고 양효왕(梁孝王)은 매번 조현하면 늘 태후와 더불어 조
후(條侯)의 단점을 말하였다.[90]
  두태후(竇太后)가 말하였다.
  "황후의 오빠인 왕신(王信)은 후작으로 삼을 만하오."
  황제는 사양하면서 말하였다.
  "애초에, 남피후(南皮侯)와 장무후(章武侯)[91]는 돌아가신 황제께서
후작으로 삼지 않으셨는데, 신(臣)이 즉위하자 마침내 그들을 후작으
로 삼았지만 왕신은 아직 책봉할 수 없습니다."
  두태후가 말하였다.
  "사람이 사는 데는 각기 그 때에 따라서 실행할 뿐입니다. 두장군(竇
長君)[92]이 살아 있을 때부터 끝내 후작 자리를 얻을 수 없다가 죽은 다

---

89 보통 혜성과 비슷하지만 혜성보다는 꼬리가 짧다.

90 조후는 주아부의 작위인데, 양왕과 조후 사이에도 전3년(기원전 154년)에 틈
   이 생겼었다.

91 남피후 두팽조(竇彭祖)는 태후의 동생의 아들이고, 장무후 두광국(竇廣國)
   은 태후의 동생이다.

92 두태후의 오빠이다.

음에 그의 아들인 두팽조(竇彭祖)가 후작을 얻으니 나는 이를 아주 한 스럽게 생각합니다. 황제는 왕신을 서둘러 후작으로 삼으시오."

황제가 말하였다.

"청컨대 승상과 이를 의논하게 하여주십시오."

황상이 승상과 의논하였다. 주아부(周亞夫, 승상)가 말하였다.

"고황제가 약속하기를, '유씨(劉氏)가 아니면 왕위를 얻을 수 없으며, 공로를 세운 것이 아니면 후작을 얻을 수 없다.'고 하였습니다. 지금 왕신은 비록 황후의 오빠이긴 하지만 공로를 세운 것이 없는데, 그를 후작으로 한다면 약속에 맞지 않습니다."

황제가 잠자코 있다가 그만두었다.

그 후에 흉노의 왕인 서로(徐盧) 등 6명이 항복하였는데, 황제는 그들을 후작으로 삼아서 후에도 그것을 권하고 싶었다. 그런데 승상 주아부가 말하였다.

"저들은 주인을 배반하고 폐하에게 항복하였는데, 폐하께서 그들을 후작으로 삼는다면 어떻게 신하로서 수절하지 않는 사람을 나무랄 수 있겠습니까?"

황제가 말하였다.

"승상의 의견은 채용할 수가 없소."

마침내 서로(徐盧) 등을 책봉하여 전부 열후(列侯)로 하였다.[93] 주아부는 병이 들었다 하여 사직하였다. 9월 무술일(30일)에 주아부는 면

---

93 서로(徐盧)는 용성후(容城侯)로 하고, 사(賜)는 환후(桓侯)로 하고, 육강(陸彊)은 주후(遒侯)로 하고, 복달(僕恒)은 역후(易侯)로 하고, 범대(范代)는 범양후(范陽侯)로 하고, 한단(邯鄲)은 흡후(翕侯)로 하였다.

직되고, 어사대부인 도후(桃侯) 유사(劉舍)를 승상으로 삼았다.

경제 중4년(乙未, 기원전 146년)

1   여름에 황충(蝗蟲)이 나타났다.

2   겨울에 10월 무오일(20일)에 일식이 있었다.

경제 중5년(丙申, 기원전 145년)

1   여름에 황제의 아들인 유순(劉舜)을 세워서 상산왕(常山王)으로
삼았다.

2   6월 정사일(29일)에 천하를 사면하였다.

3   홍수가 있었다.

4   가을, 8월 기유일(22일)에 미앙궁(未央宮)의 동쪽 궁궐에서 화재
가 났다.

5   9월에 조서를 내렸다.
"여러 의문이 남아 있는 옥사(獄事)는 만약에 비록 조문이 법에 이른

다[94]고 하여도 사람들의 마음에서 복종하지 아니하면 번번이 이를 다시 평의하라."

6   지진이 있었다.

경제 중6년(丁酉, 기원전 144년)

1   겨울, 10월에 양왕이 와서 조현하는데 소(疏)를 올려서 경사에 더 머물고자 하였으나, 황상이 허락하지 아니하였다. 왕은 귀국하였으나 속으로 홀홀(忽忽, 失意한 모양) 즐겁지가 않았다.

2   11월에 여러 정위(廷尉)와 장작(將作) 등의 관직 명칭을 고쳤다.[95]

3   봄, 2월 을묘일(1일)에 황상이 옹현(雍縣, 陝西省 鳳翔縣)에 순행하여 오치(五畤)[96]에서 제사를 지냈다.

---

94 원래의 사실로 죄를 정하지만 본래 사형에 이를 것이 아닌데, 법조문으로 사형에 이르게 한 것을 말한다.

95 이때에 정위를 대리로 고치고 장작소부를 대장(大匠)으로 하고, 봉상을 태상(太常)으로 하고, 전객을 대행령(大行令)으로 하고, 장신첨사를 장신소부(長信少府)로 하고, 장행을 대장추(大長秋)로 하고, 주작중위를 도위(都尉)로 고쳤다.

96 오치란 진시대의 밀치(密畤), 상치(上畤), 하치(下畤), 휴치(畦畤)와 한 시대의 북치(北畤)를 합하여 말하는 것이다. 진의 선공은 위수의 남쪽에 밀치를 만

4   3월에 진눈깨비가 내렸다.

5   여름, 4월에 양효왕(梁孝王)이 죽었다. 두태후(竇太后)가 이 소식
을 듣고, 곡하면서 지극히 슬퍼하여 밥을 먹지 아니하고 말하였다.
"황제가 과연 내 아들을 죽였구나!"
황제는 슬프고 두려워서 어찌할 줄을 몰랐고, 장공주(長公主)와 더
불어 이를 계획하여 마침내 양을 나누어서 다섯 나라를 만들고, 왕의
아들 다섯 명을 모두 세워서 왕으로 삼으니, 유매(劉買)를 양왕(梁王)
으로 삼고, 유명(劉明)을 제천왕(濟川王)으로 삼고, 유팽리(劉彭離)를
제동왕(濟東王)으로 삼고, 유정(劉定)을 산양왕(山陽王)으로 삼고, 유
불식(劉不識)을 제음왕(濟陰王)으로 삼고, 다섯 딸들에게는 모두 탕목
읍(湯沐邑)을 주었다.
이를 태후에게 아뢰니 태후가 마침내 기뻐하여 황제를 위하여 1찬
(餐)을 더하게 하였다. 효왕이 아직 죽지 않았을 때에 재산은 거만(巨
萬)을 헤아렸는데, 그가 죽게 되니 창고에는 남은 황금(黃金)이 아직도
40여만 근이 있었고, 다른 물건도 이와 맞먹었다.

6   황상은 이미 태형(笞刑)을 줄이는 법을 내렸으나,[97] 태형을 받은

들어 청제(靑帝)에게 제사를 지냈고, 영공은 오양상치(吳陽上畤)를 만들어서
황제(黃帝)에게 제사 지냈으며, 하치를 만들어서 염제(炎帝)에게 제사 지냈다.
다시 헌공은 휴치력양(畦畤櫟陽)을 만들어서 백제(白帝)에게 제사를 지냈는
데 진이 천하를 통일하였을 때에는 사당은 옹에 4치만 있었다. 한 고조가 다
시 흑제사(黑帝祠)를 세워서 이를 북치라고 하였다.

97 이 사건은 경제 전원년(기원전 156년)에 있었다.

자는 여전히 온전하지가 아니하여 마침내 다시 태장(笞杖)을 감하여 300도를 200으로 하고, 태장 200도를 100으로 하였다. 또 추령(箠令)을 정하여 추(箠, 채찍)의 길이를 5척으로 하였는데, 그것은 본래 크기가 1촌(寸)으로 대나무로 만들었지만, 그 끝에 가서는 반촌(半寸)으로 얇게 하고 그 마디를 모두 평평하게 하였다.

　태를 맞는 사람은 볼기를 맞게 하였고, 한 가지 죄목에 대한 태형이 끝나서야 마침내 사람을 바꾸도록 하였다.[98] 이로부터 태형을 받은 사람이 온전할 수 있었다. 그러나 사형은 이미 무거워졌지만 생형(生刑)은 또 가벼워지니 백성들이 쉽게 이를 범하였다.

---

98 전에는 배를 맞아서 내장에 손상이 오게 하였으며, 역시 태장을 치는 사람도 바꿀 수 있게 하여 맞는 사람은 더욱 세게 맞게 하였다.

7   6월에 흉노가 안문(雁門, 산서성 右玉縣)에 들어와서 무천(武泉, 內蒙古 武泉縣)에 이르렀고, 상군(上郡, 陝西省 綏德縣)에 들어와서 마원(馬苑)[99]의 말을 빼앗아 갔는데, 관리나 병졸 가운데 전사한 사람이 2천 명이었다.

농서(隴西)의 이광(李廣)이 상군 태수가 되어서 일찍이 100여 기(騎)에게 좇게 하고 나가다가 흉노 수천의 기병을 만났는데, 이광을 보자 기병들을 유인하는 것으로 알고, 모두 놀라서 산에 있는 진지(陣地)로 올라갔다. 이광의 100여 기병들도 모두 크게 두려워하여 달려서 돌아 달아나려 하였다.

이광이 말하였다.

"우리는 대군에서 수십 리 떨어져 있는데, 이제 이와 같이 100여 기(騎)를 가지고서 도망한다면 흉노가 좇아와서 우리를 사격하면 즉시 다 없어질 것이다. 이제 우리가 머물면 흉노는 반드시 우리가 대군을

---

99 흉노에 대비하기 위하여 문제 때에 전마를 기르기 시작하였는데, 이 말을 기르는 마원을 36개소 설립하고, 30만 마리를 길렀다.

유인하는 것으로 여기고 반드시 감히 우리를 공격하지 못할 것이다."

이광은 여러 기병들에게 명령하였다.

"앞으로!"

흉노의 진지에서 2리(里) 정도 못 미친 지점에 이르러서 중지하고 명령하였다.

"모두 말에서 내려서 안장을 풀어라!"

그 기병들이 말하였다.

"적은 많고 또 가까이 있는데, 바로 위급한 일이 있으면 어떻게 합니까?"

이광이 말하였다.

"저 적들은 우리가 달아날 것으로 알았는데, 우리 모두가 안장을 풀어놓고 도망가지 않을 것을 표시하도록 명령한[100] 것이니, 그 뜻을 굳게 한다는 것이다."

이에 호(胡)의 기병들은 끝내 감히 공격을 하지 못하였다.

어떤 흰말을 탄 장수가 나와서 그들의 병사를 감시하였다. 이광은 말에 올라서 10여 기병과 함께 달려가서 그 흰말 탄 장수를 사살하고 다시 돌아왔고, 기병들이 있는 곳에 이르자 다시 안장을 풀어놓고 군사들로 하여금 모두 말을 풀어놓고 누워있게 하였다. 이때가 마침 저녁이어서 호(胡)의 병사들은 끝내 이를 이상하게 생각하고 감히 공격을 하지 못하였다.

밤중이 되자 호(胡)의 병사들은 역시 한의 복병(伏兵)들이 옆에 있

---

100 다른 판본에는 영(令)을 금(今)이라고 한 것도 있는데, 이대로라면 '지금 모두 안장을 풀어서 달아나지 않는 것을 표시하였으니'라고 할 것이다.

다가 밤중에 그들을 덮치려 한다고 생각하여 호는 모두 군사를 이끌고 갔다. 다음날 날이 밝자 이광은 마침내 그들의 대군이 있는 곳으로 돌아왔다.

8   가을, 7월 그믐 신해일에 일식이 있었다.

9   질도(郅都)가 죽은 후부터 장안 부근에 사는 종실들은 대부분 잔폭해지고 법을 범하였다. 황상이 제남(濟南, 산동성 역성현) 도위인 남양(南陽) 사람 영성(甯成)을 중위(中尉)로 삼았다. 그의 다스림은 질도를 본받았으나 그의 청렴은 같지 아니하였는데, 그러나 종실과 호걸들은 사람마다 모두 두려워하였다.

10   성양공왕(城陽共王)[101] 유희(劉喜)가 죽었다.

경제 후원년(戊辰, 기원전 143년)

1   봄, 정월에 조서를 내렸다.
  "옥사(獄事)는 중요한 일이다. 사람 가운데는 똑똑한 사람과 어리석은 사람이 있고, 관리도 위아래가 있다. 옥사에서 의심될 것이 있는 것은 유사(有司)에게 보고하도록 하고, 유사가 판결할 수 없는 것은 정위(廷尉)에게 이송하여 보고하도록 하며, 그 후에 그 판결이 마땅하지 않

---

101 유희는 성양왕이었는데, 죽은 다음에 시호를 공왕이라 하였다.

아도 보고한 사람은 과실로 인정하지 않는다. 옥사를 처리하는 사람으로 하여금 먼저 관용하기에 힘쓰게 하려는 것이다."

2   3월에 천하를 사면하였다.

3   여름에 대포(大酺)를 5일로 하고, 백성들은 술을 팔게 하였다.[102]

4   5월 병술일(9일)에 지진이 있었다. 상용(上庸, 湖北省 竹山縣)의 지진은 22일이었는데, 성원(城垣)을 무너뜨렸다.

5   가을, 7월 병오일(20일)에 승상 유사(劉舍)가 면직되었다.

6   을사일 그믐에 일식이 있었다.

7   8월 임진일(15일)에 어사대부 위관(衛綰)을 승상으로 삼고, 위위(衛尉)인 남양(南陽, 하남성 남양시) 사람 직불의(直不疑)[103]를 어사대부로 삼았다.
   애초에, 직불의는 낭관(郎官)이었는데, 같은 숙소에 있는 사람이 돌아가겠다고 알리자 그와 같은 숙소에 있는 낭관의 금(金)을 속이고 가

---

102 보통 때에는 잔치에서 술을 먹지 못하나 특히 술을 마시는 것이 허락된 것을 대포(大酺)라 하며, 경제 중3년(기원전 147년)에 가뭄으로 인하여 금주(禁酒)령을 내린 바 있는데 이를 완화한 것이다.

103 초(楚)의 직궁(直弓)의 후예이다.

져갔다. 이미 그리하였는데, 같은 숙소에 있던 낭관은 금이 없어진 것을 알아차리고 직불의에게 혐의를 두었더니, 직불의는 그러한 일이 있다고 사과하고 금을 사서 상환하였다.

뒤에 가서 돌아가겠다고 알린 사람이 돌아 와서 금을 돌려주니, 금을 잃어 버렸던 낭관은 크게 부끄러워하였다. 이 일로 그를 어른답다고 칭찬하게 되었고, 점차 자리를 승진하여서 중대부에 이르렀다.

또 어떤 사람이 조정에서 직불의를 헐뜯어서 그가 형수를 범하였다고 여겼다. 직불의가 듣고 말하였다.

"나는 형이 없다."

그러나 끝내는 스스로 밝히지 않았다.

8   황제는 금중에 살면서 주아부(周亞夫)를 불러서 식사를 하사하였는데, 다만 커다란 산적[大胾]¹⁰⁴만을 놓아두고 잘라 놓은 고기는 없었고, 또 젓가락도 놓아두지를 않았다. 주아부는 마음이 편치가 않아서 상석(尙席)¹⁰⁵을 돌아보고서 젓가락을 달라고 하자 황상이 이를 보고 웃으면서 말하였다.

"이것이 그대가 있는 곳에 부족한 것은 아닌가?"¹⁰⁶

주아부는 모자를 벗고 황상에게 사죄하였다.

---

104 뼈가 붙어 있는 익은 고기를 저며 놓은 것을 효(殽)라 하고, 순고기를 저며 놓은 것을 자(胾)라고 한다.

105 연회 자리를 주관하는 사람을 말한다.

106 젓가락을 놓지 않은 것은 우연히 실수한 것인가 아니면 황제가 고의로 놓지 못하게 한 것인가 하는 두 가지 해석이 있다. 그러나 황제는 그대에게 그래도 부족한 것이 있는가? 라는 뜻을 전하려고 한 것으로 보아야 할 것이다.

황상이 말하였다.

"일어나시오."

주아부가 이어서 빠른 걸음으로 나갔다. 황상이 눈으로 그를 보내면서 말하였다.

"이렇게 앙앙(鞅鞅)하니, 어린 임금[107]의 신하는 아니로다."

얼마 있지 않아서 주아부의 아들이 자기 아버지를 위하여 공관(工官)에게 갑옷과 방패 500벌을 사서 장례를 치를 수 있게 하였다. 용인(庸人)을 잡아서 그들을 고생시키고 돈을 주지 않았다.

용인들은 그가 현관(縣官)의 그릇을 훔쳐서 산 것을 알았으므로, 원망하면서 변고(變故)를 올리고 아들을 고발하니, 사건은 주아부에게 이어져서 더럽혔다. 편지가 이미 보고되자 황상은 형리(刑吏)에게 내려 보냈다. 형리가 장부에 적어가며 주아부를 문책하자 주아부는 대답을 하지 아니하였다.

황상이 그를 욕하였다.

"나는 채용하지 않을 것이다."[108]

불러서 정위에게 내려 보냈다. 정위가 문책하였다.

"군후(君侯)께서 반역하려 한 것은 무엇 때문이오?"

주아부가 말하였다.

"신이 산 물건은 장사 지내는 물건인데, 어찌 반역이라는 말을 합니

---

107 앙앙은 원망한다는 말이고, 보통은 앙앙불락(鞅鞅不樂)이라 하여 성내며 즐 거워하지 않는다는 성어(成語)를 쓰며, 어린 임금이란 자기를 이을 어린 임금 을 말한다.

108 죄를 주는 데는 진술이 필요하지만 주아부가 대답을 하지 않자 공술(供述) 이 필요 없이도 처리할 수 있다는 의미로 말한 것이다.

까?"

형리가 말하였다.

"그대는 설사 살아서 땅 위에서 반역하려고 하지 않았다고 하더라도 바로 죽어서 땅 속에서라도 반역하려 하였을 뿐이오!"

형리가 그를 다그치는 것이 더욱 급해졌다.

애초에, 형리가 주아부를 체포하는데, 주아부는 자살하려고 하였으나, 그 부인이 이를 멈추게 하니 이런 연고로 죽을 수가 없었고, 드디어 정위(廷尉)에게 잡혀 들어갔다. 이어서 닷새 동안 먹지를 않고 피를 토하고 죽었다.

9   이 해에 제음애왕(濟陰哀王) 유불식(劉不識)[109]이 죽었다.

경제 후2년(己亥, 기원전 142년)

1   봄, 정월에 땅이 하루에 세 번 움직였다.

2   3월에 흉노가 안문(雁門, 산서성 우옥현)에 들어왔는데, 태수 풍경(馮敬)이 더불어 싸우다 죽었다. 거기(車騎)와 재관(材官)부대[110]를 발동하여 안문에 주둔시켰다.

---

109 유불식은 제음왕이었는데 죽은 다음에 시호를 애왕으로 한 것이다. 유불식은 반란을 일으켰던 유무의 아들이다.

110 전차, 기병, 궁전부대를 말한다.

3 봄, 이 해에 수확이 좋지 못하여 내지(內地)에 있는 군(郡)에서 양식을 말에 먹이는 일을 금하고 위반한 집의 말을 몰수하였다.

4 여름, 4월에 조서를 내렸다.

"무늬를 조각하는 일은 농사를 해치는 것이며, 비단에 수를 놓고 수실을 짜는 일은 여공(女工)[111]을 해치는 것이다. 농사일이 상하는 것이 주림의 근본이며, 여공이 해를 입는 것이 추위의 근원이다. 무릇 주리고 추운 것이 함께 이르렀는데도 잘못됨이 없는 사람은 적다.

짐이 친히 밭을 갈고, 황후는 친히 뽕을 따서 종묘의 제사에 제물을 마련하고 제복(祭服)을 마련하여 천하의 사람들보다 먼저 할 것이고, 바치는 것을 받지 않을 것이고 태관(太官)을 줄일 것이며, 요역(徭役)과 부세(賦稅)도 줄여서 천하의 사람이 농잠(農蠶)에 힘쓰고, 평소에 축적을 있게 하여 재해에 대비하기를 바란다.

강한 사람은 약한 사람을 물리치지 말고, 많은 사람들은 적은 사람들에게 포학하게 하지 말며, 노인들은 천수(天壽)를 마치도록 하며, 어린 사람과 고아는 장성할 수 있게 하라.

금년에는 혹 수확이 좋지 못하여 백성들의 식량이 자못 적을 것이니 그 허물은 어디에 있는가? 혹 속이고 거짓말하는 사람이 관리가 되어서 뇌물을 받는 것으로 거래하며, 백성들을 낚시질하고 약탈하며 만민을 침탈하였다.

현승(縣丞)은 장리(長吏)[112]인데, 법을 간사하게 해석하여 도둑과

---

111 여자가 할 일로 여기서는 길쌈을 말한다.

112 장리는 장급(長級) 관리를 말한다. 장급 관리란 주의 자사, 군의 태수, 현의

더불어 훔치는 것이 심하여 말하지 못하겠다. 그러니 이천석으로 하여 금 각기 그 직책을 수행하게 하고, 관직(官職)을 잘 지키지 않고 분명하지 못하여 어지럽히는 사람은 승상이 보고하고 그 죄 주기를 청하라. 천하에 포고하니, 짐의 뜻을 확실히 알게 하라.”

5   5월에 조서를 내려서 재산을 계산하여 4[113]면 관원(官員)이 될 수 있게 하였다.

6   가을에 크게 가물었다.

경제 후3년(庚子, 기원전 141년)

1   겨울, 10월에 일식과 월식이 있었는데, 붉게 된 것이 닷새나 되었다.

2   12월 그믐날에 천둥이 치고 해는 자색(紫色)처럼 되고, 오성(五

─────────

현령을 말하는데, 여기서는 현승도 장리라고 하였다. 그러나 이를 현승과 장리라고 보면 현승과 현령을 지칭하는 것일 수도 있다.

113 응소가 말하기를, ‘옛날에 이(吏)의 탐욕을 싫어하면서 의식(衣食)이 풍족하면 영욕(榮辱)을 안다고 여기고 자(貲)가 10산(算)이면 이(吏)를 얻을 수 있게 하였는데, 10산은 10만 전이다. 고인(賈人)은 재산이 있어도 이(吏)가 될 수 없고, 염사(廉士)는 자(貲)가 없어서 관원이 될 수 없으니, 그러므로 자(貲) 4산(算)으로 줄여서 관직을 얻게 한 것이다. 그러므로 4는 4산 즉 4만 전을 말한다.

星)이 역행하여 태미(太微)[114]를 지켰는데, 달은 천정(天廷)의 가운데를 관통하였다.

3 봄, 정월에 조서를 내렸다.

"농사는 천하의 근본이다. 황금(黃金)과 구슬, 옥은 주려도 먹을 수가 없고 추위도 입을 수가 없으나 화폐(貨幣)로 쓰인다고 생각하며 그것이 끝나고 시작하는 것을 모른다. 이 몇 년 동안 혹 수확이 좋지 못하였는데, 의미는 말자(末者, 상인)가 많고, 농민이 적다는 것이다.

그러니 군국(郡國)들로 하여금 힘써 농상(農桑)을 권하고, 더욱 나무를 심게 하면, 입고 먹을 물건을 얻을 수 있다. 이(吏)가 만약에 민간을 징발하는 것이 취용(取庸)[115]처럼 하고 황금(黃金), 구슬, 옥을 채집하는 사람은 도적질한 죄로 다스릴 것이다. 이천석으로 허락한 사람에게도 같은 죄를 줄 것이다."

4 갑인일(17일)에 황태자의 관례(冠禮)를 치렀다.

5 갑자일(27일)에 황제가 미앙궁(未央宮)에서 붕어하였다.[116] 태자가 황제의 자리에 오르니 나이는 열여섯 살이었다. 황태후를 높여서 태

---

114 하늘의 별자리를 지상의 것과 연결시키는데, 태미는 천자의 궁정이며 오제의 자리이며 12제후의 관부이다.

115 민간을 징발하여 쓸 때면 돈을 주고 일할 사람을 고용하는 것처럼 하라는 말이다.

116 경제(景帝)의 나이는 마흔여덟 살이었다.

황태후로 하였고 황후를 황태후로 하였다.

6   2월 계유일(6일)에 효경황제를 양릉(陽陵, 섬서성 함양시 동북쪽)에
장사 지냈다.[117]

7   3월에 황태후의 동복(同腹) 동생인 전분(田蚡)을 책봉하여 무안
후(武安侯)로 삼고, 전승(田勝)을 주양후(周陽侯)로 삼았다.

     ❖ 반고(班固)가 찬(贊)하였습니다.[118]

     "공자가 이르기를, '이 백성들은 삼대(三代)에 바로 왕도(王道)
     를 시행하였던 사람들이다.'[119]라고 하였는데, 믿을 만하다. 주
     (周)와 진(秦)의 폐단은 법망이 조밀(稠密)하고 법조문이 준엄하였
     으나 간사한 일을 벌이는 사람을 헤아릴 수 없었다.
     한이 일어나서 번거롭고 가혹한 것들을 소제하여 백성들과 더
     불어 휴식하고, 효문제시대에 이르러서 공손하고 검소함을 더하
     고, 효경제는 이 사업을 준수하였다. 50~60년 사이에 풍속이 바

---

117 경제가 죽은 지 열흘 만에 장사를 지낸 것이다.

118 반고는 후한대의 사람으로《한서(漢書)》의 저자이고, 찬이란 사평(史評)으로
    칭찬하는 내용의 글이다.

119 《논어》에 나오는 말이다. 요즈음의 사람들도 역시 하·은·주시대에 다스리
    던 그러한 사람이어서 정치로 교화하고 순일(純一)할 수 있으니, 그러므로 곧
    도로 시행할 수 있다는 말이고, 요즈음 사람들이라 하여 삼대와 같지 않다고
    할 수 없다는 말이다.

뀌기에 이르렀고, 백성들이 순박하고 후덕하여졌다. 주(周)시대에는 성왕(成王)과 강왕(康王)을 말하게 되고, 한(漢)시대에는 문제와 경제가 훌륭하다고 말한다."

8 한이 일어나면서 진(秦)의 폐단을 이어받아서 하는 일은 심하고 재물은 궁핍하여 천자부터 균사(鈞駟)[120]를 갖출 수 없었고, 장군이나 승상이 혹 소가 끄는 수레를 탔으니, 제민(齊民)들이야 덮어 감출 것이 없었다. 천하가 이미 평정되고 나니 고조는 마침내 고인(賈人)들로 하여금 비단을 입거나 수레를 타지 못하게 하였으며 조세(租稅)를 무겁게 하여 이들을 곤란하게 하고 욕을 보였다.

효혜제(孝惠帝)와 고후(高后) 시절에 천하가 처음으로 안정되니 다시 상고(商賈)에 대한 법률을 느슨히 하였지만, 그러나 시정(市井)의 자손들은 역시 사환(仕宦)하여 이(吏)가 될 수 없었다. 관리의 녹봉을 헤아리고, 관청의 용도를 헤아려서 백성들에게 부과하였다. 그러나 산천(山川), 원지(園池), 시정(市井)의 조세가 들어오는데, 천자에서부터 아래로 봉군(封君)의 탕목읍(湯沐邑)에 이르기까지 모두 각기 개인을 위하여 받들어 기르는 것이니, 천자[121]의 경비에서 받지 아니었다.

산동의 속(粟)을 조운을 통하여 중도관(中都官)[122]에게 공급하지만

---

120 네 마리가 끄는 수레를 사(駟)라고 하는데, 이 네 마리의 털 색깔이 고른 것을 균사라고 한다. 따라서 황제가 타는 수레를 끄는 말조차 색깔이 같은 것 네 마리를 구하지 못하였다는 말이다.

121 다른 판본에는 천자(天子)를 천하(天下)로 쓴 것도 있다.

122 중도(中都)는 수도인 경사를 말하므로 중도관은 경사에 있는 여러 관부(官府)를 말한다.

1년에 수십만 석에 지나지 않는다. 이어서 효문제와 효경제는 깨끗하고 검소하여 천하를 편안하게 길러서 70여 년간 국가에는 큰 일이 없었고, 수재와 한재를 만나지 않아서, 백성들은 개인에게 공급되고, 집집마다 풍족하였다.

도시건 시골이건 창고는 모두 가득 찼고 정부의 창고에도 재화가 넘쳤고, 경사(京師)의 전(錢)은 거만(鉅萬)이 쌓였는데, 꿰는 것이 낡아서 다 헤아릴 수가 없고,[123] 태창(太倉)의 곡식은 묵고 묵었는데 꽉 차고 넘쳐서 밖에다 노적(露積)을 하니 부패하여 먹을 수가 없기에 이르렀다.

평민들이 사는 크고 작은 골목에도 말들이 있었고, 천맥(阡陌)[124] 가운데도 말들이 무리를 이루어 있게 되니, 암말을 타는 사람은 물리쳐져서 모임에 참가할 수가 없었고, 여염(閭閻)을 지키는 사람도 기름진 고기를 먹었고, 이(吏)가 된 사람도 자손을 기르기만 하였으며,[125] 관청에 있는 사람은 성호(姓號)로 불렸다.[126] 그러므로 사람들마다 스스로 아끼고 범법을 무겁게 생각하고, 의(義)를 행하는 것을 먼저 하고 굴

---

123 전(錢)은 가운데에 구멍이 뚫려서 여러 개를 묶을 수 있는데, 이 끈이 낡아 끊어져서 돈을 헤아릴 수 없다는 뜻이다.

124 밭 가운데 있는 두렁과 경계를 말한다. 이는 밭과 밭 사이에 있어서 농사를 짓는 곳이 아니다.

125 이(吏)는 하급 관원인데, 당시에 특별한 일이 없어서 이(吏)가 자주 전전(輾轉)하지 않고 자녀가 성장할 때까지 전직(轉職)하지 않을 수 있었다는 말이다.

126 한 사람이 한 관직에 오래 머물러 있어서 그가 있는 관명을 성(姓)처럼 생각하게 되었다는 말이다. 예컨대 〈화식전(貨殖傳)〉에 나오는 창(倉)씨와 고(庫)씨가 이러한 것이다.

욕(屈辱) 받을 짓은 뒤로 하였다.

이 시대에는 법망이 성글고 백성들은 부유하니, 재물을 부리며 교만이 넘쳐흘러 혹은 겸병(兼倂)하거나 토호의 무리들이 향곡(鄕曲)에서 무단(武斷)하기에 이르렀다.[127] 종실(宗室)에는 토지가 있었고, 공(公), 경(卿), 대부(大夫) 이하의 사람들도 사치하기를 다투니, 집과 수레와 복장은 모두 윗사람을 범하여서 한도가 없었다.

만물은 성(盛)하면 쇠퇴하며, 굳은 것도 변하니, 이때 이후로 효무제(孝武帝)는 안으로 지극히 사치하여 허비하고, 밖으로 이적(夷狄)을 물리치는 전쟁을 일으켜서 천하는 쓸쓸해지고 재력도 소모되었다.＊

---

127 토호란 한 지역에서 세력을 갖고 있는 집을 말하고, 향곡(鄕曲)은 마을이나 골짜기에 사람들이 모여 사는 취락(聚落)을 말하며, 무단(武斷)은 법에 의거하지 않고 힘에 의거하여 일을 처리하는 것을 말한다.

권017

한기9

한 무제의 제왕학

동중서의 치도론

무제 건원[1] 원년(辛丑, 기원전 140년)

1   겨울, 10월에 조서를 내려서 현량하고 방정하며 직언하고 극간(極諫)하는 선비를 천거하도록 하였는데, 황상이 친히 옛날과 오늘날의 잘 다스리는 도리[治道]에 관한 대책을 물었더니, 대답한 사람이 100여 명이었다.

광천(廣川, 하북성 棗强縣) 사람 동중서(董仲舒)가 대답하였다.

"도(道)라는 것은 다스리는 길로 좇아가는 것이어서 인(仁)·의(義)·예(禮)·악(樂)이 모두 그 도구입니다. 그러므로 성스러운 왕은 이미 죽었어도 자손들이 오래가고 안녕함이 수백 세를 가는데, 이것은 모두 예악으로 교화한 공로 때문입니다.

무릇 인군(人君)은 편안하게 있으려고 하지 않는 이가 없지만, 정치가 어지러워지고 나라가 위태로워지는 경우가 참으로 많은데, 책임을

---

1 이전의 제왕들이 연호를 사용한 일이 없었으나, 이때부터 연호를 사용하기 시작하였다. 무제의 정식 명칭은 세종무황제(世宗武皇帝)이다.

맡은 사람이 그에 적당한 사람이 아니고, 종사하는 것이 그 도에 적합하지 않으니, 이리하여서 정치가 날로 기울어져서 멸망하는 것입니다.

무릇 주(周)의 도는 유왕(幽王)과 여왕(厲王)에서 쇠퇴하였는데, 도가 없었던 것이 아니고 유왕과 여왕이 좋지 않은 것입니다. 선왕(宣王)[2]에 이르러서 옛날 돌아가신 왕들의 덕을 생각하며, 막힌 것을 일으키고 해진 것을 보충하여 문왕(文王)과 무왕(武王)의 공로와 업적을 밝혀 주의 도를 찬연하게 부흥시켰으니, 이것은 밤낮으로 게으르지 않고 선을 시행하여 도달한 것입니다.

공자가 이르기를, '사람이 도를 넓힐 수가 있는 것이지, 도가 사람을 넓힐 수 있는 것이 아니다.'[3]라고 하였습니다. 그러므로 치란(治亂)과 폐흥(廢興)은 자기에게 있고, 하늘이 운명을 내려주는 것이 아니지만 위반할 수도 없는데, 그가 갖고서 조정하는 것이 그릇되면 그는 통치권을 잃을 것입니다.

인군(人君) 된 사람은 마음을 바르게 하여서 조정을 올바르게 하고, 조정을 올바르게 하고서 백관을 올바르게 하고, 백관을 올바르게 하고서 만백성을 올바르게 하며, 역시 만백성이 올바르고 나서야 사방[4]이 올바르게 됩니다.

사방이 올바르게 되면 멀고 가까운 곳의 사람들이 감히 올바른 것에서 통일되지 않는 것이 없고, 사악한 기운이 그 사이에서 간사하게 할

---

2 유왕은 주의 제12대 임금이고, 여왕은 주의 10대 임금이다. 주는 이때부터 쇠미하여졌으며, 선왕은 주의 11대 임금이다.

3 이는 《논어》〈위령공편(衛靈公篇)〉에 있는 말이다. 원문은 '人能弘道 非道弘人'이다.

4 중국을 중심으로 한 사방이라는 말로 천하를 말한다.

수 없으니, 이로써 음양은 순조롭고 비와 바람이 때를 맞추고, 뭇 생명들은 평화롭고 만백성들이 자라며 여러 복된 물건들이 나타나는 상서로움은 다 이르지 않는 일이 없으므로 왕도의 끝입니다.

공자께서 '봉황새가 오지 않고 하(河, 황하)에서 그림[龍圖]이 나오지 않으니 나는 그만이다'[5]라고 하였습니다. 이런 물건을 이르게 할 수 있지만 자신은 비천하여 이르게 할 수 있음을 스스로 슬퍼한 것입니다. 이제 폐하께서는 귀하기로는 천자이고, 부유하기로는 사해를 가졌고, 오게 할 수 있는 자리에 계시고, 조정할 수 있는 세력을 가졌고, 또 오게 할 만한 자질을 가지셨는데, 행하는 일은 높고 은덕은 두터우며, 지혜는 밝고 뜻은 아름다우며, 백성을 사랑하고 선비를 좋아하니 이른바 의(誼)로운 군주입니다.

그러나 천지는 아직 감응하지 않고, 아름답고 상서로움이 아직 이르지 않는 것은 무엇 때문입니까? 무릇 교화가 확립되지 아니하여 만백성이 옳지 않아서입니다. 무릇 만민들이 이로움을 좇는 것은 마치 물이 아래로 흘러가는 것과 같아서 교화로써 이를 막지 아니하면 이러한 것을 중지시킬 수가 없습니다.

옛날에 제왕이 된 사람은 이것에 밝았으니, 그러므로 남쪽을 향해

---

5 봉황과 용마는 모두 상서로운 것을 상징하며 군왕의 성스러움을 표현하는 것이다. 순임금 시절에 봉황이 조정에 날아왔고, 문왕 시절에는 봉황이 기산(岐山)에서 크게 울었다. 역시 복희씨 시절에는 황하에서 용마가 도서(圖書)를 짊어지고 출현하였다고 한다. 이 내용은 《논어》〈자한편(子罕篇)〉에 있다. 원문은 '鳳鳥不至 河不出圖 吾已矣夫'이다. 이는 공자가 자기는 덕을 갖고 있지만 이것을 실천하려면 그에 상응하는 지위와 힘을 가지고 있어야 하는데, 공자 자신은 그럴 만한 지위와 힘을 가진 제왕이 아니어서 이를 실행할 수 없음을 스스로 한탄한 것이다.

앉아서 천하를 다스리면서, 교화를 커다란 임무로 하지 않은 적이 없습니다. 태학(太學)을 세워서 나라에서 가르치고 상서(庠序)[6]를 설치하여 읍에서 교화하여, 점차 인(仁)으로 백성을 물들게 하며 마땅함으로 백성들을 어루만지며 예로써 백성들을 절도 있게 하였으니, 그러므로 그 형벌은 아주 가벼이 하였지만 법금을 범하지 않은 것은 교화가 시행되어 습속이 아름다워져서입니다.

성스러운 임금이 어지러운 시대를 이어받으면서 그 흔적을 소제하여 이를 모두 제거하고 다시 교화를 닦아서 이를 높이 일으키는 것인데, 교화가 이미 밝혀졌다면 습속은 이미 완성된 것이며, 자손들도 이를 좇을 것이니 500~600년을 시행한다 하여도 오히려 아직 실패하지 않을 것입니다.

진(秦)은 먼저 계셨던 성인들의 도를 없애고, 몹시 구차한 정치를 하였으니 그러므로 세우고서 14년 만에 망하였으며,[7] 그들이 남겨 놓은 남은 독소의 매서움은 오늘날까지도 없어지지 않고 있어서 습속을 경박하고 악하게 하였고, 인민들을 시끄럽고 완고하게 하였으며, 무리하게 부딪치고 특별히 저돌적이어서 익히 썩은 것이 이와 같이 심한 것입니다.[8]

---

6 《학기(學記)》에 보면 옛날에 교육기관으로 집[家]에는 숙(塾)이란 교육기관이 있었고, 당(黨, 500家 정도의 마을)에는 상(庠)이란 교육기관이 있었으며, 수(遂, 5개의 현)에는 서(序)가 있었고, 국(國)에는 학(學)이 있었다고 한다.

7 이는 진 시황이 천하를 겸병하면서부터 헤아린 숫자이다. 기원전 221년에 진 시황은 제를 멸망시켜서 7국을 다 없앴으며, 기원전 206년에 진왕이 유방에게 항복하였다.

8 입으로는 충성스럽고 믿음직한 말을 하지 않고, 마음으로는 덕의(德義)라는

가만히 이를 비유하건대, 거문고와 비파가 조화를 이루지 못한다면 심한 것은 반드시 풀어서 다시 고쳐야 칠 수 있는 것과 같으니, 정치가 시행되지 않아서 심하다면 반드시 변화시켜서 이를 다시 만들어야 마침내 가지런해질 수 있습니다. 그러므로 한(漢)은 천하를 얻은 이후로 항상 잘 다스리려고 하였으나, 오늘날에 이르러서도 잘 다스려지지 않고 있는 것은 마땅히 이를 다시 교화해야 하나 다시 교화하지 아니한 데서 이를 잃었습니다.

신이 듣건대 성스러운 제왕이 천하를 다스리면서 젊으면 이를 익혀 배우게 하고, 자라면 그 재주로 그에게 자리를 주는데 작위와 녹봉을 받아서 그 덕을 함양하게 하며, 형벌을 주어서 그 악한 것에 위엄을 보이니, 그러므로 백성들은 예(禮)와 의(誼)에 밝게 되고, 윗사람을 범하는 것을 부끄럽게 여깁니다.

무왕(武王)이 커다란 의(誼)를 시행하시어 잔적(殘賊)을 평정하고, 주공(周公)이 예악을 만드시어 그들을 문채 나게 하였고, 성왕(成王)과 강왕(康王)의 융성한 시대에 이르니, 영어(囹圄)가 40여 년 동안이나 텅 비어 있었는데, 이것은 역시 바로 그들을 교화하여 인의(仁誼)가 점점 스며들어 흘러내리게 한 것이며, 다만 살과 피부를 상하게 하여 나온 효과만은 아닙니다.

진(秦)에 이르러서는 그러하지 아니하였습니다. 신불해(申不害)와 상앙(商鞅)의 법을 스승으로 삼고 한비자(韓非子)의 설(說)을 시행하며, 제왕의 도(道)를 싫어하고 이리 같은 탐욕으로 습속을 만들어서 명목에 책임지우고 실제를 돌아보지 않으니, 선을 행하는 사람이라 하여

기준을 본받지 않는 상황을 말하는 것이다.

도 반드시 면하지도 않고 악을 범한 자도 아직은 반드시 형을 받지 않았습니다.

　이리하여서 모든 관리들은 헛된 말로 겉치장을 하고 사실은 돌아보지 않으며, 겉으로는 임금을 섬기는 예(禮)를 갖고 있으되 속으로는 윗사람을 배신하는 마음을 갖고 있으니, 거짓을 만들고 속이는 것을 수식하며 이익을 좇으면서도 수치심이 없었으니, 이리하여 형벌을 받는 자는 많아지고, 죽는 자도 서로 바라보게 되었지만, 간사함이 쉬지를 않아 풍속이 변하여 그렇게 하였습니다.

　이제 폐하께서는 아울러 천하를 가져서 이끌어 복종하지 않는 사람이 없는데, 공로를 백성들에게 더해 주지 않았다면 거의 왕의 마음이 더해지지 않았을 것입니다.

　증자(曾子)가 이르기를, '들은 바를 존중하면 고명(高明)해지고, 아는 바를 실행하면 광대(光大)해진다. 고명하고 광대해지는 것은 다른 데 있지 않고, 이에 뜻을 더하여 주는데 있을 뿐이다.'[9]라고 하였습니다. 바라건대 폐하께서는 들은 바를 쓰시어, 속에서 정성을 가지고 이를 실행하기에 이른다면 삼왕(三王)[10]이라 하여 무엇이 다르겠습니까?

　무릇 평소에 선비를 기르지 아니하고 똑똑한 사람을 찾으려 한다면, 비유하자면 마치 옥을 다듬지 아니하고 광채를 갖기를 바라는 것과 비

9　이 말은《상서전해(尚書全解)》권20에 실려 있는 "曾子曰 尊其所聞 則高明矣 行其所知 則光大矣 高明光大 不在乎他 在乎加之意而已"를 그대로 옮겨 온 것이다.

10　하우·상탕·주무왕 등 역사상 훌륭한 임금으로 불리는 사람을 말한다.

숭합니다. 그러므로 선비를 기르는 방법 가운데 큰 것은 태학(太學)보다 큰 것은 없는데, 태학이란 똑똑한 선비들이 말미암는 곳이며 교화의 근원입니다. 이제 한 군(郡)과 한 국(國)의 많은 대책으로 이에 응답하는 서신이 없다면 이는 왕도가 왕왕 끊기는 것입니다.

신이 바라건대 폐하께서는 태학을 일으키시고, 밝은 스승을 두시어 천하의 선비를 기르며, 자주 시험을 보고 물어서, 그들의 재주를 다 발휘하게 하면 뛰어난 사람들을 마땅히 얻을 수 있을 것입니다. 오늘날의 군수와 현령은 백성들의 사솔(師帥, 스승의 우두머리)이어서, 흐름을 이어받아 펼치고 교화되게 하는 바이니, 그러므로 사솔이 똑똑하지 못하면 주상의 덕이 전파되지 못하고, 은택도 흘러나가지 못합니다.

오늘날 관리[吏]는 이미 아랫사람에게 교훈을 할 수 없으며, 혹은 주상의 법을 이어받아 쓰지도 아니하고, 백성들에게 포학하며 간사한 사람들과 거래를 하여 빈궁(貧窮)하고 외롭고 약한 사람이 원통하게 고생하며 일자리를 잃어서 심하게 폐하의 뜻에 맞지 않으니, 이로써 음양이 뒤섞이고 재앙의 기운이 가득 차서 많은 산 사람들이 보살핌을 받지 못하고, 여민(黎民)은 아직 구제되지 못하는데, 모두 장리(長吏)[11]들이 밝지 못하여 여기에 이르게 한 것입니다.

무릇 장리는 대부분 낭중, 중랑과 이(吏)이천석[12]의 자제에서 나오는데, 낭이(郎吏)를 선발하는 데는 또 부유함으로써 하니, 아직은 반드

---

11 장급(長級) 관리들을 말한다. 장급 관리란 한 부서의 장을 말하는데, 주의 자사·군의 태수·현의 현령 같은 관직이다.

12 중랑과 낭중은 모두 궁정의 금위관(禁衛官)인데, 중랑은 녹질이 600석으로 중급 정도이고, 낭중은 녹질이 300석으로 하급이라 할 수 있다. 녹질이 2천석은 관리의 직급인데 군의 태수 등 고급 관원이다.

시 똑똑하지만은 않습니다.[13] 또 옛날에는 이른바 공로를 세운 사람이라고 하여도 관리로 임명되어서는 직책에 맞게 하였는가를 가지고 차이를 두었지, 날짜를 쌓아 오래 되었는가를 말하지 아니하였으니, 그러므로 재주가 적은 사람은 비록 날짜를 쌓았다 하여도 낮은 관직을 떠나지 못하였고, 똑똑한 인재는 비록 오래 되지 아니하였어도 보필하고 돕는데 방해가 되지 아니하였으며, 이리하여서 유사는 힘을 다하고 지혜를 다해 그의 업무를 처리하는데 힘써서 공로를 세우는 데로 나아갑니다.

지금은 그렇지 아니합니다. 날짜만 쌓으면 귀한 자리를 차지하고 오래도록 있으면 관직에 이르니, 이리하여서 염치는 혼란으로 바뀌고, 똑똑한 사람과 불초한 사람이 섞여서 그 진짜를 얻을 수가 없습니다.

신은 어리석으나 여러 열후와 군수, 이천석으로 하여금 각기 그가 관할하는 곳의 관리나 백성 가운데 똑똑한 사람을 골라서 1년에 각각 두 명씩을 뽑아 올려 숙위하도록 하고, 또 대신의 능력을 보는데, 올린 것이 똑똑한 사람이라면 상을 내리고, 올린 것이 불초한 사람이라면 벌을 줍니다.

무릇 이와 같이 하여 여러 이(吏)이천석은 모두 마음을 다하여 똑똑한 사람을 찾을 것이며, 천하의 선비들을 얻어서 관리로 부릴 수가 있습니다. 널리 천하의 똑똑한 사람을 얻는다면 삼왕(三王)의 번성함도 쉽게 되며, 요와 순의 명성도 따라잡을 수 있을 것입니다.

세월을 가지고 공로로 삼지 말고, 실제로 현명함과 능력을 시험하는

---

13 관리의 선발기준이 고관의 자제이거나 재산이 많은 사람 가운데서 나오는 제도 아래에서는 뽑히는 사람이 반드시 똑똑하지는 않게 된다는 말이다.

것을 제일로 삼고, 재주를 헤아려 관직을 주며 덕행을 기록하여 자리를 정한다면, 청렴함과 수치스러움이 구별되며, 현명한 사람과 불초함이 다른 곳에 있게 될 것입니다.

신이 듣건대, 적은 것을 모아서 많은 것을 이룩하며, 작은 것을 쌓아서 크게 된다 하였으니, 그러므로 성인은 어두움을 밝게 하고 미세한 것을 드러나게 하지 않는 것이 없으며, 이로써 요(堯)는 제후들 속에서 발탁되었으며, 순(舜)은 깊은 산속에서 일어났는데 하루 만에 드러난 것이 아니라 조금씩 이에 이른 것입니다.

말은 자기에게서 나왔지만 막을 수가 없고, 행동은 몸에서 나오지만 가릴 수가 없으니, 말과 행동은 다스리는 것 중에 큰 것이어서 군자가 천지를 움직이는 까닭입니다. 그러므로 작은 것을 다하여 크게 되고, 미미한 것을 신중히 하여 드러나는 것이고, 선(善)을 자기 몸에 쌓는 것은 마치 해가 길어지는 것이 더해지지만 사람은 모르는 것과 같고, 악(惡)을 자기 몸에 쌓아 가는 것은 마치 불이 기름을 녹이는데 사람은 보지 못하는 것과 같으니, 이는 당(唐)과 우(虞)가 아름다운 명예를 얻었고, 걸(桀)과 주(紂)[14]가 슬퍼하며 두려워지게 된 까닭입니다.

무릇 즐겁지만 음란하지 않고, 다시 하여도 싫지 않은 것이 도(道)입니다. 도라고 하는 것은 만세를 가도 폐단이 없으니, 폐단이라는 것은 도의 실종입니다. 선왕(先王)의 도가 치우쳐 일으키지 않는 곳이 있으니, 그러므로 정치에 밝지 못하여 시행되지 않으니 그 치우친 것을 드러내어 폐단을 보충할 뿐입니다.

---

14 당(唐)은 요임금이며, 우(虞)는 순임금이다. 걸(桀)은 하의 마지막 임금이고, 주(紂)는 은의 마지막 임금으로 포악한 임금의 대명사처럼 쓰인다.

삼왕의 도는 근원하는 곳은 다르나 그것이 상반된 것은 아니고, 장차 모두 넘치는 것을 구하고 쇠약한 것을 부축하려는 것이지만 만난 것이 변하여 그리 되었습니다. 그러므로 공자께서 '하지 않고서 다스린 사람, 그 분이 순이다!'¹⁵ 라고 하였는데, 정삭(正朔)을 고치고, 복색을 바꾸어서 천명을 좇았을 뿐이고, 그 나머지는 모두 요(堯)의 도를 따랐으니, 무엇을 바꾸었겠는가! 그러므로 제왕 된 사람은 제도의 이름을 고쳐도 도의 알맹이를 변경시키는 일은 없습니다. 그러나 하(夏)가 충(忠)을 존중하였고, 은(殷)이 경(敬)을 숭상하였으며, 주(周)가 문(文)을 숭상한 것은 계승한 것[폐단]을 구하기 위해 마땅히 이를 써야 하였습니다.

공자께서 '은은 하의 예를 이어서 덧붙이거나 뺐던 것을 알 수 있다. 주는 은의 예를 이어서 덧붙이거나 뺐던 것을 알 수 있는데, 그러니 혹 주를 계승하는 사람도 비록 백세(百世)라 하여도 알 수 있다.'¹⁶ 라고 하였습니다. 이것은 100명의 왕이 쓴 것도 이 세 사람의 것으로 한다고 말한 것입니다. 하(夏)는 우(虞)를 이었으나 다만 덜고 늘린 것을 말하지 않았지만 그 도는 하나이며 위와 같아서입니다.

도의 커다란 근원은 하늘에서 나온 것이며, 하늘은 변하지 않고 도도 역시 변하지 않으니, 이리하여 우(禹)는 순을 잇고 순은 요를 이어서, 세 성인은 서로 받아 하나의 도를 지켰으며, 폐단을 담을 일이 없는 정치를 하였으니, 그러므로 덜어내고 덧붙일 것을 말하지 않았습니다. 이것으로부터 살펴보건대, 잘 다스린 시대를 이어받은 사람은 그 도를

---

15 《논어전해(論語全解)》권8에 나오는 말이다.

16 이 말은 《논어집해의소(論語集解義疏)》권1에 실려 있다.

같이하고, 어지러운 시대를 이어받으면 그 도를 바꿉니다.

지금 우리 한(漢)은 커다란 혼란이 있었던 시대의 뒤를 이었으므로 만약에 마땅히 주(周)의 문치(文治)를 조금 덜어낸다면 하(夏)의 충(忠)을 채용하여야 할 것입니다. 무릇 옛날의 천하도 오늘날의 천하이니, 다 같은 천하여서, 옛것으로 오늘날의 기준으로 삼으면 하나인데 어찌하여 서로의 차이가 멉니까? 어찌 어그러지고 쇠락해 가는 것이 이와 같습니까? 생각하건대 옛날의 도에서 잃어버린 것이 있습니까? 하늘의 이치에 속이는 것이 있습니까?

무릇 하늘도 역시 나누어 준 것이 있습니다. 이빨을 준 것에게는 뿔을 주지 않았고, 날개를 붙여 준 것에게는 그 발을 두 개로 하였으니, 이는 큰 것을 받은 자는 적은 것을 빼앗을 수 없게 한 것입니다. 옛날에 준 녹(祿)이라는 것은 힘을 사용하여서 밥을 먹지 않게 하는 것으로 말업(末業, 상업)에서 움직이지 않게 한 것이니, 이는 큰 것을 받은 사람은 작은 것을 얻을 수 없게 한 것으로 하늘과 뜻을 같이 하는 것입니다.

무릇 이미 큰 것을 받고도 또 작은 것을 빼앗는 것은 하늘도 만족할 수 없는 것인데, 하물며 사람에게서야! 이 백성들이 시끄러운 까닭은 부족한 것을 고생스럽게 여기기 때문입니다. 몸은 총애를 받고 높은 자리에 올라 있고, 집안은 따뜻하며 후한 녹봉을 받아먹는데, 부귀(富貴)한 밑천과 힘을 이용하여 백성과 더불어 아래에서 이익을 다툰다면, 백성이 어떻게 그와 같을 수 있겠습니까?

백성들은 날로 깎이고 달로 움츠러들어서 크게 궁색한 데에 빠집니다. 부자는 사치가 넘쳐흐르게 되고 가난한 사람은 더욱 궁색하고 급하며 근심하고 고달프니 백성들은 살기를 즐기지 아니하는데 어찌 죄짓는 일을 피할 수 있겠습니까? 이것이 바로 형벌이 많아지는 까닭이며,

간사한 사람을 헤아릴 수 없는 까닭입니다.

천자(天子)와 대부(大夫)란 사람은 아래에 있는 백성이 보고 본받으려는 하니, 멀리 있는 사방에서 안으로 바라보고 있어서 가까이 있는 자는 그를 모방하며, 멀리 있는 자는 바라보고 그를 본받으려 하는데, 어찌하여 현명한 사람의 지위에 있으면서 서민의 행동을 합니까? 무릇 급히 재물의 이익을 구하는 것은 항상 궁핍해질까를 걱정하는 것이니 서인(庶人)의 뜻이며, 급히 인의(仁義)를 구하는 것은 항상 백성들을 교화시키지 못할까 두려워하는 것이니, 대부의 뜻입니다.

《주역(周易)》에는 '지고서 수레를 타면 도적이 이른다.'[17]고 하였습니다. 수레를 타는 사람은 군자의 지위이고 짐을 짊어지는 사람은 소인의 일을 하는 사람이니, 이것은 군자의 자리에 있으면서 서민의 행동을 하는 자에게는 환란과 화가 반드시 이를 것이라는 것을 말한 것입니다. 만약에 군자의 지위에 있으면서 군자의 행동을 감당한다면 공의휴(公儀休)가 노(魯)의 재상이 되어서 한 일[18]을 버리고는 할 수 있는 일은 없습니다.

---

17 《주역》의 해괘(解卦) 육삼(六三)에 나오는 효사(爻辭)이다. 해괘는 감(坎)괘가 밑에 있고 진(震)괘가 위에 있는 괘이고, 육삼이란 밑에서부터 세 번째 효가 음효인데, 효사에서 설명하기를, 지는 것은 소인이 하는 일이고, 타는 것은 대인이 하는 일인데, 소인이 하는 일을 하며 또 대인이 하는 일을 하니 균형이 맞지 않는 상태인 것이다.

18 공의휴(公儀休)는 노의 재상이 되었는데, 그의 집에 가 보니 처가 비단을 짜고 있어서 노하여 나왔다. 역시 그 처가 정원에 있는 채소로 밥을 먹는 것을 보고 화가 나서 그 채소를 다 뽑아 버렸다. 그리고 말하였다. "나는 이미 녹을 받아서 밥을 먹고 있는데, 정원에서 일할 사람의 일거리를 빼앗고 길쌈하는 여자의 이익을 빼앗다니!"

《춘추(春秋)》의 대일통(大一統)이라는 것[19]은 천지의 변하지 않는 진리이며, 옛날부터 오늘날까지 통관하는 이치입니다. 지금의 스승들은 도(道)를 달리하고, 사람들은 논의를 달리하고, 백가(百家)들은 방향을 달리하여 지향하는 뜻이 다르니, 이리하여서 위에서 일통(一統)을 유지할 수가 없어서 법률과 제도가 자주 바뀌고, 아래에서는 지켜야 할 것을 모릅니다.

신은 어리석으나 여러 육예(六藝)의 과목과 공자의 학술에 들어 있지 않은 것은 모두 그 도(道)를 끊어서 나란히 나아가지 못하게 하여야 치우치거나 옳지 않은 학설이 없어지며 그런 후에야 통치 기강이 하나가 될 수 있고, 법률과 제도가 밝아지며, 백성들은 좇을 바를 알게 된다고 생각합니다."

천자는 그 대책을 훌륭하다 하여서 동중서(董仲舒)를 강도(江都, 치소는 광릉, 강소성 양주시)의 재상으로 삼았다. 회계(會稽, 강소성 蘇州市) 사람 장조(莊助)[20]도 현량으로서 대책을 올리니, 천자가 발탁하여 중대부로 삼았다.

승상 위관(衛綰)이 상주하였다.

"천거된 현량 가운데 혹은 신불해(申不害)나 한비자(韓非子), 소진(蘇秦), 장의(張儀)의 언론을 공부한 사람은 국정을 어지럽히는 사람들이니 청컨대 모두 파직시키십시오."

---

19 대일통이란 봉건국들이 모두 중앙정부의 통치를 받아야 하고 독자적인 행동을 할 수 없다는 뜻이며, 이는 《춘추공양전(春秋公羊傳)》에서 주장한 것이다. 동중서는 《춘추공양전》을 전공하였기 때문에 언제나 그 학설을 인용하고 있다.

20 장조를 《한서》에서는 엄조(嚴助)라고 하였는데, 이는 명제(明帝)의 휘가 유장(劉莊)이어서 이를 피휘한 것으로 보인다.

상주가 옳다고 하였다.

동중서는 젊어서 《춘추》를 공부하여 효경제 때에 박사가 되었는데, 나아가고 물러가며 받아들이고 그만두는 것에서 예(禮)가 아니면 행하지 아니하여 학자들이 모두 그를 스승으로 삼고 존경하였다. 강도국(江都國)의 재상이 되자 역왕(易王)[21]을 섬기게 되었다. 역왕은 황제의 형이라 평소 교만하고 혈기 있으며 용감한 것을 좋아하였는데, 동중서가 예를 가지고 바르게 고쳐주니, 왕도 그를 존경하고 중히 여겼다.

---

21 강도국 역왕의 이름은 유비(劉非)이고, 경제의 아들이며 무제의 형이다. 그는 옛것을 바꾸기 좋아하여 역왕이라고 시호하였다.

위청의 등장

2 봄, 2월에 사면하였다.

3 삼수전(三銖錢)을 시행하였다.

4 여름, 6월에 승상 위관이 면직되었다. 병인일(7일)에 위기후(魏其侯) 두영(竇嬰)을 승상으로 삼고, 무안후(武安侯) 전분(田蚡)을 태위로 삼았다. 황상은 유가의 학술을 좋아하고, 두영과 전분도 모두 유가를 좋아하여 대군(代郡, 하북성 蔚縣)의 조관(趙綰)을 추천하여 어사대부로 삼고, 난릉(蘭陵, 산동성 峰縣)의 왕장(王藏)을 낭중령[22]으로 삼았다.
조관은 명당[23]을 세워서 제후들을 여기에서 조근하게 하라고 청하였으며, 역시 그의 스승인 신공(申公)을 추천하였다. 가을에 천자가 사

---

22 태위는 군사의 총책임자이고, 어사대부는 감찰 책임자이며, 낭중령은 궁정금위사령관에 해당하는 직책이다.

23 명당에 대한 구체적인 자료는 없다. 대체적으로 황실의 행사를 할 때 사람들이 모일 수 있는 장소일 것이다. 호삼성은 명당이란 왕의 당(堂)으로 여기에서 사시(四時)를 올바르게 하고 교화를 내보낸다고 해석하였다.

자로 하여금 속백(束帛)에다 옥을 덧붙이고, 네 마리의 말이 끄는 안거(安車)[24]를 가지고 가서 신공을 영접하게 하였다. 도착하여 천자를 알현하였다.

천자는 치란(治亂)에 관한 일을 물었는데, 신공은 나이가 여든 살쯤 되었는데, 대답하였다.

"잘 다스린다는 것은 많은 말을 하기에 이르지 말고, 어떻게 힘써 실천해야 할 것인가를 생각할 뿐입니다."

이때 천자는 바야흐로 문사(文詞)를 좋아하였는데, 신공이 대답하는 것을 보고 잠자코 있었지만 그러나 이미 초청을 하였으므로 태중대부로 삼아서 노저(魯邸)[25]에 머물면서 명당과 순수(巡狩)와 역서(曆書) 고치는 일 그리고 복색에 관한 일을 의논하게 하였다.

5   이 해에 내사(內史) 영성(甯成)이 죄를 지어 머리를 깎이고, 목에 쇠줄을 찼다.

무제 건원 2년(壬寅, 기원전 139년)

1   겨울, 10월에 회남왕 유안(劉安)이 와서 조현하였다. 황상은 유안이 숙부뻘이고, 재주가 많아서 그를 몹시 존중하여 매번 연회가 있을

---

24 고대의 안거는 말 한 마리가 끌었으나, 여기서 네 마리가 끌게 한 것은 존중을 표시한 것이다.
25 제후국인 노의 사람들이 장안에 왔을 때 묵을 수 있게 만든 저택을 말한다.

때에는 만나서 이야기를 나누다가 저녁 늦게 파하였다.

　유안은 무안후 전분을 좋아하였는데, 그가 입조(入朝)하면 무안후는 그를 패상(覇上, 섬서성 藍田縣)에서 영접하였고, 더불어 말하였다.

　"황상께는 태자가 없는데, 왕께서는 가깝기로는 고황제(高皇帝)의 손자이시고 인의를 실천하시어 천하에 소문이 나 있습니다. 궁궐의 수레가 어느 날 안가(晏駕)[26]하는 날에 왕이 아니면 누구를 세운단 말입니까?"

　이 말에 유안은 크게 기뻐하며 전분에게 금전과 재물을 후하게 주었다.

2　　태황두태후(太皇竇太后)는 황노(黃老)[27]의 말을 좋아하고, 유가의 학술을 좋아하지 않았다. 조관은 동궁에 모든 일을 상주하지 말라고 청하였다.[28] 두태후는 크게 노하여 말하였다.

　"이 녀석이 다시 신원평(新垣平)[29]처럼 되려고 하는구나."

　몰래 조관과 왕장이 간사한 이익에 관여하였다는 사실을 찾아내어 황상을 나무라니, 황상은 이어서 명당 세우는 일을 폐하고, 여러 가지

---

26 황제가 죽는다는 표현이다.

27 황은 황제 헌원을 말하고, 노는 이이가 쓴《노자》를 가리키는 것으로, 황노는 도가에 속하며, 간단한 것을 숭상하고, 무위(無爲)를 주장하는 학파이다.

28 동궁은 황제가 거처하는 미앙궁의 동쪽에 있는 장락궁을 말하는 것으로, 두태황태후가 거처하는 곳이다. 따라서 두태후에게는 국사를 보고하지 말라는 말이다.

29 신원평에 관한 사건은 문제 16년(기원전 164년)에 일어났고, 그 내용은《자치통감》권15에 실려 있다.

일으키던 일들을 모두 폐하였다. 조관과 왕장을 옥리에게 내려 보내니, 모두 자살하였고 승상 두영과 태위 전분은 면직되고, 신공 역시 병으로 면직되어 돌아갔다.

애초에, 경제는 태자태부 석분(石奮)과 네 아들은 모두 이천석[30]이어서 마침내 그 문안에 모이니, 석분을 호칭하여 '만석군(萬石君)'이라 하였다. 만석군은 문학(文學, 유학)을 공부한 일은 없었지만 공손하고 근신하는 데에서는 비교할 사람이 없었다. 자손들은 소리(小吏)였는데, 와서 보면서 만석군은 반드시 조복(朝服)을 입고 그들을 보았고 그들의 이름을 부르지 아니하였다.

자손에게 과실이 있으면 책망하고 나무라지 아니하고, 옆방에 앉아서 상을 마주한 채 먹지를 않았으며, 그런 다음에 여러 아들들이 서로 잘못을 지적하게 하고, 이어서 제일 윗사람이 웃옷을 벗고 사죄하고 이를 고치고서야 마침내 밥을 먹었다. 자손 가운데 관례를 치른 사람이 옆에 있다면, 비록 한가하게 있더라도 반드시 관(冠)을 썼다.

그가 상례를 집행할 때는 슬퍼하며 심히 애도를 하였다. 자손들은 가르침을 준행하여 모두 효자로서 군국(郡國)에 소문이 났다. 조관과 왕장이 문학(文學, 유학)으로 인해 죄를 얻게 되자 두태후가 유자(儒者)란 글재주는 많으나 질박함이 적다고 여겼는데, 이제 만석군이 말없이 몸소 실천하니 마침내 그의 맏아들인 석건(石建)을 낭중령으로 삼고, 작은아들인 석경(石慶)을 내사(內史)로 삼았다.

석건은 황상의 옆에 있으면서 말씀드릴 것이 있으면 사람들이 곁에

---

30 벼슬의 직급이다. 한대의 벼슬은 그 직급을 2천 석에서 400석까지로 나누고 있다.

없게 하고 아주 절실하게 하고 싶은 말을 하였으며 조정에 이르러서는 마치 말을 할 수 없는 사람처럼 하니, 황상은 이러하여서 그를 가까이 하였다. 석경이 일찍이 태복[31]이 되어서 수레를 몰고 궁궐을 나가는데, 황상이 수레에는 말이 몇 마리냐고 물어보자 석경은 채찍으로 말의 수를 다 세고 나서 손을 들어 말하였다.

"여섯 마리입니다."

석경은 여러 아들 가운데 가장 간단히 말하였다.

두영과 전분은 이미 면직되어 후(侯)의 신분으로 집에 있었다. 전분은 직임(職任)을 맡고 있지는 않았으나, 왕태후를 연고로 하여[32] 친하게 행차하여서 자주 일에 관해 말하였고 여러 번 효과를 보자 사리(士吏) 가운데 세리를 좇는 사람들은 모두 두영에게서 떠나 전분에게로 돌아가니, 전분은 날로 더욱 횡포해졌다.

3 봄, 2월 초하루 병술일에 일식이 있었다.

4 3월 을미일(9일)에 태상(太常)인 백지후(柏至侯) 허창(許昌)을 승상으로 삼았다.

5 애초에, 당읍후(堂邑侯) 진오(陳午)는 황제의 고모인 관도(館陶) 공주 유표(劉嫖)를 모시고 살았는데, 황제가 태자가 되는 데는 공주가

---

31 백관공경표에 의거하면 석경은 태복이 되지 않았으므로 대개 섭직을 했을 것이다.

32 전분은 왕태후인 왕지와 동모이부(同母異父) 관계의 동생이 된다.

힘이 되었는데[33] 황제는 그[진오]의 딸을 태자비로 삼았다가 즉위하게 되니 비(妃)는 황후가 되었다. 두태주(竇太主, 유표)는 그 공로를 믿고 구하고 청하며 만족하는 일이 없으니, 황상은 이를 걱정하였다.

황후는 교만하고 질투가 많았으며, 총애를 오로지하였는데도 아들을 두지 못하니, 의원에게 전(錢)을 무릇 9천만을 주면서 아들을 구하려고 하였지만, 그러나 끝내 없어서 황후에 대한 총애가 쇠퇴하였다. 황태후가 황상에게 말하였다.

"네가 새로 즉위하였고 대신들이 아직 복종하지 않고 있고, 먼저 명당을 만들다가 태황태후가 노하였는데 지금은 장주(長主)[34]까지 거스르면 반드시 무겁게 죄를 얻을 것이오. 여자들의 성격이란 쉽게 즐거워할 뿐이니 마땅히 이를 깊이 신중하게 하시오."

황상은 장주와 황후에게 다시금 조금씩 은혜를 더해주었다.

황상이 패상에서 불(祓)제사[35]를 마치고 돌아오면서 황상의 누이인 평양(平陽)공주의 집을 지나다가 노래를 부르는 위자부(衛子夫)를 보고 좋아하였다. 위자부의 어머니인 위온(衛媼)[36]은 평양공주 집안의 가동(家僮)인데, 공주는 이 때문에 위자부를 받들어 궁궐로 보냈으며,

---

33 보통남자가 결혼할 때에는 남자가 여자를 취(娶)한다고 표현하지만 신분이 높은 공주와 결혼하는 경우에는 상(尙)이라는 표현을 쓴다. 이 사건은 경제 전7년(기원전 151년)에 일어났는데, 《자치통감》 권16에 실려 있다.

34 장공주를 말하는 것으로 전 황제의 공주를 부르는 말이다. 여기서는 황후의 어머니이며 황제의 고모인 유표를 말하는데, 황후에 대하여 총애하지 않으면 안 된다는 말이다.

35 재앙을 물리치는 제사이다.

36 온(媼)이란 할멈이란 말이지만 비첩 가운데 나이를 많이 먹은 사람을 말한다.

은혜와 총애가 날로 많아졌다. 진황후가 이 소식을 듣고는 화가 나서 거의 죽게 된 일이 자주 있었고, 황상은 더욱 화가 났다.

위자부의 친동생 위청(衛靑)[37]의 아버지인 정계(鄭季)는 본래 평양 현(平陽縣)의 관리[吏]였는데, 후(侯)[38]의 집에 급사로 있다가 위온과 사사로이 통정을 하여 위청을 낳았고, 성을 위씨로 모충(冒充)하였다. 위청은 자라서 후의 집에서 말 담당 노복이 되었다.

대장공주(大長公主)[39]는 위청을 잡아 가두고 그를 죽이고자 하였지만, 그의 친구인 기랑(騎郞) 공손오(公孫敖)와 장사들이 그를 빼앗았다. 황상이 그 소식을 듣고 마침내 위청을 불러 건장궁감(建章宮監)과 시중으로 삼고, 상으로 며칠 사이에 수천 금을 주었다. 이미 그리하고서 다시 위자부를 부인(夫人)[40]으로 삼고, 위청을 태중대부로 삼았다.

6   여름, 4월에 해와 같은 별이 밤중에 나타났다.

7   처음으로 무릉읍(茂陵邑, 섬서성 흥평현의 동북쪽)을 설치하였다.[41]

---

37 동모제(同母弟)를 말하는데, 같은 어머니의 자녀 간을 말하며, 이 경우에 아버지가 다를 경우도 있다. 여기서 위청의 아버지가 정계이므로 그 어머니는 정계에게 개가한 것으로 보인다. 위청의 성은 정(鄭)이어야 하지만 여기서는 위씨를 모칭(冒稱)한 것이다.

38 평양공주의 남편인 조수(曹壽)는 평양후였다.

39 전 황제의 딸을 장공주라고 하는데, 여기에 대(大)를 더 붙인 것이고 여기서는 관도공주인 유표를 가리키는 말이었다.

40 황제의 1급 후궁이다.

41 무제가 자기의 능묘를 여기에 준비한 것이다.

사냥을 좋아한 무제

8 　이때에 대신들 가운데 의논하는 사람들은 조조(鼂錯)를 처리한 정책[42]에는 억울함이 많았다고 생각하면서 제후 왕들을 꺾어 억누르기에 힘썼으며, 그리하여 자주 그들의 과실과 악행을 상주하고 폭로하며 터럭을 불어서 허물을 찾아내듯이 하여 그들의 신하에게 태장을 때려서 그 군왕의 죄를 증명하게 하였다. 제후 왕들은 슬퍼하며 원망하지 않는 사람이 없었다.

무제 건원 3년(癸卯, 기원전 138년)

1 　겨울, 10월에 대왕(代王) 유등(劉登)·장사왕 유발(劉發)·중산왕 유승(劉勝)·제천왕 유명(劉明)이 와서 조현하였다. 황상이 술자리를 마련하였는데, 유승이 음악소리를 듣더니 눈물을 흘렸다.

---

42 조조에 관한 사건은 경제 3년(기원전 154년)에 있었고, 이 내용은 《자치통감》
　　권16에 실려 있다.

황상이 그 연고를 묻자, 대답하였다.

"슬픔이 있는 사람은 거듭 흐느낄 수 없고, 생각하는 사람은 탄식을 할 수가 없습니다.[43] 이제 신의 마음에 맺혀 있는 것이 오래되어서 매번 작고 미묘한 소리를 들을 때마다 모르는 사이에 눈물이 흘러내립니다. 신은 황상의 폐부(肺腑) 같은 은혜를 입어서 동쪽의 번국이 되었고, 위촉을 받아서 역시 형으로 불립니다.

지금 여러 신하들은 갈대 정도의 친함이 있거나 새의 깃털만큼도 무겁지 않은 사람들인데, 무리지어 있으면서 떼 지어 의논하고 서로 친구로 삼으면서 무릇 종실을 내치게 하니, 골육 속에 얼음이 녹 듯하여 신은 가만히 이를 마음 아파합니다."

관리들이 침해한 일을 갖추어 보고하였다.

이에 황상이 마침내 제후에 대한 예의를 두텁게 하니, 유사들이 제후들에 관한 일을 상주하는 일이 줄었고 친친(親親)[44]의 은혜가 더하여졌다.

2   하(河, 황하)의 물이 평원군(平原郡, 산동성 平原縣)에서 넘쳤다.

---

43 슬픈 생각을 마음에 가지고 있는 사람은 흐느끼는 탄성소리를 들으면 그 슬픈 생각이 더욱 심해진다는 뜻이다.

44 유가의 이론 가운데, 친친주의가 있다. 유교의 이념인 인(仁)을 어디에서부터 베푸는가의 문제인데, 사람은 각기 수양의 정도가 다르므로 그 수양의 한도 내에서 인을 베푸는 순서는 친한 사람에서부터 시작한다는 것이다. 그리하여 수양의 폭이 사해를 감쌀 만하면 사해동포들에게도 인을 베풀 수 있다는 것이다.

3   큰 기근이 들어서 사람들이 서로 잡아먹었다.

4   가을, 7월에 서북쪽에서 패성(孛星)[45]이 출현하였다.

5   제천왕 유명이 중부(中傅)[46]를 살해한 것에 연좌되어 폐위되어 방릉(房陵, 호북성 房縣)으로 옮겨졌다.

6   7국이 패하면서[47] 오왕(吳王, 유비)의 아들인 유구(劉駒)는 민월(閩越)로 도주하고서 동구(東甌)[48]에서 피난 온 그 아버지를 죽였다고 늘 원망하면서, 민월에게 동구를 공격하도록 권고하였다. 민월이 이를 좇아서 군사를 발동하여 동구를 포위하니, 동구에서는 사람을 시켜서 급히 천자에게 알렸다.

천자가 전분에게 묻자, 전분이 대답하였다.

"월 사람들이 서로 공격하는 것은 본디 늘 있으며, 역시 자주 반복하는 사람들이어서 진(秦) 시기부터 포기하고, 신하로 소속시키지를 않았으니, 중원에 있는 나라를 번거롭게 하며 가서 구원하여 주기에는 부

---

45 꼬리가 작은 혜성을 말한다.

46 유명은 양효왕의 아들이다. 중부는 사부인데, 고급 사부는 태부이고, 중급 사부를 중부라고 하지만, 직책은 태부와 같으며 왕을 교육하는 책임을 가진 직책이다.

47 오초7국이 반란을 일으켰다가 실패한 일은 경제 전3년(기원전 154년)의 일이고, 이 내용은 《자치통감》 권16에 실려 있다.

48 동해국을 말한다. 도읍을 동구, 즉 절강성 영가현에 두었기 때문에 동구라고 한 것이다.

족할 것입니다."

장조(莊助)가 말하였다.

"다만 힘이 모자라서 구원해 줄 수 없고 덕으로 덮어 줄 수 없을까 걱정이지만, 진실로 할 수만 있다면 어떤 연고로 그들을 포기한단 말입니까? 또한 진은 함양(咸陽)도 들어서 이를 버렸는데 어찌 다만 월만이었겠습니까? 이제 작은 나라가 곤궁하여 와서 급하다고 보고하였는데, 천자께서 구원하시지 않는다면 오히려 어디에 하소연하겠습니까? 또 어떻게 만국을 아들로 삼으시겠사옵니까?"

황상이 말하였다.

"태위(太尉)와는 더불어 계책을 세울 수가 없소.[49] 내가 새로 즉위하였으니 호부(虎符)[50]를 내어 군국(郡國)에서 군사를 내게 하고 싶지는 않소."

마침내 장조를 파견하여 부절을 가지고 회계(會稽, 강소성 蘇州市)에서 군사를 내게 하였다.

회계 태수가 법을 가지고 이를 거절하며 군사를 발동하지 않자,[51] 장조는 한 명의 사마를 목 벤 후 황제의 뜻을 말하여 마침내 군사를 내어 바다에 배를 띄워서 동구를 구원하였다. 아직 이르지도 않았는데,

---

49 이것은 전분에게 한 말인데, 이때 전분은 태위가 아니었다. 그러므로 이 말은 잘못된 것이다.

50 동으로 만든 판인데, 그 위에 글자를 쓰거나 혹은 호랑이 그림 등을 그렸다. 그런데 이 판의 중간을 쪼개어 반쪽은 황궁에 놓아두고 반쪽은 지방 정부에 놓아 두어 신표로 삼았다.

51 지방의 군이나 제후국의 군사를 징발할 경우에는 반드시 호부를 사용하여야 한다. 이 경우에는 지절만 가지고 갔으므로 규정에 어긋난 것이었다.

민월은 군사를 이끌고 철수하였다. 동구에서는 온 나라를 들어서 안으로 옮겨 살게 해달라고 청하였고, 마침내 그 무리들을 모두 들어가지고 장강과 회하 사이에서 살게 하였다.

7   9월 그믐 병자일에 일식이 있었다.

8   황상은 처음 즉위하면서부터 천하의 문학(文學, 유학)의 재질과 지혜가 있는 선비들을 불러서 선발하여 차례를 가리지 않고 대우하였다. 사방에서 선비들이 대부분 편지를 올려 손해와 이익 됨을 말하였고, 스스로 현혹하고 속이는 사람이 1천 명을 헤아렸는데, 황상은 그 가운데 준수하고 특이한 사람들을 뽑아서 그들을 채용하여 총애하였다.

그 가운데 장조가 가장 먼저 들어갔고, 뒤에는 또 오(吳, 강소성 蘇州市) 사람 주매신(朱買臣), 조(趙, 하북성 邯鄲市) 사람 오구수왕(吾丘壽王), 촉 사람 사마상여(司馬相如), 평원(平原,산동성 平原縣) 사람 동방삭(東方朔), 오 사람 매고(枚皐), 제남(齊南, 산동성 歷城縣) 사람 종군(終軍) 등을 찾아냈는데, 나란히 좌우에 있으면서 매번 대신들과 변론하게 하니, 안팎에서 의리(義理)에 관한 글을 써서 호응하게 되자 대신들이 자주 굴복하였다.

그러나 사마상여는 특히 사부(辭賦)를 가지고 총애를 받았고, 동방삭과 매고는 지론에 뿌리를 두지 않았으나 해학을 좋아하여 황상이 배우(俳優)로서 이들을 길러주었는데, 비록 자주 상을 내려 주었지만 끝내 일을 맡기지 않았다. 동방삭은 역시 황상의 얼굴빛을 보고 그때그때 직간(直諫)하니 보태고 이익 된 것이 있었다.

이 해에 황상은 처음으로 미행(微行)[52]을 시작하였는데 북쪽으로는 지양(池陽, 섬서성 涇陽縣)에 이르렀고, 서쪽으로는 황산(黃山, 섬서성 興平縣)에 이르렀으며, 남쪽으로는 장양(長楊, 섬서성 周至縣)에서 사냥을 하였고, 동쪽으로는 의춘(宜春; 의춘궁, 섬서성 西安)에 가서 유람을 하였으며, 좌우에 있는 말 타며 활 잘 쏘는 사람과 더불어 여러 전문(殿門)[53]에서 기약하였다.

항상 밤중에 나가면서는 스스로 평양후(平陽侯)[54]로 지칭하고, 날이 밝을 때쯤 남산(南山) 아래에 이르러서 사슴, 돼지, 여우, 토끼 등을 사격하였는데, 농사짓는 땅으로 말을 달리니, 백성들이 모두 큰소리로 꾸짖으며 욕을 하였다. 호현(鄠縣, 섬서성 鄠縣)과 두현(杜縣, 섬서성 長安縣)의 현령이 이들을 잡으려 하자 승여물(乘輿物)[55]을 보이고서야 마침내 면할 수 있었다.

또 일찍이 밤중에 백곡(柏谷, 하남성 靈寶縣)에 이르러 여관에 투숙하게 되었는데, 여관 주인에게 장수(漿水)[56]를 달라고 하자, 주인 영감이 대답하였다.

"장수는 없고 내 오줌은 있을 뿐이다."

또 황상을 의심하여 간사한 도적이라 하여 은밀히 청년들을 불러 모

---

52 황제가 평민 복장을 입고 민간들이 사는 지역에 나가서 보는 것이다. 이때 무제의 나이는 열아홉 살이었다.

53 후대의 기문(期門)은 여기에서 시작한다. 황제와 수행하는 무사가 궁정의 문에서 만나는 것이다.

54 평양후의 이름은 조수인데, 무제의 자부(姉夫)이다.

55 승여는 황제가 타는 수레로 그에 딸린 여러 물건을 말한다.

56 오래 끓인 좁쌀미음을 말한다.

아 그를 공격하려 하였는데, 주인 할미가 황상의 면모를 보고 이를 기이하게 여겨 그 영감을 중지시키며 말하였다.

"손님은 분명 보통사람이 아니고, 역시 방비도 있으니, 도모할 수 없습니다."

영감이 말을 듣지 않자, 할미는 영감에게 술을 마셔서 취하게 하고 그를 결박하였다.

청년들이 모두 흩어져서 가버리고 나자, 마침내 할미는 닭을 잡아 식사를 만들어주면서 손님에게 사과하였다. 다음 날에 황상이 돌아와 할미를 불러서 황금 1천 근을 하사하고 그 남편을 우림랑(羽林郎)으로 삼았다.

후에는 마침내 사사롭게 옷을 갈아입을 수 있는 곳[57]을 설치하였는데, 선곡(宣曲, 선곡궁, 昆明池의 서쪽) 이남에 열두 곳이 있었고, 밤에는 장양궁(長楊宮, 섬서성 周至縣)과 오작궁(五柞宮, 장양궁의 동북쪽) 등 여러 궁에 투숙하였다.

황상은 길이 멀고 고생스럽고 역시 백성들의 걱정거리가 되었으므로 마침내 태중대부 오구수왕(吾丘壽王)으로 하여금 아성(阿城, 섬서성 서안시의 아방궁)의 남쪽과 주질(盩厔, 섬서성 盩厔縣)의 동부, 의춘(宜春, 섬서성 서안시의 의춘궁)의 서부의 전지를 제봉(提封)[58]하고 그 값을 쳐주고 이를 상림원(上林苑)에 포함시켜 남산에 연결시키게 하였다.

---

57 갱의(更衣)를 말하는데, 이는 옷을 갈아입는다는 의미이지만 경우에 따라서는 화장실을 말하거나 혹은 궁녀를 지칭하는 말이기도 하다. 여기서는 옷을 갈아 입을 수 있는 곳, 즉 숙소를 말한다.

58 사방을 봉금하고 그 안의 것을 들어서 그 대강의 수를 모두 합하는 것이다.

또 중위와 좌우 내사[59]에게 조서를 내려서 속현(屬縣)에 있는 초전 (草田, 개간하지 않은 전지)을 조사하여 호현과 두현의 백성들에게 보상 하도록 하였다. 오구수왕이 일을 상주하니 황상은 크게 기뻐하며 잘하 였다고 하였다.

그때에 동방삭이 옆에 있다가 나아가서 간하였다.

"무릇 남산(南山)은 천하의 요새입니다. 한이 일어나서 삼하(三 河)[60]의 땅을 버리고 패수(霸水)와 산수(滻水)의 서쪽에 머물면서 경 수(涇水)와 위수(渭水)의 남쪽에 도읍을 정하였으니, 이것이 이른바 천 하의 '육해(陸海)[61]의 땅'이며, 진(秦)이 서융(西戎)을 포로로 잡고 산 동을 아우를 수 있었던 까닭입니다.

그 산에서는 옥·돌·금·은·동·철·좋은 재목이 출산되는데, 백공(百 工)이 취하여 공급하는 것이고, 많은 백성들이 우러러 만족해하는 것 입니다. 또 메벼[秔]·벼·배·밤·뽕·삼·대나무 화살이 풍요롭게 있고, 땅은 생강과 토란에 알맞으며, 물에는 개구리와 물고기가 많아서 가난 한 사람에게 공급되어 집에 충족할 수 있어서 배고프고 추운 근심을 없애 주니, 그러므로 풍(酆, 섬서성 戶縣)과 호(鎬, 鎬京, 옛 주의 수도, 섬 서성 서안시) 사이는 '기름진 땅'이라 부르며, 그 땅값이 1무(畝)에 황금 1근이나 됩니다.

지금 구획을 그어서 정원[苑]으로 만드셨으니, 언덕과 연못, 물과 늪

---

59 중위는 수도 경비 책임자이고, 좌내사는 장안의 서부 지역, 우내사는 장안의 동부 지역에 대한 책임을 맡은 직책이다.

60 하내, 하남, 하동을 말한다.

61 큰 바다만큼 많은 산물이 나는 땅이라는 뜻이다.

지에서 나는 이로움을 끊어 버리시어 백성들의 기름진 땅을 빼앗아서, 위로는 국가에서 쓸 것이 부족해지게 하고, 아래로는 농업과 잠업을 빼앗으니, 이것이 그렇게 해서는 안 되는 첫 번째입니다.

역시 넝쿨과 가시의 숲을 무성하게 하여 여우와 토끼들의 동산을 넓히고 호랑이와 이리들의 터전을 크게 하여 사람들의 무덤을 파헤치고 집을 뽑아 버리게 하며, 어리고 약한 사람들로 하여금 옛날의 땅을 생각하게 하고 늙은이들로 하여금 눈물을 흘리며 슬퍼하게 하니, 이것이 그렇게 해서는 안 되는 두 번째입니다.

헐어버리고 이를 만들며 담을 쌓아 동산으로 하여 말을 타고 동서로 달리고, 수레를 타고 남북으로 치닫게 되니, 깊은 구덩이와 커다란 도랑이 있는 것입니다. 무릇 하루 동안의 즐거움이란 막을 것 없는 수레를 위험하게 하는 것을 만족시키지 못하는 것이니,[62] 이것이 그렇게 해서는 안 되는 세 번째입니다.

무릇 은(殷)은 구시(九市)의 궁을 만들자[63] 제후들이 반란을 일으켰고, 영왕(靈王)이 장화(章華)의 대(臺)[64]를 건조하니 초(楚)의 백성들이 흩어졌으며, 진(秦)이 아방궁을 짓자 천하는 혼란에 빠졌습니다. 분

---

62 하루의 즐거움이란 사냥을 말하는 것이고, 수레란 황제의 수레를 말하는 것이며, 따라서 황제의 수레가 위험에 처한다는 말은 동산을 달리다 보면 전복될 수도 있다는 말이다. 원문의 '不'을 '亦'으로 한 판본이 있다. 만약에 '不'을 '亦'으로 한다면, '무릇 하루의 즐거움은 역시 막을 것 없는 수레를 충분히 위험스럽게 한다.'로 해야 할 것이다.

63 은(殷)의 주(紂)가 자기의 궁 안에 구시를 설치하여 장사를 하고자 하였다.

64 기원전 535년에 초(楚)의 10대 영왕(靈王)이 장화대(호북성 監利縣)를 만들었는데, 세상에서 가장 호화스러웠다고 한다.

토(冀土) 같은 어리석은 신하가 크신 뜻을 거스르니, 그 죄는 만 번 죽어도 마땅합니다."

황상은 동방삭에게 벼슬을 주어 태중대부 겸 급사중(給事中)에 임명하고, 황금 100근을 하사하였다. 그러나 끝내 상림원을 만드는 일은 오구수왕이 상주하였던 것처럼 하였다.

황상은 또 곰과 돼지를 공격하고, 말을 달려서 들짐승 쫓기를 좋아하였다. 사마상여가 상소를 올려 간하였다.

"신이 듣건대, 만물은 같은 종류이지만 다른 능력을 갖고 있으니, 그러므로 힘으로는 오획(烏獲)을 칭찬하고, 민첩하기는 오경기(吳慶忌)를 말하며, 용맹한 것으로는 맹분(孟賁)과 하육(夏育)[65]으로 기약하였습니다. 신의 어리석음으로 가만히 보건대, 사람이란 진실로 그러한 것이 있고 짐승 역시 그러하다고 생각됩니다.

이제 폐하께서는 막히고 험한 곳을 넘고 맹수를 쏘기 좋아하시는데, 갑자기 아주 대단한 짐승과 우연히 맞닥뜨리게 되면 깜짝 놀라서 안전을 기할 수 있는 땅을 확보할 수가 없어서 소속한 수레를 범하여 맑은 먼지를 일으킨다면 수레는 바퀴를 제대로 돌리지 못하게 되고, 사람들도 기교를 부릴 틈이 없으니 비록 오획이나 봉몽(逢蒙)[66]의 기술을 갖고 있다 하더라도 쓸 수가 없어서, 마치 고목과 썩은 가지처럼 모두 어

---

65 오획(烏獲)은 전국시대 진의 힘센 장사인데 전하는 말에 의하면 그는 1천 균(鈞)을 들었다고 하며, 오경기(吳慶忌)는 춘추시대의 오왕인 오료(吳僚)의 아들로, 행동이 민첩하고 말을 잘하였다고 이름이 났으며, 맹분(孟賁)은 전국시대의 대역사(大力士)인데,《맹자》에도 그 이름이 나오며 하육(夏育)은 주시대의 맹사(猛士)이다.

66 하시대 사람으로, 귀신 같이 활을 잘 쏘았다고 한다.

렵게 됩니다.

이는 호족(胡族)과 월족(越族)이 수레 아래에서 나타나고, 이어서 강족(羌族)과 이족(夷族)[67]이 수레 뒤의 가로지른 나무에 이르는 것인데, 어찌 위태롭지 않겠습니까! 비록 만전을 기하여 걱정거리를 없이 한다 하여도, 그러나 본래 천자가 마땅히 가까이할 곳이 아닙니다.

또 무릇 길을 깨끗하게 닦은 다음에 간다 하여도, 길에 들어서서 달리게 되면 오히려 고삐가 끊어지는 변고도 있는데, 하물며 무성한 풀을 건너고, 구릉을 달리며 앞에서 짐승을 잡는 즐거움을 가지면서 속으로 변고가 있을 수도 있다는 생각을 갖지 않으면, 그것이 해가 되기는 어렵지가 않습니다.

무릇 만승의 중함을 가볍게 하면서 편안한 것으로 생각해서는 안 되며, 만의 하나 위험한 길이 생기는 것을 오락으로 생각하신다면, 신은 폐하를 위하여 해서는 안 된다고 생각합니다. 대개 눈 밝은 사람은 아직 싹트지 않은 것을 멀리서 보며, 지혜로운 사람은 위험이 아직 만들어지지 않았을 때에 피하는 것이니, 화란은 진실로 숨겨지고 미미한 곳에 숨어 있다가 사람이 소홀한 것에서 나타나는 것입니다.

그러므로 속담에서 이르기를, '집안에 천만금을 쌓아 놓았다 하여도 처마 끝의 마루에 앉지 않는다.'하였습니다. 이 말은 비록 작지만 큰 것에도 비유할 수 있을 것입니다."

황상이 이를 훌륭하다고 하였다.

---

67 보통 중국의 북방에 사는 사람들을 호족(胡族), 남방에 사는 사람들을 월족(越族), 동방에 사는 사람들을 이족(夷族), 서방에 사는 사람들을 적(狄) 혹은 강(羌)이라고 불렀다.

월의 정벌과 급암, 이광, 정불식

무제 건원 4년(甲辰, 기원전 137년)

1   여름에 바람이 불었는데, 붉기가 마치 피와 같았다.[68]

2   6월에 가뭄이 들었다.

3   가을, 9월에 패성(孛星)이 동북쪽에 나타났다.

4   이 해에 남월왕(南越王) 조타(趙佗, 1대 무왕)가 죽고, 그의 손자인
문왕(文王) 조호(趙胡)가 섰다.

무제 건원 5년(乙巳, 기원전 136년)

---

68 바람이 일어서 먼지가 나고 그 색깔이 아주 붉었다는 말이며, 짐작하건대 심
   한 황사현상으로 보인다.

1   봄에 삼수전(三銖錢)을 철폐하고, 반량전(半兩錢)을 시행하였다.[69]

2   오경박사(五經博士)[70]를 두었다.

3   여름, 5월에 황충이 크게 일어났다.

4   가을, 8월에 광천(廣川, 치소는 신도, 하북성 기형)의 혜왕(惠王)인 유월(劉越)과 청하(淸河, 치소는 청양, 하묵성 청하현)의 애왕(哀王)인 유승(劉乘)[71]이 모두 죽었는데, 후손이 없어서 봉국을 없앴다.

무제 건원 6년(丙午, 기원전 135년)

1   봄, 2월 을묘일(3일)에 요동의 고묘(高廟)[72]에 불이 났다.

---

69 삼수전(三銖錢)은 무제 건원 원년(기원전 140년)에 발행하여 그동안 사용하였고, 반량전(半兩錢)은 전(錢)의 위에 '반량(半兩)'이라고 써 놓았으므로 5수가 되어야 하나 실제로는 4수밖에 안됐다.

70 《시경》,《상서》,《춘추공양전》,《예기》,《역경》 등 5경을 말하고,《악기》는 실전되어 6경이라 부르지 않는다.

71 이 두 왕은 모두 경제의 아들인데, 유월은 경제 중2년(기원전 148년)에 광천왕으로 책봉되고, 유승은 경제 중3년(기원전 147년)에 청하왕으로 책봉되었다.

72 요동성 요양현에 있는 고조 유방의 사당을 말한다. 경제 때에 각 군국에 고조의 사당을 만들도록 명령을 내렸다.

2 여름, 4월 임자일(21일)에 고원(高園)의 편전(便殿)[73]에 불이 났다. 황상이 흰옷을 닷새간 입었다.

3 5월 정해일(26일)에 태황태후[74]가 붕어하였다.

4 6월 계사일(3일)에 승상 허창(許昌)이 면직되고, 무안후 전분(田蚡)[75]을 승상으로 삼았다. 전분은 교만하고 사치하여 집을 치장하였는데, 여러 집들 가운데 가장 좋았고 전원은 아주 기름졌으며, 군현의 물건을 매입하는데 길에 줄을 이었고, 사방에서 뇌물을 남기는 것을 대부분 받았으니, 그 집에는 금과 옥, 부녀(婦女), 개와 말, 음악소리, 장난감들을 헤아릴 수 없었다.

매번 들어가 사건을 아뢸 때마다 앉아서 이야기하며 해가 기울어졌는데, 말하는 것을 모두 들어 주었으며, 사람을 추천하여 혹은 집안을 일으켜서 바로 이천석의 지위에 이르니 권력이 주상을 옮겨 놓았다.

황상이 마침내 말하였다.

"그대는 관리를 제수하는 것을 이미 다 끝냈소? 나도 관리를 제수하고 싶소."

일찍이 고공(考工)[76]의 토지를 주택에 덧붙이게 해달라고 청하였는

---

73 고조의 능이 있는 능원을 말한다. 여기에는 정전과 편전을 지었는데, 편전은 편히 쉬는 곳이다.

74 문제의 황후인 두씨를 말한다. 한은 통일을 한 왕조이기 때문에 죽음을 붕(崩)으로 쓰고 있는 것이다.

75 무제의 외삼촌이다.

데, 황상이 화가 나서 말하였다.

"그대는 어찌하여 무고(武庫)를 갖겠다고는 하지 않소?"

그 이후 조금씩 물러났다.

5 　가을, 8월에 패성(孛星)이 동쪽에 나타났고, 길이가 하늘에 끝내 남아 있었다.

6 　민월왕 유영(劉郢)이 군사를 일으켜 남월의 변경에 있는 읍을 쳤는데, 남월왕은 천자와의 약속을 지키려고 감히 멋대로 군사를 일으키지 아니하고 사람을 시켜서 서신을 올려 천자에게 알렸다. 이에 천자는 남월왕의 의로움을 훌륭하다고 하여 크게 군사를 발동하였는데, 대행(大行) 왕회(王恢)를 파견하여 예장(豫章, 강서성 南昌市)에서 나가게 하고, 대농령(大農令)77 한안국(韓安國)을 회계(會稽, 강소성 蘇州市)에서 나아가게 하여 민월을 치게 하였다.

회남왕 유안이 편지를 올려 간하였다.

"폐하께서 천하에 군림하시어 덕과 은혜를 베푸시니, 천하는 편안하고 사람들은 그들의 삶을 편안하게 하였으며, 스스로 죽을 때까지 전쟁을 보지 않았습니다. 이제 듣건대 유사(有司)가 군사를 들어 장차 월을 주륙하려 한다는데, 신 유안은 가만히 생각하건대 폐하를 위하여 이를 어렵게 여깁니다.

---

76 소부(小府)에 속한 관청으로 무기 제조 공장을 말한다.

77 대행은 번속들에 관한 사무를 총괄하며, 대농령은 농업에 관한 업무를 총괄하는 직책이다.

　월은 방외(方外)의 땅이고, 전발(剪髮)하고 문신하는 백성들이어서, 관대(冠帶)를 사용하는 나라의 법도를 처리할 수 없습니다.[78] 삼대(三代)의 융성하던 시기부터 호족과 월족에게는 정삭(正朔)을 주지 아니하였는데,[79] 강제가 아니면 복종시킬 수가 없고 위엄으로 통제할 수가 없으며, 살지 않는 땅이고, 다스리는 백성이 아니어서 우리 중원에 있는 나라를 번거롭게 할 것은 못 된다고 여겼습니다.

　한(漢)이 처음으로 안정된 후로 72년[80]이 되었는데, 월의 사람들이 서로 공격한 일은 헤아릴 수 없지만, 그러나 천자는 아직 일찍이 군사를 들어서 그들의 땅으로 들어간 일은 없었습니다.

　신이 듣건대, 월은 성곽을 갖지 않은 촌락이고 계곡 사이와 대나무 숲에서 살아서 물에서 싸우는데 익숙하고 작은 배를 사용하는 것을 편하게 생각하며, 땅은 깊고 어두우며 물이 많고 험한데, 중원에 있는 나라의 사람들은 그 형세가 막힌 것을 모르고 그 땅에 들어가면 비록 100명이 가도 그 한 명을 감당하지 못합니다.

---

78 방외란 자기 지역 밖이라는 말이고, 전발은 머리를 자르는 것을 말하는데 중국에서는 원래 머리를 길게 길렀던 것에 비하여 다른 풍속을 가진 족속을 말하며, 관대를 사용하는 나라란 모자와 띠를 착용한다는 말로 문화를 향유하는 중원 사람들 즉, 한의 백성들을 가리키는 말이다.

79 삭(朔)이란 매월 초하루를 말하는 것으로, 정삭(正朔)은 중국의 역법이다. 상고시대부터 청 왕조 말까지 매년 말에 중앙정부에서 다음 해의 일력을 반포하였는데, 여기에는 매월의 일수를 선포하고 매월 초하루의 관계와 위치를 가리켰다. 후에는 연호 제도가 시작되어, 정삭에 연호까지 포함하거나 때로는 연호만 가리키기도 하였다.

80 한은 고제 원년(기원전 206년)에 건국하였고, 이 해는 무제 건원 6년(기원전 135년)이므로 햇수로는 건국한 지 72년이 되는 해이다.

그 땅을 얻어도 군현으로 할 수 없고, 이를 공격하여도 갑자기 빼앗을 수가 없습니다. 지도를 가지고 그 산천의 요새를 살펴보면 서로 떨어진 거리가 한 치에 불과하지만, 그 사이는 다만 수백 리이며, 험한 요새와 수풀이 무성함은 다 기록할 수 없어서 이를 보면 쉬울 것 같으나 그곳으로 가기가 대단히 어렵습니다.

천하는 종묘의 신령에 의지하여 바야흐로 안으로는 크게 편안하고 흰머리가 난 늙은이라도 전쟁을 본 일이 없어서, 백성들은 부부가 서로 지켜주며 부자(父子)가 서로 보호하는데, 이것이 모두 폐하의 은덕입니다.

월의 사람들은 명칭은 번신(藩臣)이지만 공주(貢酎)[81]를 받드는 것은 대내(大內, 도읍)로 옮길 것이 없고, 한 명의 졸병을 받는 것도 위로 올려 보낼 수가 없으며, 스스로 서로 공격하고 싸우는데 폐하께서 군사를 발동하여 그를 구해 준다면, 이는 도리어 중원에 있는 나라가 만이(蠻夷)의 땅에서 피로해지는 것입니다.

또 월의 사람들은 어리석고 경박하여 약속 어기기를 반복하니, 그들이 천자의 법도를 사용하지 않는 것이 하루 동안에 쌓인 것이 아닙니다. 한 번 조칙을 받들지 않았다 하여 군사를 들어 그들을 주살한다면, 신은 뒤에도 전쟁이 때 없이 일어날까 걱정입니다.

요사이 수년 동안 풍년이 들지 아니하여, 백성들은 가지고 있는 작위나 처자를 팔아서 먹고 입을 것을 마련하고 있습니다. 폐하의 덕에 의지해서 이들을 진휼하여 구해 주어서 도랑이나 골짜기에서 굴러다

---

81 공(貢)은 토산물을 공물로 내는 것을 말하고, 주(酎)는 세 번 양조한 좋은 술을 말하는데, 그 맛이 중후하여 종묘에 바치는 것이다.

니며 죽지 않게 할 수 있었으며, 4년 동안 풍년이 들지 않고, 5년에는 다시 황충의 피해가 있어서 백성들은 아직 회복되지를 않았습니다.

이제 군사를 징발하여 수천 리를 간다면, 의복과 양식을 싸가지고 가며, 월의 땅에 들어가서는 수레와 가마를 만들어야 고개를 넘을 수 있고, 배를 끌어서 물에 들어가 수천 리를 가야하며, 깊은 숲과 빽빽한 대나무 숲을 끼고 있는데, 물길은 아래위로 돌에 부딪히게 되고, 숲속에는 독 있는 뱀과 맹수가 많고, 여름의 더울 때는 구토와 설사 그리고 곽란(霍亂, 콜레라)의 병이 이어져 나타나는데, 일찍이 창칼 한 번 써볼 새도 없이 반드시 사상자가 많을 것입니다.

전에 남해왕이 반란을 일으켰을 때 폐하의 먼저 죽은 신하가 장군 간기(間忌)[82]로 하여금 군사를 거느리고 이를 치게 하였는데,[83] 그 군사가 투항하자 상감(上淦, 淦水의 상류, 豫章郡 新淦縣)에 이들을 두었습니다.

그 뒤 다시 반란을 일으키자, 더운 날씨에 큰 비를 만나서 큰 배의 졸병들이 물에 살면서 노를 젓다가 싸워 보지도 못하고 질병으로 죽은 사람이 반이 넘었습니다. 부모들이 눈물을 흘리고 고아가 된 아이들이 울며 부르짖는데, 집안은 깨지고 가업도 흩어졌으며 시체를 천리 밖에서 맞이하고 해골을 싸가지고 돌아왔습니다.

---

82 먼저 죽은 신하란 유안의 아버지인 회남역왕(淮南歷王) 유장(劉長)을 말하며 간기는 사람의 이름인데, 《회남왕전》에는 간기(簡忌)로 되어 있는 바, 여기의 간기(間忌)라고 적은 것은 전사과정에서 잘못 된 것으로 보이며,《춘추좌전》에는 노(魯)대부 간숙(簡叔)이 등장한다.

83 고후 7년(기원전 181년)에 일어난 일이다. 이 사건의 내용은《자치통감》권 13에 실려 있다.

슬프고 애통하는 분위기가 몇 년 동안 식지 않았고, 노인들은 오늘날까지 그 일을 기억하고 있는데, 일찍이 그 땅에 들어가지 않고도 그 화가 여기에 이르렀습니다.

폐하의 덕은 천지와 맞먹으며, 밝기는 해와 달과 같고, 은혜는 금수에 이르고 은택은 초목에까지 이르고 있으니, 한 사람이라도 주리고 추워서 천수를 못 누리고 죽는 사람이 있다면 이 때문에 마음에서 처절할 것입니다.

이제 바야흐로 안으로는 개가 짖을 경계할 일이 없는데, 폐하의 갑졸(甲卒)들로 하여금 사망하여 중원을 드러나게 하며, 산골짜기를 더럽히게 되고, 변경의 백성들은 이 때문에 일찍 문을 닫고 늦게 문을 열어서 아침에서 저녁까지 이르지 못하게 되니,[84] 신 유안은 폐하를 위하여 이를 어렵다고 여깁니다.

남방의 지형에 익숙하지 않은 사람들은 대부분 월에는 사람들이 많고 군사가 강하여 변경에 있는 성(城)을 어렵게 할 것이라고 생각합니다. 회남이 모두 한 나라였을 때에 대부분이 변경의 관리였는데,[85] 신이 가만히 이를 들었는데, 그들은 중국 사람들과는 다릅니다. 높은 산으로 한계를 긋고 인적이 끊어지고, 차도(車道)가 통하지 않은 것이 천지가 내외로 나뉘게 된 까닭입니다.

그들이 중국으로 들어올 때면 반드시 영수(領水, 贛水)에서 닻을 내리는데, 영수 연안에 있는 산은 험준하여 표석(漂石)이 배를 깨뜨리니,

---

84 아침에서 저녁 사이에 위태롭고 죽는 일이 생길 수 있음을 걱정한 말이다.

85 셋으로 나눠지지 않고, 회남도 하나의 나라였을 때, 그 지역에 사는 사람들은 대부분 변방의 관리가 되어 월과 접경하고 있어서 월의 지형을 잘 안다.

큰 배에 식량을 실어 내릴 수 없습니다. 월의 사람들이 변란을 일으키려 하면 반드시 먼저 여간(餘干, 강서성 餘干縣)의 경계 안에다 밭을 만들어서 식량을 쌓아두고서야 마침내 들어오고, 벌목을 해서 배를 만듭니다.

변경의 성에서 지키면서 망보는 일을 정성으로 부지런히 하다가, 월의 사람이 들어와 벌목하는 일이 있으면 번번이 체포하고, 그 모아 놓은 것을 태워 버린다면, 비록 백월(百越)이라도 변경에 있는 성을 어찌하겠습니까?

또 월의 사람들은 힘도 약하고, 키도 작아서 육지에서 싸울 수 없고, 거기(車騎)와 궁노(弓弩)를 사용하는 일도 없지만, 그러나 그곳에 들어갈 수 없는 것은 땅이 험하여 보호해 주고, 중국의 사람들이 그들의 물과 토양을 견디지 못해서 입니다.

신이 듣건대 월의 갑졸은 수십만 명을 밑돌지는 않는다고 하니 그곳에 들어가기 위해서는 5배가 있어야 충분할 것이고, 그 숫자에 수레를 끌거나 군량을 나르는 사람은 포함되지 않습니다. 남방은 덥고 습하여 여름에 가까우면 황달병이 나타나고, 노천(露天)에 드러내놓고 물 위에서 살아야 하니 독 있는 뱀과 벌레들이 살고, 질병도 많이 나타나 무기에는 아직 칼에 피가 묻기 전에 병들어 죽는 사람이 열에 두세 명인데, 비록 월나라 전체를 들어서 이를 포로로 잡는다 하여도 그 죽은 사람들을 보상하기에는 부족할 것입니다.

신이 길에서 떠다니는 말을 들은 것입니다. 민월왕의 동생 낙갑(駱甲)[86]이 그를 시해하여 죽였는데, 낙갑도 주살되어 죽어서 그 백성들

---

86 원문에는 갑(甲)이라고만 되어 있다. 유안이 편지를 올릴 때, 풍문으로 왕의

은 아직 소속된 바가 없다고 합니다. 폐하께서 만약에 오게 하여 그들을 중국으로 받아들이려고 한다면 중신(重臣)으로 하여금 가서 위문하고 덕을 베푸시어 상을 내리고서 그들을 초청하여 이르게 하면 그들은 반드시 어린아이의 손을 잡고 노인을 부축하면서 성스러운 은덕으로 귀부할 것입니다.

만약에 폐하께서 이를 쓸데없는 일이라고 하신다면 그들의 세계(世系)가 끊어진 것을 이어주시고, 그 망한 나라를 존재하게 하고 그들의 왕후를 세우시면 월(越)을 길러 주는 것으로 생각할 것이며, 이리하면 반드시 인질을 보내어 번신(藩臣)이 되고, 세세토록 공직(貢職)[87]을 바칠 것입니다.

폐하께서 사방 한 치의 도장과 1장(丈)2자짜리 인수(印綬)를 가지고 변방 밖을 진무(鎭撫)하시면, 한 명의 졸병도 수고롭게 하지 아니하고 한 번의 창도 휘두르지 않고서도 위엄과 덕을 아울러 시행할 수 있습니다.

이제 군사를 가지고 그들의 땅으로 들어가면 이는 반드시 놀라고 두려워하면서 유사들이 그들을 도륙하여 없애려 한다고 하여, 반드시 꿩이나 토끼처럼 도망하여 산림의 험한 지역으로 들어갈 것입니다. 등을 돌려 그곳을 떠나면 다시 모여 살 것이고, 그곳에 머무르면서 지킨다면 여러 해를 거치는 사이에 사졸들은 피곤해지고 식량도 모자라고 끊겨

동생이 그 형을 죽였다는 이야기를 들었으며 정확한 이름을 몰랐기 때문에 그냥 甲이라고만 하였다. 이 낙갑은 낙여선(駱余善)이다.

87 공(貢)은 지역 특산물이고 직(職)은 직책이다. 따라서 관직을 가진 사람이 그 임지의 특산물을 공납하는 것을 말한다.

서 백성들은 군사적인 일로 고통을 당하고 도적이 반드시 일어날 것입니다.

신이 장로들의 말을 들어보니, 진 시절에 일찍이 도위 도수(屠睢)로 하여금 월을 치게 하였고, 또 감군인 녹(祿)으로 하여금 하거(河渠)를 뚫어 길을 통하게 하였다고 하는데, 월의 사람들은 도망하여 깊은 산 숲속으로 들어가니 공격할 수가 없었고, 군사들을 머물게 하고 빈터에 주둔시켰는데, 거친 들판에서 오랫동안 있게 되니 사졸들이 피로해졌으며, 월의 사람들이 나와서 이들을 치니 진의 군사는 대패하였고, 마침내 적수(適戍)[88]를 징발하여 이들을 대비하게 하였습니다.

당시에 안팎에서 소동을 벌여 모두 즐거운 삶을 누리지 못하였고, 도망하는 사람이 줄을 이었으며, 무리를 지어 도적이 되니, 이에 효산 동쪽에서의 어려움은 비로소 일어났다[89]고 합니다. 군사를 일으키는 일은 흉사(凶事)이어서 한쪽에서 급해지면 사방이 모두 요동치게 됩니다. 신은 변고가 생겨서 간사함이 이로 말미암아 시작될까 두려워하고 있습니다.

신이 듣건대, 천자의 군대에게는 정벌하는 일은 있으나 전쟁하는 일은 없다고 하였으니, 감히 비교할 만한 것이 없다는 말입니다. 만약에 월의 사람들로 하여금 요행을 입어가지고서 일을 집행하는 것을 거슬러 앞에서 가서 부역하는 졸병 가운데 하나라도 방비하지 아니하여서

---

88 죄를 지어 형벌로 변방의 군사시설인 수(戍)자리에 가서 변방을 지키는 것을 말한다.

89 이 일은 진 2세황제 원년(기원전 209년)에 6국의 왕족 후예들이 봉기한 것을 가리키는 것으로, 《자치통감》 권7에 실려 있다.

돌아가는 사람이 있다면 비록 월왕의 머리를 얻는다 하여도, 신은 오히려 가만히 크고 위대한 한(漢)에는 이를 수치스럽다고 여길 것입니다.

폐하께서는 사해(四海)를 경계로 삼으시니 살고 있는 백성들은 모두 신첩(臣妾)입니다. 덕과 은혜를 내리시어 이를 다 덮어서 삶을 편안히 하면서 업무를 즐기게 한다면 은택이 만세를 덮을 것이고, 이것을 자손에게 전하여 무궁토록 베풀어서 천하가 편안한 것이 오히려 태산처럼 사방이 이어져 있는데, 이적의 땅이 하루의 한가로운 여가라도 어찌 말이 땀 흘리는 수고를 할 만하겠습니까?

《시경》에서 이르기를, '왕이 오히려 믿음이 막히는 것 같으니 천하에 충만하면 서방(徐方, 安徽省 亳縣, 이적들이 사는 곳)은 벌써 온다.'라고 하였으니, 왕도(王道)는 아주 커서 멀리 사는 사람들이라도 품어 준다고 말한 것입니다. 신 유안이 가만히 생각해 보건대, 아마도 장리(將吏)가 10만의 군사를 이끌고 가는 일은 한 명의 사신의 임무입니다."

이때 한의 군사는 드디어 출병해 있었지만, 아직 고개⁹⁰를 넘지는 아니하고 있었는데, 민월왕 낙영(駱郢)이 군사를 일으켜 험지에서 막았다. 그 동생인 낙여선(駱餘善)이 마침내 재상과 종족들과 꾀를 내어 말하였다.

"왕[민월왕]이 멋대로 군사를 내어 남월을 공격하면서 요청을 아니하였으니, 그러므로 천자의 군사가 와서 주살하려고 한다. 한의 군사는 많고 강한데, 설사 요행히 그들을 이긴다 해도 그 다음에는 오는 것이 더 늘어날 것이니, 끝내는 나라를 멸망시키고 나서야 그칠 것이다.

이제 왕을 죽여서 천자에게 사죄하여, 천자가 군사를 철수시켜달라

---

90 선하령(仙霞嶺)을 말하는데, 복건성과 절강성, 강서성의 경계에 있다.

는 요구를 들어 준다면 정말로 나라는 완전할 것이고, 들어주지 아니하면 마침내 힘껏 싸우고, 이기지 못한다면 도망하여 바다로 가자."

모두들 대답하였다.

"옳소."

바로 짧은 창으로 왕을 죽이고, 사자로 하여금 그 머리를 받들어 가지고 대행(大行)[91]에 이르게 하였다. 대행이 말하였다.

"오게 된 것은 왕을 죽이려는 것이었다. 지금 왕의 머리가 도착하였고 사죄를 하였고, 싸우지 않고도 운명(殞命)하였으니, 그 이로움은 막대하다."

마침내 편리한 대로 군사를 안정시키고, 대농령[한안국]의 군대에도 알리고, 사자로 하여금 왕의 머리를 받들어 말을 달려서 천자에게 보고하게 하였다.

두 장군의 병사들에게 조서를 내려서 군사를 철수하게 하며 말하였다.

"낙영은 가장 우두머리의 악을 지었지만, 다만 무제(無諸)의 손자인 요군(繇君)[92] 낙축(駱丑)은 더불어 모의를 하지 않았다."

마침내 중랑장으로 하여금 낙축을 세워 월요왕(越繇王)이 되게 하고, 민월(閩越) 선조들의 제사를 받들게 하였다. 낙여선은 이미 낙영을 죽였으므로 위엄이 온 나라에 퍼졌고, 그 나라 백성들이 대부분 소속되어서 몰래 자립하여 왕이 되니, 요왕은 이를 통제할 수가 없었다.

---

91 관직명이다. 보통 행인(行人) 즉 사자(使者)를 의미하는데 이때의 대행은 왕회(王恢)이다.

92 무제는 민월의 첫 번째 왕으로 이에 관한 일은 고제 5년(기원전 202년)에 있었고, 그에 관한 내용은《자치통감》권11에 실려 있으며 요(繇)는 읍의 이름이다.

황상은 이 소식을 들었으나, 낙여선 때문에 다시 출병할 정도는 아니라고 생각하여 말하였다.

"낙여선은 자주 낙영과 더불어 난을 획책하였었지만 그러나 그 뒤에 먼저 낙영을 죽여서 군사들이 수고롭지 않게 하였다."

이어서 낙여선을 세워서 동월왕(東越王)으로 삼고, 요왕과 함께 나란히 있게 하였다.

황상이 장조로 하여금 남월에 가서 뜻을 알렸다. 남월왕 조호(趙胡)가 머리를 조아리며 말하였다.

"천자께서 마침내 신을 위해 군사를 일으키시어 민월을 토벌하시니, 죽어도 보답할 길이 없습니다."

태자 조영제(趙嬰齊)를 파견하여 들어와서 숙위(宿衛)하게 하면서 장조에게 말하였다.

"나라가 새로이 야만인의 침략을 받았으니, 사자께서 가시면 저 조호는 밤낮으로 의상을 준비하여 들어가서 천자를 알현하겠습니다."

장조가 돌아오다가 회남(淮南, 치소는 수춘, 안휘성 수춘현)을 지나는데, 황상이 역시 장조로 하여금 회남왕 유안에게 민월을 토벌한 일을 알아듣게 하고, 그의 뜻을 칭찬하라 하였는데, 유안은 미치지 못하였음을[93] 사과하였다.

장조가 이미 남월을 떠난 다음 남월의 대신들이 모두 그 왕에게 간하였다.

"한이 군사를 일으켜서 낙영을 죽이고 역시 가다가 남월을 놀라게

---

93 자기의 시각에 황제의 뜻에 미치지 못하였던 것을 사과한 것이다. 즉 황제의 대책이 유안 자기보다 훨씬 홀륭한 것이었음을 말한 것이다.

하여 움직이게 하였습니다. 또 먼저 돌아가신 선왕께서 옛날에 이르시기를, '천자를 섬기는 데는 실례되는 일을 해서는 안 된다'고 하셨습니다. 요컨대 좋게 말한 것을 기뻐할 수 없고 들어가서 알현한다면 다시 돌아올 수 없을 터이고, 망할 형세입니다."

이에 조호는 병이 들었다고 말하고 끝내 들어와서 조현하지 않았다.

7   이 해에 한안국(韓安國)이 어사대부가 되었다.

8   동해(東海, 산동성 郯城縣) 태수인 복양(濮陽, 하남성 濮陽縣) 사람 급암(汲黯)이 주작도위(主爵徒尉)[94]가 되었다.

애초에, 급암은 알자(謁者)였는데, 엄하여서 보기를 꺼렸다. 동월(東越)이 서로 공격하자 황상이 급암으로 하여금 그곳을 시찰하게 하였는데, 가지도 않고 오(吳)에 갔다가 돌아와서는 보고하였다.

"월 사람들은 서로 공격하는데, 본디 그들의 습속이 그러하니 천자의 사자가 수고하기에는 부족합니다."

하내(河內, 하남성 무척현)에 실화로 인해 1천여 가구가 연달아 불타자 황상은 급암으로 하여금 그곳을 시찰하게 하였더니, 돌아와서 보고하였다.

"서민의 집이 실수로 불이 났는데, 지붕이 즐비하여 연이어 타버렸으나 걱정하기에는 부족합니다.

신이 하남(河南, 하남성 낙양시)을 지나왔는데, 하남의 가난한 사람들이 수재와 한재로 인해 1만여 가구가 다쳐서 혹은 부자가 서로 잡아먹

---

94 주작도위는 9경에 속하며 수도의 치안을 책임지는 직책이다.

으니, 신은 삼가 편리한 대로 지절을 가지고 하남의 창고에 있는 곡식을 내어 가난한 사람들을 진휼하였습니다. 청컨대 신이 부절을 가지고 돌아왔으나 제(制)를 고쳤으니[95] 죄를 엎드려 청하옵니다."

황상은 그를 똑똑하다고 여기고 풀어 주었다.

그가 동해에 있을 때에 관리를 다스리고 백성들을 처리하였는데, 깨끗하고 조용한 것을 좋아하며 군승(郡丞)과 연사(掾史)[96]를 골라서 이를 맡기고, 커다란 방향을 책임지게 하고 작은 일에는 가혹하게 하지 않았다. 급암은 병이 많아서 규각 안에 누워 잘 나오지를 않았지만 1년여 만에 동해는 잘 다스려진다고 하여 이를 칭찬하였다.

황상이 듣고 불러서 주작도위로 삼고 구경(九卿)의 열에 두었다. 그의 업무 처리는 무위(無爲)에 힘쓰고 대체적인 것을 이끌었지 법조문에 구애받지를 않았다.

급암의 사람됨을 보면, 성격은 오만하고 예의를 적게 차리며, 얼굴을 대하고서 꺾어버리고 다른 사람의 허물을 용납할 수 없었다. 그때 천자는 바야흐로 문학[유학]에 소양이 있는 유자(儒者)들을 초빙하면서 황상이 말하였다.

"나는 이러이러한[97] 것을 바란다."

---

95 제(制)는 황제의 명을 말한다. 제를 고쳤다는 것은 제조(制詔)를 받들었다고 핑계를 대어 말하고, 이를 시행하는 것을 말한다. 한율(漢律)에는 이러한 사람은 기시죄(棄市罪)로 다루고 있다.

96 한 제도를 보면, 군에는 태수 밑에 군승이 있고, 군의 업무를 나누어 담당하는 부서인 제조(諸曹)가 있는데, 여기에서 업무를 담당하는 관리가 연사이다.

97 여차여차(如此如此)와 같은 말로 이는 인의(仁義)를 시행하고 싶다는 뜻이라고 해석하는 사람도 있다.

급암이 대답하였다.

"폐하께서는 속으로 많은 것을 바라시면서 밖으로는 인의(仁義)를 시행하려고 하시니, 어떻게 당(唐)과 우(虞)의 다스림을 본받으려고 하십니까?"

황상이 잠자코 있다가 화가 나서 조회를 파하니, 공경들은 모두 급암 때문에 두려워하였다.

황상이 물러나면서 좌우에 있는 사람들에게 말하였다.

"너무 심하군! 급암의 우직함이."

여러 신하들 가운데 어떤 사람이 급암을 책망하니, 급암이 말하였다.

"천자가 공경을 둔 것은 보필하는 신하로서 이지 어찌 아부하여 뜻을 이어받아 군주를 옳지 못한 곳에 빠뜨리려는 것이겠는가? 또 이미 그러한 자리에 있으면서 멋대로 몸을 아껴서 어찌 조정을 욕 먹이는가?"

급암은 병이 많았는데, 병이 들었고 또 석 달을 채워도 황상은 항상 연장하는 것을 하사하는 일이 자주 있었지만 끝내 쾌유하지 못하였다. 마지막으로 병이 나자 이번에는 장조가 그를 위해 연기를 청하였다.[98] 이에 황상이 물었다.

"급암은 어떤 사람인가?"

이에 장조가 대답하였다.

"급암으로 하여금 직책을 맡아 관직에 있게 하면 다른 사람보다 특별히 나을 것이 없습니다. 그러나 어린 주군을 보좌하고 성곽을 깊고 굳게 지키는 일에 있어서는 불러도 오지 않고, 손짓을 해도 가지 않아서, 비록 스스로 맹분(孟賁)이나 하육(夏育) 같은 사람이라고 하여도

---

98 이때의 법률로는 관리가 3개월 동안 회복하지 못하면 바로 면직시켰다.

그를 빼앗지 못합니다."

황상이 말하였다.

"그렇다. 옛날에 사직을 지키는 신하가 있다고 하더니, 급암과 같은 사람에 이른다면 이에 가깝겠구나."

9 흉노가 와서 화친하기를 요청하니, 천자가 그것을 의논하게 내려 보냈다. 대행인 왕회(王恢)는 연(燕) 사람이어서 호인(胡人)들의 사정에 익숙하였는데, 의논하여 말하였다.

"한과 흉노의 화친은 대체로 몇 해 지나지 않아서 바로 다시 약속을 어기니 허락하지 말고 군사를 일으켜서 그들을 치느니만 못합니다."

한안국(韓安國)이 말하였다.

"흉노들은 옮겨서 이사 다니는 것이 새들과 같아서 잡아서 제어하기가 어렵고, 상고시대부터 사람으로 대하지 않았습니다. 이제 한이 수천 리를 나아가서 그들과 이익을 다툰다면 사람이나 말이나 다 피로해지는데, 야만인들이 모두를 가지고 그 피로한 것을 제어한다면 이것은 위험한 길입니다. 화친하느니만 못합니다."

여러 신하들 가운데 대부분이 한안국의 의견에 붙었다. 이에 황상은 화친하기를 허락하였다.

무제 원광 원년(丁未, 기원전 134년)

1 겨울, 11월에 처음으로 군국(郡國)에서 효렴(孝廉)[99]을 각 한 명씩 추천하도록 명령을 내렸는데, 동중서의 말을 좇은 것이었다.

2 　위위(衛尉) 이광(李廣)이 교기(驍騎)장군[100]이 되어 운중(雲中, 내몽고 탁극탁군)에 주둔하였고, 중위 정불식(程不識)이 거기(車騎)장군이 되어 안문(雁門, 산서성 右玉縣)에 주둔하였다가 6월이 되자 철수하였다. 이광과 정불식은 모두 변경의 태수로 군사를 거느려서 당시에 이름이 났다.

이광은 행군하면서 부오(部伍)[101]를 만들거나 진을 치는 일을 하지 않았고, 물과 풀을 잘 이용하여 막사를 치고 쉬게 하였으므로 사람들마다 편하게 생각하였고 조두(刁斗)[102]를 치지 않고 스스로 보위하였으며, 막부에도 문서를 생략하였지만 그러나 역시 척후를 멀리까지 내보내도 아직 일찍이 해로움을 만난 일이 없었다.

정불식은 부곡(部曲)과 행오(行伍), 진지를 운영하면서 조두를 치고 사리(士吏)들이 군사문서를 처리하는 것도 아주 분명하니 군사들은 휴식을 할 수가 없었지만 그러나 역시 아직 일찍이 피해를 만난 일이 없었다.

정불식이 말하였다.

---

99 효란 부모를 잘 섬기는 사람을 말하고, 염이란 청렴한 사람을 말한다.

100 주(周) 왕조 말기에 좌장군, 우장군, 전장군, 후장군을 두었고, 진·한(秦·漢)에서도 이를 유지하였는데, 지위는 상장(上將)이었다. 그러나 각종 특정한 전문적 명칭을 붙인 것은 이때(기원전 134년)부터 시작되었고, 이를 잡호(雜號)장군이라고 하였고 후에는 점점 많아졌다. 전한시대에는 잡호장군은 정벌과 배반을 담당하였고, 일이 끝나면 바로 이를 철폐하였다.

101 부는 군대가 행군하면서 각기 나눈 부분을 말하고, 오(伍)는 다섯 명을 말하였는데, 부에는 교위를 두고, 오에는 오장을 두었다.

102 구리로 만든 방울 같은 것으로, 식사 때나 행군할 때 흔들어 소리를 내어 신호하는 물건을 말한다.

"이광의 군대는 아주 간단하고 쉽게 하는데, 그러나 야만인이 갑자기 그들을 침범해 오면 이를 바로 금할 수가 없지만 그의 사졸들은 역시 즐기는 것을 버리고 모두 기꺼이 그를 위해 죽는다. 우리 군대는 비록 번거롭고 소란스럽지만 그러나 야만인이 역시 우리를 침범할 수 없다."

그러나 흉노들은 이광의 전략을 두려워하였고, 사졸들도 역시 대부분 즐겨서 이광을 따랐고, 정불식을 고생스러워 하였다.

❀ 신 사마광이 말씀드립니다.

"《주역》에서 말하였습니다. '군대가 나아가면서는 규율로 하는데, 막혀도 성공하여도 흉(凶)하다'[103]고 하였으니, 무리를 다스리면서 법을 쓰지 않는다면 흉하지 않은 일이 없다고 말한 것입니다.

이광이 거느리는 것은 사람들로 하여금 스스로 편하게 합니다. 이광과 같은 재주를 가지고서 이렇게 하는 것도 가능하지만 그러나 모범으로 삼기는 어렵습니다. 왜 그러합니까? 그를 잇는 사람도 어려운데 하물며 그와 더불어 같은 시대에 장수가 된 경우에야!

무릇 소인(小人)의 성정은 안일한 것을 즐겁게 생각하고, 가까

---

103 이는 《주역》의 사괘(師卦) 초육(初六)의 효사(爻辭)이다. 사괘는 감괘가 아래에 있고, 곤괘가 위에 있는 괘인데 맨 밑에 있는 음효(陰爻)를 초육이라고 한다. 원문은 '사출이율(師出以律) 비장흉(否臧凶)'이다. 비(否)는 막힌다는 뜻이어서 패전을 뜻하고, 장은 선(善)하다는 뜻이어서 승리를 뜻한다.

이 있는 화(禍)에는 어두우니, 저들도 이미 정불식을 번거롭고 시끄럽다 하고 이광을 좋기를 즐겨하였으니, 또 장차 그 윗사람을 원수로 생각하고 복종하지 않을 것입니다.

그러니 간편하고 쉽게 하는 해로움은 비단 이광의 군대가 야만인의 갑작스러운 침범에 대항 못하는 것뿐만이 아닙니다. 그러므로 군사적인 일은 엄하게 하는 것으로 끝을 맺는다고 하였으니, 장수된 사람은 역시 엄하게 할 뿐입니다. 그러니 정불식을 본받는다면 비록 공로를 세우지는 못한다 하더라도 오히려 실패하지는 않을 것이고, 이광은 망해 버리지 않기가 드물 것입니다."

3　여름, 4월에 천하를 사면하였다.

4　5월에 현량(賢良)과 문학(文學)을 천거하라는 조서를 내리고, 황상이 이들에게 친히 대책을 물었다.

5　가을, 7월 계미일(29일)에 일식이 있었다.＊

권018

한기10

흉노 문제의 등장

장생불노의 사술, 무안후 전분과 위기후 두영

무제 원광 2년(戊申, 기원전 133년)

1   겨울, 10월에 황상이 옹(雍, 섬서성 鳳翔縣)에 가서 오치(五時)[1]에
게 제사를 지냈다.

2   이소군(李少君)이 부엌 신에게 제사를 지내면 늙어가는 것을 물
리친다는 방술(方術)을 가지고서[2] 황상을 알현하였는데, 황상은 그를
높였다. 이소군이라는 사람은 옛날 심택후(深澤侯)[3]의 사인(舍人)[4]이
었는데, 그는 나이와 생장 과정을 숨기고 방술을 가지고 널리 제후들

---

1 오치는 오제를 말하는데, 청제·백제·황제·적제·흑제이다.
2 부엌에 제사를 지내어 목숨을 늘린다는 것으로 방사(方士)의 말이다.
3 고조의 공신인 조장석(趙將夕)이 신택후가 되었는데, 경제 3년(기원전 154년)
   에 그의 손자인 조수(趙修)가 후작을 이어받았으나, 경제 7년(기원전 151년)에
   죄를 지어서 작위를 빼앗겼다.
4 집안에서 심부름하는 사람을 말한다. 이 사인은 경우에 따라서는 관청에서
   심부름하는 사람으로 있다가 후에는 큰 업무를 맡게 되기도 한다.

과 교유하였고, 처자는 없었다.

사람들은 그가 물건[鬼物]을 사용하여 죽지 않는데 이르게 할 수 있다는 소문을 듣고 또다시 그에게 음식을 주었으니, 항상 돈과 입을 것과 먹을 것이 남아돌았다. 사람들은 모두 아무런 생업(生業)을 하지 않지만 넉넉하다고 여겼으며, 또 그가 어디 사람인지를 몰라서 더욱 더 그를 믿었고, 다투어 그를 섬겼다.

이소군은 교묘하게 말을 하면서 맞추기를 잘하였다. 일찍이 무안후(武安侯)[5]를 좇아서 술을 마시는데 좌중에 아흔 살의 노인이 있었고, 이소군은 마침내 그의 할아버지와 사냥하였던 곳을 말하였으며, 그 노인은 어렸을 때에 그 할아버지를 따라다녔기에 그 장소를 알고 있어서 그 자리에 있던 사람들이 모두 놀랐다.

이소군이 황상에게 말하였다.

"부엌 신에게 제사를 지내면 물건[鬼物]을 오게 할 수가 있고, 그 귀물(鬼物)을 오게 하면 단사(丹沙)를 황금으로 변화시킬 수 있으며, 수명도 늘릴 수 있고 봉래(蓬萊)[6]의 신선도 볼 수 있고, 이를 보고 봉선(封禪)을 하면 죽지 않는데, 황제(黃帝)께서는 이러한 분입니다.

신이 일찍이 바다에서 유람하다가 안기생(安期生)[7]을 보았는데, 그가 신에게 대추를 먹이는데 크기는 오이 같았습니다. 안기생은 신선인데 봉래산에 연락하면서 맞으면 사람에게 보이고, 맞지 않으면 숨습니다."

5　전분이 무안후에 봉하여졌다.

6　전설에 나오는 바다 가운데에 있는 신선이 사는 섬을 말한다.

7　《열선전(列仙傳)》에 의하면, 안기생은 낭야인으로 동해의 바닷가에서 약을 팔았다고 하는데, 당시의 사람들은 모두 그가 1천 살이었다고 하였다.

이에 천자는 처음으로 부엌 신에게 제사를 지내고, 방사(方士)를 파견하여 바다에 들어가서 봉래산의 안기생 같은 사람을 찾아서 단사(丹沙)와 여러 약물을 변화시켜 황금으로 만드는 일에 종사하게 하였다. 오랫동안 살다가 이소군이 병들어 죽었는데, 천자는 그가 변화해서 간 것이고 죽지 않은 것으로 여겼더니, 해안(海岸)의 연(燕)과 제(齊)에 있는 괴상한 방사들이 많이 다시 장안에 와서 귀신에 관한 일을 이야기하였다.

3 박(亳, 하남성 商丘縣) 사람 무기(謬忌)가 태일(太一)[8]에게 제사 지낼 것을 주청하였다. 바야흐로 말하였다.

"천신(天神) 가운데 귀한 분이 태일인데, 태일의 보좌를 오제(五帝)[9]라고 말합니다."

이에 천자는 그 사당을 장안의 동남쪽 교외에 세웠다.

4 안문의 마읍(馬邑, 산서성 朔縣)에 사는 호족인 섭일(聶壹)이 대행 왕회(王恢)를 통하여 말하였다.

"흉노는 처음에는 화친하여 가까이 하여 변방을 믿게 하고서 미끼로 유인하고 복병으로 습격하는 것이라면 반드시 그들을 깨뜨릴 수 있는

---

8 '謬'는 성인에, 미유(靡幼)의 번(翻)이라고 하였으므로 무라고 읽어야 하며, 무(繆)와 같으며, 전국시대에 조(趙)에 환자인 무현(繆賢)이라는 사람이 있었다. 태일은 태을(太乙), 태을(泰乙)이라고도 하는데 북극성 신을 말한다. 도가에서는 뒤에 태일 대신 옥황상제라는 말로 대체하였다.

9 여기서 오제란 인간의 오제를 말하는 것이 아니고, 천상의 오제 즉, 백제, 흑제, 황제, 청제, 적제를 말한다.

길입니다."

황상이 공경들을 불러서 물었다.

왕회가 말하였다.

"신이 듣건대, 대(代, 하북성 蔚縣)가 온전하였을 때[10]에 북쪽에는 강한 호족(胡族)이라는 적(敵)이 있었고, 안으로는 중국의 군사와 맞대어 있었지만, 그러나 오히려 노인들을 봉양하고 어린아이들을 기를 수 있었으며 때맞추어 뽕나무를 심고 창고에 항상 곡식으로 가득 차게 하였더니 흉노들이 가벼이 침략하지 못하였습니다.

이제 폐하의 위엄을 가지고 해내(海內)를 통일하였지만 그러나 흉노의 침략이 끊이지 않는 것은 다른 것이 아니라 두려워하지 않은 연고일 뿐입니다.[11] 신이 가만히 생각해 보니, 그들을 공격하는 것이 편합니다."

한안국(韓安國)이 말하였다.

"신이 듣건대, 고황제(高皇帝)께서 일찍이 평성(平城, 산서성 大同市)에서 포위되셨을 때 7일이나 아무것도 먹지 못하였고[12], 포위를 풀고 자리로 돌아오게 되어서도 분노의 마음을 갖지 않으셨습니다.

무릇 성인은 천하를 가지고 헤아리는 분이어서 자기의 사사로운 분

---

10 전국시대인 기원전 475년에 진(晉) 재상 조무휼(趙無恤)이 그의 자부(姊夫)인 대왕을 자살하게 하여 대가 멸망하였다. 그 이전에는 하나의 독립된 제후국이었다.

11 흉노에게 위엄을 보이지 않아서 그런 고로 흉노가 두려운 것을 모른다고 말한 것이다.

12 이 일은 한 고조 7년(가원전 200년)에 있었고, 그 내용은 《자치통감》 권11에 실려 있다.

노를 가지고 천하의 공적인 일을 다치게 하지 않으니, 그리하여 유경(劉敬)을 파견하여 화친을 맺게 하여 오늘에 이르기까지 다섯 세대[13] 동안의 이익을 만드셨습니다. 신이 가만히 생각하건대 공격하지 않는 것이 편합니다."

왕회가 말하였다.

"그렇지 않습니다. 고제께서는 스스로 갑옷을 입고 칼을 잡고서 몇 십 년을 다녔는데, 그러므로 평성의 원한을 보복하지 않으려던 것은 힘으로 할 수 없는 것이 아니었지만 천하를 휴식하게 하기 위해서였습니다.

지금은 변경에서 자주 놀라고 사졸들이 다치고 죽고, 중국의 혜거(槥車)[14]가 서로 바라보이고 있으니, 이는 어진 사람이 측은하게 생각하는 바입니다. 그러므로 이를 공격하는 것이 편하다고 말씀드립니다."

한안국이 말하였다.

"그렇지 않습니다. 신이 듣건대 군사를 쓰는 사람은 배부르게 해서 배고픈 사람을 기다리는 것이고, 바르게 다스려서 그들의 혼란한 것을 기다리며, 군영을 안정시켜서 그들의 피로함을 기다리는 것이라 하였습니다. 그러므로 접전을 하면 많은 무리를 엎어버리고 나라를 치고 성을 허무니, 늘 앉아서 적국을 부리는 것이 성인의 군대입니다.

지금 갑옷을 말고, 경무장으로 깊이 들어가고 멀리 치달으면 공을 세우기가 어렵고, 세로로 가면 위협이 다가오고, 가로로 가면 중간이 끊기게 되며, 빨리 가면 양식이 결핍되고, 천천히 가면 날카로움을 뒤로 하는 것이어서 천 리에 이르지 못하며 사람과 말의 식량과 꼴이 결

---

13 여기서 오세란 유방·유영·유항·유계·유철을 가리킨다.

14 혜(槥)란 작은 관을 말하며, 종군하다 죽은 사람은 혜에 실어 장사를 지낸다.

핍됩니다.《병법》에서는 '사람들을 남겨서 잡히게 하는 것'이라고 하였
으니, 신은 이러한 까닭으로 공격하지 않는 것이 편하다고 말씀드립니
다."

왕회가 말하였다.

"그렇지 않습니다. 신이 지금 그들을 공격하자고 말하는 것은 정말로
발동하여 깊이 진격하라는 것이 아닙니다. 장차 선우의 욕심을 이용하
여 유인하여 변방에 오게 하고, 교기(驍騎)와 장사를 뽑아서 몰래 매복
시켜 놓고 그들을 대비하였다가 험하고 막힌 곳을 차단하고 경계를 하
자는 것입니다. 우리의 형세가 이미 안정되면 혹 그들을 왼쪽에서 경영
하고 혹은 오른쪽에서 경영하며 혹 그 앞을 맞거나 혹 뒤를 끊는다면 선
우는 사로잡을 수가 있고, 백 번을 해도 온전하게 빼앗을 것입니다."

황상은 왕회의 의견을 좇았다.

여름, 6월에 어사대부 한안국을 호군(護軍)장군으로 삼고, 위위(衛
尉)[15] 이광(李廣)을 교기(驍騎)장군으로 삼고, 태복 공손하(公孫賀)를
경거(輕車)장군으로 삼고, 대행 왕회(王恢)를 장둔(將屯)장군으로 삼
고, 태중대부 이식(李植)을 재관(材官)장군으로 삼아 거기(車騎)와 전
차(戰車) 30여만을 마읍(馬邑, 산서성 朔縣) 옆에 있는 산골짜기에 숨겨
두고, 선우가 마읍에 들어오면 군사를 풀어 놓기로 약속하였다.

몰래 섭일(聶壹)로 하여금 간첩이 되어 흉노로 망명해 들어가게 하
여 선우에게 가서 말하였다.

"제가 마읍의 현령과 현승의 목을 베고 성을 가지고 항복할 수 있는
데, 재물은 다 얻으실 수 있습니다."

---

15 황성경비사령관에 해당되는 직책이다.

선우가 아끼고 믿고서 그럴 것이라고 여기고 이를 허락하였다. 섭일이 마침내 거짓으로 죄수를 목 베고 그 머리를 성 아래에 매달아 놓고서 선우의 사자에게 보여 믿게 하고는 말하였다.

"마읍의 장리(長吏)[16]가 이미 죽었으니 급히 올 수 있습니다."

이에 선우는 요새를 뚫고 10만 명의 기병을 거느리고 무주(武州, 산서성 左雲縣)에 있는 요새로 들어왔다. 그들이 마읍에서 100여 리쯤 못 미친 지점까지 와서 보니, 가축들이 들에 퍼져 있는데 목자(牧者)가 없는 것을 보고 이를 이상히 여겼다. 마침내 정(亭)을 공격하여 안문의 위사(尉史)[17]를 잡아서 죽이려고 하자 위사는 마침내 선우에게 한의 군사들이 있는 곳을 말해 주었다.

선우는 크게 놀라서 말하였다.

"내가 본디 이를 의심하였다."

마침내 군사를 거두어 돌아가면서 말하였다.

"우리가 위사를 잡은 것은 하늘의 뜻이다."

위사를 천왕(天王)으로 삼았다.

요새 아래에서는 선우가 이미 가버렸다는 말이 전해지자 한의 군사들이 뒤쫓아 가서 요새에 이르렀으나 따라잡지 못할 것을 헤아리고는 마침내 모든 군사를 철수시켰다. 왕회는 따로 대(代)에서부터 출발하여 흉노의 치중(輜重)[18]을 치는 일을 주관하게 하였는데, 선우가 돌아

---

16 장급(長級) 관리를 말하는데, 주의 자사·군의 태수·현의 현령을 말한다. 여기서는 마읍 현령을 말한다.

17 위사는 무직으로 하급 관리이다. 요새 근처에는 위(尉)를 두는데, 100리에 한 명씩을 둔다. 위 밑에 사사(士史)와 위사를 각기 두 명씩 둔다.

가게 되고 군사가 많다는 말을 듣고 감히 나가지 못하였다.

황상이 왕회에게 화를 내었다. 왕회가 말하였다.

"애초에, 마읍의 성에 들어 오기로 약속하면서 군사가 선우와 접전하면, 신이 그들의 치중을 공격하여 이익을 얻을 수 있게 하였습니다. 지금 선우가 마읍에 이르지도 않고 돌아가니, 신은 3만 명으로 대적하지 못하고 다만 욕을 보았습니다. 진실로 돌아온다면 참수될 것임을 알았지만, 그러나 폐하의 군사 3만 명은 온전히 하였습니다."

이에 왕회를 정위에게 내려 보내니 정위는 판결하여 말하였다.

"왕회는 적을 피하고 관망하였으므로 참형에 처한다."

왕회는 천금을 승상 전분에게 보냈으나, 전분은 감히 황상에게 말하지 못하고 태후에게 말하였다.

"왕회는 마읍 사건의 주모자입니다. 이제 그 일이 이루어지지 아니하여 왕회를 죽이면 이는 흉노를 위하여 원수를 갚아 주는 것입니다."

황상이 태후를 조현하니, 태후는 전분이 말한 내용을 황상에게 이야기하였다.

황상이 대답하였다.

"애초에, 마읍의 일을 꾸민 사람은 왕회인데, 그러므로 천하의 군사 수십만을 내어 그의 말을 좇아서 이와 같이 하였습니다. 또 설사 선우를 잡지 못하였을지라도 왕회가 거느린 것으로 그들의 치중이라도 공격하였다면 오히려 자못 사대부들의 마음을 위로할 수 있었을 것입니다. 이제 왕회를 주살하지 않으면 천하에 사과할 길이 없습니다."

---

18 전쟁에 소용되는 무거운 물건, 즉 식량과 마초 그리고 공격도구 등을 실을 수레를 말한다.

이에 왕회는 소식을 듣고 마침내 자살하였다.

그 이후로 흉노는 화친을 거절하고 요새로 가는 길을 공격하였고, 왕왕 한의 변경에 들어와 도적질하였는데, 수를 헤아릴 수 없었지만 그러나 오히려 관시(關市)[19]를 탐하고 즐겨하여 한의 재물을 좋아하니 한 역시 관시를 끊지 아니하고 그들의 뜻에 맞추었다.

무제 원광 3년(己酉, 기원전 132년)

1   봄에 황하의 물길이 바뀌었는데, 돈구(頓丘, 하북성 淸豊縣)에서 동남쪽으로 흐르게 되었다.

여름, 5월 병자일(3일)에 황하의 제방이 복양(濮陽, 하남성 濮陽縣)에 있는 호자(瓠子)[20]가 다시 터져서, 거야(鉅野, 산동성 鉅野縣)로 물이 쏟아지고 회수(淮水)와 사수(泗水)를 지나니, 군 16개가 범람(汎濫)하였다.

천자는 급암(汲黯)과 정당시(鄭當時)로 하여금 졸병 10만을 내어 이를 막게 하였는데, 번번이 제방이 다시 무너졌다. 이때에 전분의 식읍은 유현(鄃縣, 산동성 平原縣)이었는데, 유현은 황하의 북쪽에 있었고 황하의 제방이 무너진 곳은 남쪽이어서 유현에는 수재가 없었고 식읍의 수확도 많았다.

전분이 황상에게 말하였다.

"강(江, 장강)과 하(河, 황하)가 터지는 것은 모두 하늘의 일인지라 사

---

19 한과 흉노의 접경지대에 개설한 시장을 말한다.

20 동군 근처에 있는 황하의 제방 이름이다.

람의 힘으로 억지로 막기가 쉽지 않은데, 이를 막는 것은 아직 반드시 하늘에 순응하는 것은 아닙니다."

역시 기(氣)를 살피고 수(數)를 헤아리는 사람도 그러하다고 여겼다. 이에 천자는 오래도록 다시 막는 일을 하지 않았다.

2   애초에, 효경제 시절에 위기후(魏其侯) 두영(竇嬰)이 대장군이 되자,[21] 무안후(武安侯) 전분(田蚡)은 제랑(諸郞)[22]이어서 술시중을 하면서 무릎을 꿇었다가 일어나는 것이 마치 아들이나 조카가 하는 것 같았었는데, 이미 전분은 날로 귀하고 총애를 받아서 승상이 되었다.

위기후는 세력을 잃어 빈객도 더욱 적어졌지만 홀로 옛날 연(燕)의 재상이던 영음(潁陰, 하남성 許昌市) 사람 관부(灌夫)만이 떠나지 않았다. 두영은 이에 관부를 후하게 대하고 서로 중하게 여겨주니, 그들이 교유하는 것이 마치 부자처럼 그러하였다.

관부의 사람됨은 강직하였는데, 술만 마시면 세력이 있고 자기 위에 있는 사람이 있으면 반드시 그를 능욕하였고, 자주 술을 통하여 승상을 모욕하였다. 승상이 마침내 사건을 황제에게 상주하였다.

"관부의 집안사람들이 영천(潁川, 潁陰은 영천 소속임)에서 전횡하여 백성들이 이를 고통스러워합니다."

관부와 그 집안사람들을 모조리 붙잡아 들였는데, 모두 기시죄(棄市罪)[23]를 얻었다. 위기후가 편지를 올려 관부를 논(論)하여 구해 주니,

---

21 이 일은 경제 전3년(기원전 154년)의 일이고, 그 내용은 《자치통감》 권16에 실려 있다.

22 각 관부의 내부 기구인 각 조(曹)의 낭관이다.

황상이 무안후와 더불어 동쪽에 있는 조정[24]에서 이를 변론하게 하였다. 위기후와 무안후가 서로 들추어내며 비난하였다.

황상이 조회에 나온 신하들에게 물었다.

"두 사람 가운데 누가 옳소?"

오직 급암만이 위기후가 옳다고 하고, 한안국은 두 사람이 다 옳다고 하였는데, 정당시는 위기후가 옳다고 하다가 후에는 감히 굳게 지키지 못하였다. 황상이 정당시에게 화가 나서 말하였다.

"나는 아울러 너희 무리들까지도 목을 베겠다."

바로 끝냈다.

일어나 들어가서 태후에게 밥상을 올리니[25] 태후는 화가 나서 먹지도 않고 말하였다.

"지금 내가 있는데도 사람들이 모두 내 동생(전분)을 짓밟는데, 나의 백년 뒤[26]에는 모두들 그를 어육(魚肉)으로 만들겠구나!"[27]

---

23 효수하여 저잣거리에 매달아 놓는 형벌에 해당하는 죄를 말한다.

24 태후가 머물고 있는 궁은 장락궁인데, 이 궁은 황제가 기거하는 미앙궁의 동쪽에 있었다. 따라서 이때 조회를 장락궁에서 개최하였던 것이다.

25 당시 황가의 관습에 따르면, 황제는 그 모친인 태후에게 식사를 올리도록 되어 있었다.

26 죽는다는 용어를 사용하기 싫어서 그 대신 '백년 뒤' 또는 '만년 뒤' 같은 말을 사용하여 죽는다는 말을 표현하였다.

27 《자치통감고이》에 의하면, 반고의 《한무고사》에 쓰여 있다고 말하였다. '황상이 대신들을 소집하여 이를 의론하였는데, 여러 신하들은 대부분 두영이 옳다고 하자 황상도 역시 다시 끝까지 묻지 아니하고 양 쪽에게 그만두게 하였다. 전분이 크게 한스러워하면서 자살하려고 하다가 먼저 태후와 결별하니 형제가 함께 통곡하며 태후에게 호소하자 태후 역시 통곡하고 먹지 않았다.

황상은 부득이 관부를 족멸하고 유사(有司)로 하여금 위기후를 처리하게 하니, 기시죄(棄市罪)를 받았다.

무제 원광 4년(庚戌, 기원전 131년)

1 겨울, 12월 그믐에 위성(渭城, 陝西省 咸陽市)에서 위기후를 논죄하여 죽였다.[28]

봄, 3월 을묘일(17일)에 무안후 전분도 죽었다. 회남왕 유안(劉安)이 모반하였다가 실패하게 되었는데,[29] 황상은 전분이 유안으로부터 금을 받았었다는 사실과 공손하지 못한 말을 하였었다는 사실[30]을 알고 말하였다.

"무안후가 살아 있었더라면 멸족시켰을 것이다."

2 여름, 4월에 서리가 내려서 풀들을 죽였다.

황상은 부득이하여 드디어 마침내 두영을 죽였다.'

28 한대의 규정에 의하면, 중죄를 지은 사람의 형벌을 겨울에 집행하였다.

29 이 사건은 10년 뒤인 원수 원년(기원전 122년)에 일어났고,《자치통감》 권19에 기록되어 있다.

30 이 사실은 무제 건원(建元) 2년(기원전 139년) 10월에 있었는데, 그 내용은《자치통감》 권17에 실려 있다.

하간의 헌왕과 공손홍의 처세

3   어사대부 한안국이 승상의 업무를 수행하였는데,[31] 인도하다가
수레에서 떨어져 절뚝발이가 되었다.[32] 5월 정사일(20일)에 평극후(平
棘侯) 설택(薛澤)을 승상으로 삼고, 한안국은 병으로 면직되었다.

4   지진이 있었고, 천하를 사면하였다.

5   9월에 중위 장구(張歐)를 어사대부로 삼았다. 한안국의 병이 다
나았으므로 다시 중위가 되었다.

6   하간왕 유덕(劉德)[33]은 공부를 하여 옛것을 좋아하고 실사구시

---

31 행직이다. 이는 지급이 낮은 사람이 높은 직급의 업무를 맡아 처리하는 것이
   고, 여기서의 관직명은 행승상사이다.

32 한의 제도에 의거하면 대가(大駕)가 행차할 때에는 공경(公卿) 가운데서 받들
   어 인도하도록 되어 있었다. 그런데 한안국이 행승상사가 되어서 이일을 맡았
   다가 사고를 내어 발을 다친 것이다.

33 하간은 하북성 헌현이고 유덕은 경제의 아들이며 무제의 형이다.

(實事求是)³⁴하였는데, 금과 비단을 가지고 사방에서 좋다는 책을 다 구하였으며, 구한 책이 한 왕조(漢 王朝)와 같았다.

이때에 회남왕 유안도 책을 좋아하였으나, 수집한 것들은 대부분 들떠 있는 말장난 같은 것들이었는데, 그러나 헌왕(獻王, 하간왕 유덕의 시호)이 구한 책들은 모두 고문(古文)으로 된 선진(先秦)시대의 옛 책이었으며 예악과 옛날의 사건들에 관한 것을 채집하고, 점차로 이것을 증보하여 500여 편에 이르게 되었고, 의복과 행동거지는 반드시 유학자에 두어 산동의 여러 유학자들이 그를 좇아 교유하였다.

무제 원광 5년(辛亥, 기원전 130년)

1   겨울, 10월에 하간왕이 와서 조현하면서 아악(雅樂)을 바치니, 삼옹궁(三雍宮)³⁵에서 마주하고 조서로 물은 대책이 30여 가지의 일이었는데, 그의 대답은 도술(道術)을 미루어서 말하였고, 일의 적당함을 얻었고, 문장은 간단하나 분명하게 지적하였다.

천자는 태악관(太樂官)에게 내려 보내어 늘 하간왕이 바친 아성(雅聲)을 배우라고 하여서 세시(歲時)에는 자주 갖추었으나, 그러나 늘 참석하지는 않았다. 봄, 정월에 하간왕이 죽었다.

중위 상려(常麗)가 보고하였다.

---

34 호삼성은 실사구시를 그 진실을 찾기에 힘쓰고, 매번 진실로 옳은 것을 찾는 것이라고 해설하였다.

35 벽옹(辟雍, 周代의 大學), 명당(周代의 대회당), 영대(靈臺, 천문대)를 말한다.

"왕(하간왕)은 몸이 단정하고 행동이 이치에 맞았고 온화하고 인자하였으며, 공손하고 검약하였으며 두텁게 공경하였고, 아랫사람을 아껴 주었으며, 명확하게 알고 깊이 살펴서 홀아비와 과부에게 은혜를 베풀었습니다."

대행령이 상주하였다.

"《시법(諡法)》에 이르기를, '총명하고 예지(叡智)가 있으면 헌(獻)이라 한다'고 하였으니, 시호를 헌왕(獻王)이라 하십시오."

❖ 반고(班固)가 찬(贊)[36]하였습니다.

"옛날 노의 애공(哀公)[37]이 말을 하였다. '과인은 깊은 궁중에서 태어나서 부인들의 손에서 자라나 아직 일찍이 걱정을 모르고 아직 일찍이 두려움을 모른다.' 이 말은 참으로 믿을 만하다. 비록 위태로워져서 망하지 않기를 바란다 하여도 할 수 없을 뿐이다. 이러한 연고로 옛 사람들은 연회를 열어 안일하게 있는 것을 짐독(鴆毒)[38]이라 생각하였고, 덕을 쌓음이 없이 부귀하면 이를 불행이라 말하였다.

한이 일어나서 효평제(孝平帝, 한 14대 황제인 劉箕子)시대에 이르

---

36 역사가가 역사를 기록하면서 기록한 사건에 대해 찬성하는 의견을 써놓은 것을 말하며 일종의 역사평론이다.

37 노 28대 제후이다.

38 짐새의 깃털을 담가 만든 술로 이는 독이 강하여 먹으면 죽는다. 그리하여 종종 자살하거나 독살할 때에 혹은 황제가 죽음을 내릴 때에 이를 이용한다.

러서 제후왕은 백 명을 헤아리게 되는데, 대부분 교만하고 음란하여 도를 잃었다. 왜 그러한가? 방자(放恣)함에 빠져서 형세가 그렇게 된 것이다. 보통사람들에서부터 오히려 그러한 습속에 얽매이게 되는데, 하물며 애공 같은 부류에야! '무릇 오직 크게 우아하고 탁월함이 이와 같아서 무리들과 함께 하지 않는다.'고 하였는데, 하간헌왕은 이에 가까운 사람이다."

2   애초에, 왕회가 동월을 토벌하면서[39] 파양(番陽, 강서성 鄱陽縣) 현령 당몽(唐蒙)으로 하여금 넌지시 남월을 알아듣게 하도록 하였다. 남월에서 당몽에게 촉(蜀)의 구장(枸醬)[40]을 먹였더니, 당몽이 그것을 가져 온 곳을 물었다.

말하였다.

"길은 서북쪽의 장가강(牂柯江)[41]에 있습니다. 장가강의 너비는 수리(數里)이며, 반우성(番禺城, 광주) 아래에서 끝납니다."

당몽이 돌아와 장안에 도착하여 촉 출신의 상인에게 물었다.

상인이 대답하였다.

---

39 이 사건은 건원 6년(기원전 135년)에 있었고, 그 내용은 《자치통감》 권17에 실려 있다.

40 일종의 후추과 식물이다.

41 이 강은 귀주성에서 발원하여, 상류 지역은 북반강(北盤江)이라 불리고 남반강(南盤江)과 합쳐진 후에는 적수하(赤水河)라고 불린다. 더 내려가면 차례대로 검강(黔江), 심강(潯江), 서강(西江), 북강(北江)으로 불린다. 더 내려가 동강(東江)과 합쳐지면 주강(珠江)이라 불리다가, 광주시(廣州市)에서 남쪽 중국해로 흘러 들어간다.

"오직 촉에서만 구장이 나는데, 대부분이 몰래 가져다가 야랑(夜郞; 야랑국, 귀주성 동신현)에서 팝니다. 야랑이라는 곳은 장가강에 닿아 있고, 강의 너비는 100여 걸음이며, 배를 띄우기에 충분합니다. 남월은 재물을 가지고 야랑을 부리고 귀부시켜서 서쪽으로 동사(桐師, 운남성 沾益縣)에까지 이르고 있지만 그러나 역시 신하로 부릴 수는 없습니다."

당몽은 마침내 편지를 올려서 황상에게 말하였다.

"남월왕은 황색 지붕을 한 수레에 좌독(左纛)[42]을 하였는데, 땅은 동서로 1만여 리이고, 명목상으로는 외신(外臣)[43]이지만 실제로는 한 개 주(州)의 주군입니다. 지금 장사(長沙, 호남성 長沙市)와 예장(豫章, 강서성 南昌市)에서 간다면 물길은 많지만 끊겨 있어 가기 어렵습니다.

가만히 듣건대, 야랑이 갖고 있는 정병은 10여 만이라 하는데, 장가강에서 배를 띄워 그들이 뜻하지 않은 곳으로 나아간다면, 이것이 월을 제압하는 하나의 기책(奇策)입니다. 진실로 한(漢)의 강함과 파와 촉의 풍요로움을 가지고 야랑으로 가는 길을 통하게 하고 관리를 둔다면 아주 쉬울 것입니다."

황상이 이를 허락하였다.

마침내 당몽에게 벼슬을 주어 중랑장[44]으로 삼아 사졸 1천 명을 거느리고, 식량과 의복 운송인 1만여 명을 거느리고 파와 촉의 작관(筰

---

42 고대 군대의 대기(大旗)를 말하는데, 황제는 이 기를 왼쪽에 꽂는다.

43 영역 밖에 있는 신하라는 말로, 한의 영역 안에 있지 않은 나라로 명목상으로 한의 봉건국으로 하고 있는 나라의 왕을 말한다.

44 황실을 보위하는 부대의 부책임자에 해당하는 직책이다.

關; 關門의 이름, 沈黎郡 혹은 犍爲郡의 경계선)에서 들어가서 드디어 야랑후(夜郎侯) 다동(多同)을 만났다. 당몽은 후하게 물건을 내려 주면서 위엄과 후덕을 가지고 타이르고 관리를 두기를 약속하고 그의 아들을 현령으로 삼았다.

야랑 근처에 있는 작은 읍(邑)에서는 모두 한의 비단과 포백(布帛)을 탐냈지만, 한으로 가는 길이 험하여 가질 수 없으리라 여기고 있어서 마침내 또 당몽의 약속을 들었다. 돌아와 이를 보고하니, 황상은 건위군(犍爲郡)으로 삼고, 파와 촉의 사졸들을 동원하여 길을 닦는데, 북도(僰道, 사천성 宜賓縣 서남쪽 安邊鎭)에서부터 장가강(牂柯江)을 향해 갔다.

일하는 사람은 수만 명이었는데, 사졸들은 대부분 물고(物故)가 났으며 도망하는 자도 있었으며, 군에서 법을 일으켜서 그 인솔자를 죽이니, 파와 촉의 백성들이 크게 놀라고 두려워하였다. 황상은 이 소식을 듣고 사마상여(司馬相如)로 하여금 당몽 등을 나무라게 하고, 이어서 파와 촉의 백성들에게 황상의 뜻이 아니었음을 널리 알리게 하였더니, 사마상여가 돌아와서 보고하였다.

이때에 공(邛, 사천성 西昌市)과 작(笮, 사천성 漢源縣)의 군장들은 남이(南夷)가 한과 통교하였고 상으로 내려준 것이 많다는 것을 듣고, 대부분이 받아들여져서 신첩(臣妾)이 되고자 하며 남이와 비슷하게 관리를 보내 달라고 청하였다.

천자가 사마상여에게 물었더니 사마상여가 말하였다.

"공(邛)·작(笮)·염방(冉駹, 사천성 茂縣)이라는 곳은 촉에서 가깝고 길 역시 쉽게 통할 수 있는데, 진(秦)시대에 일찍이 통하여 군현으로 삼았지만, 한이 일어나게 되자 그만두었습니다. 이제 진실로 다시 통하고 군현을 설치한다면 남이보다는 좋습니다."

천자는 그러하다고 생각하여 마침내 사마상여에게 벼슬을 주어 중
랑장으로 삼고 부절을 세우고 사신으로 가게 하여 부사(副使) 왕연우
(王然于) 등과 전거(傳車)[45]를 타고 갔는데, 파와 촉의 관리를 통하여
폐물(幣物)을 서이(西夷, 귀주성 북부)에게 뇌물로 주려 하자, 공·작·염
방·사유(斯楡, 운남성 大理縣)의 군장들은 모두 내신(內臣)이 되기를 청
하였다.

변방에 있는 관문을 제거하였더니, 관문은 더욱 넓어져서 서쪽으로
는 매수(沫水, 靑衣江)와 약수(若水, 雅碰江)에까지 이르렀고, 남쪽으
로는 장가강을 경계로 영관(零關, 관문의 이름, 사천성 蘆山縣의 북쪽으로
10킬로미터 떨어진 지점)의 길을 개통하고, 손수(孫水, 安寧河)에 다리를
놓아 공도(邛都, 사천성 성도시)와도 통하게 하여 한 명의 도위(都尉)와
10여 개의 현을 두고 촉에 소속시키니 천자가 크게 기뻐하였다.

3   조서를 내려서 사졸 1만 명을 징발하여 안문의 험한 길을 다듬게
하였다.

4   가을, 7월에 큰바람이 불어서 나무들을 뽑았다.

5   여자 무당 초복(楚服) 등이 진황후(陳皇后)에게 귀신에게 제사 지
내어 엽승(厭勝)하고, 부인이 미혹하는 방법을 가르쳤는데,[46] 사건이

---

45 역과 역 사이의 왕래를 위하여 역에 마련되어 있는 수레를 말한다.

46 엽승은 저주하는 방법을 통하여 다른 사람을 엎어지게 하는 것이며, 진황후

발각되자 황상은 어사 장탕(張湯)으로 하여금 이를 끝까지 처리하게 하였다. 장탕이 깊게 그 무리들을 끝까지 조사하니, 서로 연관되어 죽음에 이른 사람이 300명이었고, 초복은 저자에서 효수되었다. 을사일(14일)에 황후에게 책서를 내려 그의 인새와 인수를 회수하고 내쫓아 장문궁(長門宮)[47]에 거처하게 하였다. 두태주는 부끄럽고 두려워서 머리를 조아려 황상에게 사죄하였다.[48]

이에 황상이 말하였다.

"황후가 한 일은 대의(大義)에 맞지 않아서 부득불 폐출시켰습니다. 태주께서는 마땅히 말을 믿고 스스로 위로하시어 망령된 말은 받아들이지 말고 혐의를 받거나 두려워할 일이 생기지 않도록 하십시오. 황후는 비록 폐출되었으나 공급하여 받드는 것은 법대로 할 것이며, 장문궁은 상궁(上宮)[49]과 차이가 없을 것입니다."

6 애초에, 황상이 일찍이 두태주의 집에서 술자리를 마련하였는데, 태주가 가까이 하던 구슬을 파는 아이인 동언(董偃)을 황상에게 보여 주니,[50] 황상이 그에게 의관을 내려 주고 높여서 이름을 부르지 않고

가 무제로부터 총애를 잃자 남자를 미혹하는 방법을 가르친 것이다.

47 본래 유표(劉嫖)의 장문원(長門園)이었는데, 이것을 무제에게 헌납하자 이를 장문궁으로 바꾸었다.

48 두태주는 두황후의 딸 유표로 진오에게 시집보내 딸을 낳았고, 이를 무제에게 시집보냈으므로 두태주는 무제의 황후인 진황후의 어머니이자 무제의 고모였으므로 사죄한 것이다.

49 황후의 정궁(正宮)을 말한다.

50 두태후의 딸인 유표는 공주이므로 두태주라 부른다. 유표의 남편 진오는 일

"주인 영감"이라고 부르면서 그로 하여금 모시고 술을 마시게 하였다. 이때부터 동군(董君)은 귀하고 총애를 받아서 천하에는 못 들은 사람이 없었다.

늘 황제를 따라 북궁(北宮)에서 유희를 하였고, 말을 달려 평락관(平樂觀)[51]에 가서 닭싸움과 축국(蹴鞠)의 모임에 가고, 개와 말의 시합을 벌여 황상이 이를 크게 즐겼다. 황상이 두태주를 위하여 선실(宣室)[52]에서 술자리를 마련하였는데, 알자로 하여금 동군을 안으로 인도해 들어오게 하였다.

이때에 중랑(中郞)인 동방삭이 전(殿) 아래에서 폐극(陛戟)[53]하고 있다가 창을 놓고 앞으로 나와 말하였다.

"동언은 목을 베어야 할 세 가지 죄를 지었는데, 어찌 들어오게 할 수 있습니까?"

황상이 물었다.

"무슨 말이오?"

동방삭이 말하였다.

"동언은 신하로서 사사롭게 공주[두태주]의 시중을 들었으니 그 죄가 첫 번째입니다. 남녀의 교화를 파괴하고 혼인의 예를 어지럽혔고 왕제(王制)를 상하게 하였으니, 그 죄가 두 번째입니다.

역시 폐하께서는 춘추가 젊으시므로 바야흐로 《육경(六經)》에서 생

찍 죽었다. 이에 동언이 유표의 정부가 된 것이다.

51 미앙궁의 북쪽에 있는 화원으로, 주위가 15리나 되었다.

52 미앙궁의 전전(前殿)에 있는 정당(正堂)을 말하며 이곳에서 정치를 펼친다.

53 창을 들고 폐(陛, 황제가 있는 섬돌)의 옆에서 창을 들고 시위하는 것이다.

각을 쌓게 하여야 하는데, 동언은 경(經)을 받들고 학문을 권하지 않고, 도리어 쓰러지고 화려한 것만 내세우며 사치한 것에 힘쓰며 개나 말을 가지고 한껏 즐기고 귀와 눈의 욕심을 극도로 자극하였으니, 이는 국가의 대적(大賊)이며 임금의 커다란 해충인데, 그 죄가 세 번째입니다."

황상이 잠자코 대답하지 않다가 한참 지나서 말하였다.

"내가 이미 마실 것을 마련하였으니, 그 다음 스스로 고치겠노라."

동방삭이 말하였다.

"무릇 선실이라는 곳은 먼저 돌아가신 황제의 정실(正室)이니, 법도에 맞는 정치적인 일이 아닌 것은 들여올 수가 없습니다. 그러므로 음란함이 점차 물들고, 그것이 변하면 찬탈이 됩니다. 이리하여서 수소(豎貂)가 음란해졌고, 역아(易牙)가 환란을 만들었으며,[54] 경보(慶父)가 죽자 노국(魯國)은 온전하여졌습니다.[55]"

---

54 수초(豎貂)와 역아(易牙)는 모두 춘추시대 제 환공의 신하이다. 관중이 병이 들자 환공이 그에게 "장차 누가 나를 가르쳐 줄 것인가?" 하고 물었다. 그러자 관중이 "바라건대 수초와 역아는 멀리 하십시오." 하고 대답하였다. 이에 환공이 "역아는 그의 아들을 삶아서 과인의 병을 낳게 하였는데, 오히려 의심해야 하는가?" 하고 묻자, 관중은 "사람의 정이란 그 자식을 사랑하지 않는 일이 없는데, 그 아들에 대해서도 그런 일을 참아냈는데 역시 장차 임금에게 어떻게 하겠습니까?" 하고 대답하였다. 환공이 다시 "수초는 궁궐에서부터 과인을 가까이 하였는데 그래도 의심할 만한가?" 하고 물으니, 관중은 "사람의 정이란 그 자신의 몸을 아끼지 않는 일이 없는데, 자기 자신에 대하여 어려운 일을 참아낸다면 역시 장차 임금에게 어떻게 하겠습니까?" 하고 대답하였다. 환공이 "그렇겠군." 하였다. 관중이 죽자 환공은 이들을 모두 쫓아냈다. 그 다음해에 이들이 난을 일으켰다.

55 경보(慶父)는 노 환공의 서자이며 장공(莊公)의 형인데, 환공의 처인 애강(哀姜)과 통정을 하였다. 장공이 죽자 경보는 그 아들인 반(般)과 민공(閔公)을 죽이고 난을 일으키려 하였으나, 이루지 못하고 거(莒)로 도망쳤다. 거인들이

황상이 말하였다.

"훌륭하오."

조서를 내려 중지하게 하고 다시 북궁에서 술자리를 열게 하고 동군을 동사마문(東司馬門)으로 이끌어 들어오게 하였으며, 동방삭에게는 황금 30근을 내려주었다. 동군에 대한 총애는 이로부터 날로 쇠퇴하여 미약해졌다. 그 이후로도 공주와 귀인들은 대부분 여전히 예(禮)의 제도를 넘었다.

7　황상이 장탕(張湯)을 태중대부로 삼아 조우(趙禹)와 더불어 율령을 확정하게 하였는데, 조문(條文)을 깊이 적용하는데 힘썼다. 직책을 지키는 관리들을 한정하게 하고, 견지법(見知法)[56]을 만들어서 관리들이 서로 감시하는 것을 전하게 하였다. 법을 시행하는 것이 더욱 각박해진 것은 여기서부터 시작되었다.

8　8월에 명충(螟蟲)[57]이 있었다.

9　이 해에 관리나 백성들 가운데 당시의 할 일에 관하여 밝고, 먼저

그를 잡아오니 밀(密)에서 목매어 자살하였다.

56 다른 사람이 법을 범하는 것을 보고 알고서도 이를 고발하지 않으면 이를 고의로 풀어준 것으로 하는 것이다. 보고 알고서 이를 들어서 탄핵하지 않으면 각기 같은 죄를 준다. 잃어버리고 들어서 탄핵하지 않은 것은 면제로 판결하고, 그가 보지 않고 알지 않으면 걸리지 않는다.

57 명충은 그 유충이 벼 잎이나 줄기에 살면서 벼 잎과 줄기를 갉아먹는데, 1년에 두 번씩 부화하여 그 해로움이 심하다.

있었던 성인의 학술을 익힌 사람을 불러서 현(縣)에서 차례로 음식을 이어주면서 회계를 맡은 사람과 더불어 장안으로 올라오게 하였다.[58]

치천(菑川, 산동성 壽光縣) 사람 공손홍(公孫弘)이 대책을 말하였다.

"신이 듣건대, 상고시대의 요와 순 시절에는 작위와 상을 주는 것을 귀히 여기지 않았으나 백성들은 선(善)을 실천하도록 권고하였으며, 형벌을 무겁게 하지 않았으나 백성은 범하지 아니하였고, 몸소 올바름으로 인솔하니 백성의 믿음을 만났습니다. 말세에는 작위를 귀하게 보고 상을 후하게 주었지만 백성들에게 권하지 않으며, 형은 깊게 벌은 무겁게 내리지만 간사함이 그치지를 아니하니, 이것은 윗사람이 바르지 않아 백성들의 불신(不信)을 만난 것입니다.

무릇 상을 후하게 하고 형벌을 무겁게 하여서는 아직은 선한 일을 하도록 권고하고 잘못된 일을 금하게 하기에는 부족하며 반드시 믿어야 할 뿐입니다. 이러한 고로 능력을 통하여 관직을 임명한다면 직책을 나누어 잘 다스리게 되고, 쓸데없는 말을 하지 않는다면 사정을 잘 파악하게 되며, 쓸데없는 기구를 만들지 않는다면 부렴은 줄어들고, 백성들에게서 농사지을 시기를 빼앗지 않고 백성들의 노동력을 방해하지 않는다면 백성들은 부유해지고, 덕을 가진 사람을 나아가게 하고 덕이 없는 사람을 퇴출시키면 조정은 존경을 받습니다. 공로를 세운 사람을 위에 있게 하고, 공로를 세우지 않은 사람을 아래에 있게 한다면 여러 신하들 사이에 순차가 생기고, 벌은 죄에 해당하도록 준다면 간사한 일이 그치게 되고, 상은 똑똑한 사람에게 해당하는 것이라면 신하들에게

---

58 한대에 각 군에서는 1년에 한 번 회계를 조정에 보고하게 되어 있고, 이를 위하여 그 담당자가 장안에 오도록 되어 있다. 이 사람과 함께 오게 한 것이다.

선을 행하도록 권고할 것입니다.

무릇 이 여덟 가지는 다스림의 근본입니다. 그러므로 백성이라는 사
람들은 업무를 하되 다투지 않으며, 이치에 맞으면 원망하지 않게 되
고, 예의를 갖추면 흉포하지 않을 것이며, 그들을 아껴 주면 윗사람을
친하게 생각할 것입니다. 이것이 천하의 급히 해야 할 일입니다. 예의
(禮義)라는 것에 백성들이 복종하고, 상을 주고 벌을 주는 데에 순응한
다면 백성들은 금지하는 법을 범하지 않을 것입니다.

신이 듣건대, 기(氣)는 같으면 좇고, 소리는 비슷하면 응답합니다. 이
제 인주(人主)는 위에서 온화하고 덕스러우면 백성들은 아래에서 화합
하니, 그러므로 마음이 화합하면 기가 화합하고, 기가 화합하면 형체도
화합하게 되며, 형체가 화합하면 소리도 화합하고, 소리가 화합하면 천
지가 화합하여 응답합니다.

그러므로 음양이 화합하고, 바람과 비가 때를 맞추며 감로가 내리니,
다섯 가지 곡식은 풍년이 들고, 여섯 가지 가축은 번식하여 가화(嘉禾)
가 일어나고, 주초(朱草)[59]가 생기며, 산은 민둥산이 되지 않고 목은
마르지 않을 것이니, 이것이 화합하는 것의 지극한 경지입니다."

그때에 대책을 낸 사람이 100여 명이었는데, 태상(太常)[60]은 공손
홍의 것을 맨 아래에 놓아서 황제에게 올렸다. 대책이 상주되자 천자는
공손홍의 대책을 발탁하여 제일로 뽑아 박사로 삼고, 금마문(金馬門)
에서 대조(待詔)하게 하였다.[61]

---

59 감로·가화·주초는 모두 상서로움이 있는 이슬이나 곡식·풀을 말한다.

60 한대에는 제사를 담당하는 태상령이 교육도 담당하였었다.

61 금마문은 일직하는 환관이 휴식하는 곳이다. 그러나 이때는 아직 금마문이

제(齊)의 사람 원고(轅固)는 나이가 아흔 살쯤 되었는데, 역시 현량으로 징소(徵召)[62]되었다. 공손홍은 눈을 내리깔고 겸손하게 원고를 섬겼는데, 원고가 말하였다.

"공손자(公孫子)[63]는 올바른 학문에 힘써서 말하고, 구부러진 학문으로 세상 사람들에게 아부하지 마시오."

여러 유학자들이 대부분 원고를 헐뜯고 훼방하니, 원고는 드디어 늙었다는 이유로 그만 사직하고 돌아갔다.

이때에 파와 촉의 네 군[64]에서는 산을 뚫어서 서남이(西南夷)와 통교하려고 1천여 리에 있는 수자리에서 차례로 군향(軍餉)을 운반하였다. 여러 해가 되어도 길은 통하지 않고, 사졸들은 피로하고 배고프며 나뉘어 덥고 습기로 죽은 사람이 아주 많아졌고, 서남이들이 또 자주 반란을 일으켜 군사를 내어 공격을 하였는데, 거만(巨萬)을 헤아리고 소비하였으나 아무런 공도 세우지 못하였다.

황상이 이를 걱정하여 조서를 내려서 공손홍으로 하여금 시찰하게 하였다. 돌아와서 업무를 상주하여 '서남이는 아무 쓸모도 없다'고 대단히 헐뜯었으나 황상은 듣지 않았다. 공손홍은 조회 때마다 그 일의

라는 명칭의 휴게소는 없었고, 30년 뒤인 무제 태초 3년(기원전 102년)에 대완왕국 한(汗)의 말을 얻어 그 말을 동으로 만들어서 환관들의 관청인 노반문(魯班門) 밖에 세워 놓았기 때문에 금마문이라는 이름이 붙여졌다. 대조는 후에는 관직명으로 바뀐다. 이는 황제의 조서가 있기를 기다린다는 의미로 황제의 고문에 해당하는 직책이다.

62 황제가 중앙에서 부르는 것을 말한다.

63 공손홍을 높여 부른 말이다. 공손은 성이고 자는 존칭어이다.

64 촉군(蜀郡)·광한군(廣漢郡)·건위군(犍爲郡)·파군(巴郡)이다.

실마리를 개진(開陳)하고 인주로 하여금 스스로 선택하게 하면서도, 면전에서 꺾으면서 조정에서 다투려 하지 않았다. 이에 황상은 그의 행동이 신중하고 두터움을 살피게 되었는데, 변론하는 데도 여유가 있었고, 법률조문과 관리의 일까지 익히고, 유가의 학술로 수식되어 있어서 1년 동안에 벼슬이 좌내사(左內史)[65]에 이르렀다.

공손홍은 일을 상주하면서 불가하다고 한 것은 있었으나 조정에서는 변론하지 않았다. 늘 급암(汲黯)에게 틈을 내어 달라고 청하였는데, 급암이 먼저 이것을 발언하면 공손홍이 그 뒤에서 미루어 주니 천자가 늘 기뻐하였고, 말한 바를 모두 들어 주었으니 이로써 그는 날로 총애를 받게 되고 귀하게 되었다.

공손홍은 공경들과 더불어 의논하여 확정하기로 약정하고서 황상 앞에 이르러서는 그 약속을 모두 어기고 황상의 뜻에 순응하였다. 급암이 조정에서 공손홍을 힐난하며 말하였다.

"제인(齊人)[66]은 대부분 간사하고 사실대로 말하는 일이 없는데, 애초에, 신(臣)들과 이를 건의하기로 하였는데, 이제 그것을 전부 어기니 불충합니다."

황상이 공손홍에게 사실 여부를 물었다.

공손홍이 사죄하며 대답하였다.

"무릇 신(臣) 공손홍을 아는 사람은 신을 충성스럽다 할 것이고, 신을 모르는 사람은 신을 불충하다 할 것입니다."

---

65 장안 서부 지역의 책임자에 해당하는 직책이다.

66 공손홍을 가리키는 말이다. 공손홍은 제 지역의 산동성 치천현 사람이므로 공손홍을 제인(齊人)이라고 한 것이다.

황상은 공손홍의 말처럼 그렇게 생각하였다. 주위에서 총애를 받는 신하들은 매번 공손홍을 헐뜯었고, 황상은 그를 더욱 더 후하게 대우하였다.

무제 원광 6년(王子, 기원전 129년)

1   겨울, 처음으로 상인들의 수레에 세금을 계산하였다.[67]

2   대사농 정당시가 말하였다.

"위수(渭水)에서 땅을 파서 운하를 만들어 황하에까지[68] 이르게 하
면 관(關, 함곡관)의 동쪽으로 조운(漕運)하는 것이 빠르고 쉬울 것이며,
역시 운하 아래에 있는 민전(民田) 1만여 경(頃)에 물을 댈 수 있을 것
입니다."

봄에 조서를 내려서 사졸 수만 명을 동원하여 운하를 뚫는데, 정당
시의 대책대로 하라고 하여 3년 만에 개통되니, 사람들이 편하다고 여
겼다.

---

67 이때에 처음으로 상고의 수레와 배에 세금을 부과하여 계산하게 하였다.

68 운하, 즉 거(渠)는 장안에서 시작하여 남산 옆을 지나 황하에 이르렀는데, 길
    이가 300여 리였다.

3   흉노가 상곡(上谷, 하북성 懷來縣)에 침입하여 관리와 백성들을 노략질하고 죽였다. 거기장군 위청(衛靑)을 파견해 상곡에서부터 나아가게 하고, 기(騎)장군 공손오(公孫敖)를 대(代)에서부터 나아가게 하였으며, 경거(輕車)장군 공손하(公孫賀)를 운중(雲中, 내몽골 托克托縣)에서 출발하게 하고, 교기(驍騎)장군 이광(李廣)을 안문(雁門, 산서성 右玉縣)에서 출발하게 하니, 각기 1만의 기병이었는데, 흉노를 관시(關市) 아래에서 공격하였다.

위청이 용성(龍城, 몽골 和碩柴達木 湖 부근)에 이르러 흉노의 머리를 베거나 포로로 잡은 것이 700명이었고, 공손하는 얻은 바가 없었고, 공손오는 흉노에게 패하여 7천의 기병을 잃었으며, 이광 역시 흉노에게 패한 바 되었다.

흉노는 이광을 생포하여 두 마리의 말 사이에 망을 쳐서 그 위에 뉘어 놓고 10여 리를 갔는데, 이광은 죽은 척하다가 잠깐 사이에 벌떡 일어나 흉노의 말 위에 올라타서는 활을 빼앗고 말에 채찍을 때려 남쪽으로 달려서 드디어 벗어나서 돌아올 수 있었다.

한에서는 공손오와 이광을 옥리에게 내려 보내 참형으로 판결하였으나, 대속(代贖)하고 서인으로 삼았는데, 오직 위청에게만 관내후의 작위를 하사하였다.

위청은 비록 포로가 된 노복 출신[69]이었지만, 그러나 말을 잘 타고 활을 잘 쏘며 재주와 힘이 뛰어났으며 사대부를 만나면 예로써 대하고 사졸들에게는 은혜를 베풀고, 많은 사람들이 쓰이기를 기꺼워하며 장수의 자질을 갖고 있으니 그런 고로 매번 출격할 때마다 번번이 공로를

---

69 위청은 본래 평양공주 집의 기노(騎奴)였다.

세웠다. 천하에서는 이로 말미암아 황상의 사람 보는 것에 감복하였다.

4   여름에 큰 가뭄이 있었고, 황충이 있었다.

5   6월에 황상이 옹현(雍縣, 섬서성 鳳翔縣)에 행차하였다.

6   가을에 흉노가 자주 변경을 도적질하였는데 어양(漁陽, 북경시 密雲縣)이 특히 심하였다. 위위(衛尉) 한안국을 재관(材官)장군[70]으로 삼아 어양에 주둔하게 하였다.

무제 원삭 원년(癸丑, 기원전 128년)

1   겨울, 11월에 조서를 내렸다.

"짐이 일을 맡은 사람에게 깊이 조서를 내려서 염치를 일으키고 효도를 드러내어 거의 좋은 풍속을 이루어서 아름다운 성인이 남기신 업적을 이었다. 무릇 열 집으로 이루어진 읍(邑)에도 반드시 충성스럽고 믿을 만한 사람이 있고, 세 사람이 함께 길을 가면 그 가운데 나의 스승이 있다.[71]

---

70 위위는 수도의 경비를 책임지는 직책이고, 재관장군은 중무기를 다루는 장군을 말한다.

71 이 말은 《논어주소(論語注疏)》 권3과 권5에 '子曰 十室之邑 必有忠信如丘者焉'라는 말이 실려 있고, 권7에는 '子曰 三人行 必有我師焉'라는 말이 실려 있다.

지금 혹 온 군을 통틀어서 한 사람도 추천하지 않기에 이르렀으니, 이는 교화가 밑으로 내려가도록 강구하지 못한 것이며, 행적을 쌓은 군자가 위로 알려지는 것을 꽉 막고 있는 것이다. 또 똑똑한 사람을 추천하면 높은 상을 받을 것이나, 똑똑한 사람을 가리면 드러내어 죽게 되는 것이 옛날의 도(道)이다. 그러니 이천석[72]으로 천거를 하지 않는 자를 죄 주는 것에 대하여 논의하라."

유사(有司)가 상주하였다.

"효성스런 사람을 천거하지 않은 것은 조서를 받들지 않는 것이니, 마땅히 불경죄에 해당하며, 염치 있는 사람을 살피지 않은 것은 임무를 다하지 않은 것이니, 마땅히 면직시켜야 합니다."

상주한 것이 옳다고 하였다.

2   12월에 강도역왕(江都易王) 유비(劉非)[73]가 죽었다.

3   황제의 아들인 유거(劉據)가 탄생하였는데,[74] 위부인(衛夫人)의 아들이었다. 3월 갑자일(13일)에 위부인을 황후로 삼고 천하를 사면하였다.

---

72 한대 관직의 직급이다. 직급의 고하는 이천석에서 삼백석에 이르는데, 이천석 직급의 관직은 군의 태수이다.

73 경제의 아들로 전2년(기원전 162년)에 여남에 봉하여졌다가 3년(기원전 161년)에 강도로 옮겼다. 살아 있을 때에는 강도왕이었고, 죽은 다음 그 시호를 역왕이라고 한 것이다.

74 무제의 나이가 스물아홉 살이며, 이때 첫아들을 두었다.

4   가을에 흉노 2만의 기병이 한에 침입하여 요서(遼西, 하북성 盧龍縣) 태수를 죽이고 2천여 명을 약취하고 한안국이 주둔한 성벽을 포위하였다. 역시 어양(漁陽, 북경시 密雲縣)과 안문에도 들어와서 각각 1천여 명을 죽이거나 약취하였다.

한안국은 더 동쪽으로 옮겨서 북평(北平, 하북성 泉縣)에 주둔하였는데, 몇 달 후에 병들어 죽었다. 천자는 마침내 이광(李廣)을 다시 불러 벼슬을 주어 우북평(右北平) 태수로 하였다. 흉노들은 '한의 비(飛)장군'이라 부르며 그를 피하니, 몇 년 동안 감히 우북평에는 들어오지 못하였다.

5   거기(車騎)장군 위청이 3만의 기병을 거느리고 안문에서 출발하고, 장군 이식(李息)이 대(代)에서 출발하였는데, 위청이 목 베어 죽이거나 포로로 잡은 수는 수천 명이었다.

6   동이(東夷)의 예군(濊君)인 남려(南閭) 등이 28만 명과 함께 항복하니, 창해군(蒼海郡)[75]을 설치하였다. 사람을 옮기는 비용은 남이(南夷)에 비등하게 하니[76] 연(燕, 하북성 북부)과 제(齊, 산동성) 사이에서 소동이 일어났다.

7   이 해에 노공왕(魯共王) 유여(劉餘)와 장사정왕(長沙定王) 유발

---

75 이는 명목상의 군이다. 중국에 귀부하는 지역에 대하여 명의상으로 군의 이름을 주는 것이다.

76 남이를 복속할 때에 사용한 방법과 비슷하게 한 것을 말한다.

(劉發)[77]이 모두 죽었다.

8   임치(臨菑) 사람 주부언(主父偃)[78]과 엄안(嚴安), 무종(無終, 하북성 薊縣) 사람 서락(徐樂) 등이 서신을 올려 일에 관하여 말하였다.

애초에, 주부언은 제·연·조를 돌아다녔는데, 모두 후한 대우를 받을 수가 없었고, 제생(諸生)들은 서로 배척하면서 받아들이지를 않았는데, 집안이 가난하여 빌리려 하여도 얻은 것이 없어서 마침내 서쪽으로 가서 관(關, 함곡관)으로 들어와 대궐 아래에서 편지를 올렸더니, 아침에 상주하자 대궐에서 저녁에 불러들였다.

말한 것은 아홉 가지 일인데, 그 중에 여덟 가지는 율령이었고, 나머지 하나는 흉노 정벌을 간(諫)한 것이었다.

"사마법(司馬法)[79]에서 말하였습니다. '나라가 비록 크더라도 전쟁을 좋아하면 망하고 천하가 비록 평화롭다 하여도 전쟁을 잊으면 반드시 위험이 닥친다.' 무릇 성을 내는 것은 덕스러움을 거역하는 일이며, 무기라는 것은 흉기이며, 다툰다는 것은 마지막 대목입니다. 무릇 전쟁에서 승리하기를 힘쓰며 무력에 관한 일을 끝까지 한 사람은 후회하지 않은 사람이 없습니다.

---

77 유여와 유발은 모두 경제의 아들이다. 유여는 노왕이었는데 죽은 다음에 시호를 공왕으로 한 것이며, 유발은 장사왕이었는데, 죽은 다음에 시호를 정왕으로 한 것이다.

78 주부가 성인데, 전국시대의 조(趙) 무령왕이 스스로 자기를 주부라고 하였는데, 그의 지서(支庶)들이 이를 이용하여 성으로 한 것이다.

79 전하는 말에 의하면, 사마양저(司馬穰苴)는 용병을 잘하였는데, 그의 저서에서 언급한 병법을 사마법이라고 한다.

옛날 진(秦)의 황제가 전국(戰國)을 병탄하고 승리하기에만 힘쓰며 쉬지 않고 흉노를 공격하고자 하였습니다. 이사(李斯)가 간하였습니다. '아니 됩니다. 무릇 흉노는 성곽에 살거나 맡기고 쌓아 놓는 일이 없으며, 옮겨 다니는 것이 새처럼 거동하니, 잡아서 제압하기가 어렵습니다. 경무장을 하고 깊이 들어가면 반드시 양식이 끊어지고, 양식을 잇게 하고서 가면 무거워서 일할 곳에 다다르지 못합니다.

그 땅을 빼앗는다 하여도 이로움이 되기에는 부족하고, 그 백성들을 잡아와도 조화를 이루며 지켜나가기에는 부족합니다. 이기면 반드시 그들을 죽여야 하는데, 백성의 부모가 되어서 할 일이 아니고 중국(中國)[80]을 피폐하게 하여 흉노를 즐겁게 하니, 이는 장기적인 계책이 못 됩니다.'

진의 황제는 이를 듣지 않았고, 드디어 몽념(蒙恬)으로 하여금 병졸을 거느리고 호(胡, 흉노)를 공격하게 하여 땅 천 리를 개척하여 하(河, 황하)를 경계로 하였습니다. 땅은 본디 소택(沼澤)이고 소금기가 있어서 오곡이 나지 않습니다.

그런 다음에 천하의 정남(丁男)을 징발하여 북하(北河, 황하의 북쪽인 河套)를 지키게 하여 병사들을 노천에 들어 내놓게 한 것이 10여 년이나 되니, 죽은 사람을 헤아릴 수가 없지만 끝내 하(河, 황하)를 넘어서 북쪽으로 갈 수가 없었는데, 이는 어찌 사람의 숫자가 부족하고 무기와 장비가 갖추어지지 않아서이겠습니까? 그 형세가 안 되었습니다.

또 천하로 하여금 말의 꼴과 사람들의 양식을 나르게 하려면, 동수(東睡 산동성 文登縣)와 낭야(琅邪, 산동성 諸城縣)처럼 배를 띄울 수 있

---

80 중원 지역에 있는 나라라는 뜻으로 여기서는 진 왕조를 가리킨다.

는 군(郡)에서 시작하여 북하(北河)까지 전운(轉運)으로 수송하는데 대체로 30종(鍾)에 1석[81]을 옮기게 됩니다.

남자는 바쁘게 농사를 지어도 양향(糧餉)을 대기에 부족하고, 여자는 방적(紡績)을 하여도 휘장과 장막을 만들기에 부족하니, 백성들은 쓰러지고 피폐하고 고아와 과부, 노약자들을 길러 줄 수 없어 도로에서 죽은 사람이 서로 바라보게 되자, 대개 천하 사람들은 비로소 진에 반란하였습니다.

고황제(高皇帝)에 이르러서 천하를 평정하고 변방에서 땅을 경략하였는데, 흉노가 대곡(代谷, 하북성 蔚縣)의 밖에 모여 있다는 소식을 듣고 이를 공격하고자 하였습니다. 이에 어사인 성(成)이 나아가 간하여 이르기를, '안 됩니다. 무릇 흉노의 성품은 짐승처럼 모였다가 새처럼 흩어지는데, 이를 쫓는 것은 마치 그림자를 치는 것과 같습니다. 이제 폐하께서 풍성한 덕을 가지고 흉노를 공격하는 것은 신은 가만히 이를 위험스럽게 생각합니다.'라고 하였습니다.

고제는 듣지 않고 북쪽으로 가서 대곡에 이르렀다가 과연 평성(平城)에서 포위를 당한 일이 있었습니다.[82] 고황제는 이를 후회함이 몹시 심하였고, 마침내 유경(劉敬)으로 하여금 가서 화친의 약조를 맺게 하였고, 그러한 뒤에 천하 사람들이 전쟁을 잊어버렸습니다.

무릇 흉노를 잡아서 제압하기가 어려운 것은 한 세대의 일이 아니

---

81 6곡(斛) 4두(斗)가 1종(鍾)이다. 이를 계산해 보면 192곡을 소비하고서 1석 (石)을 목적지까지 운반할 수 있었던 것이다.

82 한 고조 7년(기원전 200년)에 있었던 일이고, 이 내용은 《자치통감》 권11에 실려 있다.

니, 가서 도적질하고 침략하고 달아나는 것이 직업이기 때문이고, 천성이 본디 그러합니다. 위로 우(虞)·하(夏)·은(殷)·주(周)의 시기로 올라가 보아도 본디 책임지우고 감독하지 아니하고 금수로 길러 주었지 사람에 소속시키지 않았습니다. 무릇 위로 우·하·은·주시대의 통치 방법을 보지 않고, 아래로 근세에 실패하였던 것을 따르면, 이는 신이 크게 걱정하는 바이며, 백성들이 아프고 고생스러워하는 바입니다."

엄안(嚴安)이 편지를 올려서 말하였다.

"지금 천하의 인민들은 재물을 사치스럽게 쓰고, 거마(車馬)·의복·주택을 모두 경쟁하듯 장식하고 있고, 오성(五聲)을 조화롭게 하여 절도 있게 연주하고, 오색(五色)을 섞어 무늬를 놓으며, 오미(五味)를 거듭하여 바야흐로 앞에 차려 놓고서 천하에 드러내 보이려 합니다.

저들 백성들의 마음은 아름다운 것을 보면 이를 원하니, 이는 백성들에게 사치스러운 것을 가르치는 것이고, 사치를 하면 절도를 갖지 못하니, 넉넉할 수 없고 백성들은 근본[농사]을 떠나 말업[상업]을 요구합니다.

말업도 헛되이 얻을 수 있는 것은 아니니, 그러므로 진신(搢紳)인 사람도 꺼리지 않고 속이는데, 칼을 든 사람은 경쟁적으로 사람을 죽이며 속이고 빼앗아서 세상이 수치심을 모르게 되니 이로써 법을 범하는 사람이 많습니다.

신이 바라건대 백성들을 위하여 통제하고 헤아려서 그들의 음란(淫亂)함을 막고, 가난한 사람과 부유한 사람이 서로 비추어지지 않게 하여 그들의 마음을 화합시키고, 마음과 뜻이 안정되면 도적은 소멸되고 형벌도 적어져서 음양이 고르게 되고 만물이 풍성해집니다.

옛날에 진왕(秦王)은 뜻을 국토를 넓히는데 두고 마음은 안일함에 두며 해외에 위엄을 떨치고 싶어서, 몽념(蒙恬)으로 하여금 병사를 거느리고 북으로 가서 흉노를 공격하게 하고, 또 위(尉) 도수(屠睢)로 하여금 누선(樓船)[83]의 군사를 거느리고 월(越)을 공격하게 하였습니다.

이때를 맞이하여 진(秦)의 화(禍)는 북쪽 흉노에게서 얽어졌는데, 남쪽으로 월에까지 걸치게 되니, 군사를 쓸데없는 땅에다 잠재워 두게 되어 나아가면 물러설 수가 없었습니다. 10여 년을 시행하니 정남(丁男)들은 갑옷을 걸치고, 정녀(丁女)들은 운반을 맡게 되어 고생스러워 즐겁게 살 수가 없어서 스스로 길가 나무에 목을 매어 자살하는 사람이 서로 바라보였습니다.

진의 황제가 붕어하자, 천하는 크게 배반하여 후세를 없애고 제사도 끊겼으니 병사들을 궁지에 몬 화입니다. 그러므로 주(周)는 약하여 이를 잃었고, 진(秦)은 강하여 이를 잃었으니, 변화할 줄 모르는 데서 온 화(禍)입니다.

이제 서이(西夷)[84]를 호령하고, 야랑(夜郎)이 조공하게 하고, 강이(降夷)와 북(僰, 사천성 의빈시)이 예주(濊州)를 경략하여 성읍(城邑)을 세웠으며, 흉노에 깊이 들어가서 그들의 용성(龍城, 몽골 碩柴達木湖 부근)을 불태웠는데, 의론하는 사람들은 이를 대단히 좋은 일이라고 하였지만 이것은 신하들의 이익이지 천하의 장구한 정책은 아닙니다."

서락(徐樂)이 편지를 올려서 말하였다.

"신이 듣건대, 천하의 걱정거리는 토붕(土崩)에 있지 와해(瓦解)에 있지 않다고 하는데, 옛날이나 오늘날이나 마찬가지입니다.

---

83 여러 층(層)으로 만들어서 마치 누각이 있는 것처럼 만들어진 배를 말한다.
84 다른 판본에는 남이(南夷)로 되어 있는 것도 있다.

무엇을 토붕(土崩)이라고 합니까? 진의 말기가 그것입니다. 진섭(陳涉)은 천승(千乘)[85] 같은 높은 지위도 없었고, 한 치의 땅도 갖고 있지 않았고, 왕공(王公)이나 대인(大人)이나 명족(名族)의 후예도 아니었으며, 향촌에서 명예를 갖고 있지도 않았고, 공자·증자·묵자와 같은 현명함이나 도주(陶朱)와 의돈(猗頓)[86] 같은 부유함도 갖고 있지 않았습니다. 그러나 궁벽한 골목길에서 일어나 창을 잡고 떨치며 한쪽 어깨를 드러내며 큰소리로 부르짖으니, 천하에서는 그 바람을 좇았습니다.

이것이 그렇게 된 연고는 무엇입니까? 백성들은 곤란한데 주군은 휼민하지 않고, 아랫사람들은 원망하는데 위에서는 알지 못하였으며, 풍속은 이미 문란하였으나 정치는 닦여지지 않은 데서 말미암았던 것입니다. 이 세 가지가 바로 진섭이 밑천으로 삼았던 것들인데, 이것을 '토붕'이라고 하는 것입니다. 그러므로 천하의 걱정거리는 '토붕'에 있다고 말합니다.

무엇을 와해(瓦解)라고 합니까? 오(吳)·초(楚)·제(齊)·조(趙)의 군사가 이것입니다. 일곱 나라가 크게 반역하기로 모의하고서 부르짖기를, 모두 만승의 군주를 칭하며 갑옷을 입은 병사를 수십만 명이나 이끌고 있어서 위엄은 경내를 엄하게 하기에 충분하였고, 재물도 그 병사와 백성들을 권고하기에 충분하였지만 그러나 그들은 서쪽으로 가서는 한

---

85 천자는 수레를 만 대 가지고 있어서 만승이라 하고, 제후는 수레를 천 대 가지고 있어서 천승이라 한다. 따라서 여기서는 제후를 말한다.

86 도주(陶朱)는 원래 월의 대부 범려(范蠡)로 재산을 많이 모아 재상이 되었고, 그런데 월왕 구천이 모반죄를 뒤집어씌우려 하자 도읍(산동성 定陶縣)으로 도망쳐 그곳에서 재산을 모아 스스로 도주공이라 하였다. 의돈 역시 전국시대의 염상으로 부호가 된 사람이다.

치의 땅도 **빼앗**을 수 없었고 몸은 중원에서 잡혀 버렸는데, 이것은 그 연고가 무엇입니까? 권력은 필부[진섭]보다 가볍거나 군사가 진섭의 군대보다 약해서가 아니었습니다.

당시에는 먼저 돌아가신 황제의 덕이 아직 다 쇠퇴하지 않아서 고향에서 편안히 지내며 현재의 풍속을 즐기는 백성들이 있었으니, 그러므로 제후들이 자기 국경 밖에서는 도움을 줄 수 없었는데, 이것을 와해라고 합니다. 그러므로 천하의 근심거리는 와해에 있지 않다고 하였습니다.

이 두 가지 본체는 안위(安危)의 분명한 요건이니, 현명한 군주가 마땅히 유의하여 깊이 살펴셔야 할 것입니다.

근래에 관동 지방에서 자주 오곡이 풍년이 들지 않았고, 몇 년 동안 회복되지 않아서 백성들은 대부분 궁핍한데, 이에 변경의 일까지 겹치게 되었으니, 계산하여 미루고 이치에 따라 이를 보건대, 백성들은 그들이 살고 있는 것에 마땅히 불안하게 느낄 것입니다.

불안하니, 그러므로 쉽게 움직이고, 쉽게 움직이는 것은 토붕의 형세입니다. 그러므로 현명한 군주란 다만 만 가지 변화하는 근원을 관찰하여 안위의 기틀을 밝히고 이를 묘당(廟堂)에서 잘 닦아서 아직 형체가 생기지 않은 근심거리를 없애는 것이고, 그 요점은 오로지 천하에 토붕의 형세가 없도록 기(期)하는 것뿐입니다."

편지가 상주되자 천자는 세 사람[87]을 불러 말하였다.

"공들은 모두 그동안 어디에 있었소? 어찌하여 서로 만나 보는 것이 늦었단 말이오!"

---

87 세 사람이란 무제에게 간언을 한 주부언, 엄안, 서락을 말한다.

그들에게 모두 벼슬을 주어 낭중(郎中)으로 삼았다. 주부언(主父偃)은 더욱 가까이하며 찾아서 1년 동안에 무릇 네 번이나 승진하여 올라 중대부(中大夫)가 되었고, 대신들은 그의 입을 두려워하여 수천금의 뇌물을 주었다.

어떤 사람이 주부언에게 말하였다.

"대단히 횡포를 부린다."

주부언이 말하였다.

"내가 살아서 다섯 솥[88]에서 만든 음식을 먹지 못하면 죽어서는 바로 다섯 솥에 팽(烹)을 당할 것이오."

---

88 오정의 음식이란 양, 돼지, 사슴, 물고기, 간육을 말하며, 화려한 음식을 지칭하는데, 이는 제후가 먹는 음식이다. 이에 대하여 경대부는 셋을 먹는다. 이는 의미로서 제후나 경대부를 팽하지 않으면 스스로 팽된다는 뜻으로 볼 수 있다.

강간약지 정책과 흉노 그리고 장건

무제 원삭 2년(甲寅, 기원전 127년)

1   겨울, 회남왕에게 궤장(几杖)을 내려주며[89] 조현하지 말도록 하였다.

2   주부언이 황상에게 말하였다.

"옛날 제후는 100리에 불과하여 강약의 형세에서 쉽게 통제하였습니다. 오늘날의 제후들은 혹 성을 수십 개나 이어갖고, 땅은 사방으로 천 리이어서, 느슨하게 하면 교만하고 사치하며 쉽게 음란해지고, 급하게 하면 강함으로 막고 서로 합종하여 경사(京師, 한의 중앙정부)에 거역하는데, 법을 가지고 그들을 나누어 삭제하면 반역의 싹이 틀 것이니, 앞의 조조(鼂錯)가 이런 것입니다.[90]

---

89 회남왕은 무제의 숙부인 유안(劉安)이고, 궤장은 궤안(几案)과 지팡이인데, 이는 노인에 대한 예우로 주는 물건이다.

90 이 일은 경제 전3년(기원전 154년)의 일이고, 그 내용은 《자치통감》 권16에 실려 있다.

오늘날 제후들의 자제는 혹 수십이지만 적자가 이어받아 대신 서고 나머지는 비록 골육이라 하여도 한 치의 봉토도 없으니 인효(仁孝)의 도리가 선양되지 않습니다. 바라건대 폐하께서는 제후들로 하여금 은혜를 넓히게 하여 자제에게 나누어 주게 하고, 그 땅으로 그들을[91] 후작으로 삼으면 저들은 사람마다 원하는 것을 얻음으로 기뻐할 것이며, 황상께서는 덕을 베푸시면서 실제로는 그 봉국(封國)을 나누는 것이니 삭지(削地)하지 않고도 점차 약해집니다."

황상은 이 말을 좇았다.

봄, 정월에 조서를 내렸다.

"제후 왕들 가운데 혹 사사롭게 은혜를 넓혀 자제들에게 채읍을 나누어주고자 하는 사람은 각기 조목조목을 써서 올리면, 짐이 또한 임석하여 그 이름을 정할 것이다."

이에 번국들이 비로소 나누어지기 시작하였고, 그 자제들은 모두 후(侯)가 되었다.

3   흉노가 상곡(上谷, 하남성 懷來縣)과 어양(漁陽, 북경시 密雲縣)에 들어와서 관리와 백성 1천여 명을 살해하고 약취(略取)하였다. 위청과 이식을 파견하여 운중(雲中, 내몽골 托克托縣)에서 출발하여 서쪽으로 가서 농서(隴西, 감숙성 臨洮縣)에 이르러 흉노의 누번(樓煩)과 백양(白羊)을 하남(河南, 河套)에서 치게 하여 호(胡, 흉노)의 수급(首級)과 포로 수천 명과 소와 양 수백만 마리를 얻었으며, 백양왕과 누번왕이 달아나니 드디어 하남의 땅을 빼앗았다.

---

91 적자가 아닌 여러 아들들을 말한다.

위청을 장평후(長平侯)에 책봉한다는 조서를 내리고, 위청의 교위(校尉)인 소건(蘇建)과 장차공(張次公)이 모두 공로를 세웠으므로 소건을 책봉하여 평릉후(平陵侯)로 삼고, 장차공을 안두후(岸頭侯)로 삼았다.

주부언이 말하였다.

"하남의 땅은 비옥하고 밖으로는 하(河, 황하)가 막고 있어서, 몽념이 이곳에 성을 쌓고 흉노를 구축하였고, 안으로는 전운(轉運)과 수자리를 서는 사람들의 운송비용을 절약할 수 있어서 중국(中國)의 판도를 넓히고 흉노를 없애는 근본입니다."

황상이 공경들에게 내려 보내어 의논하도록 하였지만 모두 불편하다고 말하였다.

황상은 끝내 주부언의 계책을 채용하여 삭방군(朔方郡, 내몽골 이맹의 서북쪽)을 세우고 소건(蘇建)으로 하여금 10여만 명을 동원하여 삭방성을 축조하게 하고, 다시 옛날 진(秦) 시절에 몽념이 만들었던 요새를 수리하고, 이어서 하[황하]를 굳게 하였다.

전운(轉運)이 아주 멀게 되어 산(山, 효산)의 동쪽에서부터 모두가 그 수고로움을 받게 되었고, 비용도 수 십 백 거만(巨萬)이나 되어 부고는 아울러 텅 비었고 게다가 한도 역시 상곡(上谷, 하북성 懷來縣)에 있는 한쪽으로 치우쳐진 현(縣)인 조양(造陽, 하북성 隆化縣의 동북쪽) 땅을 포기하여 호(胡, 흉노)에게 주었다.

4   3월 그믐, 을해일에 일식이 있었다.

5   여름에 백성을 모집하여, 삭방으로 10만 명을 이주시켰다.

6   주부언이 황상에게 유세하였다.

"무릉(茂陵)이 처음 세워졌을 때,[92] 천하의 호걸들과 겸병을 하는 집안사람들과 무리를 어지럽힌 백성들을 모두 무릉으로 옮길 수가 있어서, 안으로 경사(京師)를 알차게 하였고, 밖으로는 간교하고 교활한 사람들을 없앴으니, 이것이 이른바 죽이지 아니하고도 해로운 것을 없앤 것입니다."

황상은 이 말을 좇아 군국(郡國)의 호걸과 재산이 300만 전 이상인 사람을 모두 무릉으로 이사시켰다.

지(軹, 하남성 濟源縣) 사람 곽해(郭解)는 관(關, 함곡관) 이동 출신의 큰 협객(俠客)이었는데, 역시 사민(徙民)[93]에 포함되어 있었다. 위청 장군이 그를 위해 말하였다.

"곽해의 집은 가난하니, 사민 속에 넣는 것은 맞지 않습니다."

황상이 말하였다.

"곽해는 포의(布衣)인데, 권세가 장군으로 하여금 그를 위해 말하게 하였으니, 이것은 그 집안이 가난하지 않다는 것 아니겠소?"

끝내 곽해의 집안도 사민하였다.

곽해는 평생 눈만 흘겨도 사람을 죽이는 일이 많았는데, 황상은 그 소문을 듣고 관리를 내려 보내어 곽해를 체포하여 처리하게 하였는데, 죽인 것은 모두 사면령 이전에 있었다.

지(軹)의 어떤 유생이 사자(使者)를 모시고 앉아 있었는데 그 손님이

---

92 무제가 즉위한 다음해인 건원 2년(기원전 139년)은 무제가 열아홉 살 되는 해였는데, 섬서성 홍평현의 동북쪽에 자기의 능묘를 미리 만들기 시작하였다.

93 정부가 일반 백성을 강제로 옮기는 것을 말한다.

곽해를 칭찬하자 유생이 말하였다.

"곽해는 간사함을 가지고 공법(公法)을 범하는데, 어찌 그를 현명하다 하십니까?"

곽해의 손님이 보고하니 그 유생을 죽이고 그의 혀를 잘랐다. 관리가 이것을 가지고 곽해를 나무라니, 곽해는 실제로 그를 살해한 사람을 모른다고 하였고, 죽인 자도 역시 곽해가 누구인지 절대로 모른다고 하였다.

관리가 곽해에게 죄가 없다고 상주하였더니, 공손홍이 의논하여 말하였다.

"곽해는 포의로 임협(任俠)이 되어 권력을 행사하면서 눈만 흘겨도 사람을 죽여 왔으니, 비록 곽해가 비록 알지 아니한다 하여도 이 죄는 곽해가 그를 죽인 것보다 심하여 대역무도한 죄에 해당됩니다."

드디어 곽해를 족주(族誅)[94]하였다.

❖ 반고(班固)[95]가 말하였습니다.

"옛날에 천자는 나라를 세우고 제후는 집안을 일으키며 경대부(卿大夫)에서 서인에 이르기까지 각각 차등이 있었으니, 이리하여서 백성들은 그 윗사람을 섬기고 복종하였으며, 아랫사람이 넘보는 일이 없었다.

---

94 형벌의 하나로 가족 전체를 주살하는 것이다.

95 후한대의 역사가로 《한서》를 지은 사람이다. 그의 평론도 《한서》에서 내린 평론이다.

주(周) 왕실이 이미 쇠미해지고 나자 예악(禮樂)과 정벌하는 일을 제후들에게서 나왔는데, 환공(桓公)과 문공(文公) 이후에는 대부(大夫)가 대대로 권력을 잡고, 배신(陪臣, 중신)들이 명령을 집행하였다.

능멸하고 무시하는 것이 전국(戰國)에 이르러서는 합종하고 연형(連衡)하였고, 이것에 연결된 것은 열국의 공자(公子)들이었으니, 위에는 신릉군(信陵君)이 있었고, 조에는 평원군(平原君)이 있었고, 제에는 맹상군(孟嘗君)이 있었고, 초에는 춘신군(春申君)이 있어서 모두 왕공들의 세력에 의지하여 다투어 유협(遊俠)이 되었고, 닭 울음을 울고 개 짓는 소리를 내는 도둑[96]이라도 빈객으로 모시지 않는 일이 없었다.

그리하여 조의 재상인 우경(虞卿)이 자기 나라와 임금을 버리고, 위제(魏齊)의 액난(厄難)을 끝내 바꾸었으며,[97] 신릉군 무기(無忌)는 호부(虎符)를 훔치고 명령을 고쳐서 장군을 죽이고 군사를 오로지 하여 평원군의 급한 상황을 구하려고 달려갔는데,[98] 모두 제후들이 중히 여기는 태도를 취하여 천하에 그 이름이 드러났으며, 팔을 잡고 돌아다니며 말질이나 하는 사람들을 네 명의 호걸이라 하여 우두머리로 쳤다. 여기에서 공적인 것을 배반하고 사

---

96 이 사건은 주 난왕 17년(기원전 298년)에 있었고, 그 내용은《자치통감》권3에 실려 있다.

97 이 사건은 주 난왕 56년(기원전 259년)에 있었고, 그 내용은《자치통감》권5에 실려 있다.

98 이 사건은 주 난왕 57년(기원전 258년)에 있었고, 그 내용은《자치통감》권5에 실려 있다.

사로운 무리를 위해 죽는다는 의논이 만들어지고, 직책을 지키고 윗사람을 받든다는 의(義)는 폐지되었다.

한(漢)이 일어나기에 이르자 금지하는 법망이 느슨하고 넓어졌지만 올바르게 고치는 것을 몰랐다. 이러한 연고로 대(代)의 재상 진희(陳豨)에게는 따르는 수레가 1천 대였고,[99] 오비(吳濞, 오왕 유비의 준말)와 회남왕이 모두 빈객을 초청하였는데 천 명을 헤아렸고, 외척 대신인 위기(魏其)와 무안(武安)의 무리들은 다투어 경사(京師)에서 좇았고, 포의인 유협(遊俠) 극맹(劇孟)과 곽해 같은 무리들은 여염(閭閻)에서 말을 달려 사람들을 놀라게 하고, 권세는 한 주(州)의 영역에서 횡행하며 힘은 공후들을 꺾으니, 많은 서민들이 그들의 이름과 행적을 영광으로 알고 이를 바라고 흠모하였다.

비록 그들이 형벌에 빠졌지만, 스스로는 몸을 죽여서 이름을 남겨서 계로(季路)나 구목(仇牧)[100] 같은 사람은 죽으면서도 후회하지 않았다. 그러므로 증자는 말하였다. '위에서 그 도(道)를 잃으면 백성들은 흩어져서 오래도록 간다.'[101]

밝은 임금이 위에 있어서 좋고 나쁜 것을 이들에게 보여 주고, 예법으로 가지런히 하지 않으면 백성들이 어떻게 금법(禁法)을 알아서 올바른 곳으로 돌이키겠는가?

---

99 이 사건은 한 고제 10년(기원전 197년)에 있었고, 그 내용은 《자치통감》 권 12에 실려 있다.

100 두 사람 모두 춘추시대 사람이다. 각각 위(衛)와 송(宋)에서 내란 중에 반군에게 참살되거나 피살되었다.

101 《논어》에 나오는 말이다.

옛날의 정법(正法)에는 '오백(五伯)은 삼왕(三王)[102]의 죄인이고, 육국(六國)은 오백의 죄인'이라 하였으니 무릇 이 네 명의 호걸이란 자들 또한 육국의 죄인이다. 하물며 곽해의 순서는 필부(匹夫)의 조그만 것으로서 살생하는 권한을 훔쳤으니, 그 죄는 이미 주살된 것으로 용서할 수가 없다.

그가 따뜻하고 선량하여 널리 사랑을 베풀고, 가난한 사람을 진휼하며 급한 사람을 돌보아주고, 겸손하여 물러나며 스스로 자랑하지 않았던 것은 역시 모두 뛰어난 자세를 가진 것이다. 애석하다! 도덕(道德)으로 들어가지 아니하고, 진실로 말류(末流)에서 방종하였으니, 몸을 죽이고 종족도 없앴으니 불행한 일이 아닌가?"

❖ 순열(荀悅)[103]이 말하였습니다.

"세상에는 세 종류의 '유(游)'가 있는데, 덕스러움의 도둑이다. 그 첫째는 유협(游俠)이요, 두 번째는 유세(遊說)이며, 세 번째는 유행(遊行)이다.

기세를 세워서 위엄을 만들거나 복(福)을 만들고, 사사로운 교제

---

102 오백(五伯)은 제 환공(齊 桓公), 진 문공(晉 文公), 진 목공(秦 穆公), 초 장왕(楚 莊王), 오광(吳光)을 말하며, 삼왕(三王)은 하우(夏禹), 은탕(殷湯), 주 무왕(周 武王)을 말한다.

103 후한대의 역사가이다. 후한 헌제 때에 금중(禁中)에서 시강(侍講)하였고, 그 후에 승진하여 비서감, 시중에 올랐으며, 당시에 조조가 정권을 쥐고 있어서 대체되는 정책을 바쳤으나 채택되지 않자《신감(申鑑)》5편을 쓰고, 다시 좌전체로《한기(漢紀)》30편을 썼는데, 이 책은 사건의 내용은 적고, 변론한 것이 많은 것이 특징이다.

를 맺어서 세상에서 강함을 세우는 사람을 유협이라 하고, 말을 수식하여 변명하고 꾀를 만들어 속이며 천하를 달리고 쫓으면서 당시의 세력에 요구하는 것을 유세라 하고, 모습으로는 어진 것을 취하여서 시절(時節)에 좋아하는 것에 영합하며, 사사로운 무리들과 연결하고 헛된 명예를 세워서 권리를 만드는 것을 유행이라 한다.

이 세 가지는 환란이 생기게 하는 것인데, 도를 상하게 하고 덕을 해치며, 법을 뭉그러트리고 세상을 현혹하여서 먼저 돌아가신 왕자(王者)들이 신중히 하였던 것이다. 나라에는 사민(四民)[104]이 있어서 각기 그 직업을 수행하는데, 사민의 직업에서 말미암지 않은 사람을 간민(姦民)이라 한다. 간민이 생기지 않으면 왕도는 마침내 완성된다.

무릇 이 세 가지 '유(遊)'에 만들어지는 것은 말세(末世)에 생기는데, 주(周)와 진(秦)의 말기에 더욱 심하였다. 위에서 밝지 않으니 아래는 올바르지 못하며, 제도가 세워져 있지 않으니 기강이 해이해지고 폐지되고, 헐뜯음과 칭찬으로 영광과 욕됨으로 여기고 그 진실의 알맹이를 찾지 않고, 기쁨과 미움으로 이해(利害)를 삼고 그 진실을 논(論)하지 않으며, 기쁨과 성냄으로 상을 주고 벌을 내리니, 그 이치를 살피지 아니하였다.

위와 아래가 서로 모순되니 만사가 어그러지고 잘못되고, 이로써 논하는 사람은 박함과 후함을 계산하여 말을 토해내고, 사람을 가려 뽑는 사람은 가까운지 먼지를 촌탁(忖度)하여서 붓을 들고, 선과 악은 많은 사람들의 말속에서 어그러지고, 공로와 죄는 왕

---

104 사농공상(士農工商)을 말한다.

(王)의 법(法)에서 어지럽혀진다.

그러하니 이로움을 의(義)로 얻을 수 없고, 해로움도 도(道)를 가지고 피할 수가 없다. 이리하여 군자는 예(禮)를 어기고, 소인은 법을 범하며, 분주하게 돌아다니면서 직책을 뛰어넘고 법도를 참칭(僭稱)하여 화려하게 수식하며, 알맹이를 폐하고 다투어 당세의 이익만 좇는다.

부형에 대한 존경은 간단히 하면서도 빈객에 대한 예의는 숭상하며, 골육에 대한 은혜는 야박하게 하면서도 친구에 대한 사랑은 돈독히 하고, 수신(修身)하는 도(道)는 잊고 많은 사람들의 칭찬을 요구하며, 입고 먹는 직업을 잘라내어 향연 베푸는 일에 공급하기를 좋아하며, 포저(苞苴)[105]는 문 앞의 뜰에 가득 차고, 초빙하고 문안하는 일은 도로에서 서로 엇갈리고, 편지의 기록이 공문보다 많으며,[106] 사사로운 업무가 관청의 일보다 많으니, 이리하여 유속(流俗)이 만들어지고 정도(正道)는 파괴되었다.

이리하여서 성스러운 임금이 위에 있으면 나라를 경륜(經綸)하고 백성들에게 질서를 주며, 그 제도를 올바르게 하고, 선과 악은 공로와 죄를 결정함에서 중요하며 헐뜯고 칭찬하는 데에서 어지럽히지 않고, 그 말을 듣고 그 일에 대한 책임을 묻고, 그 명칭을 들어서 실제를 지적한다.

---

105 물고기와 뭍 고기를 풀로 싸놓은 것을 말한다.

106 기록을 남기기 어려운 시기라는 점을 감안한다면, 개인 편지가 공문보다 많다는 것은 개인의 업무가 공적인 업무보다 많고 중요하게 여긴다는 것을 의미한다.

그러므로 사실이 그 소리에 상응하지 아니하면 이를 허(虛)라 하고, 정(情)이 그 모습을 덮지 못하면 이를 거짓[僞]이라 말하고, 헐뜯고 칭찬하는 것이 그 진실을 잃어버리면 이를 무(誣, 誣告)라 하고, 사실을 말하면서 그 비슷한 경우를 도외시하면 이것을 망(罔, 欺罔)이라 한다.

허위(虛僞)의 행동은 만들 수가 없고, 무망(誣罔)하는 말은 통용될 수가 없고, 죄를 지은 사람에게 요행이 없고, 죄과가 없는 사람은 근심하거나 두려워하지 않고, 청탁하려고 알리지만 갈 길이 없고, 뇌물은 쓸 곳이 없고, 화려한 글은 자취를 감추고 붕 떠 있는 말은 사라지고, 거짓 변론은 금지되고, 음탕한 지혜는 끊기고, 백가(百家)들의 분란을 내쫓고 성인의 지극한 도(道)로 통일되며, 어짊과 은혜로 양육하고 예악을 가지고 이를 빛나게 하니, 풍속은 안정되고 커다란 교화는 이루어진다."

7 연왕(燕王) 유정국(劉定國)이 그의 아버지인 강왕(康王, 劉嘉)의 희첩과 간통을 하고 동생의 처를 빼앗아 희첩으로 삼았다. 역시 비여(肥如, 하북성 盧龍縣) 현령 영인(郢人)[107]을 살해하니 영인의 형제들이 편지를 올려 이를 고발하고, 주부언이 중간에서 그 일이 드러나게 하였다. 공경들이 유정국을 주살하라고 청하니, 황상이 이를 허락하였다. 유정국은 자살하였고, 황상은 연(燕)을 없앴다.

제(齊)의 여왕(厲王)인 유차창(劉次昌)도 그의 누나인 기옹주(紀翁主)[108]와 통정하였다. 주부언이 딸을 제왕에게 시집보내려고 하였는데,

---

107 비여현은 연국에 속하였으며, 비여현의 현령인 영인의 성은 알 수 없다.

제의 기태후(紀太后)[109]가 허락하지 않았다.

주부언은 이어서 황상에게 말하였다.

"제의 임치(臨菑)는 10만 호여서 시조(市租, 저자에 붙이는 세금)가 천금이고, 사람이 많고 부유하여 장안보다도 크니, 천자의 친동생이나 친아들이 아닌 사람은 여기서 왕 노릇을 할 수가 없습니다. 이제 제왕은 친속 관계로 보면 더 멀어지고 있으며,[110] 또 듣건대, 제왕은 그의 누이와 난잡하다 하니 청하건대 이를 다스리십시오."

이에 황제는 주부언에게 벼슬을 주어 제의 재상으로 삼고, 또 그 정사를 바르게 하라 하였다.

주부언이 제에 이르러 왕의 후궁과 환관들을 징치(懲治)하니 말하는 것이 왕에 이르렀는데, 왕은 두려워서 약을 먹고 자살하였다. 주부언은 젊었을 때에 제와 연과 조를 여행한 적이 있는데, 귀하게 되자 연이어 연과 제를 파괴하였다.

조왕 유팽조(劉彭祖, 경제의 둘째아들)는 두려워서 황제에게 편지를 올려서 주부언이 제후들의 금(金)을 받았고 이러한 연고로 제후들의 자제가 대부분 책봉될 수 있었다고 하였다. 제왕이 자살하기에 이르자 황상이 듣고 크게 화를 내며 주부언이 그 왕에게 겁을 주어 자살하게

---

108 황제의 딸을 공주라 하고, 친왕의 딸을 옹주라 하며, 이 옹주가 기(紀)씨 성을 가진 사람에게 시집을 갔기 때문에 기옹주라고 부른 것이다.

109 제왕의 어머니를 말한다. 성이 기씨(紀氏)이기 때문에 기태후로 불리며, 이 사람의 딸이 기옹주일 것이다.

110 제의 1대 왕인 유비(劉淝)는 유방의 아들이며, 2대 유장려(劉將閭), 3대 유수(劉壽)가 뒤를 이었고, 이 시기의 4대 유차창(劉次昌)은 현재의 황제인 무제(劉徹)와는 촌수가 멀어졌다.

만들었다고 생각하고 마침내 그를 불러서 관리[형리]에게 내려 보냈다.

주부언은 제후들에게서 금을 받아 착복하였지만, 실제로 왕에게 겁을 주어 자살하게 하지는 않았다. 황상이 그를 죽이고자 하지 않았으나, 공손홍이 말하였다.

"제왕이 자살하였고 그 후사도 없는데, 나라[제후국]가 없어져서 군(郡)이 되어 한에 편입되는데, 주부언이 본시 으뜸가는 죄수입니다. 폐하께서 주부언을 죽이지 않으시면 천하에 사죄할 수가 없습니다."

이에 드디어 주부언을 족멸(族滅)하였다.

8   장구(張歐)가 면직되었고 황상은 요후(蓼侯, 衡山國 屬縣인 요의 후작) 공장(孔臧)을 어사대부로 삼고자 하였다. 공장이 사양하면서 말하였다.

"신은 대대로 경학(經學) 연구를 업으로 해왔으니 빌건대 태상(太常)으로 삼아 신의 가업을 관장하게 해주신다면 사촌동생 공안국(孔安國)과 더불어 옛날의 가르침을 정리하여 영원히 이어 내려가게 하겠습니다."

황상이 마침내 공장을 태상으로 삼고, 그에 대한 예(禮)와 상으로 내려 주는 것을 삼공(三公)과 같이 하도록 하였다.

무제 원삭 3년(乙卯, 기원전 126년)

1   겨울에 흉노의 난제군신(欒提軍臣) 선우[111]가 죽고, 그의 동생인 좌곡려왕(左谷蠡王) 난제이치사(欒提伊稚斜)[112]가 자립으로 선우가 되

어 난제군신 선우의 태자인 난제어단(欒提於單)을 격파하니, 난제어단
은 도망하여 한(漢)에 항복하였다.

2   공손홍을 어사대부로 삼았다. 이때에 바야흐로 서남이(西南夷)에
까지 통하게 되고, 동쪽에는 창해군(蒼海郡)을 두었으며, 북쪽에는 삭
방군(朔方郡, 내몽골 伊盟의 서북부)을 세웠다. 공손홍은 자주 간하여 중
국을 피폐하게 하여서 쓸모없는 땅들이 받들도록 하는 것이라고 여기
고 이를 철회하기를 원하였다.

천자는 주매신(朱買臣) 등으로 하여금 삭방군을 설치함으로써 편리
한 이유 열 가지를 가지고 힐난하게 하니, 공손홍이 이에 하나도 대답
을 못하였다. 공손홍이 마침내 사과하며 말하였다.

"저는 산동 출신의 시골 사람이라 그것의 편리함이 이와 같은 것을
알지 못하였으니, 바라건대 서남이와 창해군의 설치는 철폐하시고 오
로지 삭방군만을 받들게 하십시오."

황상이 마침내 이를 허락하였다. 봄에 창해군을 철폐하였다.

공손홍은 포(布)로 된 이불을 덮고, 먹는 것은 두 종류의 고기를 먹
지 않았다. 급암이 말하였다.

"공손홍은 삼공의 자리에 있어서 녹봉이 아주 많은데도 포로 된 이
불을 덮으니, 이는 속이는 것입니다."

황상이 공손홍에게 묻자, 공손홍이 사과하며 말하였다.

"그런 일이 있습니다. 무릇 구경(九卿) 가운데 신과 가장 친한 사람

---

111 흉노의 4대 선우이다.

112 흉노의 5대 선우이다.

으로 급암보다 더한 사람은 없을 것이지만 그러나 오늘 조정에서 신 공손홍을 힐난하였는데, 진실로 신 공손홍의 병통을 잘 맞추었습니다.

무릇 삼공으로서 포로 된 이불을 사용하는 것은 하급 관리와 차이가 없으니, 진실로 분식(扮飾)을 하고 속여서 이름을 낚기를 바라는 것이니, 급암이 한 말과 같습니다. 또 급암 같은 충성스러움이 없다면 폐하께서 어떻게 이러한 말씀을 들으셨겠습니까?"

천자는 겸양으로 여기고 그를 더욱 더 존중하게 되었다.

3 3월에 천하를 사면하였다.

4 여름, 4월 병자일(7일)에 흉노의 태자인 난제어단을 섭안후(攝安侯)로 삼았는데, 몇 달 뒤에 죽었다.

5 흉노의 항복해 온 사람들이 말하였다.

"월지(月氏)는 옛날에 돈황(燉煌, 감숙성 燉煌縣)과 기련산(祁連山) 사이에 살면서 강한 나라가 되었는데, 흉노의 묵돌(冒頓)이 이들을 공격하여 깨뜨렸습니다.[113] 노상 선우[114]가 월지왕을 죽여서 그 머리를 가지고 물바가지를 만들었습니다. 나머지 무리들이 숨어서 멀리 도망치면서 흉노를 원망하였으니, 이들을 더불어 칠 것이 없습니다."

황상은 월지국과 사자를 통하게 할 수 있는 사람을 모집하였다.

---

113 이 사건은 고제 6년(기원전 201년)에 있었는데, 그 자세한 내용은 《자치통감》 권11에 실려 있다.

114 묵돌선우는 흉노의 2대 선우이고, 노상 선우는 흉노의 3대 선우이다.

한중(漢中, 섬서성 南鄭縣) 사람 장건(張騫)이 낭(郞)[115]으로 응모하였고, 농서(隴西, 감숙성 臨洮縣)에서 출발하여 지름길로 흉노 속으로 질러갔는데 선우가 그를 붙잡아서 10여 년간을 머물게 하였다. 장건은 틈을 타 도망쳐서 월지국을 향하여 서쪽으로 달려서 수십 일을 가다 보니 대완(大宛, Kokand. 도읍지는 貴山城)에 이르렀다.

대완에서는 한의 풍요로운 재물에 대하여 말을 듣고 통교하고 싶었으나 할 수 없었는데, 장건을 보고 기뻐하면서 안내자와 통역을 징발하여 강거(康居)[116]에 도착하였다가 전하여 대월지국(大月氏國)[117]에까지 이르게 하였다.

대월지에서는 태자가 왕이 되어 이미 대하(大夏)[118]를 치고 그 땅을 나누어서 여기에[119] 거주하고 있는데, 이곳은 땅이 비옥하고 침구도 적어서 특히 흉노에 대해 보복할 마음이 없었다.

장건은 1년여 동안 머물면서 결국 월지의 흥미를 얻을 수 없었고 마침내 돌아오는데, 남산(南山)을 나란히 하여 강족(羌族)이 사는 가운데 [靑海省 동부]를 거쳐서 돌아오다가 또 흉노에게 붙잡혀서 다시 1년여 동안 억류되었다. 마침 난제이치사(欒提伊稚斜)[120]가 난제어단을 내쫓

---

115 하급 금위관에 해당한다.

116 파얼커스(巴尒喀什) 호의 서쪽에 있는 소왕국이다.

117 월지가 서쪽으로 본거지를 옮겨 수도를 사마르칸트(Samarakand)에 정한 후에는 대월지라 칭하고, 원거주지에 남아 있던 사람들을 소월지라 하였다.

118 희랍인들이 건국한 왕국인데, 수도는 남시성(藍市城)이었다. 지금의 아프가니스탄 Kunduz이다.

119 아무르 유역이다.

아서 흉노의 국내가 혼란해지자, 장건은 마침내 간신히 당읍지(堂邑氏,
강소성 六合縣) 출신의 노예인 감보(甘父)와 더불어 도망쳐 돌아왔다.

　황상은 장건에게 벼슬을 주어 태중대부로 삼고 감보는 봉사군(奉使
君)으로 삼았다. 장건이 애초에 갈 때는 100여 명이었는데, 13년이 지
나서는 오직 두 명만이 돌아왔다.

6　　흉노의 기병 수만이 요새로 들어와 대군(代郡, 하북성 蔚縣) 태수
공(恭)[121]을 죽이고 천여 명을 약취(略取)하기에 이르렀다.

7　　6월, 경오일(2일)에 황태후[122]가 붕어하였다.

8　　가을에 서이(西夷, 사천성 서부)를 철폐하고, 다만 남이(南夷, 사천
성 남부와 운남성, 귀주성 북부)와 야랑(夜郎, 귀주성 梓桐縣)의 두 현에 한
명의 도위만 설치하였으며, 점차 건위(犍爲, 사천성 宜賓市)로 하여금
스스로 보존하게 하였고 오직 힘을 다하여 삭방에 성을 구축하였다.

9　　흉노가 또 안문에 침입하여 1천여 명을 죽이거나 약취(略取)하였
다.

10　　이 해에 중대부 장탕(張湯)이 정위가 되었다. 장탕은 사람됨이 속

---

120 흉노의 5대 선우이다.

121 이름만 전해지고 성은 알 수 없다.

122 무제의 생모인 왕태후 왕지(王娡)이다.

이는 일이 많았고, 기지를 휘둘러 사람을 다루었다. 당시에 황상은 바야흐로 문학[유학]을 흠모하였는데, 장탕은 겉으로 들떠서 사모하며 동중서와 공손홍 등을 섬겼고, 천승(千乘, 산동성 高苑縣) 사람 예관(兒寬)[123]을 주언연(奏讞掾)으로 삼아, 옛날 법령의 뜻으로 의문 나는 사건을 결정하게 하였다.

처리하는 것은 바로 황상이 죄를 주고 싶어 하는 것에는 감(監)과 사(史)[124]에게 심한 처벌을 내리게 하였고 황상이 풀어 주고 싶어 하는 것에는 감과 사에게 가볍게 처리하게 하였다. 황상은 이로 말미암아 그를 좋아하게 되었다.

장탕은 옛 친구의 자제를 돌보고 보호하는 일에 아주 후하였고, 그는 여러 공(公)들에게 가서 문안을 하는데, 추울 때나 더울 때를 가리지 아니하였다. 이리하여서 장탕은 비록 판결문은 아주 지독하였고, 그 뜻도 투기가 있었으며, 공평하지만은 않았지만 그러나 이러한 칭찬을 얻을 수 있었다.

급암이 황상 앞에서 자주 장탕을 질책하며 말하였다.

"공은 정경(正卿)이면서 위로는 돌아가신 여러 황제들의 공업을 포양(襃揚)할 수 없고, 아래로는 천하 사람들의 사악한 마음을 억누를 수 없으며, 나라를 편안히 하고 백성을 부유하게 만들어 영어(囹圄)를 텅 비게 해야 하는데, 어찌하여 헛되이 고황제의 약속을 나누고 변경하려

---

123 '兒'는 본래 '郳'였는데 후에 '邑'이 빠졌다.

124 주언연(奏讞掾)은 의문이 있고 어려운 사건을 판결하여 황제에게 보고하는 직책을 말하며, 감은 정위부의 차장급이고, 사(史)는 옥사(獄史, 법관)를 말하는데, 이때에 옥사는 27명이었다.

하시오? 그러니 공에게는 후손이 없는 것이오."

급암은 때때로 장탕과 더불어 논의를 하였는데, 장탕의 말은 항상 법조문에서 깊고 조금 가혹하게 취급하고자 하였는데, 급암은 강직하고 엄정하며 높은 기상을 지켜서 굴복할 수가 없었고, 분노가 폭발하여 욕하였다.

"천하 사람들이 말하였다. 도필이(刀筆吏)[125]는 공경이 되어서는 안 된다고 하더니, 과연 그렇군! 반드시 장탕이란 사람은 천하 사람들로 하여금 두 발을 겹쳐 서서 곁눈질을 하고 보게 할 것이다.[126]"

무제 원삭 4년(丙辰, 기원전 125년)

1   겨울에 황상이 감천궁(섬서성 淳化縣)에 행차하였다.

2   여름에 흉노가 대군(代郡, 하북성 蔚縣)과 정양(定襄, 내몽골 허린컬縣)과 상군(上郡, 섬서성 綏德縣)에 들어왔는데, 각기 3만의 기병들이 수천 명을 죽이고 약취하였다.＊

---

125 이 시대에는 아직 종이가 발명되지 않았기 때문에 기록은 죽간에 붓으로 쓰고 틀린 부분은 칼로 깎아냈다. 따라서 도필(刀筆)을 다루는 관리를 말하는데, 여기서는 법관을 뜻한다.

126 두려워하는 모양을 형용한 것이다.

❖ 황제 계보도

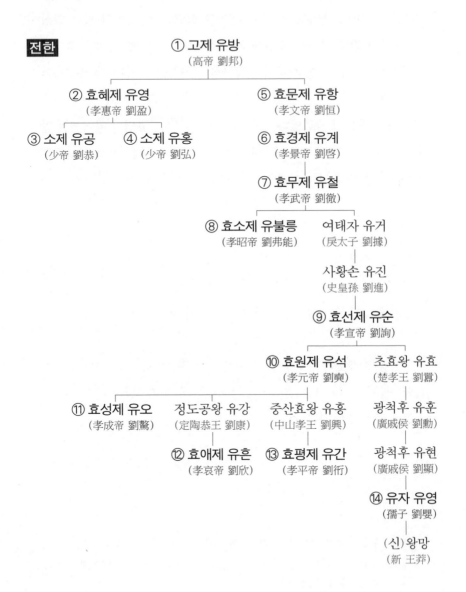

전한

① 고제 유방
(高帝 劉邦)

② 효혜제 유영
(孝惠帝 劉盈)

⑤ 효문제 유항
(孝文帝 劉恒)

③ 소제 유공
(少帝 劉恭)

④ 소제 유홍
(少帝 劉弘)

⑥ 효경제 유계
(孝景帝 劉啓)

⑦ 효무제 유철
(孝武帝 劉徹)

⑧ 효소제 유불릉
(孝昭帝 劉弗能)

여태자 유거
(戾太子 劉據)

사황손 유진
(史皇孫 劉進)

⑨ 효선제 유순
(孝宣帝 劉詢)

⑩ 효원제 유석
(孝元帝 劉奭)

초효왕 유효
(楚孝王 劉囂)

⑪ 효성제 유오
(孝成帝 劉驁)

정도공왕 유강
(定陶恭王 劉康)

중산효왕 유흥
(中山孝王 劉興)

광척후 유훈
(廣戚侯 劉勳)

⑫ 효애제 유흔
(孝哀帝 劉欣)

⑬ 효평제 유간
(孝平帝 劉衎)

광척후 유현
(廣戚侯 劉顯)

⑭ 유자 유영
(孺子 劉嬰)

(신)왕망
(新 王莽)

부록

원문

資治通鑑 卷013

【漢紀五】

起閼逢攝提格(甲寅) 盡昭陽大淵獻(癸亥)凡十年

❖ 高皇后 元年(甲寅, 紀元前 187年)

1　　冬 太后議欲立諸呂爲王 問右丞相陵 陵曰"高帝刑白馬
盟曰'非劉氏而王 天下共擊之.'今王呂氏 非約也."太后不說
問左丞相平·太尉勃 對曰"高帝定天下 王子弟 今太后稱制
王諸呂 無所不可."太后喜. 罷朝 王陵讓陳平·絳侯曰"始與
高帝唼血盟 諸君不在邪! 今高帝崩 太后女主 欲王呂氏 諸君
縱欲阿意背約 何面目見高帝於地下乎?"陳平·絳侯曰"於
今 面折廷爭 臣不如君 全社稷 定劉氏之後 君亦不如臣."陵
無以應之. 十一月 甲子 太后以王陵爲帝太傅 實奪之相權 陵
遂病免歸.

　　乃以左丞相平爲右丞相 以辟陽侯審食其爲左丞相 不治事
令監宮中 如郞中令. 食其故得幸於太后 公卿皆因而決事.

　　太后怨趙堯爲趙隱王謀 乃抵堯罪.

上黨守任敖嘗爲沛獄吏 有德於太后 乃以爲御史大夫.

太后又追尊其父臨泗侯呂公爲宣王 兄周呂令武侯澤爲悼武王 欲以王諸呂爲漸.

2　春 正月 除三族罪‧妖言令.

3　夏 四月 魯元公主薨 封公主子張偃爲魯王 謚公主曰魯元太后.

4　辛卯 封所名孝惠子山爲襄城侯 朝爲軹侯 武爲壺關侯.

太后欲王呂氏 乃先立所名孝惠子彊爲淮陽王 不疑爲恒山王 使大謁者張釋風大臣. 大臣乃請立悼武王長子酈侯台爲呂王 割齊之濟南郡爲呂國.

5　五月 丙申 趙王宮叢臺災.

6　秋 桃‧李華.

❖ 高皇后 2年(乙卯, 紀元前 186年)

1　冬 十一月 呂肅王台薨.

2 　春 正月 乙卯 地震 羌道·武都道山崩.

3 　夏 五月 丙申 封楚元王子郢客爲上邳侯 齊悼惠王子章爲
朱虛侯 令入宿衛 又以呂祿女妻章.

4 　六月 丙戌晦 日有食之.

5 　秋 七月 恒山哀王不疑薨.

6 　行八銖錢.

7 　癸丑 立襄成侯山爲恒山王 更名義.

❖ 高皇后 3年(丙辰, 紀元前 185年)

1 　夏 江水·漢水溢 流四千餘家.

2 　秋 星晝見.

3 　伊水·洛水溢 流千六百餘家. 汝水溢 流八百餘家.

1 春 二月 癸未 立所名孝惠子太爲昌平侯.

2 夏 四月 丙申 太后封女弟嬃爲臨光侯.

3 少帝寖長 自知非皇后子 乃出言曰 "后安能殺吾母而名
我! 我壯 卽爲變!" 太后聞之 幽之永巷中 言帝病. 左右莫
得見. 太后語羣臣曰 "今皇帝病久不已 失惑昏亂 不能繼嗣治
天下 其代之." 羣臣皆頓首言 "皇太后爲天下齊民計 所以安宗
廟·社稷甚深 羣臣頓首奉詔." 遂廢帝 幽殺之. 五月 丙辰 立
恒山王義爲帝 更名曰弘 不稱元年 以太后制天下事故也. 以軹
侯朝爲恒山王.

4 是歲 以平陽侯曹窋爲御史大夫.

5 有司請禁南越關市·鐵器. 南越王佗曰 "高帝立我 通使
物. 今高后聽讒臣 別異蠻夷 隔絶器物 此必長沙王計 欲倚中
國擊滅南越而幷王之 自爲功也."

1　春 佗自稱南越武帝 發兵攻長沙 敗數縣而去.

2　秋 八月 淮陽懷王彊薨 以壺關侯武爲淮陽王.

3　九月 發河東·上黨騎屯北地.

4　初令戍卒歲更.

❖ 高皇后 6年(己未, 紀元前 182年)

1　冬 十月 太后以呂王嘉居處驕恣 廢之. 十一月 立肅王弟
產爲呂王.

2　春 星晝見.

3　夏 四月 丁酉 赦天下.

4　封朱虛侯章弟興居爲東牟侯 亦入宿衛.

5　匈奴寇狄道 攻阿陽.

6　行五分錢.

7　　宣平侯張敖卒 賜諡曰魯元王.

1　　冬 十二月 匈奴寇狄道 略二千餘人.

2　　春 正月 太后召趙幽王友. 友以諸呂女爲后 弗愛 愛他姬.
諸呂女怒 去 讒之於太后曰"王言'呂氏安得王! 太后百歲後
吾必擊之.'"太后以故召趙王. 趙王至 置邸 不得見 令衛圍守
之 弗與食 其羣臣或竊饋 輒捕論之. 丁丑 趙王餓死 以民葬之
長安民冢次.

3　　己丑 日食 晝晦. 太后惡之 謂左右曰"此爲我也！"

4　　二月 徙梁王恢爲趙王 呂王產梁王. 梁王不之國 爲帝太
傅.

5　　秋 七月 丁巳 立平昌侯太爲濟川王.

6　　呂嬃女爲將軍 · 營陵侯劉澤妻. 澤者 高祖從祖昆弟也. 齊
人田生爲之說大謁者張卿曰"諸呂之王也 諸大臣未大服. 今
營陵侯澤 諸劉最長 今卿言太后王之 呂氏王益固矣."張卿入

言太后 太后然之 乃割齊之琅邪郡封澤爲琅邪王.

7   趙王恢之徙趙 心懷不樂. 太后以呂產女爲王后 王后從官
皆諸呂 擅權 微伺趙王 趙王不得自恣. 王有所愛姬 王后使酖
殺之. 六月 王不勝悲憤 自殺. 太后聞之 以爲王用婦人棄宗廟
禮 廢其嗣.

8   是時 諸呂擅權用事 朱虛侯章 年二十 有氣力 忿劉氏不
得職. 嘗入侍太后燕飲 太后令章爲酒吏. 章自請曰"臣將種也
請得以軍法行酒." 太后曰"可" 酒酣 章請爲耕田歌 太后許之.
章曰"深耕槪種 立苗欲疏 非其種者 鋤而去之!" 太后默然.
頃之 諸呂有一人醉 亡酒 章追 拔劍斬之而還 報曰"有亡酒一
人 臣謹行法斬之!" 太后左右皆大驚 業已許其軍法 無以罪
也 因罷. 自是之後 諸呂憚朱虛侯 雖大臣皆依朱虛侯 劉氏爲
益強.

陳平患諸呂 力不能制 恐禍及己 嘗燕居深念 陸賈往 直入
坐 而陳丞相不見. 陸生曰"何念之深也!" 陳平曰"生揣我何
念?" 陸生曰"足不極富貴 無欲矣 然有憂念 不過患諸呂·少
主耳." 陳平曰"然. 爲之奈何?" 陸生曰"天下安 注意相 天
下危 注意將. 將相和調 則士豫附 天下雖有變 權不分. 爲社稷
計 在兩軍掌握耳. 臣嘗欲謂太尉絳侯 絳侯與我戲 易吾言. 君
何不交驩太尉 深相結!" 因爲陳平畫呂氏數事. 陳平用其計
乃以五百金爲絳侯壽 厚具樂飲 太尉報亦如之. 兩人深相結 呂

氏謀益衰. 陳平以奴婢百人 · 車馬五十乘 · 錢五百萬遺陸生爲
飲食費.

9　太后使使告代王 欲徙王趙. 代王謝之 願守代邊. 太后乃
立兄子呂祿爲趙王 追尊祿父建成康侯釋之爲趙昭王.

10　九月 燕靈王建薨 有美人子 太后使人殺之. 國除.

11　遣隆慮侯周竈將兵擊南越.

❖ 高皇后 8年(辛酉, 紀元前 180年)

1　冬 十月 辛丑 立呂肅王子東平侯通爲燕王 封通弟莊爲東
平侯.

2　三月 太后祓 還 過軹道 見物如蒼犬 撠太后掖 忽不復見.
卜之 云 "趙王如意爲祟." 太后遂病掖傷.

太后爲外孫魯王偃年少孤弱 夏 四月 丁酉 封張敖前姬兩子侈
爲新都侯 壽爲樂昌侯 以輔魯王. 又封中大謁者張釋爲建陵侯
以其勸王諸呂 賞之也.

3   江 · 漢水溢 流萬餘家.

4   秋 七月 太后病甚 乃令趙祿爲上將軍 居北軍 呂王產居南
軍. 太后誡產 · 祿曰"呂氏之王 大臣弗平. 我卽崩 帝年少 大
臣恐爲變. 必據兵衛宮 愼毋送喪 爲人所制！"辛巳 太后崩
遺詔 大赦天下 以呂王產爲相國 以呂祿女爲帝后. 高后已葬
以左丞相審食其爲帝太傅.

5   諸呂欲爲亂 畏大臣絳 · 灌等 未敢發. 朱虛侯以呂祿女爲
婦 故知其謀 乃陰令人告其兄齊王 欲令發兵西 朱虛侯 · 東牟
侯爲內應 以誅諸呂 立齊王爲帝. 齊王乃與其舅駟鈞 · 郞中令
祝午 · 中尉魏勃陰謀發兵. 齊相召平弗聽. 八月 丙午 齊王欲
使人誅相 相聞之 乃發卒衛王宮. 魏勃紿邵平曰"王欲發兵 非
有漢虎符驗也. 而相君圍王固善 勃請爲君將兵衛王."召平信
之. 勃旣將兵 遂圍相府 召平自殺. 於是齊王以駟鈞爲相 魏勃
爲將軍 祝午爲內史 悉發國中兵.
　　使祝午東詐琅邪王曰"呂氏作亂 齊王發兵欲西誅之. 齊王自
以年少 不習兵革之事 願擧國委大王. 大王 自高帝將也 請大
王幸之臨菑 見齊王計事."琅邪王信之 西馳見齊王. 齊王因留
琅邪王 而使祝午盡發琅邪國兵 幷將之. 琅邪王說齊王曰"大
王 高皇帝適長孫也 當立 今諸大臣狐疑未有所定 而澤於劉氏
最爲長年 大臣固待澤決計. 今大王留臣 無爲也 不如使我入關
計事."齊王以爲然 乃益具車送琅邪王. 琅邪王旣行 齊遂擧兵

西攻濟南 遣諸侯王書 陳諸呂之罪 欲舉兵誅之.

相國呂產等聞之 乃遣潁陰侯灌嬰將兵擊之. 灌嬰至滎陽 謀曰"諸呂擁兵關中 欲危劉氏而自立. 今我破齊還報 此益呂氏之資也." 乃留屯滎陽 使使諭齊王及諸侯與連和 以待呂氏變共誅之. 齊王聞之 乃還兵西界待約.

呂祿・呂產欲作亂 內憚絳侯・朱虛等 外畏齊・楚兵 又恐灌嬰畔之 欲待灌嬰兵與齊合而發 猶豫未決.

當是時 濟川王太・淮陽王武・常山王朝及魯王張偃皆年少未之國 居長安 趙王祿・梁王產各將兵居南・北軍 皆呂氏之人也. 列侯羣臣莫自堅其命.

太尉絳侯勃不得主兵. 曲周侯酈商老病 其子寄與呂祿善. 絳侯乃與丞相陳平謀 使人劫酈商 令其子寄往紿說呂祿曰"高帝與呂后共定天下 劉氏所立九王 呂氏所立三王 皆大臣之議 事已佈告諸侯 皆以爲宜. 今太后崩 帝少 而足下佩趙王印 不急之國守藩 乃爲上將 將兵留此 爲大臣諸侯所疑. 足下何不歸將印 以兵屬太尉 請梁王歸相國印 與大臣盟而之國. 齊兵必罷 大臣得安 足下高枕而王千里 此萬世之利也."呂祿信然其計 欲以兵屬太尉 使人報呂產及諸呂老人 或以爲便 或曰不便 計猶豫未有所決.

呂祿信酈寄 時與出游獵 過其姑呂嬃. 嬃大怒曰"若爲將而棄軍 呂氏今無處矣!"乃悉出珠玉・寶器散堂下 曰"毋爲他人守也!"

九月 庚申旦 平陽侯窋行御史大夫事 見相國產計事. 郎中令

賈壽使從齊來 因數產曰"王不早之國 今雖欲行 尚可得耶！"
具以灌嬰與齊·楚合從欲誅諸呂告產 且趣產急入宮. 平陽侯
頗聞其語 馳告丞相·太尉.

太尉欲入北軍 不得入. 襄平侯紀尚符節 乃令持節矯內太尉
北軍. 太尉復令酈寄與典客劉揭先說呂祿曰"帝使太尉守北軍
欲足下之國. 急歸將印 辭去！不然 禍且起."呂祿以爲酈況不
欺己 遂解印屬典客 而以兵授太尉. 太尉至軍 呂祿已去. 太尉
入軍門 行令軍中曰"爲呂氏右袒 爲劉氏左袒！"軍中皆左袒.
太尉遂將北軍 然尚有南軍. 丞相平乃召朱虛侯章佐太尉 太尉
令朱虛侯監軍門 令平陽侯告衛尉"毋入相國產殿門！"

呂產不知呂祿已去北軍 乃入未央宮 欲爲亂. 至殿門 弗得
入 徘徊往來. 平陽侯恐弗勝 馳語太尉. 太尉尚恐不勝諸呂 未
敢公言誅之 乃謂朱虛侯曰"急入宮衛帝！"朱虛侯請卒 太尉
予卒千餘人. 入未央宮門 見產廷中. 日晡時 遂擊產 產走. 天
風大起 以故其從官亂 莫敢鬥 逐產 殺之郎中府吏廁中. 朱虛
侯已殺產 帝命謁者持節勞朱虛侯. 朱虛侯欲奪其節 謁者不肯.
朱虛侯則從與載 因節信馳走 斬長樂衛尉呂更始. 還 馳入北
軍報太尉 太尉起拜賀. 朱虛侯曰"所患獨呂產 今已誅 天下定
矣！"遂遣人分部悉捕諸呂男女 無少長皆斬之. 辛酉 捕斬呂
祿而笞殺呂嬃 使人誅燕王呂通而廢魯王張偃. 戊辰 徙濟川王
王梁. 遣朱虛侯章以誅諸呂事告齊王 令罷兵.

灌嬰在滎陽 聞魏勃本敎齊王擧兵 使使召魏勃至 責問之. 勃
曰"失火之家 豈暇先言丈人而後救火乎！"因退立 股戰而栗

恐不能言者 終無他語. 灌將軍熟視笑曰 "人謂魏勃勇 妄庸人耳 何能爲乎!" 乃罷魏勃. 灌嬰兵亦罷滎陽歸.

❖ 班固贊曰

孝文時 天下以酈寄爲賣友. 夫賣友者 謂見利而忘義也. 若寄父爲功臣而又執劫 雖摧呂祿以安社稷 誼存君親可也.

6 諸大臣相與陰謀曰 "少帝及梁·淮陽·恒山王 皆非眞孝惠子也 呂后以計詐名他人子 殺其母養後宮 今孝惠子之 立以爲後及諸王 以彊呂氏. 今皆已夷滅諸呂 而所立卽長 用事 吾屬無類矣! 不如視諸王最賢者立之." 或言 "齊王 高帝長孫 可立也." 大臣皆曰 "呂氏以外家惡而幾危宗廟 亂功臣. 今齊王舅駟鈞 虎而冠 卽立齊王 復爲呂氏矣. 代王方今高帝見子 最長 仁孝寬厚 太后家薄氏謹良. 且立長固順 況以仁孝聞天下乎!" 乃相與共陰使人召代王.

代王問左右 郎中令張武等曰 "漢大臣皆故高帝時大將 習兵 多謀詐. 此其屬意非止此也 特畏高帝·呂太后威耳. 今已誅諸呂 新啑血京師 此以迎大王爲名 實不可信. 願大王稱疾毋往 以觀其變." 中尉宋昌進曰 "羣臣之議皆非也. 夫秦失其政 諸侯·豪桀並起 人人自以爲得之者以萬數 然卒踐天子之位者 劉氏也 天下絶望 一矣. 高帝封王子弟地 犬牙相制 此所

謂磐石之宗也 天下服其強 二矣. 漢興 除秦苛政 約法令 施德惠 人人自安 難動搖 三矣. 夫以呂太后之嚴 立諸呂爲三王 擅權專制 然而太尉以一節入北軍一呼 士皆左袒 爲劉氏 叛諸呂 卒以滅之. 此乃天授 非人力也. 今大臣雖欲爲變 百姓弗爲使 其黨寧能專一邪！方今內有朱虛・東牟之親 外畏吳・楚・淮陽・琅邪・齊・代之強. 方今高帝子 獨淮南王與大王 大王又長 賢聖仁孝聞於天下 故大臣因天下之心而欲迎立大王. 大王勿疑也！"代王報太后計之 猶豫未定. 卜之 兆得大橫 占曰"大橫庚庚 餘爲天王 夏啓以光."代王曰"寡人固已爲王矣 又何王？"卜人曰"所謂天王者 乃天子也."於是代王遣太后弟薄昭往見絳侯 絳侯等具爲昭言所以迎立王意. 薄昭還報曰"信矣 毋可疑者."代王乃笑謂宋昌曰"果如公言."

乃命宋昌參乘 張武等六人乘傳 從詣長安. 至高陵 休止 而使宋昌先馳之長安觀變. 昌至渭橋 丞相以下皆迎. 昌還報. 代王馳至渭橋 羣臣拜謁稱臣 代王下車答拜. 太尉勃進曰"願請閒."宋昌曰"所言公 公言之 所言私 王者無私."太尉乃跪上天子璽・符. 代王謝曰"至代邸而議之."

後九月 己酉晦 代王至長安 舍代邸 羣臣從至邸. 丞相陳平等皆再拜言曰"子弘等皆非孝惠子 不當奉宗廟. 大王 高帝長子 宜爲嗣. 願大王卽天子位！"代王西鄕讓者三 南鄕讓者再 遂卽天子位 羣臣以禮次侍.

東牟侯興居曰"誅呂氏 臣無功 請得除宮."乃與太僕汝陰侯滕公入宮 前謂少帝曰"足下非劉氏子 不當立！"乃顧麾左

右執戟者掊兵罷去 有數人不肯去兵 宦者令張釋諭告 亦去兵.
滕公乃召乘輿車載少帝出. 少帝曰"欲將我安之乎？"滕公曰
"出就舍." 舍少府. 乃奉天子法駕迎代王於邸 報曰"宮謹除."
代王卽夕入未央宮. 有謁者十人持戟衛端門 曰"天子在也 足
下何爲者而入！"代王乃謂太尉. 太尉往諭 謁者十人皆掊兵
而去 代王遂入. 夜 拜宋昌爲衛將軍 鎭撫南北軍 以張武爲郎
中令 行殿中. 有司分部誅滅梁·淮陽·恒山王及少帝於邸. 文
帝還坐前殿 夜 下詔書赦天下."

❖ 太宗孝文皇帝上 前元年(壬戌, 紀元前 179年)

1   冬 十月 庚戌 徙琅邪王澤爲燕王 封趙幽王子遂爲趙王.

2   陳平謝病 上問之 平曰"高祖時 勃功不如臣 及誅諸呂 臣
功亦不如勃 願以右丞相讓勃."十一月 辛巳 上徙平爲左丞相
太尉勃爲右丞相 大將軍灌嬰爲太尉. 諸呂所奪齊·楚故地 皆
復與之.

3   論誅諸呂功 右丞相勃以下益戶·賜金各有差. 絳侯朝罷
趨出 意得甚 上禮之恭 常目送之. 郎中安陵袁盎諫曰"諸呂悖
逆 大臣相與共誅之. 是時丞相爲太尉 本兵柄 適會其成功. 今
丞相如有驕主色 陛下謙讓 臣主失禮 竊爲陛下弗取也！"後

朝 上益莊 丞相益畏.

4　十二月 詔曰"法者 治之正也. 今犯法已論 而使無罪之父
母·妻子·同產坐之 及爲收帑 朕甚不取！其除收帑諸相坐律
令！"

5　春 正月 有司請蚤建太子. 上曰"朕旣不德 縱不能博求天
下賢聖有德之人而禪天下焉 而曰豫建太子 是重吾不德也 其
安之！"有司曰"豫建太子 所以重宗廟·社稷 不忘天下也."
上曰"楚王 季父也 吳王 兄也 淮南王 弟也 豈不豫哉？今不
選擧焉 而曰必子 人其以朕爲忘賢有德者而專於子 非所以優
天下也！"有司固請曰"古者殷·周有國 治安皆千餘歲 用此
道也 立嗣必子 所從來遠矣. 高帝平天下爲太祖 子孫嗣世世
不絶 今釋宜建而更選於諸侯及宗室 非高高之志也. 更議不宜.
子啓最長 純厚慈仁 請建以爲太子."上乃許之.

6　三月 立太子母竇氏爲皇后. 皇后 清河觀津人. 有弟廣國
字少君 幼爲人所略賣 傳十餘家 聞竇后立 乃上書自陳. 召見
驗問 得實 乃厚賜田宅·金錢 與兄長君家於長安. 絳侯·灌將
軍等曰"吾屬不死 命乃且縣此兩人. 兩人所出微 不可不爲擇
師傅·賓客 又復效呂氏 大事也！"於是乃選士之有節行者與
居. 竇長君·少君由此爲退讓君子 不敢以尊貴驕人.

7 　詔振貸鰥 · 寡 · 孤 · 獨 · 窮困之人. 又令"八十已上 月賜米 · 肉 · 酒 九十已上 加賜帛 · 絮. 賜物當稟鬻米者 長吏閱視 丞若尉致 不滿九十 嗇夫 · 令史致 二千石遣都吏循行 不稱者督之."

8 　楚元王交薨.

9 　夏 四月 齊 · 楚地震 二十九山同日崩 大水潰出.

10 　時有獻千里馬者. 帝曰"鸞旗在前 屬車在後 吉行日五十里 師行三十里 朕乘千里馬 獨先安之？"於是還其馬 與道里費 而下詔曰"朕不受獻也. 其令四方毋求來獻."

11 　帝既施惠天下 諸侯 · 四夷遠近驩洽 乃脩代來功 封宋昌爲壯武侯.

12 　帝益明習國家事. 朝而問右丞相勃曰"天下一歲決獄幾何？"勃謝不知 又問"一歲錢穀入幾何？"勃又謝不知 惶愧汗出沾背. 上問左丞相平. 平曰"有主者."上曰"主者謂誰？"曰"陛下卽問決獄 責廷尉 問錢穀 責治粟內史."上曰"苟各有主者 而君所主者何事也？"平謝曰"陛下不知其駑下 使待罪宰相. 宰相者 上佐天子 理陰陽 順四時 下遂萬物之宜 外鎮撫四夷諸侯 內親附百姓 使卿大夫各得任其職焉."帝乃稱

善. 右丞相大慙 出而讓陳平曰"君獨不素敎我對！"陳平笑曰
"君居其位 不知其任邪？且陛下卽問長安中盜賊數 君欲強對
邪？"於是絳侯自知其能不如平遠矣. 居頃之 人或說勃曰"君
旣誅諸呂 立代王 威震天下. 而君受厚賞 處尊位 久之 卽禍及
身矣." 勃亦自危 乃謝病 請歸相印上許之. 秋 八月 辛未 右丞
相勃免 左丞相平專爲丞相.

13　　初 隆慮侯竈擊南越 會暑濕 士卒大疫 兵不能隃領. 歲餘
高后崩 卽罷兵. 趙佗因此以兵威財物賂遺閩越·西甌·駱 役
屬焉. 東西萬餘里 乘黃屋左纛 稱制與中國侔.

　　帝乃爲佗親冢在眞定者置守邑 歲時奉祀 召其昆弟 尊官·
厚賜寵之. 復使陸賈使南越 賜佗書曰"朕 高皇帝側室之子也
棄外 奉北藩于代. 道里遼遠 壅蔽樸愚 未嘗致書. 高皇帝棄羣
臣 孝惠皇帝卽世 高后自臨事 不幸有疾 諸呂爲變 賴功臣之
力 誅之已畢. 朕以王·侯·吏不釋之故 不得不立 今卽位. 乃
者聞王遺將軍隆慮侯書 求親昆弟 請罷長沙兩將軍. 朕以王書
罷將軍博陽侯 親昆弟在眞定者 已遣人存問 脩治先人冢. 前
日聞王發兵於邊 爲寇災不止. 當其時 長沙苦之 南郡尤甚 雖
王之國 庸獨利乎！必多殺士卒 傷良將吏 寡人之妻 孤人之子
獨人父母 得一亡十 朕不忍爲也. 朕欲定地犬牙相入者 以問吏
吏曰'高皇帝所以介長沙土也'朕不得擅變焉. 今得王之地 不
足以爲大 得王之財 不足以爲富. 服領以南 王自治之. 雖然 王
之號爲帝. 兩帝並立 亡一乘之使以通其道 是爭也 爭而不讓

仁者不爲也. 願與王分棄前惡 終今以來 通使如故."

　賈至南越. 南越王恐 頓首謝罪 願奉明詔 長爲藩臣 奉貢職.
於是下令國中曰"吾聞兩雄不俱立 兩賢不並世. 漢皇帝 賢天
子. 自今以來 去帝制·黃屋·左纛."因爲書 稱"蠻夷大長·
老夫臣佗昧死再拜上書皇帝陛下曰老夫 故越吏也 高皇帝幸賜
臣佗璽 以爲南越王. 孝惠皇帝卽位 義不忍絶 所以賜老夫者
厚甚. 高后用事 別異蠻夷 出令曰"毋與蠻夷越金鐵·田器·
馬·牛·羊 卽予 予牡 毋予牝."老夫處僻 馬·牛·羊齒已
長. 自以祭祀不脩 有死罪 使內史藩·中尉高·御史平凡三輩
上書謝過 皆不反. 又風聞老夫父母墳墓已壞削 兄弟宗族已誅
論. 吏相與議曰"今內不得振於漢 外亡以自高異"故更號爲帝
自帝其國 非敢有害於天下. 高皇后聞之 大怒 削去南越之籍
使使不通. 老夫竊疑長沙王讒臣 故發兵以伐其邊. 老夫處越
四十九年 于今抱孫焉. 然夙興夜寐 寢不安席 食不甘味 目不
視靡曼之色 耳不聽鐘鼓之音者 以不得事漢也. 今陛下幸哀憐
復故號 通使漢如故 老夫死 骨不腐. 改號 不敢爲帝矣！"

14　齊哀王襄薨.

15　上聞河南守吳公治平爲天下第一 召以爲廷尉. 吳公薦洛
陽人賈誼 帝召以爲博士. 是時賈生年二十餘. 帝愛其辭博 一
歲中 超遷至太中大夫. 賈生請改正朔 易服色 定官名 興禮樂
以立漢制 更秦法 帝謙讓未遑也.

1   冬 十月 曲逆獻侯陳平薨.

2   詔列侯各之國 爲吏及詔所止者 遣太子.

3   十一月 乙亥 周勃復爲丞相.

4   癸卯晦 日有食之. 詔"羣臣悉思朕之過失及知見之所不
及 勾以啓告朕. 及擧賢良 · 方正 · 能直極諫者 以匡朕之不
逮."因各敕以職任務省繇費以便民 罷衛將軍 太僕見馬遺財
足 餘皆以給傳置.
    潁陰侯騎賈山上書言治亂之道曰"臣聞雷霆之所擊 無不摧
折者 萬鈞之所壓 無不麋滅者. 今人主之威 非特雷霆也 執重
非特萬鈞也. 開道而求諫 和顏色而受之 用其言而顯其身 士
猶恐懼而不敢自盡 又況於縱欲恣暴 · 惡聞其過乎! 震之以威
壓之以重 雖有堯 · 舜之智 孟賁之勇 豈有不摧折者哉! 如此
則人主不得聞其過 社稷危矣.
    昔者周蓋 千八百國 以九州之民養千八百國之君 君有餘財
民有餘力 而頌聲作. 秦皇帝以千八百國之民自養 力罷不能勝
其役 財盡不能勝其求. 一君之身耳 所自養者馳騁弋獵之娛 天
下弗能供也. 秦皇帝計其功德 度其後嗣世世無窮 然身死纔數
月耳 天下四面而攻之 宗廟滅絕矣. 秦皇帝居滅絕之中而不自

知者 何也？天下莫敢告也. 其所以莫敢告者 何也？亡養老之
義 亡輔弼之臣 退誹謗之人 殺直諫之士. 是以道諛‧諭合苟容
比其德則賢於堯‧舜 課其功則賢於湯‧武 天下已潰而莫之告
也.

今陛下使天下舉賢良方正之士 天下皆訴訴焉 曰“將興堯舜
之道‧三王之功矣.”天下之士 莫不精白以承休德. 今方正之
士皆在朝廷矣 又選其賢者 使爲常侍‧諸吏 與之馳驅射獵 一
日再三出. 臣恐死廷之解弛 百官之墮於事也. 陛下卽位 親自
勉以厚天下 節用愛民 平獄緩刑 天下莫不說喜. 臣聞山東吏布
詔令 民雖老羸癃疾 扶杖而往聽之 願少須臾毋死 思見德化之
成也. 今功業方就 名聞方昭 四方鄕風而從 豪俊之臣 方正之
士 直與之日日射獵 擊兔‧伐狐 以傷大業 絶天下之望 臣竊
悼之！ 古者大臣不得與宴游 使皆務其方而高其節 則羣臣莫
敢不正身脩行 盡心以稱大禮. 夫士 脩之於家而壞之於天子之
廷 臣竊愍之. 陛下與衆臣宴游 與大臣‧方正朝廷論議 游不失
樂 朝不失禮 軌事之大者也”上嘉納其言.

上每朝 郞‧從官上書疏 未嘗不止輦受其言. 言不可用置之
言可用采之 未嘗不稱善.

帝從霸陵上欲西馳下峻阪. 中郞將袁盎騎 並車擥轡. 上曰
“將軍怯邪？”盎曰“臣聞‘千金之子 坐不垂堂.’聖主不乘危
不徼幸. 今陛下騁六飛馳下峻山 有如馬驚車敗 陛下縱自輕 奈
高廟‧太后何！”上乃止.

上所幸愼夫人 在禁中常與皇后同席坐. 及坐郞署 袁盎引

卻愼夫人坐. 愼夫人怒 不肯坐 上亦怒 起 入禁中. 盎因前說
曰"臣聞'尊卑有序 則上下和.'今陛下旣已立后 愼夫人乃妾
妾·主豈可與同坐哉! 且陛下幸之 卽厚賜之 陛下所以爲愼
夫人 適所以禍之也. 陛下獨不見'人彘'乎!"於是 上乃說
召語愼夫人 愼夫人賜盎金五十斤.

賈誼說上曰"管子曰'倉廩實而知禮節 衣食足而知榮辱.'民
不足而可治者 自古及今 未之嘗聞. 古之人曰'一夫不耕 或受
之飢 一女不織 或受之寒.'生之有時而用之無度 則物力必屈.
古之治天下 至纖 至悉 故其畜積足恃. 今背本而趨末者甚衆
是天下之大殘也 淫侈之俗 日日以長 是天下之大賊也. 殘·賊
公行 莫之或止 大命將泛 莫之振救. 生之者甚少而靡之者甚多
天下財產何得不蹶!

漢之爲漢 幾四十年矣 公私之積 猶可哀痛. 失時不雨 民且
狼顧 歲惡不入 請賣爵子 旣聞耳矣. 安有爲天下阽危者若是而
上不驚者!

世之有饑·穰 天之行也 禹·湯被之矣. 卽不幸有方二三千
里之旱 國胡以相卹? 卒然邊境有急 數十百萬之衆 國胡以餽
之?兵·旱相乘 天下大屈 有勇力者聚徒-而衡擊 罷夫·羸老
易子齩文其骨. 政治未畢通也 遠方之能僭擬者並擧而爭起矣
乃駭而圖之 豈將有及乎!夫積貯者 天下之大命也 苟粟多而
財有餘 何爲而不成!以攻則取 以守則固 以戰則勝 懷敵附遠
何招而不至!

今毆民而歸之農 皆著於本 使天下各食其力 末技·游食之

民轉而緣南畝 則畜積足而人樂其所矣. 可以爲富安天下 而直爲此廩廩也 竊爲陛下惜之！"

上感誼言 春 正月 丁亥 詔開藉田 上親耕以率天下之民.

5   三月 有司請立皇子爲諸侯王. 詔先立趙幽王少子辟彊爲河間王 朱虛侯章爲城陽王 東牟侯興居爲濟北王 然後立皇子武爲代王 參爲太原王 揖爲梁王.

6   五月 詔曰"古之治天下 朝有進善之旌 誹謗之木 所以通治道而來諫者也. 今法有誹謗‧訞言之罪 是使衆臣不敢盡情而上無由聞過失也 將何以來遠方之賢良！ 其除之！"

7   九月 詔曰"農 天下之大本也 民所恃以生也 而民或不務本而事末 故生不遂. 朕憂其然 故今茲親率羣臣農以勸之 其賜天下民今年田租之半."

8   燕敬王澤薨. ＊

資治通鑑 卷014

【漢紀六】

漢紀六 起闕逢困敦(甲子) 盡重光協洽(辛未) 凡八年.

❖ 太宗孝文皇帝中 前3年(甲子, 紀元前 177年)

1 冬 十月 丁酉晦 日有食之.

2 十一月 丁卯晦 日有食之.

3 詔曰 "前遣列侯之國 或辭未行. 丞相 朕之所重 其爲朕率
列侯之國!" 十二月 免丞相勃 遣就國. 乙亥 以太尉灌嬰爲丞
相 罷太尉官 屬丞相.

4 夏 四月 城陽景王章薨.

5 初 趙王敖獻美人於高祖 得幸 有娠. 及貫高事發 美人亦
坐繫河內. 美人母弟趙兼因辟陽侯審食其言呂后 呂后妬 弗肯

白. 美人已生子 恚 卽自殺. 吏奉其子詣上 上悔 名之曰長 令
呂后母之 而葬其母眞定. 後封長爲淮南王.

　淮南王蚤失母 常附呂后 故孝惠·呂后時得無患 而常心怨
辟陽侯 以爲不強爭之於呂后 使其母恨而死也. 及帝卽位 淮南
王自以最親 驕蹇 數不奉法 上常寬假之. 是歲 入朝 從上入苑
囿獵 與上同車 常謂上"大兄." 王有材 力能扛鼎. 乃往見辟陽
侯 自袖鐵椎椎辟陽侯 令從者魏敬剄之 馳走闕下 肉袒謝罪.
帝傷其志爲親 故赦弗治. 當是時 薄太后及太子·諸大臣皆憚
淮南王. 淮南王以此 歸國益驕恣 出入稱警蹕 稱制擬於天子.
袁盎諫曰"諸侯太驕 必生患." 上不聽.

6　　五月 匈奴右賢王入居河南地 侵盜上郡保塞蠻夷 殺掠人
民. 上幸甘泉. 遣丞相灌嬰發車騎八萬五千 詣高奴擊右賢王
發中尉材官屬衛將軍 軍長安. 右賢王走出塞.

7　　上自甘泉之高奴 因幸太原 見故羣臣 皆賜之 復晉陽·中
都民三歲租. 留游太原十餘日.

8　　初 大臣之誅諸呂也 朱虛侯功尤大. 大臣許盡以趙地王朱
虛侯 盡以梁地王東牟侯. 及帝立 聞朱虛·東牟之初欲立齊王
故絀其功 及王諸子 乃割齊二郡以王之. 興居自以失職奪功 頗
怏怏 聞帝幸太原 以爲天子且自擊胡 遂發兵反. 帝聞之 罷丞
相及行兵皆歸長安 以棘浦侯柴武爲大將軍 將四將軍·十萬衆

擊之 祁侯繒賀爲將軍 軍滎陽. 秋 七月 上自太原至長安. 詔
"濟北吏民 兵未至先自定及以軍城邑降者 皆赦之 復官爵 與
王興居去來者 赦之." 八月 濟北王興居兵敗 自殺.

9　初 南陽張釋之爲騎郎 十年不得調 欲免歸. 袁盎知其賢而
薦之 爲謁者僕射.

釋之從行 登虎圈 上問上林尉諸禽獸簿. 十餘問 尉左右視
盡不能對. 虎圈嗇夫從旁代尉對. 上所問禽獸簿甚悉 欲以觀其
能 口對響應 無窮者. 帝曰"吏不當若是邪！尉無賴！"乃詔
釋之拜嗇夫爲上林令. 釋之久之前 曰"陛下以絳侯周勃何如
人也？"上曰"長者也." 又復問"東陽侯張相如何如人也？"
上復曰"長者."釋之曰"夫絳侯・東陽侯稱爲長者 此兩人言
事曾不能出口 豈效此嗇夫喋喋利口捷給哉！且秦以任刀筆之
吏 爭以亟疾苛察相高. 其敝 徒文具而無實 不聞其過 陵遲至
於土崩. 今陛下以嗇夫口辨而超遷之 臣恐天下隨風而靡 爭爲
口辨而無其實. 夫下之化上 疾於景響 舉錯不可不審也."帝曰
"善！"乃不拜嗇夫. 上就車 召釋之參乘. 徐行 問釋之秦之敝
具以質言. 至宮 上拜釋之爲公車令.

頃之 太子與梁王共車入朝 不下司馬門. 於是釋之追止太
子・梁王 無得入殿門 遂劾"不下公門 不敬"奏之. 薄太后聞
之 帝免冠 謝敎兒子不謹. 薄太后乃使使承詔赦太子・梁王 然
後得入. 帝由是奇釋之 拜爲中大夫 頃之 至中郎將.

從行至霸陵 上謂羣臣曰"嗟乎！以北山石爲槨 用紵絮斮

斲陳漆其間 豈可動哉！"左右皆曰"善！"釋之曰"使其中有可欲者 雖錮南山猶有隙 使其中無可欲者 雖無石槨 又何戚焉！"帝稱善.

是歲 釋之爲廷尉. 上行出中渭橋 有一人從橋下走 乘輿馬驚. 於是使騎捕之 屬廷尉. 釋之奏當"此人犯蹕 當罰金."上怒曰"此人親驚吾馬 馬賴和柔 令他馬 固不敗傷我乎！而廷尉乃當之罰金."釋之曰"法者 天下公共也. 今法如是 更重之是法不信於民也. 且方其時 上使使誅之則已. 今已下廷尉 廷尉 天下之平也 壹傾 天下用法皆爲之輕重 民安所錯其手足！唯陛下察之."上良久曰"廷尉當是也."

其後人有盜高廟坐前玉環 得 帝怒 下廷尉治. 釋之按"盜宗廟服御物者"爲奏當 棄市. 上大怒曰"人無道 乃盜先帝器！吾屬廷尉者 欲致之族 而君以法奏之 非吾所以共承宗廟意也."釋之免冠頓首謝曰"法如是 足也. 且罪等 然以逆順爲差. 今盜宗廟器而族之 有如萬分一 假令愚民取長陵一抔土 陛下且何以加其法乎？"帝乃白太后許之.

❖ 太宗孝文皇帝中 前4年(乙丑, 紀元前 176年)

1　冬 十二月 潁陰懿侯灌嬰薨.

2　春 正月 甲午 以御史大夫陽武張蒼爲丞相. 蒼好書 博聞

尤邃律歷.

3　上召河東守季布 欲以爲御史大夫. 有言其勇 · 使酒 · 難
近者 至 留邸一月 見罷. 季布因進曰"臣無功竊寵 待罪河東
陛下無故召臣 此人必有以臣欺陛下者. 今臣至 無所受事 罷去
此人必有毁臣者. 夫陛下以一人之譽而召臣 以一人之毁而去
臣 臣恐天下有識聞之 有以闚陛下之淺深也！"上默然 慙 良
久曰"河東 吾股肱郡 故特召君耳."

4　上議以賈誼任公卿之位. 大臣多短之曰"洛陽之人 年少
初學 專欲擅權 紛亂諸事."於是天子後亦疏之 不用其議 以爲
長沙王太傅.

5　絳侯周勃旣就國 每河東守 · 尉行縣至絳 勃自畏恐誅 常
被甲 令家人持兵以見之. 其後人有上書告勃欲反 下廷尉 廷尉
逮捕勃 治之. 勃恐 不知置辭 吏稍侵辱之. 勃以千金與獄吏 獄
吏乃書牘背示之曰"以公主爲證."公主者 帝女也 勃太子勝之
尙之. 薄太后亦以爲勃無反事. 帝朝太后 太后以冒絮提帝曰
"絳侯始誅諸呂 綰皇帝璽 將兵於北軍 不以此時反 今居一小
縣 顧欲反邪？"帝旣見絳侯獄辭 乃謝曰"吏方驗而出之."於
是使使持節赦絳侯 復爵邑. 絳侯旣出 曰"吾嘗將百萬軍 然安
知獄吏之貴乎！"

6   作顧成廟.

1   春 二月 地震.

2   初 秦用半兩錢 高祖嫌其重 難用 更鑄莢錢. 於是物價騰
踊 米至石萬錢. 夏 四月 更造四銖錢 除盜鑄錢令 使民得自鑄.
   賈誼諫曰"法使天下公得雇租鑄銅‧錫爲錢 敢雜以鉛‧鐵
爲他巧者 其罪黥. 然鑄錢之情 非殽雜爲巧 則不可得贏 而殽
之甚微 爲利甚厚. 夫事有召禍而法有起姦 今令細民人操造幣
之勢 各隱屏而鑄作 因欲禁其厚利微姦 雖黥罪日報 其勢不止.
乃者 民人抵罪多者一縣百數 及吏之所疑榜笞奔走者甚衆. 夫
縣法以誘民 使入陷阱 孰多於此！又民用錢 郡縣不同 或用輕
錢 百加若干 或用重錢 平稱不受. 法錢不立 吏急而壹之乎？
則大爲煩苛而力不能勝 縱而弗呵乎？則市肆異用 錢文大亂
苟非其術 何鄕而可哉！今農事棄捐而采銅者日蕃 釋其耒耨
冶鎔炊炭 姦錢日多 五穀不爲多. 善人怵而爲姦邪 愿民陷而之
刑戮 刑戮將甚不詳 奈何而忽！國知患此 吏議必曰'禁之.'禁
之不得其術 其傷必大. 今禁鑄錢 則錢必重 重則其利深 盜鑄
如雲而起 棄市之罪又不足以禁矣. 姦數不勝而法禁數潰 銅使
之然也. 銅布於天下 其爲禍博矣 故不如收之." 賈山亦上書諫

以爲 "錢者 亡用器也 而可以易富貴. 富貴者 人主之操柄也 令民爲之 是與人主共操柄 不可長也." 上不聽.

是時 太中大夫鄧通方寵幸 上欲其富 賜之蜀嚴道銅山 使鑄錢. 吳王濞有豫章銅山 招致天下亡命者以鑄錢 東煮海水爲鹽 以故無賦而國用饒足. 於是吳·鄧錢布天下.

3　初 帝分代爲二國 立皇子武爲代王 參爲太原王. 是歲 徙代王武爲淮陽王 以太原王參爲代王 盡得故地.

❖ 太宗孝文皇帝中 前6年(丁卯, 紀元前 174年)

1　冬 十月 桃·李華.

2　淮南厲王長自作法令行於其國 逐漢所置吏 請自置相· 二千石 帝曲意從之. 又擅刑殺不辜及爵人至關內侯 數上書不 遜順. 帝重自切責之 乃令薄昭與書風諭之 引管·蔡及代頃 王·濟北王興居以爲儆戒.

王不說 令大夫但·士伍開章等七十人與棘蒲侯柴武太子奇 謀以輂車四十乘反谷口 令人使閩越·匈奴. 事覺 有司治之 使 使召淮南王. 王至長安 丞相張蒼·典客馮敬行御史大夫事 與 宗正·廷尉奏 "長罪當棄市." 制曰 "其赦長死罪 廢 勿王 徙 處蜀郡嚴道邛郵." 盡誅所與謀者. 載長以輜車 令縣以次傳之.

袁盎諫曰"上素驕淮南王 弗爲置嚴傅·相 以故致此. 淮南王爲人剛 今暴摧折之 臣恐卒逢霧露病死 陛下有殺弟之名 奈何？"上曰"吾特苦之耳 今復之."

淮南王果憤恚不食死. 縣傳至雍 雍令發封 以死聞. 上哭甚悲 謂袁盎曰"吾不聽公言 卒亡淮南王！今爲奈何？"盎曰"獨斬丞相·御史以謝天下乃可."上卽令丞相·御史逮考諸縣傳送淮南王不發封饋侍者 皆棄市 以列侯葬淮南王於雍 置守冢三十戶.

3　匈奴單于遣漢書曰"前時 皇帝言和親事 稱書意 合歡. 漢邊吏侵侮右賢王 右賢王不請 聽後義盧侯難支等計 與漢吏相距. 絶二主之約 離兄弟之親 故罰右賢王 使之西求月氏擊之. 以天之福 吏卒良 馬力強 以夷滅月氏 盡斬殺·降下 定之 樓蘭·烏孫·呼揭及其旁二十六國 皆已爲匈奴 諸引弓之民幷爲一家 北州以定. 願寢兵 休士卒 養馬 除前事 復故約 以安邊民. 皇帝卽不欲匈奴近塞 則且詔吏民遠舍."帝報書曰"單于欲除前事 復故約 朕甚嘉之！此古聖王之志也. 漢與匈奴約爲兄弟 所以遺單于甚厚 倍約·離兄弟之親者 常在匈奴. 然右賢王事已在赦前 單于勿深誅！ 單于若稱書意 明告諸吏 使無負約 有信 敬如單于書."

後頃之 冒頓死 子稽粥立 號曰老上單于. 老上單于初立 帝復遣宗室女翁主爲單于閼氏 使宦者燕人中行說傅翁主. 說不欲行 漢強使之. 說曰"必我也 爲漢患者！"中行說旣至 因降

單于 單于甚親幸之.

初 匈奴好漢繒絮·食物. 中行說曰"匈奴人衆不能當漢之一
郡 然所以强者 以衣食異 無仰於漢也. 今單于變俗 好漢物 漢
物不過什二 則匈奴盡歸於漢矣."其得漢繒絮 以馳草棘中 衣
袴皆裂敝 以示不如旃裘之完善也 得漢食物 皆去之 以示不如
潼酪之便美也. 於是說敎單于左右疏記 以計課其人衆·畜牧.
其遺漢書牘及印封 皆令長大 倨傲其辭 自稱"天地所生·日
月所置匈奴大單于."

漢使或訾笑匈奴俗無禮義者 中行說輒窮漢使曰"匈奴約束
徑 易行 君臣簡 可久 一國之政 猶一體也. 故匈奴雖亂 必立
宗種. 今中國雖云有禮義 及親屬益疏則相殺奪 以至易姓 皆從
此類也. 嗟！土室之人 顧無多辭 喋喋占占！顧漢所輸匈奴繒
絮·米蘖 令其量中 必善美而已矣 何以言爲乎！且所給 備·
善 則已 不備·苦惡 則候秋熟 以騎馳蹂而稼穡耳！"

4　　梁太傅賈誼上疏曰"臣竊惟今之事勢 可爲痛哭者一 可爲
流涕者二 可爲長太息者六 若其他背理而傷道者 難徧以疏擧.
進言者皆曰'天下已安已治矣'臣獨以爲未也. 曰安且治者 非
愚則諛 皆非事實知治亂之體者也. 夫抱火厝之積薪之下而寢
其上 火未及然 因謂之安 方今之勢 何以異此！ 陛下何不壹
令臣得孰數之於前 因陳治安之策 試詳擇焉！

使爲治 勞志慮 苦身體 乏鐘·鼓之樂 勿爲可也. 樂與今同
而加之諸侯軌道 兵革不動 匈奴賓服 百姓素朴 生爲明帝 沒

爲明神 名譽之美垂於無窮 使顧成之廟稱爲太宗 上配太祖 與
漢亡極 立經陳紀 爲萬世法. 雖有愚幼・不肖之嗣 猶得蒙業而
安. 以陛下之明達 因使少知治體者得佐下風 致此非難也.

夫樹國固必相疑之勢 下數被其殃 上數爽其憂 甚非所以安
上而全下也. 今或親弟謀爲東帝 親兄之子西鄉而擊 今吳又見
告矣. 天子春秋鼎盛 行義未過 德澤有加焉 猶尙如是 況莫大
諸侯 權力且十此者虖！

然而天下少安 何也？大國之王幼弱未壯 漢之所置傅・相方
握其事. 數年之後 諸侯之王大抵皆冠 血氣方剛 漢之傅・相稱
病而賜罷 彼自丞・尉以上徧置私人. 如此 有異淮南・濟北之
爲邪！此時而欲爲治安 雖堯・舜不治.

黃帝曰‘日中必熭 操刀必割！’今令此道順而全安甚易 不
肯蚤爲 已乃墮骨肉之屬而抗剄之 豈有異秦之季世虖！ 其異
姓負強而動者 漢已幸而勝之矣 又不易其所以然 同姓襲是跡
而動 既有徵矣 其勢盡又復然. 殃禍之變 未知所移 明帝處之
尙不能以安 後世將如之何！

臣竊跡前事 大抵強者先反. 長沙乃二萬五千戶耳 功少而最
完 勢疏而最忠 非獨性異人也 亦形勢然也. 曩令樊・酈・絳・
灌據數十城而王 今雖以殘亡可也 令信・越之倫列爲徹侯而居
雖至今存可也. 然則天下之大計可知已 欲諸王之皆忠附 則莫
若令如長沙王 欲臣子勿菹醢 則莫若令如樊・酈等 欲天下之
治安 莫若衆建諸侯而少其力. 力少則易使以義 國小則亡邪心.
今海內之勢 如身之使臂 臂之使指 莫不制從 諸侯之君不敢有

異心 輻湊幷進而歸命天子. 割地定製 令齊·趙·楚各爲若干
國 使悼惠王·幽王·元王之子孫畢以次各受祖之分地 地盡而
止 其分地衆而子孫少者 建以爲國 空而置之 須其子孫生者擧
使君之 一寸之地 一人之衆 天子亡所利焉 誠以定治而已. 如
此 則臥赤子天下之上而安 植遺腹 朝委裘而天下不亂 當時大
治 后世誦聖. 陛下誰憚而久不爲此!

天下之勢方病大瘇 一脛之大幾如要 一指之大幾如股 平居
不可屈伸 一二指搐 身慮無聊. 失今不治 必爲錮疾 後雖有扁
鵲 不能爲已. 病非徒瘇也. 又苦蹠〈蹠〉盭. 元王之子 帝之從
弟也 今之王者 從弟之子也. 惠王之子 親兄子也 今之王者 兄
子之子也. 親者或亡分地以安天下 疏者或制大權以偪天子 臣
故曰非徒病瘇也 又苦蹠〈蹠〉盭. 可痛哭者 此病是也.

天下之勢方倒懸. 凡天子者 天下之首. 何也?上也. 蠻夷者
天下之足. 何也? 下也. 今匈奴嫚侮侵掠 至不敬也 而漢歲致
金絮采繪以奉之. 足反居上 首顧居下 倒縣如此 莫之能解 猶
爲國有人乎? 可爲流涕者此也.

今不獵猛敵而獵田彘 不搏反寇而搏畜菟 翫細娛而不圖大患
德可遠加而直數百里外 威令不勝 可爲流涕者此也.

今庶人屋壁得爲帝服 倡優下賤得爲后飾 且帝之身自衣皁綈
而富民牆屋被文繡 天子之后以緣其領 庶人孼妾以緣其履 此
臣所謂舛也. 夫百人作之不能衣一人 欲天下亡寒 胡可得也 一
人耕之 十人聚而食之 欲天下亡飢 不可得也 飢寒切於民之肌
膚 欲其亡爲奸邪 不可得也. 可爲長太息者此也.

商君遺禮義 棄仁恩 幷心於進取 行之二歲 秦俗日敗. 故秦
人家富子壯則出分 家貧子壯則出贅 借父耰鉏 慮有德色 母取
箕箒 立而誶語 抱哺其子 與公幷倨 婦姑不相說 則反脣而相
稽 其慈子·耆利 不同禽獸者亡幾耳. 今其遺風餘俗 猶尙未改
棄禮義 捐廉恥日甚 可謂月異而歲不同矣. 逐利不耳 慮非顧
行也 今其甚者殺父兄矣. 而大臣特以簿書不報·期會之間以
爲大故 至於俗流失 世壞敗 因恬而不知怪 慮不動於耳目 以
爲是適然耳. 夫移風易俗 使天下回心而鄉道 類非俗吏之所能
爲也. 俗吏之所務 在於刀筆·筐篋而不知大體. 陛下又不自憂
竊爲陛下惜之! 豈如今定經制 令君君·臣臣 上下有差 父子
六親各得其宜! 此業壹定 世世常安 而後有所持循矣 若夫經
制不定 是猶渡江河亡維楫 中流而遇風波 船必覆矣. 可爲長太
息者此也.

夏·殷·周爲天子皆數十世 秦爲天子二世而亡. 人性不甚
相遠也 何三代之君有道之長而秦無道之暴也? 其故可知也.
古之王者 太子乃生 固擧以禮 有司齊肅端冕 見之南郊 過闕
則下 過廟則趨 故自爲赤子 而教固已行矣. 孩提有識 三公·
三少明孝仁禮義以道習之 逐去邪人 不使見惡行 於是皆選天
下之端士·孝悌博聞有道術者以衛翼之 使與太子居處出入.
故太子乃生而見正事 聞正言 行正道 左右前後皆正人也. 夫
習與正人居之不能毋正 猶生長於齊不能不齊言也 習與不正
人居之不能毋不正 猶生長於楚之地不能不楚言也. 孔子曰'少
成若天性 習貫如自然.' 習與智長 故切而不媿 化與心成 故中

道若性. 夫三代之所以長久者 以其輔翼太子有此具也. 及秦而不然 使趙高傅胡亥而敎之獄 所習者非斬·劓人 則夷人之三族也. 胡亥今日卽位而明日射人 忠諫者謂之誹謗 深計者謂之妖言 其視殺人若艾草菅然. 豈惟胡亥之性惡哉？ 彼其所以道之者非其理故也. 鄙諺曰'前車覆 後車誡.'秦世之所以亟絶者 其轍跡可見也 然而不避 是後車又將覆也. 天下之命 縣於太子 太子之善 在於早諭敎與選左右. 夫心未濫而先諭敎 則化易成也 開於道術智誼之指 則敎之力也 若其服習積貫 則左右而已. 夫胡·粵之人 生而同聲 嗜欲不異 及其長而成俗 累數譯而不能相通 有雖死而不相爲者 則敎習然也. 臣故曰選左右·早諭敎最急. 夫敎得而左右正 則太子正矣 太子正而天下定矣. 《書》曰'一人有慶 兆民賴之.'此時務也.

凡人之智 能見已然 不能見將然. 夫禮者禁於將然之前 而法者禁於已然之後 是故法之所爲用易見而禮之所爲生難知也. 若夫慶賞以勸善 刑罰以懲惡 先王執此之政 堅如金石 行此之令 信如四時 據此之公 無私如天地 豈顧不用哉？然而曰禮云·禮云者 貴絶惡於未萌而起敎於微眇 使民日遷善·遠罪而不自知也. 孔子曰'聽訟 吾猶人也 必也使毋訟乎！'爲人主計者 莫如先審取舍 取舍之極定於內而安危之萌應於外矣. 秦王之欲尊宗廟而安子孫 與湯·武同. 然而湯·武廣大其德行六七百歲而弗失 秦王治天下十餘歲則大敗. 此亡他故矣 湯·武之定取舍審而秦王之定取舍不審矣. 夫天下 大器也 今人之置器 置諸安處則安 置諸危處則危. 天下之情 與器無以異 在

天子之所置之. 湯·武置天下於仁·義·禮·樂 累子孫數十
世 此天下所共聞也 秦王置天下於法令·刑罰 禍幾及身 子孫
誅絶 此天下之所共見也. 是非其明效大驗邪! 人之言曰'聽
言之道 必以其事觀之 則言者莫敢妄言.'今或言禮誼之不如法
令 敎化之不如刑罰 人主胡不引殷·周·秦事以觀之也! 人主
之尊譬如堂 羣臣如陛 衆庶如地. 故陛九級上 廉遠地 則堂高
陛無級 廉近地 則堂卑. 高者難攀 卑者易陵 理勢然也. 故古者
聖王制爲等列 內有公·卿·大夫·士 外有公·侯·伯·子·
男 然後有官師·小吏 延及庶人 等級分明而天子加焉 故其尊
不可及也.

里諺曰'欲投鼠而忌器.'此善諭也. 鼠近於器 尙憚不投 恐
傷其器 況於貴臣之近主乎! 廉恥節禮以治君子 故有賜死而
亡戮辱. 是以黥·劓之罪不及大夫 以其離主上不遠也. 禮 不
敢齒君之路馬 蹴其芻者有罰 所以爲主上豫遠不敬也. 今自
王·侯·三公之貴 皆天子之所改容而禮之也 古天子之所謂伯
父·伯舅也 而令與衆庶同黥·劓·髡·刖·笞·僇·棄市之
法 然則堂不無陛虖! 被戮辱者不泰迫虖! 廉恥不行 大臣無乃
握重權·大官而有徒隷無恥之心虖! 夫望夷之事 二世見當以
重法者 投鼠而不忌器之習也. 臣聞之 履雖鮮不加於枕 冠雖敝
不以苴履. 夫嘗已在貴寵之位 天子改容而禮貌之矣 吏民嘗俯
伏以敬畏之矣 今而有過 帝令廢之可也 退之可也 賜之死可也
滅之可也 若夫束縛之 係緤之 輸之司寇 編之徒官 司寇小吏
詈罵而榜笞之 殆非所以令衆庶見也. 夫卑賤者習知尊貴者之

一旦吾亦乃可以加此也 非所以尊尊・貴貴之化也. 古者大臣
有坐不廉而廢者 不謂不廉 曰'簠簋不飾'坐汙穢淫亂・男女
無別者 不曰汙穢 曰'帷薄不修'坐罷軟不勝任者 不謂罷軟 曰
'下官不職.'故貴大臣定有其罪矣 猶未斥然正以呼之也 尙遷
就而爲之諱也. 故其在大譴・大何之域者 聞譴・何則白冠氂
纓 盤水加劍 造請室而請罪耳 上不執縛係引而行也 其有中罪
者 聞命而自弛 上不使人頸盭而加也. 其有大罪者 聞命則北面
再拜 跪而自裁 上不使人捽抑而刑之也. 曰'子大夫自有過耳
吾遇子有禮矣.'遇之有禮 故羣臣自憙 嬰以廉恥 故人矜節行.
上設廉恥・禮義以遇其臣 而臣不以節行報其上者 則非人類
也. 故化成俗定 則爲人臣者皆顧行而忘利 守節而伏義 故可以
托不御之權 可以寄六尺之孤 此厲廉恥・行禮義之所致也 主
上何喪焉! 此之不爲而顧彼之久行 故曰可爲長太息者此也."

　誼以絳侯前逮繫獄 卒無事 故以此譏上. 上深納其言 養臣下
有節 是後大臣有罪 皆自殺 不受刑.

1　　冬 十月 令列侯太夫人・夫人・諸侯王子及吏二千石無得
擅徵捕.

2　　夏 四月 赦天下.

3　六月 癸酉 未央宮東闕罘罳災.

4　民有歌淮南王者曰“一尺布 尚可縫 一斗粟 尚可舂 兄弟
二人不相容！”帝
　　聞而病之.

❖ 太宗孝文皇帝中 前8年(己巳, 紀元前 172年)

1　夏 封淮南屬王子安等四人爲列侯. 賈誼知上必將復王之
也 上疏諫曰“淮南王之悖逆無道 天下孰不知其罪！陛下幸而
赦遷之 自疾而死 天下孰以王死之不當！今奉尊罪人之子 適
足以負謗於天下耳. 此人少壯 豈能忘其父哉！白公勝所爲父
報仇者 大父與叔父也. 白公爲亂 非欲取國代主 發忿快志 剚
手以衝仇人之匈 固爲俱靡而已. 淮南雖小 黥布嘗用之矣 漢存
特幸耳. 夫擅仇人足以危漢之資 於策不便. 予之衆積之財 此
非有子胥·白公報於廣都之中 卽疑有剚諸·荊軻起於兩柱之
間 所謂假賊兵 爲虎翼者也. 願陛下少留計！”上弗聽.

2　有長星出於東方.

❖ 太宗孝文皇帝中 前9年(庚午, 紀元前 171年)

1   春 大旱.

1   冬 上行幸甘泉.

2   將軍薄昭殺漢使者. 帝不忍加誅 使公卿從之飲酒 欲令自
引分 昭不肯 使羣臣喪服往哭之 乃自殺.

❖ 臣光曰

李德裕以爲"漢文帝誅薄昭 斷則明矣 於義則未安也.
秦康送晉文 興如存之感 況太后尙存 唯一弟薄昭 斷之
不疑 非所以慰母氏之心也."臣愚以爲法者天下之公器
惟善持法者 親疏如一 無所不行 則人莫敢有所恃而犯
之也. 夫薄昭雖素稱長者 文帝不爲置賢師傅而用之典兵
驕而犯上 至於殺漢使者 非有恃而然乎!若又從而赦之
則與成‧哀之世何異哉!魏文帝嘗稱漢文帝之美 而不
取其殺薄昭 曰"舅后之家 但當養育以恩而不當假借以
權 旣觸罪法 又不得不害."譏文帝之始不防閑昭也 斯言
得之矣. 然則欲慰母心者 將愼之於始乎!＊

資治通鑑 卷015

【漢紀七】

起玄黓涒灘(壬申) 盡柔兆閹茂(丙戌) 凡十五年.

❖ 太宗孝文皇帝下 前11年(壬申, 紀元前 169年)

1   冬 十一月 上行幸代 春 正月 自代還.

2   夏 六月 梁懷王揖薨 無子. 賈誼復上疏曰 "陛下卽不定制
如今之勢 不過一傳‧再傳 諸侯猶且人恣而不制 豪植而大強
漢法不得行矣. 陛下所以爲藩扞及皇太子之所恃者 唯淮陽‧
代二國耳. 代 北邊匈奴 與強敵爲鄰 能自完則足矣 而淮陽之
比大諸侯 廑如黑子之著面 適足以餌大國 而不足以有所禁禦.
方今制在陛下 制國而令子適足以爲餌 豈可謂工哉! 臣之愚
計 願擧淮南地以益淮陽 而爲梁王立後 割淮陽北邊二‧三列
城與東郡以益梁. 不可者 可徙代王而都睢陽. 梁起於新郪而北
著之河 淮陽包陳而南揵之江 則大諸侯之有異心者破膽而不敢
謀. 梁足以扞齊‧趙 淮陽足以禁吳‧楚 陛下高枕 終無山東之

憂矣 此二世之利也. 當今恬然 適遇諸侯之皆少 數歲之後 陛下且見之矣. 夫秦日夜苦心勞力以除六國之禍 今陛下力制天下 頤指如意 高拱以成六國之禍 難以言智. 苟身無事 畜亂 宿禍 孰視而不定 萬年之後 傳之老母·弱子 將使不寧 不可謂仁."帝於是從誼計 徙淮陽王武爲梁王 北界泰山 西至高陽 得大縣四十餘城. 後歲餘 賈誼亦死 死時年三十三矣.

3　　徙城陽王喜爲淮南王.

4　　匈奴寇狄道.
　時匈奴數爲邊患 太子家令潁川鼂錯上言兵事曰"《兵法》曰 '有必勝之將 無必勝之民.' 繇此觀之 安邊境 立功名 在於良將 不可不擇也.
　臣又聞 用兵臨戰合刃之急者三 一曰得地形 二曰卒服習 三曰器用利. 兵法 步兵·車騎·弓弩·長戟·矛鋋·劍楯之地 各有所宜 不得其宜者 或十不當一. 士不選練 卒不服習 起居不精 動靜不集 趨利弗及 避難不畢 前擊後解 與金鼓之指相失 此不習勒卒之過也 百不當十. 兵不完利 與空手同 甲不堅密 與袒裼同 弩不可以及遠 與短兵同 射不能中 與無矢同 中不能入 與無鏃同 此將不省兵之禍也 五不當一. 故《兵法》曰 '器械不利 以其卒予敵也 卒不可用 以其將予敵也 將不知兵 以其主予敵也 君不擇將 以其國予敵也.' 四者 兵之至要也.
　臣又聞 小大異形 強弱異勢 險易異備. 夫卑身以事強 小國

之形也 合小以攻大 敵國之形也 以蠻夷攻蠻夷 中國之形也.
今匈奴地形·技藝與中國異 上下山阪 出入溪澗 中國之馬弗
與也 險道傾仄 且馳且射 中國之騎弗與也 風雨罷勞 飢渴不
困 中國之人弗與也 此匈奴之長技也. 若夫平原·易地·輕
車·突騎 則匈奴之衆易橈亂也 勁弩·長戟·射疏·及遠 則
匈奴之弓弗能格也 堅甲·利刃 長短相雜 遊弩往來 什伍俱前
則匈奴之兵弗能當也 材官騶發 矢道同的 則匈奴之革笥·木
薦弗能支也 下馬地鬪 劍戟相接 去就相薄 則匈奴之足弗能給
也 此中國之長技也. 以此觀之 匈奴之長技三 中國之長技五
陛下又興數十萬之衆以誅數萬之匈奴 衆寡之計 以一擊十之術
也.

雖然 兵 兇器 戰 危事也. 故以大爲小 以強爲弱 在俛仰之
間耳. 夫以人之死爭勝 跌而不振 則悔之無及也. 帝王之道 出
於萬全. 今降胡·義渠·蠻夷之屬來歸誼者 其衆數千 飲食·
長技與匈奴同. 賜之堅甲·絮衣·勁弓·利矢 益以邊郡之良
騎 令明將能知其習俗·和輯其心者 以陛下之明約將之. 卽有
險阻 以此當之 平地通道 則以輕車·材官制之 兩軍相爲表裏
各用其長技 衡加之以衆 此萬全之術也."

帝嘉之 賜錯書 寵答焉.

錯又上言曰"臣聞秦起兵而攻胡·粵者 非以衛邊地而救民
死也 貪戾而欲廣大也 故功未立而天下亂. 且夫起兵而不知其
勢 戰則爲人禽 屯則卒積死. 夫胡·貉之人 其性耐寒 揚·粵
之人 其性耐暑. 秦之戍卒不耐其水土 戍者死於邊 輸者償於

道. 秦民見行 如往棄市 因以謫發之 名曰'謫戍'先發吏有謫
及贅壻‧賈人 後以嘗有市籍者 又後以大父母‧父母嘗有市籍
者 後入閭取其左. 發之不順 行者憤怨 有萬死之害而亡銖兩之
報 死事之後 不得一算之復 天下明知禍烈及己也. 陳勝行戍
至於大澤 爲天下先倡 天下從之如流水者 秦以威劫而行之之
敝也.

　胡人衣食之業 不著於地 其勢易以擾亂邊境 往來轉徙 時至
時去. 此胡人之生業 而中國之所以離南畝也. 今胡人數轉牧‧
行獵於塞下 以候備塞之卒 卒少則入. 陛下不救 則邊民絶望而
有降敵之心 救之 少發則不足 多發 遠縣纔至 則胡又已去. 聚
而不罷 爲費甚大 罷之 則胡復入. 如此連年 則中國貧苦而民
不安矣. 陛下幸憂邊境 遣將吏發卒以治塞 甚大惠也. 然今遠
方之卒守塞 一歲而更 不知胡人之能. 不如選常居者家室田作
且以備之 以便爲之高城深塹 要害之處 通川之道 調立城邑
毋下千家. 先爲室屋 具田器 乃募民 免罪 拜爵 復其家 予冬
夏衣‧稟食 能自給而止. 塞下之民 祿利不厚 不可使久居危難
之地. 胡人入驅而能止其所驅者 以其半予之 縣官爲贖. 其民
如是 則邑裡相救助 赴胡不避死. 非以德上也 欲全親戚而利其
財也 此與東方之戍卒不習地勢而心畏胡者功相萬也. 以陛下
之時 徙民實邊 使遠方無屯戍之事 塞下之民 父子相保 無係
虜之患 利施後世 名稱聖明 其與秦之行怨民 相去遠矣."

　上從其言 募民徙塞下.

　錯復言"陛下幸募民徙以實塞下 使屯戍之事益省 輸將之費

益寡 甚大惠也. 下吏誠能稱厚惠 奉明法 存卹所徙之老弱 善遇其壯士 和輯其心而勿侵刻 使先至者安樂而不思故鄉 則貧民相慕而勸往矣. 臣聞古之徙民者 相其陰陽之和 嘗其水泉之味 然後營邑·立城·製里·割宅 先爲築室家 置器物焉. 民至有所居 作有所用. 此民所以輕去故鄉而勸之新邑也. 爲置醫·巫以救疾病 以脩祭祀 男女有昏 生死相卹 墳墓相從 種樹畜長 室屋完安. 此所以使民樂其處而有長居之心也.

臣又聞古之制邊縣以備敵也 使五家爲伍 伍有長 十長一里 里有假士 四里一連 連有假五百 十連一邑 邑有假候. 皆擇其邑之賢材有護·習地形·知民心者. 居則習民於射法 出則敎民於應敵. 故卒伍成於內 則軍政定於外. 服習以成 勿令遷徙 幼則同遊 長則共事. 夜戰聲相則足以相救 晝戰目相見 則足以相識 驩愛之心 足以相死. 如此而勸以厚賞 威以重罰 則前死不還踵矣. 所徙之民非壯有材者 但費衣糧 不可用也 雖有材力不得良吏 猶亡功也.

陛下絕匈奴不與和親 臣竊意其冬來南也 壹大治 則終身創矣. 欲立威者 始於折膠 來而不能困 使得氣去 後未易服也."

錯爲人陗直刻深 以其辯得幸太子 太子家號曰"智囊".

❖ 太宗孝文皇帝下 前12年(癸酉, 紀元前 168年)

1　　冬 十二月 河決酸棗 東潰金堤 東郡 大興卒塞之.

2　春 三月 除關 無用傳.

3　鼂錯言於上曰 "聖王在上而民不凍飢者 非能耕而食之 織
而衣之也 爲開其資財之道也. 故堯有九年之水 湯有七年之
旱 而國亡捐瘠者 以畜積多而備先具也. 今海內爲一 土地‧人
民之衆不減湯‧禹 加以無天災數年之水旱 而畜積未及者 何
也？地有遺利 民有餘力 生穀之土未盡墾 山澤之利未盡出 游
食之民未盡歸農也.

　夫寒之於衣 不待輕暖 飢之於食 不待甘旨 飢寒至身 不顧廉
恥. 人情 一日不再食則飢 終歲不製衣則寒. 夫腹飢不得食 膚
寒不得衣 雖慈母不能保其子 君安能以有其民哉！ 明主知其
然也 故務民於農桑 薄賦斂 廣畜積 以實倉廩 備水旱 故民可
得而有也. 民者 在上所以牧之 民之趨利 如水走下 四方無擇
也.

　夫珠‧玉‧金‧銀 飢不可食 寒不可衣 然而衆貴之者 以上
用之故也. 其爲物輕微易藏 在於把握 可以周海內而無飢寒之
患. 此令臣輕背其主 而民易去其鄕 盜賊有所勸 亡逃者得輕資
也. 粟‧米‧布‧帛 生於地 長於時 聚於力 非可一日成也 數
石之重 中人弗勝 不爲姦邪所利 一日弗得而飢寒至. 是故明君
貴五穀而賤金玉.

　今農夫五口之家 其服役者不下二人 其能耕者不過百晦 百
晦之收不過百石. 春耕 夏耘 秋穫 冬藏 伐薪樵 治官府 給繇
役 春不得避風塵 夏不得避暑熱 秋不得避陰雨 冬不得避寒凍

四時之間無日休息 又私自送往迎來·弔死問疾·養孤長幼在
其中. 勤苦如此 尙復被水旱之災 急政暴賦 賦斂不時 朝令而
暮改. 有者半賈而賣 無者取倍稱之息 於是有賣田宅·鬻妻子
以償責者矣. 而商賈大者積貯倍息 小者坐列販賣 操其奇贏 日
游都市 乘上之急 所賣必倍. 故其男不耕耘 女不蠶織 衣必文
采 食必粱肉 無農夫之苦 有仟伯之得. 因其富厚 交通王侯 力
過吏勢 以利相傾 千里游敖 冠蓋相望 乘堅·策肥 履絲·曳
縞. 此商人所以兼幷農人 農人所以流亡者也.

方今之務 莫若使民務農而已矣. 欲民務農 在於貴粟. 貴粟
之道 在於使民以粟爲賞罰. 今募天下入粟縣官 得以拜爵 得以
除罪. 如此 富人有爵 農民有錢 粟有所渫. 夫能入粟以受爵 皆
有餘者也. 取於有餘以供上用 則貧民之賦可損 所謂損有餘 補
不足 令出而民利者也. 今令民有車騎馬一匹者 復卒三人 車騎
者 天下武備也 故爲復卒. 神農之敎曰'有石城十仞 湯池百步
帶甲百萬 而無粟 弗能守也.'以是觀之 粟者 王者大用 政之本
務. 今民入粟受爵至五大夫以上 乃復一人耳 此其與騎馬之功
相去遠矣. 爵者 上之所擅 出於口而無窮 粟者 民之所種 生於
地而不乏. 夫得高爵與免罪 人之所甚欲也 使天下人入粟於邊
以受爵·免罪 不過三歲 塞下之粟必多矣."

帝從之 令民入粟於邊 拜爵各以多少級數爲差.

錯復奏言"陛下幸使天下入粟塞下以拜爵 甚大惠也. 竊恐塞
卒之食不足用 大渫天下粟. 邊食足以支五歲 可令入粟郡縣矣
郡縣足支一歲以上 可時赦 勿收農民租. 如此 德澤加於萬民

民愈勤農 大富樂矣."

上復從其言 詔曰"道民之路 在於務本. 朕親率天下農 十年
于今 而野不加辟 歲一不登 民有飢色 是從事焉尚寡而吏未加
務. 吾詔書數下 歲勸民種樹而功未興 是吏奉吾詔不勤而勸民
不明也. 且吾農民甚苦而吏莫之省 將何以功焉! 其賜農民今
年租稅之半."

❖ 太宗孝文皇帝下 前13年(甲戌, 紀元前 167年)

1 春 二月 甲寅 詔曰"朕親率天下農耕以供粢盛 皇后親桑
以供祭服 其具禮儀."

2 初 秦時祝官有祕祝 卽有災祥 輒移過於下. 夏 詔曰"蓋
聞天道 禍自怨起而福繇德興 百官之非 宜由朕躬. 今祕祝之官
移過於下 以彰吾之不德 朕甚弗取. 其除之!"

3 齊太倉令淳于意有罪 當刑 詔獄逮繫長安. 其少女緹縈上
書曰"妾父爲吏 齊中皆稱其廉平 今坐法當刑. 妾傷夫死者不
可復生 刑者不可復屬 雖後欲改過自新 其道無繇也. 妾願沒入
爲官婢 以贖父刑罪 使得自新."

天子憐悲其意 五月 詔曰"《詩》曰'愷弟君子 民之父母.'
今人有過 教未施而刑已加焉 或欲改行爲善而道無繇至 朕甚

憐之！夫刑至斷支體 刻肌膚 終身不息 何其刑之痛而不德也！豈爲民父母之意哉！其除肉刑 有以易之 及今罪人各以輕重 不亡逃 有年而免. 具爲令！"

丞相張蒼・御史大夫馮敬奏請定律曰 "諸當髠者爲城旦・舂 當黥髠者鉗爲城旦・舂 當劓者笞三百 當斬左止者笞五百 當斬右止及殺人先自告及吏坐受賕・枉法・守縣官財物而卽盜之・已論而復有笞罪皆棄市. 罪人獄已決爲城旦・舂者 各有歲數以免."制曰 "可."

是時 上旣躬修玄默 而將相皆舊功臣 少文多質. 懲惡亡秦之政 論議務在寬厚 恥言人之過失 化行天下 告訐之俗易. 吏安其官 民樂其業 畜積歲增 戶口寖息. 風流篤厚 禁罔疏闊 罪疑者予民 是以刑罰大省 至於斷獄四百 有刑錯之風焉.

4　六月 詔曰 "農 天下之本 務莫大焉. 今勤身從事而有租稅之賦 是爲本末者無以異也 其於勸農之道未備. 其除田之租稅."

❖ 太宗孝文皇帝下 前14年(乙亥, 紀元前 166年)

1　冬 匈奴老上單于十四萬騎入朝那・蕭關 殺北地都尉印 虜人民畜產甚多 遂至彭陽 使奇兵入燒回中宮 候騎至雍・甘泉. 帝以中尉周舍・郎中令張武爲將軍 發車千乘・騎卒十萬

軍長安旁 以備胡寇 而拜昌侯盧卿爲上郡將軍 甯侯魏遬爲北
地將軍 隆慮侯周竈爲隴西將軍 屯三郡. 上親勞軍 勒兵 申敎
令 賜吏卒 自欲征匈奴. 羣臣諫 不聽 皇太后固要 上乃止. 於
是以東陽侯張相如爲大將軍 成侯董赤‧內史欒布皆爲將軍 擊
匈奴. 單于留塞內月餘 乃去. 漢逐出塞卽還 不能有所殺.

2　　上輦過郎署 問郎署長馮唐曰“父家安在？”對曰“臣大
父趙人 父徙代.”上曰“吾居代時 吾尙食監高袪數爲我言趙
將李齊之賢 戰於巨鹿下. 今吾每飯意未嘗不在巨鹿也. 父知
之乎？”唐對曰“尙不如廉頗‧李牧之爲將也.”上搏髀曰“嗟
乎！吾獨不得廉頗‧李牧爲將！ 吾豈憂匈奴哉！”唐曰“陛
下雖得廉頗‧李牧 弗能用也.”

上怒 起 入禁中 良久 召唐 讓曰“公奈何衆辱我 獨無間處
乎！”唐謝曰“鄙人不知忌諱.”上方以胡寇爲意 乃卒復問唐
曰“公何以知吾不能用廉頗‧李牧也？”唐對曰“臣聞上古王
者之遣將也 跪而推轂 曰‘閫以內者 寡人制之 閫以外者 將軍
制之.’軍功爵賞皆決於外 歸而奏之 此非虛言也. 臣大父言 李
牧爲趙將 居邊 軍市之租 皆自用饗士 賞賜決於外 不從中覆
也. 委任而責成功 故李牧乃得盡其智能 選車千三百乘 彀騎萬
三千 百金之士十萬 是以北逐單于 破東胡 滅澹林 西抑強秦
南支韓‧魏 當是之時 趙幾霸. 其後會趙王遷立 用郭開讒 卒
誅李牧 令顔聚代之 是以兵破士北 爲秦所禽滅. 今臣竊聞魏
尙爲雲中守 其軍市租盡以饗士卒 私養錢五日一椎牛 自饗賓

客·軍吏·舍人 是以匈奴遠避 不近雲中之塞. 虜曾一入 尙率
車騎擊之 所殺甚衆. 夫士卒盡家人子 起田中從軍 安知尺籍·
伍符！終日力戰 斬首捕虜 上功幕府 一言不相應 文吏以法繩
之 其賞不行 而吏奉法必用. 臣愚以爲陛下賞太輕 罰太重. 且
雲中守魏尙坐上功首虜差六級 陛下下之吏 削其爵 罰作之. 由
此言之 陛下雖得廉頗·李牧 弗能用也！"上說. 是日 令唐持
節赦魏尙 復以爲雲中守 而拜唐爲車騎都尉.

3   春 詔廣增諸祀壇場·珪幣 且曰"吾聞祠官祝釐 皆歸福
於朕躬 不爲百姓 朕甚愧之. 夫以朕之不德 而專饗獨美其福
百姓不與焉 是重吾不德也. 其令祠官致敬 無有所祈！"

4   是歲 河間文王辟彊薨.

5   初 丞相張蒼以爲漢得水德 魯人公孫臣以爲漢當土德 其
應 黃龍見 蒼以爲非 罷之.

❖ 太宗孝文皇帝下 前15年(丙子, 紀元前 165年)

1   春 黃龍見成紀. 帝召公孫臣 拜爲博士 與諸生申明土德
草改曆·服色事. 張蒼由此自絀.

2 夏 四月 上始幸雍 郊見五帝 赦天下.

3 九月 詔諸侯王・公卿・郡守擧賢良・能直言極諫者 上親策之. 太子家令鼂錯對策高第 擢爲中大夫. 錯又上言宜削諸侯及法令可更定者 書凡三十篇. 上雖不盡聽 然奇其材.

4 是歲 齊文王則・河間哀王福皆薨 無子 國除.

5 趙人新垣平以望氣見上 言長安東北有神氣 成五采 於是作渭陽五帝廟.

> ❖ 太宗孝文皇帝下 前16年(丁丑, 紀元前 164年)

1 夏 四月 上郊祀上帝於渭陽五帝廟. 於是貴新垣平至上大夫 賜累千金 而使博士・諸生刺《六經》中作《王制》謀議巡狩・封禪事. 又於長門道北立五帝壇.

2 徙淮南王喜復爲城陽王 又分齊爲六國 丙寅 立齊悼惠王子在者六人 楊虛侯將閭爲齊王 安都侯志爲濟北王 武成侯賢爲菑川王 白石侯雄渠爲膠東王 平昌侯卬爲膠西王 扐侯辟光爲濟南王. 淮南厲王子在者三人 阜陵安爲淮南王 安陽侯勃爲衡山王 陽周侯賜爲廬江王.

3 秋 九月 新垣平使人持玉杯上書闕下獻之. 平言上曰"闕
下有寶玉氣來者." 已 視之 果有獻玉杯者 刻曰"人主延壽."
平又言"臣候日再中." 居頃之 日卻 復中. 於是始更以十七年
爲元年 令天下大酺. 平言曰"周鼎亡在泗水中. 今河決 通於
泗 臣望東北汾陰直有金寶氣 意周鼎其出乎! 兆見 不迎則不
至." 於是上使使治廟汾陰 南臨河 欲祠出周鼎.

❖ 太宗孝文皇帝下 後元年(戊寅, 紀元前 163年)

1 冬 十月 人有上書告新垣平"所言諧詐也"下吏治 誅夷
平. 是後 上亦怠於改正·服·鬼神之事 而渭陽·長門五帝 使
祠官領 以時致禮 不往焉.

2 春 三月 孝惠皇后張氏薨.

3 詔曰"間者數年不登 又有水旱·疾疫之災 朕甚憂之. 愚
而不明 未達其咎 意者朕之政有所失而行有過與? 乃天道有不
順 地利或不得 人事多失和 鬼神廢不享與? 何以致此? 將百
官之奉養或廢 無用之事或多與? 何其民食之寡乏也? 夫度
田非益寡 而計民未加益 以口量地 其於古猶有餘 而食之甚不
足者 其咎安在? 無乃百姓之從事於末以害農者蕃 爲酒醪以
靡穀者多 六畜之食焉者眾與? 細大之義 吾未得其中 其與丞

相·列侯·吏二千石·博士議之. 有可以佐百姓者 率意遠思
無有所隱！"

❖ 太宗孝文皇帝下 後2年(己卯, 紀元前 162年)

1   夏 上行幸雍棫陽宮.

2   六月 代孝王參薨.

3   匈奴連歲入邊 殺略人民·畜產甚多 雲中·遼東最甚 郡
萬餘人. 上患之 乃使使遺匈奴書. 單于亦使當戶報謝 復與匈
奴和親.

4   八月 戊戌 丞相張蒼免. 帝以皇后弟竇廣國賢 有行 欲相
之 曰 "恐天下以吾私廣國 久念不可." 而高帝時大臣 餘見無
可者. 御史大夫梁國申屠嘉 故以材官蹶張從高帝 封關內侯 庚
午 以嘉爲丞相 封故安侯. 嘉爲人廉直 門不受私謁. 是時 太中
大夫鄧通方愛幸 賞賜累巨萬 帝嘗燕飲通家 其寵幸無比. 嘉嘗
入朝 而通居上旁 有怠慢之禮. 嘉奏事畢 因言曰 "陛下幸愛羣
臣 則富貴之 至於朝廷之禮 不可以不肅." 上曰 "君勿言 吾私
之." 罷朝 坐府中 嘉爲檄召通詣丞相府 不來 且斬通. 通恐 入
言上 上曰 "汝第往 吾今使人召若." 通詣丞相府 免冠·徒跣

頓首謝嘉. 嘉坐自如 弗爲禮 責曰 "夫朝廷者 高帝之朝廷也.
通小臣 戲殿上 大不敬 當斬. 吏! 今行斬之!" 通頓首 首盡
出血 不解. 上度丞相已困通 使使持節召通而謝丞相 "此吾弄
臣 君釋之!" 鄧通旣至 爲上泣曰 "丞相幾殺臣!"

❖ 太宗孝文皇帝下 後3年(庚辰, 紀元前 161年)

1   春 二月 上行幸代.

2   是歲 匈奴老上單于死 子軍臣單于立.

❖ 太宗孝文皇帝下 後4年(辛巳, 紀元前 160年)

1   夏 四月 丙寅晦 日有食之.

2   五月 赦天下.

3   上行幸雍.

❖ 太宗孝文皇帝下 後5年(壬午, 紀元前 159年)

1 春 正月 上行幸隴西 三月 行幸雍 秋 七月 行幸代.

❖ 太宗孝文皇帝下 後6年(癸未, 紀元前 158年)

1 冬 匈奴三萬騎入上郡 三萬騎入雲中 所殺略甚衆 烽火通 於甘泉·長安. 以中大夫令免爲車騎將軍 屯飛狐 故楚相蘇意 爲將軍 屯句注 將軍張武屯北地 河內太守周亞夫爲將軍 次細 柳 宗正劉禮爲將軍 次霸上 祝茲侯徐厲爲將軍 次棘門 以備 胡. 上自勞軍 至霸上及棘門軍 直馳入 將以下騎送迎. 已而之 細柳軍 軍士吏被甲 銳兵刃 彀弓弩持滿 天子先驅至 不得入. 先驅曰 "天子且至!" 軍門都尉曰 "將軍令曰 '軍中聞將軍令 不聞天子之詔!'" 居無何 上至 又不得入. 於是上乃使使持節 詔將軍 "吾欲入營勞軍." 亞夫乃傳言 "開壁門." 壁門士請車 騎曰 "將軍約 軍中不得驅馳." 於是天子乃按轡徐行. 至營 將 軍亞夫持兵揖曰 "介冑之士不拜 請以軍禮見." 天子爲動 改容 式車 使人稱謝 "皇帝敬勞將軍." 成禮而去. 旣出軍門 羣臣皆 驚. 上曰 "嗟乎 此眞將軍矣! 曩者霸上·棘門軍若兒戲耳 其 將固可襲而虜也. 至於亞夫 可得而犯耶!" 稱善者久之. 月餘 漢兵至邊 匈奴亦遠塞 漢兵亦罷. 乃拜周亞夫爲中尉.

2　　夏 四月 大旱 蝗. 令諸侯無入貢 弛山澤 減諸服御 損郎吏
員 發倉庾以振民 民得賣爵.

1　　夏 六月 己亥 帝崩於未央宮. 遺詔曰"朕聞之 蓋天下萬
物之萌生 靡有不死. 死者 天地之理 物之自然 奚可甚哀！當
今之世 咸嘉生而惡死 厚葬以破業 重服以傷生 吾甚不取. 且
朕旣不德 無在佐百姓 今崩 又使重服久臨以罹寒暑之數 哀人
父子 傷長老之志 損其飮食 絶鬼神之祭祀 以重吾不德 謂天
下何！ 朕獲保宗廟 以眇眇之身托于天下君王之上 二十有餘
年矣. 賴天之靈 社稷之福 方內安寧 靡有兵革. 朕旣不敏 常懼
過行以羞先帝之遺德 惟年之久長 懼于不終. 今乃幸以天年得
復供養於高廟 其奚哀念之有！ 其令天下吏民 令到 出臨三日
皆釋服 毋禁取婦・嫁女・祠祀・飮酒・食肉 自當給喪事服
臨者 皆無跣 経帶毋過三寸 毋布車及兵器 毋發民哭臨宮殿中
殿中當臨者 皆以旦夕各十五擧音 禮畢罷 非旦夕臨時 禁毋得
擅哭臨 已下棺 服大功十五日 小功十四日 纖七日 釋服. 他不
在令中者 皆以此令比類從事. 佈告天下 使明知朕意. 霸陵山
川因其故 毋有所改. 歸夫人以下至少使." 乙巳 葬霸陵.
　　帝卽位二十三年 宮室・苑囿・車騎・服御 無所增益 有不
便 輒馳以利民. 嘗欲作露臺 召匠計之 直百金. 上曰"百金 中

人十家之産也. 吾奉先帝宮室 常恐羞之 何以臺爲！”身衣弋
綈 所幸愼夫人 衣不曳地 帷帳無文繡 以示敦朴 爲天下先. 治
霸陵 皆瓦器 不得以金·銀·銅·錫爲飾 因其山 不起墳. 吳
王詐病不朝 賜以几杖. 羣臣袁盎等諫說雖切 常假借納用焉.
張武等受賂金錢 覺 更加賞賜以媿其心 專務以德化民. 是以海
內安寧 家給人足 後世鮮能及之.

2　　丁未 太子卽皇帝位 尊皇太后薄氏曰太皇太后 皇后曰皇
太后.

3　　九月 有星孛於西方.

4　　是歲 長沙王吳著薨 無子 國除.
　　初 高祖賢文王芮 制詔御史“長沙王忠 其令著令.”至孝
惠·高后時 封芮庶子二人爲列侯 傳國數世絶.

❖ 孝景皇帝上 元年(乙酉, 紀元前 156年)

1　　冬 十月 丞相嘉等奏“功莫大於高皇帝 德莫盛於孝文皇
帝. 高皇帝廟 宜爲帝者太祖之廟 孝文皇帝廟 宜爲帝者太宗之
廟. 天子宜世世獻祖宗之廟 郡國諸侯宜各爲孝文皇帝立太宗
之廟.”制曰“可.”

2 夏 四月 乙卯 赦天下.

3 遣御史大夫靑至代下與匈奴和親.

4 五月 復收民田半租 三十而稅一.

5 初 文帝除肉刑 外有輕刑之名 內實殺人 斬右止者又當死
斬左止者笞五百 當劓者笞三百 率多死. 是歲 下詔曰"加笞與
重罪無異 幸而不死 不可爲人. 其定律 笞五百曰三百 笞三百
曰二百."

6 以太中大夫周仁爲郎中令 張歐爲廷尉 楚元王子平陸侯禮
爲宗正 中大夫鼂錯爲左內史. 仁始爲太子舍人 以廉謹得幸.
張歐亦事帝於太子宮 雖治刑名家 爲人長者 帝由是重之 用爲
九卿. 歐爲吏未嘗言按人 專以誠長者處官 官屬以爲長者 亦不
敢大欺.

❖ 孝景皇帝上 2年(丙戌, 紀元前 155年)

1 冬 十二月 有星孛于西南.

2 令天下男子年二十始傅.

3 　春 三月 甲寅 立皇子德爲河間王 閼爲臨江王 餘爲淮陽王
非爲汝南王 彭祖爲廣川王 發爲長沙王.

4 　夏 四月 壬午 太皇太后薄氏崩.

5 　六月 丞相申屠嘉薨. 時內史鼌錯數請間言事 輒聽 寵幸傾
九卿 法令多所更定. 丞相嘉自絀所言不用 疾錯. 錯爲內史 東
出不便 更穿一門南出. 南出者 太上皇廟壖垣也. 嘉聞錯穿宗
廟垣 爲奏 請誅錯. 客有語錯 錯恐 夜入宮上謁 自歸上. 至朝
嘉請誅內史錯. 上曰 "錯所穿非眞廟垣 乃外壖垣 故冗官居其
中 且又我使爲之 錯無罪." 丞相嘉謝. 罷朝 嘉謂長史曰 "吾悔
不先斬錯乃請之 爲錯所賣." 至舍 因歐血而死. 錯以此愈貴.

6 　秋 與匈奴和親.

7 　八月 丁未 以御史大夫開封侯陶靑爲丞相. 丁巳 以內史鼌
錯爲御史大夫.

8 　彗星出東北.

9 　秋 衡山雨雹 大者五寸 深者二尺.

10 　熒惑逆行守北辰 月出北辰間 歲星逆行天廷中.

11 　梁孝王以竇太后少子故 有寵 王四十餘城 居天下膏腴地.
賞賜不可勝道 府庫金錢且百巨萬 珠玉寶器多於京師. 築東苑
方三百餘里 廣睢陽城七十里 大治宮室 爲複道 自宮連屬於
平臺三十餘里. 招延四方豪俊之士 如吳人枚乘 · 嚴忌 齊人羊
勝 · 公孫詭 · 鄒陽 蜀人司馬相如之屬皆從之游. 每入朝 上使
使持節以乘輿駟馬迎梁王於關下. 旣至 寵幸無比 入則侍上同
輦 出則同車 射獵上林中. 因上疏請留 且半歲. 梁侍中 · 郞 ·
謁者著籍引出入天子殿門 與漢宦官無異. ✽

資治通鑑 卷016

【漢紀八】

起強圉大淵獻(丁亥) 盡上章困敦(庚子)凡十四年

❖ 孝景皇帝下 前3年(丁亥, 紀元前 154年)

1　　冬 十月 梁王來朝. 時上未置太子 與梁王宴飲 從容言曰
"千秋萬歲後傳於王." 王辭謝 雖知非至言 然心內喜 太后亦
然. 詹事竇嬰引巵酒進上曰"天下者 高祖之天下 父子相傳 漢
之約也 上何以得傳梁王!" 太后由此憎嬰. 嬰因病免 太后除
嬰門籍 不得朝請. 梁王以此益驕.

2　　春 正月 乙巳 赦.

3　　長星出西方.

4　　洛陽東宮災.

5　　初 孝文時 吳太子入見 得侍皇太子飮 · 博. 吳太子博爭
道 不恭 皇太子引博局提吳太子 殺之. 遣其喪歸葬 至吳 吳王
慍曰“天下同宗 死長安卽葬長安 何必來葬爲！”復遣喪之長
安葬. 吳王由此稍失藩臣之禮 稱疾不朝. 京師知其以子故 繫
治 · 驗問吳使者 吳王恐 始有反謀. 後使人爲秋請 文帝復問之
使者對曰“王實不病 漢繫治使者數輩 吳王恐 以故遂稱病. 夫
‘察見淵中魚不祥’唯上棄前過 與之更始.”於是文帝乃赦吳使
者 歸之 而賜吳王几杖 老 不朝. 吳得釋其罪 謀亦益解. 然其
居國 以銅 · 鹽故 百姓無賦 卒踐更 輒予平賈 歲時存問茂材
賞賜閭里 他郡國吏欲來捕亡人者 公共禁弗予. 如此者四十餘
年.

　鼂錯數上書言吳過 可削 文帝寬 不忍罰 以此吳日益橫. 及
帝卽位 錯說上曰“昔高帝初定天下 昆弟少 諸子弱 大封同姓
齊七十餘城 楚四十餘城 吳五十餘城 封三庶孽 分天下半. 今
吳王前有太子之郤 詐稱病不朝 於古法當誅. 文帝弗忍 因賜几
杖 德至厚 當改過自新 反益驕溢 卽山鑄錢 煮海水爲鹽 誘天
下亡人謀作亂. 今削之亦反 不削亦反. 削之 其反亟 禍小 不削
反遲 禍大.”上令公卿 · 列侯 · 宗室雜議 莫敢難 獨竇嬰爭之
由此與錯有郤. 及楚王戊來朝 錯因言“戊往年爲薄太后服 私
姦服舍 請誅之.”詔赦 削東海郡. 及前年 趙王有罪 削其常山
郡 膠西王卬以賣爵事有姦 削其六縣.

　廷臣方議削吳. 吳王恐削地無已 因發謀擧事. 念諸侯無足
與計者 聞膠西王勇 好兵 諸侯皆畏憚之 於是使中大夫應高口

說膠西王曰 “今者主上任用邪臣 聽信讒賊 侵削諸侯 誅罰良
重 日以益甚. 語有之曰 ‘猰豨及米.’ 吳與膠西 知名諸侯也 一
時見察 不得安肆矣. 吳王身有內疾 不能朝請二十餘年 常患見
疑 無以自白 脅肩累足 猶懼不見釋. 竊聞大王以爵事有過. 所
聞諸侯削地 罪不至此 此恐不止削地而已.” 王曰 “有之. 子將
奈何？” 高曰 “吳王自以爲與大王同憂 願因時循理 棄軀以除
患於天下 意亦可乎？” 膠西王瞿然駭曰 “寡人何敢如是！主
上雖急 固有死耳 安得不事！” 高曰 “御史大夫鼂錯 營惑天子
侵奪諸侯 諸侯皆有背叛之意 人事極矣. 彗星出 蝗蟲起 此萬
世一時 而愁勞 聖人所以起也. 吳王內以鼂錯爲誅 外從大王後
車 方洋天下 所向者降 所指者下 莫敢不服. 大王誠幸而許之
一言 則吳王率楚王略函谷關 守滎陽 · 敖倉之粟 距漢兵 治次
舍 須大王. 大王幸而臨之 則天下可幷 兩主分割 不亦可乎！”
王曰 “善！” 歸 報吳王 吳王猶恐其不果 乃身自爲使者 至膠
西面約之. 膠西羣臣或聞王謀 諫曰 “諸侯地不能當漢十二 爲
叛逆以憂太后 非計也. 今承一帝 尙云不易 假令事成 兩主分
爭 患乃益生.” 王不聽 遂發使約齊 · 菑川 · 膠東 · 濟南 皆許
諾.

　初 楚元王好書 與魯申公 · 穆生 · 白生俱受《詩》於浮丘伯
及王楚 以三人爲中大夫. 穆生不耆酒 元王每置酒 常爲穆生設
醴. 及子夷王 · 孫王戊卽位 常設 後乃忘設焉. 穆生退 曰 “可
以逝矣！醴酒不設 王之意怠 不去 楚人將鉗我於市.” 遂稱疾
臥. 申公 · 白生強起之 曰 “獨不念先王之德與？今王一旦失小

禮 何足至此！”穆生曰“《易》稱‘知幾其神乎！ 幾者 動之微
吉兇之先見者也. 君子見幾而作 不俟終日.’先王之所以禮吾
三人者 爲道存也. 今而忽之 是忘道也. 忘道之人 胡可與久處
豈爲區區之禮哉！”遂謝病去. 申公·白生獨留. 王戊稍淫暴
太傅韋孟作詩諷諫 不聽 亦去 居於鄒. 戊因坐削地事 遂與吳
通謀. 申公·白生諫戊 戊胥靡之 衣之赭衣 使雅舂於市. 休侯
富使人諫王. 王曰“季父不吾與 我起 先取季父矣！”休侯懼
乃與母太夫人奔京師.

及削吳會稽·豫章郡書至 吳王遂先起兵 誅漢吏二千石以下
膠西·膠東·菑川·濟南·楚·趙亦皆反. 楚相張尙·太傅趙
夷吾諫王戊 戊殺尙·夷吾. 趙相建德·內史王悍諫王遂 遂燒
殺建德·悍. 齊王後悔 背約城守. 濟北王城壞未完 其郎中令
劫守 王不得發兵. 膠西王·膠東王爲渠率 與菑川·濟南共攻
齊 圍臨菑. 趙王遂發兵住其西界 欲待吳·楚俱進 北使匈奴與
連兵.

吳王悉其士卒 下令國中曰“寡人年六十二 身自將 少子年
十四 亦爲士卒先. 諸年上與寡人同 下與少子等 皆發.”凡
二十餘萬人. 南使閩·東越 閩·東越亦發兵從. 吳王起兵於
廣陵 西涉淮 因幷楚兵 發使遺諸侯書 罪狀鼂錯 欲合兵誅之.
吳·楚共攻梁 破棘壁 殺數萬人 乘勝而前 銳甚. 梁孝王遣將
軍擊之 又敗梁兩軍 士卒皆還走. 梁王城守睢陽.

初 文帝且崩 戒太子曰“卽有緩急 周亞夫眞可任將兵.”及
七國反書聞 上乃拜中尉周亞夫爲太尉 將三十六將軍往擊吳·

楚 遣曲周侯酈寄擊趙 將軍欒布擊齊 復召竇嬰 拜爲大將軍 使屯滎陽監齊‧趙兵.

初 鼂錯所更令三十章 諸侯讙譁. 錯父聞之 從潁川來 謂錯曰“上初卽位 公爲政用事 侵削諸侯 疏人骨肉 口語多怨 公何爲也？”錯曰“固也. 不如此 天子不尊 宗廟不安.”父曰“劉氏安矣而鼂氏危 吾去公歸矣！”遂飲藥死 曰“吾不忍見禍逮身！”後十餘日 吳‧楚七國俱反 以誅錯爲名.

上與錯議出軍事 錯欲令上自將兵而身居守 又言“徐‧僮之旁吳所未下者 可以予吳.”錯素與吳相袁盎不善 錯所居坐 盎輒避 盎所居坐 錯亦避 兩人未嘗同堂語. 及錯爲御史大夫 使吏按盎受吳王財物 抵罪 詔赦以爲庶人. 吳‧楚反 錯謂丞‧史曰“袁盎多受吳王金錢 專爲蔽匿 言不反 今果反 欲請治盎宜知其計謀.”丞‧史曰“事未發 治之有絕 今兵西向 治之何益！且盎不宜有謀.”錯猶與未決. 人有告盎 盎恐 夜見竇嬰 爲言吳所以反 願至前 口對狀. 嬰入言 上乃召盎. 盎入見 上方與錯調兵食. 上問盎“今吳‧楚反 於公意何如？”對曰“不足憂也！”上曰“吳王卽山鑄錢 煮海爲鹽 誘天下豪傑 白頭舉事 此其計不百全 豈發乎！何以言其無能爲也？”對曰“吳銅鹽之利則有之 安得豪傑而誘之！ 誠令吳得豪傑 亦且輔而爲誼不反矣. 吳所誘皆無賴子弟‧亡命‧鑄錢姦人 故相誘以亂”錯曰“盎策之善.”上曰“計安出？”盎對曰“願屏左右.”上屏人 獨錯在. 盎曰“臣所言 人臣不得知.”乃屏錯. 錯趨避東廂甚恨. 上卒問盎 對曰“吳‧楚相遺書 言高皇帝王子弟各有分

地 今賊臣鼂錯擅適諸侯 削奪之地 以故反 欲西共誅錯 復故
地而罷. 方今計獨有斬錯 發使赦吳·楚七國 復其故地 則兵可
毋血刃而俱罷." 於是上默然良久 曰"顧誠何如？吾不愛一人
以謝天下." 盎曰"愚計出此 唯上孰計之！" 乃拜盎爲太常 密
裝治行. 後十餘日 上令丞相靑·中尉嘉·廷尉歐劾奏錯"不
稱主上德信 欲疏羣臣·百姓 又欲以城邑予吳 無臣子禮 大逆
無道. 錯當要斬 父母·妻子·同產無少長皆棄市." 制曰"可."
錯殊不知. 壬子 上使中尉召錯 紿載行市 錯衣朝衣斬東市. 上
乃使袁盎與吳王弟子宗正德侯通使吳.

謁者僕射鄧公爲校尉 上書言軍事 見上 上問曰"道軍所來
聞鼂錯死 吳·楚罷不？"鄧公曰"吳爲反數十歲矣 發怒削
地 以誅錯爲名 其意不在錯也. 且臣恐天下之士拑口不敢復言
矣."上曰"何哉？"鄧公曰"夫鼂錯患諸侯強大不可制 故請
削之以尊京師 萬世之利也. 計畫始行 卒受大戮. 內杜忠臣之
口 外爲諸侯報仇 臣竊爲陛下不取也."於是帝喟然長息曰"公
言善 吾亦恨之！"

袁盎·劉通至吳 吳·楚兵已攻梁壁矣. 宗正以親故 先入見
諭吳王 令拜受詔. 吳王聞袁盎來 知其欲說 笑而應曰"我已爲
東帝 尙誰拜！"不肯見盎 而留軍中 欲劫使將 盎不肯 使人圍
守 且殺之. 盎得間 脫亡歸報.

太尉亞夫言於上曰"楚兵剽輕 難與爭鋒 願以梁委之 絕其
食道 乃可制也."上許之. 亞夫乘六乘傳 將會兵滎陽. 發至霸
上 趙涉庶說亞夫曰"吳王素富 懷輯死士久矣. 此知將軍且行

必置間人於殽・澠阨狹之間 且兵事尙神密 將軍何不從此右去 走藍田 出武關 抵洛陽！ 間不過差一二日 直入武庫 擊鳴鼓. 諸侯聞之 以爲將軍從天而下也."太尉如其計 至洛陽 喜曰 "七國反 吾乘傳至此 不自意全. 今吾據滎陽 滎陽以東 無足憂者."使吏搜殽・澠間 果得吳伏兵. 乃請趙涉爲護軍.

太尉引兵東北走昌邑. 吳攻梁急 梁數使使條侯求救 條侯不許. 又使使愬條侯於上. 上使告條侯救梁 亞夫不奉詔 堅壁不出 而使弓高侯等將輕騎兵出淮泗口 絶吳・楚兵後 塞其饟道. 梁使中大夫韓安國及楚相張尙弟羽爲將軍 羽力戰 安國持重 乃得頗敗吳兵. 吳兵欲西 梁城守 不敢西 卽走條侯軍 會下邑欲戰. 條侯堅壁不肯戰 吳糧絶卒飢 數挑戰 終不出 條侯軍中夜驚 內相攻擊 擾亂至帳下 亞夫堅臥不起 頃之 復定. 吳奔壁東南陬 亞夫使備西北 已而其精兵果奔西北 不得入. 吳・楚士卒多飢死叛散 乃引而去. 二月 亞夫出精兵追擊 大破之. 吳王濞棄其軍 與壯士數千人夜亡走 楚王戊自殺.

吳王之初發也 吳臣田祿伯爲大將軍. 田祿伯曰"兵屯聚而西 無他奇道 難以立功. 臣願得五萬人 別循江・淮而上 收淮南・長沙 入武關 與大王會 此亦一奇也."吳王太子諫曰"王以反爲名 此兵難以借人 人亦且反王 奈何？ 且擅兵而別 多他利害 徒自損耳！"吳王卽不許田祿伯.

吳少將桓將軍說王曰"吳多步兵 步兵利險 漢多車騎 車騎利平地 願大王所過城不下 直去 疾西據洛陽武庫 食敖倉粟 阻山河之險以令諸侯 雖無入關 天下固已定矣. 大王徐行留下

城邑 漢軍車騎至 馳入梁・楚之郊 事敗矣."吳王問諸老將 老
將曰"此年少 椎鋒可耳 安知大慮！"於是王不用桓將軍計.

王專幷將兵. 兵未度淮 諸賓客皆得爲將・校尉・候・司馬
獨周丘不用. 周丘者 下邳人 亡命吳 酤酒無行 王薄之 不任.
周丘乃上謁 說王曰"臣以無能 不得待罪行間. 臣非敢求有所
將也 願請王一漢節 必有以報."王乃予之. 周丘得節 夜馳入
下邳 下邳時聞吳反 皆城守. 至傳舍 召令入戶 使從者以罪斬
令 遂召昆弟所善豪吏告曰"吳反 兵且至 屠下邳不過食頃 今
先下 家室必完 能者封侯矣."出 乃相告 下邳皆下. 周丘一夜
得三萬人 使人報吳王 遂將其兵北略城邑 比至陽城 兵十餘萬
破陽城中尉軍. 聞吳王敗走 自度無與共成功 卽引兵歸下邳 未
至 疽發背死.

6   壬午晦 日有食之.

7   吳王之棄軍亡也 軍遂潰 往往稍降太尉條侯及梁軍. 吳王
渡淮 走丹徒 保東越 兵可萬餘人 收聚亡卒. 漢使人以利啗東
越 東越卽紿吳王出勞軍 使人鏦殺吳王 盛其頭 馳傳以聞. 吳
太子駒亡走閩越. 吳・楚反 凡三月 皆破滅 於是諸將乃以太尉
謀爲是 然梁王由此與太尉有隙.

三王之圍臨菑也 齊王使路中大夫告於天子. 天子復令路中
大夫還報 告齊王堅守"漢兵今破吳楚矣."路中大夫至 三國兵
圍臨菑數重 無從入. 三國將與路中大夫盟曰"若反言'漢已破

矣 齊趣下三國 不 且見屠.'"路中大夫旣許 至城下 望見齊王
曰"漢已發兵百萬 使太尉亞夫擊破吳·楚 方引兵救齊 齊必
堅守無下!"三國將誅路中大夫. 齊初圍急 陰與三國通謀 約
未定 會路中大夫從漢來 其大臣乃復勸王無下三國. 會漢將欒
布·平陽侯等兵至齊 擊破三國兵. 解圍已 後聞齊初與三國有
謀 將欲移兵伐齊. 齊孝王懼 飲藥自殺.

膠西·膠東·菑川王各引兵歸國. 膠西王徒跣·席蒿·飲水
謝太后. 王太子德曰"漢兵還 臣觀之 已罷 可襲 願收王餘兵
擊之! 不勝而逃入海 未晚也."王曰"吾士卒皆已壞 不可用."
弓高侯韓頹當遺膠西王書曰"奉詔誅不義 降者赦 除其罪 復
故 不降者滅之. 王何處? 須以從事."王肉袒叩頭 詣漢軍壁
謁曰"臣卬奉法不謹 驚駭百姓 乃苦將軍遠道至于窮國 敢請
菹醢之罪!"弓高侯執金鼓見之曰"王苦軍事 願聞王發兵狀."
王頓首膝行 對曰"今者鼂錯天子用事臣 變更高皇帝法令 侵
奪諸侯地. 卬等以爲不義 恐其敗亂天下 七國發兵且誅錯. 今
聞錯已誅 卬等謹已罷兵歸."將軍曰"王苟以錯爲不善 何不以
聞? 及未有詔·虎符 擅發兵擊義國? 以此觀之 意非徒欲誅
錯也."乃出詔書 爲王讀之 曰"王其自圖!"王曰"如卬等死
有餘罪!"遂自殺 太后·太子皆死. 膠東王·菑川王·濟南
王皆伏誅.

酈將軍兵至趙 趙王引兵還邯鄲城守. 酈寄攻之七月 不能下.
匈奴聞吳·楚敗 亦不肯入邊. 欒布破齊還 幷兵引水灌趙城.
城壞 王遂自殺.

帝以齊首善 以迫劫有謀 非其罪也 召立齊孝王太子壽 是爲
懿王.

濟北王亦欲自殺 幸全其妻子. 齊人公孫玃謂濟北王曰"臣請
試爲大王明說梁王 通意天子 說而不用 死未晚也."公孫玃遂
見梁王曰"夫濟北之地 東接強齊 南牽吳·越 北脅燕·趙. 此
四分五裂之國. 權不足以自守 勁不足以捍寇 又非有奇怪云以
待難也 雖墜言於吳 非其正計也. 鄉使濟北見情實 示不從之端
則吳必先歷齊 畢濟北 招燕·趙而總之 如此 則山東之從結而
無隙矣. 今吳王連諸侯之兵 敺白徒之衆 西與天子急衡 濟北獨
底節不下 使吳失與而無助 跬步獨進 瓦解土崩 破敗而不救者
未必非濟北之力也. 夫以區區之濟北而與諸侯爭強 是以羔犢
之弱而扞虎狼之敵也. 守職不橈 可謂誠一矣. 功義如此 尚見
疑於上 脅肩低首 累足撫衿 使有自悔不前之心 非社稷之利也.
臣恐藩臣守職者疑之. 臣竊料之 能歷西山 徑長樂 抵未央 攘
袂而正議者 獨大王耳. 上有全亡之功 下有安百姓之名 德淪於
骨髓 恩加於無窮 願大王留意詳惟之."孝王大悅 使人馳以聞
濟北王得不坐 徙封於菑川.

8   河間王太傅衞綰擊吳·楚有功 拜爲中尉. 綰以中郎將事
文帝 醇謹無他. 上爲太子時 召文帝左右飮 而綰稱病不行. 文
帝且崩 屬上曰"綰長者 善遇之!"故上亦寵任焉.

9   夏 六月 乙亥 詔"吏民爲吳王濞等所詿誤當坐及逋逃亡

軍者 皆赦之."

帝欲以吳王弟德哀侯廣之子續吳 以楚元王子禮續楚. 竇太后曰 "吳王 老人也 宜爲宗室順善 今乃首率七國紛亂天下 奈何續其後!" 不許吳 許立楚後. 乙亥 徙淮陽王餘爲魯王 汝南王非爲江都王 王故吳地 立宗正禮爲楚王 立皇子端爲膠西王 勝爲中山王.

❖ 孝景皇帝下 前4年(戊子, 紀元前 153年)

1   春 復置關 用傳出入.

2   夏 四月 己巳 立子榮爲皇太子 徹爲膠東王.

3   六月 赦天下.

4   秋 七月 臨江王閼薨.

5   冬 十月 戊戌晦 日有食之.

6   初 吳·楚七國反 吳使者至淮南 淮南王欲發兵應之. 其相曰 "王必欲應吳 臣願爲將." 王乃屬之. 相已將兵 因城守 不聽王而爲漢 漢亦使曲城侯將兵救淮南 以故得完.

吳使者至廬江 廬江王不應 而往來使越. 至衡山 衡山王堅守無二心. 及吳·楚已破 衡山王入朝. 上以爲貞信 勞苦之 曰 "南方卑濕." 徙王王於濟北以褒之. 廬江王以邊越 數使使相交 徙爲衡山王 王江北.

❖ 孝景皇帝下 前5年(己丑, 紀元前 152年)

1　春 正月 作陽陵邑. 夏 募民徙陽陵 賜錢二十萬.

2　遣公主嫁匈奴單于.

3　徙廣川王彭祖爲趙王.

4　濟北貞王勃薨.

❖ 孝景皇帝下 前6年(庚寅, 紀元前 151年)

1　冬 十二月 雷 霖雨.

2　初 上爲太子 薄太后以薄氏女爲妃 及卽位 爲皇后 無寵. 秋 九月 皇后薄氏廢.

3   楚文王禮薨.

4   初 燕王臧荼有孫女曰臧兒 嫁爲槐里王仲妻 生男信與兩
女而仲死 更嫁長陵田氏 生男蚡·勝. 文帝時 臧兒長女爲金王
孫婦 生女俗. 臧兒卜筮之 曰"兩女皆當貴." 臧兒乃奪金氏婦
金氏怒 不肯予決 內之太子宮 生男徹. 徹方在身時 王夫人夢
日入其懷.

  及帝卽位 長男榮爲太子. 其母栗姬 齊人也. 長公主嫖欲以
女嫁太子 栗姬以後宮諸美人皆因長公主見帝 故怒而不許 長
公主欲與王夫人男徹 王夫人許之. 由是長公主日讒栗姬而譽
王夫人之美 帝亦自賢之 又有曩者所夢日符 計未有所定. 王夫
人知帝嗛栗姬 因怒未解 陰使人趣大行請立栗姬爲皇后. 帝怒
曰"是而所宜言邪!" 遂按誅大行.

❖ 孝景皇帝下 前7年(辛卯, 紀元前 150年)

1   冬 十一月 己酉 廢太子榮爲臨江王. 太子太傅竇嬰力爭不
能得 乃謝病免. 栗姬恚恨而死.

2   庚寅晦 日有食之.

3   二月 丞相陶靑免. 乙巳 太尉周亞夫爲丞相. 罷太尉官.

4   夏 四月 乙巳 立皇后王氏.

5   丁巳 立膠東王徹爲皇太子.

6   是歲 以太僕劉舍爲御史大夫 濟南太守郅都爲中尉.
　始 都爲中郞將 敢直諫. 嘗從入上林 賈姬如廁 野彘卒來入
廁. 上目都 都不行 上欲自持兵救賈姬. 都伏上前曰"亡一姬
復一姬進 天下所少 寧賈姬等乎! 陛下縱自輕 奈宗廟 · 太后
何!"上乃還 彘亦去. 太后聞之 賜都金百斤 由此重都. 都爲
人 勇悍公廉 不發私書 問遺無所受 請謁無所聽. 及爲中尉 先
嚴酷 行法不避貴戚. 列侯 · 宗室見都 側目而視 號曰"蒼鷹."

❖ 孝景皇帝下 中元年(壬辰, 紀元前 149年)

1   夏 四月 乙巳 赦天下.

2   地震. 衡山原都雨雹 大者尺八寸.

❖ 孝景皇帝下 中2年(癸巳, 紀元前 148年)

1   春 二月 匈奴入燕.

2 三月 臨江王榮坐侵太宗廟壖垣爲宮 徵詣中尉府對簿. 臨江王欲得刀筆 爲書謝上 而中尉郅都禁吏不予 魏其侯使人間與臨江王. 臨江王旣爲書謝上 因自殺. 竇太后聞之 怒 後竟以危法中都而殺之.

3 夏 四月 有星孛于西北.

4 立皇子越爲廣川王 寄爲膠東王.

5 秋 九月 甲戌晦 日有食之.

6 初 梁孝王以至親有功 得賜天子旌旗 從千乘萬騎 出蹕入警. 王寵信羊勝 · 公孫詭 以詭爲中尉. 勝 · 詭多奇邪計 欲使王求爲漢嗣. 栗太子之廢也 太后意欲以梁王爲嗣 嘗因置酒謂帝曰 "安車大駕 用梁王爲寄." 帝跪席擧身曰 "諾." 罷酒 帝以訪諸大臣 大臣袁盎等曰 "不可. 昔宋宣公不立子而立弟 以生禍亂 五世不絶. 小不忍 害大義 故《春秋》大居正." 由是太后議格 遂不復言. 王又嘗上書 "願賜容車之地 徑至長樂宮 自梁國士衆築作甬道朝太后." 袁盎等皆建以爲不可.

   梁王由此怨袁盎及議臣 乃與羊勝 · 公孫詭謀 陰使人刺殺袁盎及他議臣十餘人. 賊未得也 於是天子意梁 逐賊 果梁所爲. 上遣田叔 · 呂季主往按梁事 捕公孫詭 · 羊勝 詭 · 勝匿王後宮 使者十餘輩至梁 責二千石急. 梁相軒丘豹及內史韓安國

以下擧國大索 月餘弗得. 安國聞詭・勝匿王所 乃入見王而泣
曰"主辱者臣死. 大王無良臣 故紛紛至此. 今勝・詭不得 請
辭 賜死！"王曰"何至此！"安國泣數行下 曰"大王自度於
皇帝 孰與臨江王親？"王曰"弗如也."安國曰"臨江王適長
太子 以一言過 廢王臨江 用宮垣事 卒自殺中尉府. 何者？ 治
天下終不用私亂公. 今大王列在諸侯 誌邪臣浮說 犯上禁 橈明
法. 天子以太后故 不忍致法於大王 太后日夜涕泣 幸大王自改
大王終不覺寤. 有如太后宮車卽晏駕 大王尚誰攀乎？"語未
卒 王泣數行而下 謝安國曰"吾今出勝・詭."王乃令勝・詭皆
自殺 出之. 上由此怨望梁王.

　梁王恐 使鄒陽入長安 見皇后兄王信說曰"長君弟得幸於
上 後宮莫及 而長君行跡多不循道理者. 今袁盎事卽窮竟 梁王
伏誅 太后無所發怒 切齒側目於貴臣 竊爲足下憂之."長君曰
"爲之奈何？"陽曰"長君誠能精爲上言之 得毋竟梁事 長君
必固自結於太后 太后厚德長君入於骨髓 而長君之弟幸於兩宮
金城之固也. 昔者舜之弟象 日以殺舜爲事 及舜立爲天子 封之
於有卑. 夫仁人之於兄弟 無藏怒 無宿怨 厚親愛而已. 是以後
世稱之. 以是說天子 徼幸梁事不奏."長君曰"諾."乘間入言
之. 帝怒稍解.

　是時 太后憂梁事不食 日夜泣不止 帝亦患之. 會田叔等按
梁事來還 至霸昌廄 取火悉燒梁之獄辭 空手來見帝. 帝曰"梁
有之乎？"叔對曰"死罪. 有之."上曰"其事安在？"田叔曰
"上毋以梁事爲問也."上曰"何也？"曰"今梁王不伏誅 是漢

法不行也 伏法而太后食不甘味 臥不安席 此憂在陛下也."上
大然之 使叔等謁太后 且曰"梁王不知也. 造爲之者 獨在幸臣
羊勝 · 公孫詭之屬爲之耳 謹已伏誅死 梁王無恙也."太后聞
之 立起坐餐 氣平復.

梁王因上書請朝. 旣至關 茅蘭說王 使乘布車 從兩騎入 匿
於長公主園. 漢使使迎王 王已入關 車騎盡居外 不知王處. 太
后泣曰"帝果殺吾子!"帝憂恐. 於是梁王伏斧質於關下謝罪.
太后 · 帝大喜 相泣 復如故 悉召王從官入關. 然帝益疏王 不
與同車輦矣. 帝以田叔爲賢 擢爲魯相.

❖ 孝景皇帝下 中3年(甲午, 紀元前 147年)

1   冬 十一月 罷諸侯御史大夫官.

2   夏 四月 地震.

3   旱 禁酤酒.

4   三月 丁巳 立皇子乘爲清河王.

5   秋 九月 蝗.

6 有星孛於西北.

7 戊戌晦 日有食之.

8 初 上廢栗太子 周亞夫固爭之 不得 上由此疏之. 而梁孝
王每朝 常與太后言條侯之短. 竇太后曰"皇后兄王信可侯也."
帝讓曰"始 南皮‧章武 先帝不侯 及臣卽位乃侯之 信未得封
也."竇太后曰"人生各以時行耳. 自竇長君在時 竟不得侯 死
後 其子彭祖顧得侯 吾甚恨之! 帝趣侯信也."帝曰"請得與
丞相議之. 上與丞相議. 亞夫曰"高皇帝約'非劉氏不得王 非
有功不得侯.'今信雖皇后兄 無功 侯之 非約也."帝默然而止.
其後匈奴王徐盧等六人降 帝欲侯之以勸後. 丞相亞夫曰"彼
背主降陛下 陛下侯之 則何以責人臣不守節者乎?"帝曰"丞
相議不可用."乃悉封徐盧等爲列侯. 亞夫因謝病. 九月 戊戌
亞夫免 以御史大夫桃侯劉舍爲丞相.

❖ 孝景皇帝下 中4年(乙未, 紀元前 146年)

1 夏 蝗.

2 冬 十月 戊午 日有食之.

1 夏 立皇子舜爲常山王.

2 六月 丁巳 赦天下.

3 大水.

4 秋 八月 己酉 未央宮東闕災.

5 九月 詔 "諸獄疑 若雖文致於法 而於人心不厭者 輒讞之."

6 地震.

1 冬 十月 梁王來朝 上疏欲留 上弗許. 王歸國 意忽忽不樂.

2 十一月 改諸廷尉‧將作等官名.

3 春 二月 乙卯 上行幸雍 郊五畤.

4 　三月 雨雪.

5 　夏 四月 梁孝王薨. 竇太后聞之 哭極哀 不食 曰"帝果殺吾子！"帝哀懼 不知所爲 與長公主計之 乃分梁爲五國 盡立孝王男五人爲王 買爲梁王 明爲濟川王 彭離爲濟東王 定爲山陽王 不識爲濟陰王 女五人皆食湯沐邑. 奏之太后 太后乃說爲帝加一餐. 孝王未死時 財以巨萬計 及死 藏府餘黃金尙四十餘萬斤. 他物稱是.

6 　上旣減笞法 笞者猶不全 乃更減笞三百曰二百 笞二百曰一百. 又定箠令 箠長五尺 其本大一寸 竹也 末薄半寸 皆平其節. 當笞者笞臀 畢一罪 乃更人. 自是笞者得全. 然死刑旣重而生刑又輕 民易犯之.

7 　六月 匈奴入鴈門 至武泉 入上郡 取苑馬 吏卒戰死者二千人. 隴西李廣爲上郡太守 嘗從百騎出 遇匈奴數千騎. 見廣 以爲誘騎 皆驚 上山陳. 廣之百騎皆大恐 欲馳還走. 廣曰"吾去大軍數十里 今如此以百騎走 匈奴追射我立盡. 今我留 匈奴必以我爲大軍之誘 必不敢擊我."廣令諸騎曰"前！"未到匈奴陣二里所 止 令曰"皆下馬解鞍！"其騎曰"虜多且近 卽有急奈何？"廣曰"彼虜以我爲走 今皆解鞍以示不走 用堅其意."於是胡騎遂不敢擊. 有白馬將出 護其兵 李廣上馬 與十餘騎奔射殺白馬將而復還 至其騎中解鞍 令士皆縱馬臥. 是時會暮 胡

兵終怪之 不敢擊. 夜半時 胡兵亦以爲漢有伏軍於旁 欲夜取之
胡皆引兵而去. 平旦 李廣乃歸其大軍.

8　秋 七月 辛亥晦 日有食之.

9　自郅都之死 長安左右宗室多暴犯法. 上乃召濟南都尉南
陽甯成爲中尉. 其治效郅都 其廉弗如. 然宗室・豪桀皆人人惴
恐.

10　城陽共王喜薨.

❖ 孝景皇帝下 後元年(戊戌, 紀元前 143年)

1　春 正月 詔曰 "獄 重事也. 人有智愚 官有上下. 獄疑者讞
有司 有司所不能決 移廷尉讞 而後不當 讞後不爲失. 欲令治
獄者務先寬."

2　三月 赦天下.

3　夏 大酺五日 民得酤酒.

4　五月 丙戌 地震. 上庸地震二十二日. 壞城垣.

5 　秋 七月 丙午 丞相舍免.

6 　乙巳晦 日有食之.

7 　八月 壬辰 以御史大夫衛綰爲丞相 衛尉南陽直不疑爲御
史大夫. 初 不疑爲郎 同舍有告歸 悞持其同舍郎金去. 已而同
舍郎覺亡 意不疑 不疑謝有之 買金償. 後告歸者至而歸金 亡
金郎大慙. 以此稱爲長者 稍遷至中大夫. 人或廷毀不疑 以爲
盜嫂 不疑聞 曰“我乃無兄.”然終不自明也.

8 　帝居禁中 召周亞夫賜食 獨置大胾 無切肉 又不置箸. 亞
夫心不平 顧謂尙席取箸. 上視而笑曰“此非不足君所乎?”亞
夫免冠謝上 上曰“起.”亞夫因趨出. 上目送之曰“此鞅鞅 非
少主臣也.”
　居無何 亞夫子爲父買工官尙方甲楯五百被 可以葬者. 取
庸苦之 不與錢. 庸知其盜買縣官器 怨而上變 告子 事連汙亞
夫. 書旣聞 上下吏. 吏簿責亞夫. 亞夫不對. 上罵之曰“吾不
用也！”召詣廷尉. 廷尉責問曰“君侯欲反何？”亞夫曰“臣
所買器 乃葬器也 何謂反乎？”吏曰“君縱不欲反地上 卽欲反
地下耳！”吏侵之益急. 初 吏捕亞夫 亞夫欲自殺 其夫人止之
以故不得死 遂入廷尉 因不食五日 歐血而死.

9 　是歲 濟陰哀王不識薨.

❖ 孝景皇帝下 後2年(己亥, 紀元前 142年)

1 春 正月 地一日三動.

2 三月 匈奴入鴈門 太守馮敬與戰 死. 發車騎 · 材官屯鴈
門.

3 春 以歲不登 禁內郡食馬粟 沒入之.

4 夏 四月 詔曰 "雕文刻鏤 傷農事者也 錦繡纂組 害女工者
也. 農事傷則飢之本 女工害則寒之原也. 夫飢寒並至而能亡爲
非者寡矣. 朕親耕 后親桑 以奉宗廟粢盛 · 祭服 爲天下先 不
受獻 減太官 省繇賦 欲天下務農蠶 素有蓄積以備災害. 強毋
攘弱 衆毋暴寡 老耆以壽終 幼孤得遂長. 今歲或不登 民食頗
寡 其咎安在? 或詐僞爲吏 以貨賂爲市 漁奪百姓 侵牟萬民.
縣丞 長吏也 姦法與盜盜 甚無謂也! 其令二千石各脩其職
不事官職 · 耗亂者 丞相以聞 請其罪. 佈告天下 使明知朕意."

5 五月 詔算賈四得官.

6 秋 大旱.

1　　冬 十月 日月皆食 赤五日.

2　　十二月晦 雷 日如紫 五星逆行守大微 月貫天廷中.

3　　春 正月 詔曰 "農 天下之本也. 黃金 · 珠 · 玉 飢不可食
寒不可衣 以爲幣用 不識其終始. 間歲或不登 意爲末者衆 農
民寡也. 其令郡國務勸農桑 益種樹 可得衣食物. 吏發民若取
庸采黃金 · 珠 · 玉者 坐贓爲盜. 二千石聽者 與同罪."

4　　甲寅 皇太子冠.

5　　甲子 帝崩于未央宮. 太子卽皇帝位 年十六. 尊皇太后爲
太皇太后 皇后爲皇太后.

6　　二月 癸酉 葬孝景皇帝於陽陵.

7　　三月 封皇太后同母弟田蚡爲武安侯 勝爲周陽侯.

　　❖ 班固贊曰

　　孔子稱 "斯民也 三代之所以直道而行也." 信哉！周 ·

秦之敝 岡密文峻 而姦軌不勝 漢興 掃除煩苛 與民休息 至於孝文 加這以恭儉 孝景遵業. 五六十載之間 至於移風易俗 黎民醇厚. 周云成·康 漢言文·景 美矣！

8　漢興 接秦之弊 作業劇而財匱 自天子不能具鈞駟 而將相或乘牛車 齊民無藏蓋. 天下已平 高祖乃令賈人不得衣絲·乘車 重租稅以困辱之. 孝惠·高后時 爲天下初定 復弛商賈之律 然市井之子孫 亦不得仕宦爲吏. 量吏祿 度官用 以賦於民. 而山川·園池·市井租稅之入 自天子以至於封君湯沐邑 皆各爲私奉養焉 不領於天子之經費. 漕轉山東粟以給中都官 歲不過數十萬石. 繼以孝文·孝景 清淨恭儉 安養天下 七十餘年之間 國家無事 非遇水旱之災 民則人給家足. 都鄙廩庾皆滿 而府庫餘貨財 京師之錢累巨萬 貫朽而不可校 太倉之粟陳陳相因 充溢露積於外 至腐敗不可食. 衆庶街巷有馬 而阡陌之間成羣 乘字牝者擯而不得聚會. 守閭閻者食粱肉 爲吏者長子孫 居官者以爲姓號. 故人人自愛而重犯法 先行義而後詘辱焉. 當此之時 岡疏而民富 役財驕溢 或至兼幷·豪黨之徒 以武斷於鄕曲. 宗室有土 公·卿·大夫以下 爭于奢侈 室廬·輿服僭于上 無限度. 物盛而衰 固其變也. 自是之後 孝武內窮侈靡 外攘夷狄 天下蕭然 財力耗矣！＊

資治通鑑 卷017

【漢紀九】

起重光赤奮若(辛丑) 盡強圉協洽(丁未) 凡七年

❖ 世宗孝武皇帝上之上 建元 元年(辛丑, 紀元前 140年)

1 　冬 十月 詔擧賢良方正直言極諫之士 上親策問以古今治
道 對者百餘人. 廣川董仲舒對曰 "道者 所繇適於治之路也
仁·義·禮·樂 皆其具也. 故聖王已沒 而子孫長久 安寧數百
歲 此皆禮樂敎化之功也. 夫人君莫不欲安存 而政亂國危者甚
衆 所任者非其人而所繇者非其道 是以政日以仆滅也. 夫周道
衰於幽·厲 非道亡也 幽·厲不繇也. 至於宣王 思昔先王之德
興滯補敝 明文·武之功業 周道粲然復興 此夙夜不懈行善之
所致也.

　孔子曰 '人能弘道 非道弘人.' 故治亂廢興在於己 非天降命
不可得反 其所操持悖謬 失其統也. 爲人君者 正心以正朝廷
正朝廷以正百官 正百官以正萬民 正萬民以正四方. 四方正 遠

近莫敢不壹於正 而亡有邪氣奸其間者 是以陰陽調而風雨時 羣生和而萬民殖 諸福之物 可致之祥 莫不畢至 而王道終矣！

孔子曰 '鳳鳥不至 河不出圖 吾已矣夫！' 自悲可致此物 而身卑賤不得致也. 今陛下貴爲天子 富有四海 居得致之位 操可致之勢 又有能致之資 行高而恩厚 知明而意美 愛民而好士 可謂誼主矣. 然而天地未應而美祥莫至者 何也？ 凡以教化不立而萬民不正也. 夫萬民之從利也 如水之走下 不以教化隄防之 不能止也. 古之王者明於此 故南面而治天下 莫不以教化爲大務. 立太學以敎於國 設庠序以化於邑 漸民以仁 摩民以誼 節民以禮 故其刑罰甚輕而禁不犯者 敎化行而習俗美也. 聖王之繼亂世也 掃除其跡而悉去之 復脩敎化而崇起之 敎化已明習俗已成 子孫循之 行五六百歲尙未敗也. 秦滅先聖之道 爲苟且之治 故立十四年而亡 其遺毒餘烈至今未滅 使習俗薄惡 人民囂頑 抵冒殊扞 熟爛如此之甚者也. 竊譬之 琴瑟不調 甚者必解而更張之 乃可鼓也 爲政而不行 甚者必變而更化之 乃可理也. 故漢得天下以來 常欲治而至今不可善治者 失之於當更化而不更化也.

臣聞聖王之治天下也 少則習之學 長則材諸位 爵祿以養其德 刑罰以威其惡 故民曉於禮誼而恥犯其上. 武王行大誼 平殘賊 周公作禮樂以文之 至於成 · 康之隆 囹圄空虛四十餘年. 此亦敎化之漸而仁誼之流 非獨傷肌膚之效也. 至秦則不然 師申 · 商之法 行韓非之說 憎帝王之道 以貪狼爲俗 誅名而不察實 爲善者不必免而犯惡者未必刑也. 是以百官皆飾虛辭而不

顧實 外有事君之禮 內有背上之心 造僞飾詐 趨利無恥 是以刑者甚衆 死者相望 而姦不息 俗化使然也. 今陛下幷有天下莫不率服 而功不加於百姓者 殆王心未加焉.《曾子》曰'尊其所聞 則高明矣 行其所知 則光大矣. 高明光大 不在於他 在乎加之意而已.'願陛下因用所聞 設誠於內而致行之 則三王何異哉！

夫不素養士而欲求賢 譬猶不琢玉而求文采也. 故養士之大者 莫大虖太學 太學者 賢士之所關也 敎化之本原也. 今以一郡・一國之衆對 亡應書者 是王道往往而絶也. 臣願陛下興太學 置明師 以養天下之士 數考問以盡其材 則英俊宜可得矣. 今之郡守・縣令 民之師帥 所使承流而宣化也 故師帥不賢 則主德不宣 恩澤不流. 今吏旣亡敎訓於下 或不承用主上之法 暴虐百姓 與姦爲市 貧窮孤弱 冤苦失職 甚不稱陛下之意 是以陰陽錯繆 氛氣充塞 羣生寡遂 黎民未濟 皆長吏不明使至於此也！

夫長吏多出於郎中・中郎・吏二千石子弟 選郎吏又以富訾未必賢也. 且古所謂功者 以任官稱職爲差 非謂積日累久也 故小材雖累日 不離於小官 賢材雖未久 不害爲輔佐 是以有司竭力盡知 務治其業而以赴功. 今則不然 累日以取貴 積久以致官是以廉恥貿亂 賢不肖渾殽 未得其眞. 臣愚以爲使諸列侯・郡守・二千石各擇其吏民之賢者 歲貢各二人以給宿衛 且以觀大臣之能 所貢賢者有賞 所貢不肖者 有罰. 夫如是 諸吏二千石皆盡心於求賢 天下之士可得而官使也. 徧得天下之賢人 則三

王之盛易爲 而堯·舜之名可及也. 毋以日月爲功 實試賢能爲
上 量材而授官 錄德而定位 則廉恥殊路 賢不肖異處矣!

臣聞衆少成多 積小致鉅 故聖人莫不以晻致明 以微致顯 是
以堯發於諸侯 舜興虖深山 非一日而顯也 蓋有漸以致之矣. 言
出於己 不可塞也 行發於身 不可掩也 言行 治之大者 君子之
所以動天地也. 故盡小者大 愼微者著 積善在身 猶長日加益而
人不知也 積惡在身 猶火銷膏而人不見也 此唐·虞之所以得
令名而桀·紂之可爲悼懼者也.

夫樂而不亂 復而不厭者 謂之道. 道者 萬世亡敝 敝者 道之
失也. 先王之道 必有偏而不起之處 故政有眊而不行 擧其偏者
以補其敝而已矣. 三王之道 所祖不同 非其相反 將以救溢扶衰
所遭之變然也. 故孔子曰'無爲而治者其舜乎!'改正朔 易服
色 以順天命而已 其餘盡循堯道 何更爲哉! 故王者有改制之
名 亡變道之實. 然夏尚忠 殷尚敬 周尙文者 所繼之捄當用此
也. 孔子曰'殷因於夏禮 所損益可知也 周因於殷禮 所損益可
知也 其或繼周者 雖百世可知也.'此言百王之用 以此三者矣.
夏因於虞 而獨不言所損益者 其道一而所上同也. 道之大原出
于天 天不變 道亦不變 是以禹繼舜 舜繼堯 三聖相受而守一
道 亡捄敝之政也 故不言其所損益也. 繇是觀之 繼治世者其道
同 繼亂世者其道變.

今漢繼大亂之後 若宜少損周之文致 用夏之忠者. 夫古之天
下 亦今之天下 共是天下 以古準今 壹何不相逮之遠也! 安
所繆盭而陵夷若是? 意者有所失於古之道與 有所詭於天之理

與?

夫天亦有所分予 予之齒者去其角 傅其翼者兩其足 是所受大者不得取小也. 古之所予祿者 不食於力 不動於末 是亦受大者不得取小 與天同意者也. 夫已受大 又取小 天不能足 而況人虖! 此民之所以囂囂苦不足也. 身寵而載高位 家溫而食厚祿 因乘富貴之資力以與民爭利於下 民安能如之哉! 民日削月朘 浸以大窮. 富者奢侈羨溢 貧者窮急愁苦 民不樂生 安能避罪! 此刑罰之所以蕃 而姦邪不可勝者也. 天子大夫者 下民之所視效 遠方之所四面而內望也. 近者視而放之 遠者望而效之 豈可以居賢人之位而爲庶人行哉! 夫皇皇求財利 常恐乏匱者 庶人之意也 皇皇求仁義 常恐不能化民者 大夫之意也. 《易》曰'負且乘 致寇至.'乘車者 君子之位也 負擔者 小人之事也. 此言居君子之位而爲庶人之行者 患禍必至也. 若居君子之位 當君子之行 則舍公儀休之相魯 無可爲者矣.

《春秋》大一統者 天地之常經 古今之通誼也. 今師異道 人異論 百家殊方 指意不同 是以上無以持一統 法制數變 下不知所守. 臣愚以爲諸不在六藝之科‧孔子之術者 皆絶其道 勿使並進 邪辟之說滅息 然後統紀可一而法度可明 民知所從矣!"

天子善其對 以仲舒爲江都相. 會稽莊助亦以賢良對策 天子擢爲中大夫. 丞相衛綰奏"所擧賢良 或治申‧韓‧蘇‧張之言亂國政者 請皆罷."奏可. 董仲舒少治《春秋》孝景時爲博士 進退容止 非禮不行 學者皆師尊之. 及爲江都相 事易王. 易

王 帝兄 素驕 好勇. 仲舒以禮匡正 王敬重焉.

2　　春 二月 赦.

3　　行三銖錢.

4　　夏 六月 丞相衛綰免. 丙寅 以魏其侯竇嬰爲丞相 武安侯
田蚡爲太尉. 上雅饗儒術 嬰‧蚡俱好儒 推轂代趙綰爲御史大
夫 蘭陵王臧爲郎中令. 綰請立明堂以朝諸侯 且薦其師申公.
秋 天子使使束帛加璧‧安車駟馬以迎申公. 旣至 見天子. 天
子問治亂之事 申公年八十餘. 對曰"爲治者不至多言 顧力行
何如耳." 是時 天子方好文詞 見申公對 默然 然已招致 則以
爲太中大夫 舍魯邸 議明堂‧巡狩‧改曆‧服色事.

5　　是歲 內史甯成抵罪髡鉗.

❖ 世宗孝武皇帝上之上 建元 2年(壬寅, 紀元前 139年)

1　　冬 十月 淮南王安來朝. 上以安屬爲諸父而材高 甚尊重之
每宴見談語 昏暮然後罷.
　　安雅善武安侯田蚡 其入朝 武安侯迎之霸上 與語曰"上無
太子 王親高皇帝孫 行仁義 天下莫不聞. 宮車一日晏駕 非王

尙誰立者！"安大喜 厚遺蚡金錢財物.

2　太皇竇太后好黃・老言 不悅儒術. 趙綰請毋奏事東宮. 竇
太后大怒曰"此欲復爲新垣平邪！"陰求得趙綰・王臧姦利事
以讓上. 上因廢明堂事 諸所興爲皆廢. 下綰・臧吏 皆自殺. 丞
相嬰・太尉蚡免 申公亦以疾免歸.

　初 景帝以太子太傅石奮及四子皆二千石 乃集其門 號奮爲
"萬石君."萬石君無文學 而恭謹無與比. 子孫爲小吏 來歸謁
萬石君必朝服見之 不名. 子孫有過失 不責讓 爲便坐 對案不
食 然後諸子相責 因長老肉袒謝罪 改之 乃許. 子孫勝冠者在
側 雖燕居必冠. 其執喪 哀戚甚悼. 子孫遵敎 皆以孝謹聞乎郡
國. 及趙綰・王臧以文學獲罪 竇太后以爲儒者文多質少 今萬
石君家不言而躬行 乃以其長子建爲郎中令 少子慶爲內史. 建
在上側 事有可言 屛人恣言極切 至廷見 如不能言者 上以是
親之. 慶嘗爲太僕 御出 上問車中幾馬 慶以策數馬畢 擧手曰
"六馬."慶於諸子中最爲簡易矣.

　竇嬰・田蚡旣免 以侯家居. 蚡雖不任職 以王太后故親幸 數
言事多效. 士吏趨勢利者 皆去嬰而歸蚡 蚡日益橫.

3　春 二月 丙戌朔 日有食之.

4　三月 乙未 以太常柏至侯許昌爲丞相.

5 初 堂邑侯陳午尙帝姑館陶公主嫖 帝之爲太子 公主有力
焉 以其女爲太子妃 及卽位 妃爲皇后. 竇太主恃功 求請無厭
上患之. 皇后驕妬 擅寵而無子 與醫錢凡九千萬 欲以求子 然
卒無之. 后寵浸衰. 皇太后謂上曰“汝新卽位 大臣未服 先爲
明堂 太皇太后已怒. 今又忤長主 必重得罪. 婦人性易悅耳 宜
深愼之！”上乃於長主·皇后復稍加恩禮.

　上祓霸上 還 過上姊平陽公主 悅謳者衛子夫. 子夫母衛媼
平陽公主家僮也. 主因奉送子夫入宮 恩寵日隆. 陳皇后聞之
恚 幾死者數矣. 上愈怒.

　子夫同母弟衛靑 其父鄭季 本平陽縣吏 給事侯家 與衛媼私
通而生靑 冒姓衛氏. 靑長 爲侯家騎奴. 大長公主執囚靑 欲殺
之. 其友騎郎公孫敖與壯士簒取之. 上聞 乃召靑爲建章監·侍
中 賞賜數日間累千金. 旣而以子夫爲夫人 靑爲太中大夫.

6 夏 四月 有星如日 夜出.

7 初置茂陵邑.

8 時大臣議者多冤鼂錯之策 務摧抑諸侯王 數奏暴其過惡
吹毛求疵 笞服其臣 使證其君. 諸侯王莫不悲怨.

1   冬 十月 代王登·長沙王發·中山王勝·濟川王明來朝.
上置酒 勝聞樂聲而泣. 上問其故 對曰"悲者不可爲累欷 思者
不可爲嘆息. 今臣心結日久 每聞幼眇之聲 不知涕泣之橫集也.
臣得蒙肺附爲東藩 屬又稱兄. 今羣臣非有葭莩之親·鴻毛之
重 羣居黨議 朋友相爲 使夫宗室擯卻 骨肉冰釋 臣竊傷之!"
具以吏所侵聞. 於是上乃厚諸侯之禮 省有司所奏諸侯事 加親
親之恩焉.

2   河水溢于平原.

3   大饑 人相食.

4   秋 七月 有星孛于西北.

5   濟川王明坐殺中傅 廢遷房陵.

6   七國之敗也 吳王子駒亡走閩越 怨東甌殺其父 常勸閩越
擊東甌. 閩粵從之 發兵圍東甌 東甌使人告急天子. 天子問田
蚡 蚡對曰"越人相攻擊 固其常 又數反覆 自秦時棄不屬 不足
以煩中國往救也." 莊助曰"特患力不能救 德不能覆. 誠能 何
故棄之!且秦舉咸陽而棄之 何但越也!今小國以窮困來告急

天子不救 尚安所愬 又何以子萬國乎！”上曰“太尉不足與計.
吾新卽位 不欲出虎符發兵郡國.”乃遣助以節發兵會稽. 會稽
守欲距法不爲發 助乃斬一司馬 諭意指 遂發兵浮海救東甌. 未
至 閩越引兵罷. 東甌請擧國內徙 乃悉擧其衆來 處於江·淮之
間.

7　九月 丙子晦 日有食之.

8　上自初卽位 招選天下文學材智之士 待以不次之位. 四方
士多上書言得失 自眩鬻者以千數. 上簡拔其俊異者寵用之. 莊
助最先進 後又得吳人朱買臣·趙人吾丘壽王·蜀人司馬相
如·平原東方朔·吳人枚皋·濟南終軍等 並在左右 每令與大
臣辨論 中外相應以義理之文 大臣數屈焉. 然相如特以辭賦得
幸 朔·皋不根持論 好詼諧 上以俳優畜之 雖數賞賜 終不任
以事也. 朔亦觀上顔色 時時直諫 有所補益.

　是歲 上始爲微行 北至池陽 西至黃山 南獵長楊 東游宜春
與左右能騎射者期諸殿門. 常以夜出 自稱平陽侯 旦明 入南山
下 射鹿·豕·狐·兔 馳騖禾稼之地 民皆號呼罵詈. 鄠·杜令
欲執之 示以乘輿物 乃得免. 又嘗夜至柏谷 投逆旅宿 就逆旅
主人求漿 主人翁曰“無漿 正有溺耳！”且疑上爲姦盜 聚少年
欲攻之. 主人嫗睹上狀貌而異之 止其翁曰“客非常人也 且又
有備 不可圖也.”翁不聽 嫗飮翁以酒 醉而縛之. 少年皆散走
嫗乃殺雞爲食以謝客. 明日 上歸 召嫗 賜金千斤 拜其夫爲羽

林郞. 後乃私置更衣 從宣曲以南十二所 夜投宿長楊·五柞等
諸宮.

上以道遠勞苦 又爲百姓所患 乃使太中大夫吾丘壽王舉籍阿
城以南 盩厔以東 宜春以西 提封頃畮 及其賈直 欲除以爲上
林苑 屬之南山. 又詔中尉·左右內史表屬縣草田 欲以償鄠·
杜之民. 壽王奏事 上大說稱善. 時東方朔在傍 進諫曰"夫南
山 天下之阻也. 漢興 去三河之地 止霸·滻以西 都涇·渭之
南 此所謂天下陸海之地 秦之所以虜西戎·兼山東者也. 其山
出玉石·金·銀·銅·鐵·良材 百工所取給 萬民所卬足也.
又有秔·稻·黎·栗·桑·麻·竹箭之饒 土宜薑·芋 水多
鼃·魚 貧者得以人給家足 無飢寒之憂 故酆·鎬之間 號爲土
膏 其賈畮一金. 今規以爲苑 絶陂池水澤之利而取民膏腴之地
上乏國家之用 下奪農桑之業 是其不可一也. 盛荊·棘之林 廣
狐·菟之苑 大虎·狼之虛 壞人冢墓 發人室廬 令幼弱懷土而
思 耆老泣涕而悲 是其不可二也. 斥而營之 垣而圍之 騎馳東
西 車騖南北 有深溝大渠. 夫一日之樂 不足以危無隄之輿 是
其不可三也. 夫殷作九市之宮而諸侯畔 靈王起章華之臺而楚
民散 秦興阿房之殿而天下亂. 糞土愚臣 逆盛意 罪當萬死!"
上乃拜朔爲太中大夫·給事中 賜黃金百斤. 然遂起上林苑 如
壽王所奏.

上又好自擊熊·豕 馳逐野獸. 司馬相如上疏諫曰"臣聞物有
同類而殊能者 故力稱烏獲 捷言慶忌 勇期賁·育 臣之愚 竊
以爲人誠有之 獸亦宜然. 今陛下好陵阻險 射猛獸 卒然遇逸材

之獸 駭不存之地 犯屬車之清塵 輿不及還轅 人不暇施巧 雖有烏獲‧逢蒙之技 不得用 枯木朽株 盡爲難矣. 是胡‧越起於轂下而羌‧夷接軫也 豈不殆哉！雖萬全而無患 然本非天子之所宜近也. 且夫清道而後行 中路而馳 猶時有銜橛之變 況乎涉豐草 騁丘墟 前有利獸之樂 而內無存變之意 其爲害也不難矣. 夫輕萬乘之重不以爲安樂 出萬有一危之塗以爲娛 臣竊爲陛下不取. 蓋明者遠見於未萌 而知者避危於無形 禍固多藏於隱微 而發於人之所忽者也. 故鄙諺曰‘家累千金 坐不垂堂.’此言雖小 可以諭大.”上善之.

❖ 世宗孝武皇帝上之上 建元 4年(甲辰. 紀元前 137年)

1 夏 有風赤如血.

2 六月 旱.

3 秋 九月 有星孛於東北.

4 是歲 南越王佗死 其孫文王胡立.

❖ 世宗孝武皇帝上之上 建元 5年(乙巳, 紀元前 136年)

1 春 罷三銖錢 行半兩錢.

2 置五經博士.

3 夏 五月 大蝗.

4 秋 八月 廣川惠王越 · 清河哀王乘皆薨 無後 國除.

❖ 世宗孝武皇帝上之上 建元 6年(丙午, 紀元前 135年)

1 春 二月 乙未 遼東高廟災.

2 夏 四月 壬子 高園便殿火. 上素服五日.

3 五月 丁亥 太皇太后崩.

4 六月 癸巳 丞相昌免 武安侯田蚡爲丞相. 蚡驕侈 治宅甲諸第 田園極膏腴 市買郡縣物 相屬於道 多受四方賂遺 其家金玉 · 婦女 · 狗馬 · 聲樂 · 玩好 不可勝數. 每入奏事 坐語移日 所言皆聽 薦人或起家至二千石 權移主上. 上乃曰 "君除吏

已盡未？吾亦欲除吏." 嘗請考工地益宅 上怒曰"君何不遂取武庫！"是後乃稍退.

5   秋 八月 有星孛于東方 長竟天.

6   閩越王郢興兵擊南越邊邑 南越王守天子約 不敢擅興兵 使人上書告天子. 於是天子多南越義 大爲發兵 遣大行王恢出豫章 大農令韓安國出會稽 擊閩越.

  淮南王安上書諫曰"陛下臨天下 布德施惠 天下攝然 人安其生 自以沒身不見兵革. 今聞有司擧兵將以誅越 臣安竊爲陛下重之.

  越 方外之地 剪髮文身之民也 不可以冠帶之國法度理也. 自三代之盛 胡 · 越不與受正朔 非強勿能服 威弗能制也 以爲不居之地 不牧之民 不足以煩中國也. 自漢初定已來七十二年 越人相攻擊者不可勝數 然天子未嘗擧兵而入其地也. 臣聞越非有城郭邑里也 處谿谷之間 篁竹之中 習於水鬪 便於用舟 地深昧而多水險 中國之人不知其勢阻而入其地 雖百不當其一. 得其地 不可郡縣也 攻之 不可暴取也. 以地圖察其山川要塞 相去不過寸數 而間獨數百千里 險阻 · 林叢弗能盡著 視之若易 行之甚難. 天下賴宗廟之靈 方內大寧 戴白之老不見兵革 民得夫婦相守 父子相保 陛下之德也. 越人名爲藩臣 貢酎之奉不輸大內 一卒之奉不給上事 自相攻擊 而陛下發兵救之 是反以中國而勞蠻夷也！且越人愚戇輕薄 負約反覆 其不用天子之

法度 非一日之積也. 壹不奉詔 舉兵誅之 臣恐後兵革無時得息也.

　間者 數年歲比不登 民待賣爵 · 贅子以接衣食. 賴陛下德澤振救之 得毋轉死溝壑. 四年不登 五年復蝗 民生未復. 今發兵行數千里 資衣糧 入越地 輿轎而隃領 拕舟而入水 行數百千里 夾以深林叢竹 水道上下擊石 林中多蝮蛇 · 猛獸 夏月暑時歐泄霍亂之病相隨屬也 曾未施兵接刃 死傷者必眾矣. 前時南海王反 陛下先臣使將軍間忌將兵擊之 以其軍降 處之上淦. 後復反 會天暑多雨 樓船卒水居擊棹 未戰而疾死者過半 親老涕泣 孤子啼號 破家散業 迎屍千里之外 裹骸骨而歸. 悲哀之氣 數年不息 長老至今以爲記 曾未入其地而禍已至此矣. 陛下德配天地 明象日月 恩至禽獸 澤及草木 一人有飢寒 不終其天年而死者 爲之心悽愴於心. 今方內無狗吠之警 而使陛下甲卒死亡 暴露中原 霑漬山谷 邊境之民爲之早閉晏開 朝不及夕 臣安竊爲陛下重之.

　不習南方地形者 多以越爲人眾兵強 能難邊城. 淮南全國之時 多爲邊吏 臣竊聞之 與中國異. 限以高山 人跡絶 車道不通 天地所以隔外內也. 其入中國 必下領水 領水之山峭峻 漂石破舟 不可以大船載食糧下也. 越人欲爲變 必先田餘干界中 積食糧 乃入 伐材治船. 邊城守候誠謹 越人有入伐材者 輒收捕 焚其積聚 雖百越 奈邊城何！且越人儶力薄材 不能陸戰 又無車騎 · 弓弩之用 然而不可入者 以保地險 而中國之人不耐其水土也. 臣聞越甲卒不下數十萬 所以入之 五倍乃足 輓車奉餉者

不在其中. 南方暑濕 近夏癉熱 暴露水居 蝮蛇蠚生 疾疢多作 兵未血刃而病死者什二三 雖舉越國而虜之 不足以償所亡.

臣聞道路言 閩越王弟甲弑而殺之 甲以誅死 其民未有所屬. 陛下若欲來 內處之中國 使重臣臨存 施德垂賞以招致之 此必攜幼扶老以歸聖德. 若陛下無所用之 則繼其絕世 存其亡國 建其王侯 以爲畜越 此必委質爲藩臣 世共貢職. 陛下以方寸之印 丈二之組 塡撫方外 不勞一卒 不頓一戟 而威德並行. 今以兵入其地 此必震恐 以有司爲欲屠滅之也 必雉兔逃 入山林險阻. 背而去之 則復相羣聚 留而守之 歷歲經年 則士卒罷勌 食糧乏絕 民苦兵事 盜賊必起. 臣聞長老言 秦之時 嘗使尉屠睢擊越 又使監祿鑿渠通道 越人逃入深山林叢 不可得攻 留軍屯守空地 曠日引久 士卒勞勌 越出擊之 秦兵大敗 乃發適戍以備之. 當此之時 外內騷動 皆不聊生 亡逃相從 羣爲盜賊 於是山東之難始興. 兵者凶事 一方有急 四面皆聳. 臣恐變故之生 姦邪之作 由此始也.

臣聞天子之兵有征而無戰 言莫敢校也. 如使越人蒙徼幸以逆執事之顏行 廝輿之卒有一不備而歸者 雖得越王之首 臣猶竊爲大漢羞之. 陛下以四海爲境 生民之屬 皆爲臣妾. 垂德惠以覆露之 使安生樂業 則澤被萬世 傳之子孫 施之無窮. 天下之安 猶泰山而四維之也 夷狄之地 何足以爲一日之閒 而煩汗馬之勞乎!《詩》云'王猶允塞 徐方旣來.'言王道甚大而遠方懷之也. 臣安竊恐將吏之以十萬之師爲一使之任也."

是時 漢兵遂出 未踰領 閩越王郢發兵距險. 其弟餘善乃與

相·宗族謀曰"王以擅發兵擊南越不請 故天子兵來誅. 漢兵
衆強 卽幸勝之 兵來益多 終滅國而止. 今殺王以謝天子 天子
聽罷兵 固國完 不聽 乃力戰 不勝 卽亡入海."皆曰"善！"卽
鏦殺王 使使奉其頭致大行. 大行曰"所爲來者 誅王. 今王頭
至 謝罪 不戰而殞 利莫大焉."乃以便宜案兵 告大農軍 而使
使奉王頭馳報天子. 詔罷兩將兵 曰"郢等首惡 獨無諸孫繇君
丑不與謀焉."乃使中郞將立丑爲越繇王 奉閩越先祭祀. 餘善
已殺郢 威行於國 國民多屬 竊自立爲王 繇王不能制. 上聞之
爲餘善 不足復興師 曰"餘善數與郢謀亂 而後首誅郢 師得不
勞."因立餘善爲東越王 與繇王並處.

上使莊助諭意南越. 南越王胡頓首曰"天子乃爲臣興兵討閩
越 死無以報德！"遣太子嬰齊入宿衛 謂助曰"國新被寇 使者
行矣 胡方日夜裝 入見天子."助還 過淮南 上又使助諭淮南王
安以討越事 嘉答其意 安謝不及. 助旣去南越 南越大臣皆諫其
王曰"漢興兵誅郢 亦行以驚動南越. 且先王昔言'事天子期無
失禮.'要之 不可以說好語入見 則不得復歸 亡國之勢也."於
是胡稱病 竟不入見.

7　　是歲 韓安國爲御史大夫.

8　　東海太守濮陽汲黯爲主爵都尉. 始 黯爲謁者 以嚴見憚.
東越相攻 上使黯往視之 不至 至吳而還 報曰"越人相攻 固其
俗然 不足以辱天子之使."河內失火 延燒千餘家 上使黯往視

之 還 報曰"家人失火 屋比延燒 不足憂也. 臣過河南 河南貧人傷水旱萬餘家 或父子相食 臣謹以便宜 持節發河南倉粟以振貧民. 臣請歸節 伏矯制之罪."上賢而釋之. 其在東海 治官理民 好清靜 擇丞·史任之 責大指而已 不苟小. 黯多病 臥閨閣內不出. 歲餘 東海大治 稱之. 上聞 召爲主爵都尉 列於九卿. 其治務在無爲 引大體 不拘文法.

黯爲人 性倨少禮 面折 不能容人之過. 時天子方招文學儒者上曰"吾欲云云."黯對曰"陛下內多欲而外施仁義 奈何欲效唐·虞之治乎!"上默然 怒 變色而罷朝 公卿皆爲黯懼. 上退謂左右曰"甚矣汲黯之戇也!"羣臣或數黯 黯曰"天子置公卿輔弼之臣 寧令從諛承意 陷主於不義乎? 且已在其位 縱愛身 奈辱朝廷何!"黯多病 病且滿三月 上常賜告者數 終不愈. 最後病 莊助爲請告. 上曰"汲黯何如人哉?"助曰"使黯任職居官 無以逾人 然至其輔少主 守城深堅 招之不來 麾之不去 雖自謂賁·育 亦不能奪之矣."上曰"然 古有社稷之臣 至如黯 近之矣."

9　匈奴來請和親 天子下其議. 大行王恢 燕人也 習胡事 議曰"漢與匈奴和親 率不過數歲 卽復倍約 不如勿許 興兵擊之."韓安國曰"匈奴遷徙鳥舉 難得而制 自上古不屬爲人. 今漢行數千里與之爭利 則人馬罷乏 虜以全制其敝 此危道也. 不如和親."羣臣議者多附安國. 於是上許和親.

1　冬 十一月 初令郡國擧 · 孝廉各一人 從董仲舒之言也.

2　衛尉李廣爲驍騎將軍 屯雲中 中尉程不識爲車騎將軍 屯鴈門. 六月 罷. 廣與不識俱以邊太守將兵 有名當時. 廣行無部伍 · 行陳 就善水草捨止 人人自便 不擊刁斗以自衛 莫府省約文書 然亦遠斥候 未嘗遇害. 程不識正部曲 · 行伍 · 營陳 擊刁斗 士吏治軍簿至明 軍不得休息 然亦未嘗遇害. 不識曰 "李廣軍極簡易 然虜卒犯之 無以禁也. 而其士卒亦佚樂 咸樂爲之死. 我軍雖煩擾 然虜亦不得犯我." 然匈奴畏李廣之略 士卒亦多樂從李廣而苦程不識.

◈ 臣光曰

《易》曰 "師出以律 否臧凶." 言治衆而不用法 無不凶也. 李廣之將 使人人自便. 以廣之材 如此焉可也 然不可以爲法. 何則? 其繼者難也 況與之並時而爲將乎! 夫小人之情 樂於安肆而昧於近禍 彼旣以程不識爲煩擾而樂於從廣 且將仇其上而不服. 然則簡易之害 非徒廣軍無以禁虜之倉卒而已也. 故曰 "兵事以嚴終" 爲將者亦嚴而已矣. 然則傚程不識 雖無功 猶不敗 傚李廣 鮮不

覆亡哉！

3　夏 四月 赦天下.

4　五月 詔擧賢良·文學 上親策之.

5　秋 七月 癸未 日有食之.✱

資治通鑑 卷018

【漢紀十】

起著雍涒灘(戊申) 盡柔兆執徐(丙辰) 凡九年

❖ 世宗孝武皇帝上之下 元光 2年(戊申, 紀元前 133年)

1　冬 十月 上行幸雍 祠五畤.

2　李少君以祠竈卻老方見上 上尊之. 少君者 故深澤侯舍人
匿其年及其生長 其游以方徧諸侯 無妻子. 人聞其能使物及不
死 更饋遺之 常餘金錢·衣食. 人皆以爲不治生業而饒給 又不
知其何所人 愈信 爭事之. 少君善爲巧發奇中. 嘗從武安侯飲
坐中有九十餘老人 少君乃言與其大父游射處 老人爲兒時從其
大父 識其處 一坐盡驚. 少君言上曰"祠竈則致物 致物而丹沙
可化爲黃金 壽可益 蓬萊仙者可見 見之 以封禪則不死 黃帝
是也. 臣嘗游海上 見安期生 食臣棗 大如瓜. 安期生仙者 通蓬
萊中 合則見人 不合則隱." 於是天子始親祠竈 遣方士入海求
蓬萊安期生之屬 而事化丹沙諸藥齊爲黃金矣. 居久之 李少君

病死 天子以爲化去 不死 而海上燕·齊怪迂之方士多更來言
神事矣.

3 亳人謬忌奏祠太一. 方曰"天神貴者太一 太一佐曰五帝."
於是天子立其祠長安東南郊.

4 鴈門馬邑豪聶壹 因大行王恢言"匈奴初和親 親信邊 可
誘以利致之 伏兵襲擊 必破之道也."上召問公卿. 王恢曰"臣
聞全代之時 北有強胡之敵 內連中國之兵 然尚得養老·長幼
種樹以時 倉廩常實 匈奴不輕侵也. 今以陛下之威 海內爲一
然匈奴侵盜不已者 無他 以不恐之故耳. 臣竊以爲擊之便."韓
安國曰"臣聞高皇帝嘗圍於平城 七日不食 及解圍反位而無忿
怒之心. 夫聖人以天下爲度者也 不以己私怒傷天下之功 故遣
劉敬結和親 至今爲五世利. 臣竊以爲勿擊便."恢曰"不然. 高
帝身被堅執銳 行幾十年 所以不報平城之怨者 非力不能 所以
休天下之心也. 今邊境數驚 士卒傷死 中國槥車相望 此仁人
之所隱也. 故曰擊之便."安國曰"不然. 臣聞用兵者以飽待飢
正治以待其亂 定舍以待其勞 故接兵覆衆 伐國墮城 常坐而役
敵國 此聖人之兵也. 今將卷甲輕擧 深入長敺 難以爲功 從行
則迫脅 衡行則中絶 疾則糧乏 徐則後利 不至千里 人馬乏食.
《兵法》曰'遺人 獲也'臣故曰勿擊便."恢曰"不然. 臣今言擊
之者 固非發而深入也. 將順因單于之欲 誘而致之邊 吾選梟
騎·壯士陰伏而處以爲之備 審遮險阻以爲其戒. 吾勢已定 或

營其左 或營其右 或當其前 或絶其後 單于可禽 百全必取."
上從恢議.

夏 六月 以御史大夫韓安國爲護軍將軍 衛尉李廣爲驍騎將
軍 太僕公孫賀爲輕車將軍 大行王恢爲將屯將軍 太中大夫李
息爲材官將軍 將車騎・材官三十餘萬匿馬邑旁谷中 約單于
入馬邑縱兵. 陰使聶壹爲間 亡入匈奴 謂單于曰"吾能斬馬邑
令・丞 以城降 財物可盡得."單于愛信 以爲然而許之. 聶壹
乃詐斬死罪囚 縣其頭馬邑城下 示單于使者爲信 曰"馬邑長
吏已死 可急來！"於是單于穿塞 將十萬騎入武州塞. 未至馬
邑百餘里 見畜布野而無人牧者 怪之. 乃攻亭 得鴈門尉史 欲
殺之 尉史乃告單于漢兵所居. 單于大驚曰"吾固疑之."乃引
兵還 出曰"吾得尉史 天也！"以尉史爲天王. 塞下傳言單于
已去 漢兵追至塞 度弗及 乃皆罷兵. 王恢主別從代出擊胡輜重
聞單于還 兵多 亦不敢出.

怒恢. 恢曰"始 約爲入馬邑城 兵與單于接 而臣擊其輜重
可得利. 今單于不至而還 臣以三萬人衆不敵 祇取辱. 固知還
而斬 然完陛下士三萬人."於是下恢廷尉. 廷尉當"恢逗橈 當
斬."恢行千金丞相蚡 蚡不敢言上 而言於太后曰"王恢首爲馬
邑事 今不成而誅恢 是爲匈奴報仇也."上朝太后 太后以蚡言
告上. 上曰"首爲馬邑事者恢 故發天下兵數十萬 從其言爲此.
且縱單于不可得 恢所部擊其輜重 猶頗可得以慰士大夫心. 今
不誅恢 無以謝天下."於是恢聞 乃自殺. 自是之後 匈奴絶和
親 攻當路塞 往往入盜於漢邊 不可勝數 然尙貪樂關市 嗜漢

財物 漢亦關市不絶 以中其意.

❖ 世宗孝武皇帝上之下 元光 3年(己酉, 紀元前 132年)

1 春 河水徙 從頓丘東南流. 夏 五月 丙子 復決濮陽瓠子 注
巨野 通淮·泗 汎郡十六. 天子使汲黯·鄭當時發卒十萬塞之
輒復壞. 是時 田蚡奉邑食鄃 鄃居河北 河決而南 則鄃無水災
邑收多. 蚡言於上曰 "江·河之決皆天事 未易以人力強塞 塞
之未必應天." 而望氣用數者亦以爲然. 於是天子久之不復事
塞也.

2 初 孝景時 魏其侯竇嬰爲大將軍 武安侯田蚡乃爲諸郎 侍
酒跪起如子姪. 已而蚡日益貴幸 爲丞相. 魏其失勢 賓客益衰
獨故燕相潁陰灌夫不去. 嬰乃厚遇夫 相爲引重 其游如父子然.
夫爲人剛直 使酒 諸有勢在己之右者必陵之 數因酒忤丞相. 丞
相乃奏案 "灌夫家屬橫潁川 民苦之." 收繫夫及支屬 皆得棄市
罪. 魏其上書論救灌夫 上令與武安東朝廷辨之. 魏其·武安因
互相詆訐. 上問朝臣 "兩人孰是？" 唯汲黯是魏其 韓安國兩以
爲是 鄭當時是魏其 後不敢堅. 上怒當時曰 "吾幷斬若屬矣."
卽罷. 起 入. 上食太后 太后怒不食 曰 "今我在也 而人皆藉吾
弟 令我百歲後 皆魚肉之乎！" 上不得已 遂族灌夫 使有司案
治魏其 得棄市罪.

1　冬 十二月晦 論殺魏其於渭城. 春 三月 乙卯 武安侯蚡亦
薨. 及淮南王安敗 上聞蚡受安金 有不順語 曰"使武安侯在者
族矣！"

2　夏 四月 隕霜殺草.

3　御史大夫安國行丞相事 引 墮車 蹇. 五月 丁巳 以平棘侯
薛澤爲丞相 安國病免.

4　地震. 赦天下.

5　九月 以中尉張歐爲御史大夫. 韓安國疾愈 復爲中尉.

6　河間王德 脩學好古 實事求是 以金帛招求四方善書 得書
多與漢朝等. 是時 淮南王安亦好書 所招致率多浮辯. 獻王所
得書 皆古文先秦舊書 採禮樂古事 稍稍增輯至五百餘篇 被
服 · 造次必於儒者 山東諸儒多從之遊.

1   冬 十月 河間王來朝 獻雅樂 對三雍宮及詔策所問三十餘
事. 其對 推道術而言 得事之中 文約指明. 天子下太樂官常存
肄河間王所獻雅聲 歲時以備數 然不常御也. 春 正月 河間王
薨 中尉常麗以聞 曰"王身端行治 溫仁恭儉 篤敬愛下 明知深
察 惠於鰥寡." 大行令奏"諡法'聰明睿知曰獻'諡曰獻王."

    ❈ 班固贊曰

    昔魯哀公有言"寡人生於深宮之中 長於婦人之手 未
    嘗知憂 未嘗知懼." 信哉斯言也 雖欲不危亡 不可得已！
    是故古人以宴安爲鴆毒 無德而富貴謂之不幸. 漢興 至
    於孝平 諸侯王以百數 率多驕淫失道. 何則？沈溺放恣
    之中 居勢使然也. 自凡人猶繫于習俗 而況哀公之倫
    乎！"夫唯大雅 卓爾不羣"河間獻王近之矣.

2   初 王恢之討東越也 使番陽令唐蒙風曉南越. 南越食蒙以
蜀枸醬 蒙問所從來. 曰"道西北牂柯江. 牂柯江廣數里 出番
禺城下." 蒙歸至長安 問蜀賈人. 賈人曰"獨蜀出枸醬 多持竊
出市夜郎. 夜郎者 臨牂柯江 江廣百餘步 足以行船. 南越以財
物役屬夜郎 西至桐師 然亦不能臣使也." 蒙乃上書說上曰"南
越王黃屋左纛 地東西萬餘里 名爲外臣 實一州主也. 今以長
沙・豫章往 水道多絕 難行. 竊聞夜郎所有精兵可得十餘萬 浮
船牂柯江 出其不意 此制越一奇也. 誠以漢之強 巴・蜀之饒

通夜郎道爲置吏 甚易."上許之.

乃拜蒙爲中郎將 將千人 食重萬餘人 從巴・蜀筰關入 遂見
夜郎侯多同. 蒙厚賜 喻以威德 約爲置吏 使其子爲令. 夜郎旁
小邑皆貪漢繪帛 以爲漢道險 終不能有也 乃且聽蒙約. 還報
上以爲犍爲郡 發巴・蜀卒治道 自僰道指牂柯江 作者數萬人
士卒多物故 有逃亡者. 用軍興法誅其渠率 巴・蜀民大驚恐.
上聞之 使司馬相如責唐蒙等 因諭告巴・蜀民以非上意 相如
還報.

是時 邛・筰之君長 聞南夷與漢通 得賞賜多 多欲願爲內臣
妾 請吏比南夷. 天子問相如 相如曰"邛・筰・冉駹者近蜀 道
亦易通. 秦時嘗通 爲郡縣 至漢興而罷. 今誠復通 爲置郡縣 愈
於南夷."天子以爲然 乃拜相如爲中郎將 建節往使 及副使王
然于等乘傳 因巴・蜀吏幣物以賂西夷. 邛・筰・冉駹・斯榆
之君 皆請爲內臣. 除邊關 關益斥 西至沫・若水 南至牂柯爲
徼 通零關道 橋孫水以通邛都 爲置一都尉・十餘縣 屬蜀. 天
子大說.

3　詔發卒萬人治鴈門阻險.

4　秋 七月 大風拔木.

5　女巫楚服等敎陳皇后祠祭厭勝 挾婦人媚道 事覺 上使御
史張湯窮治之. 湯深竟黨與 相連及誅者三百餘人 楚服梟首

於市. 乙巳 賜皇后冊 收其璽綬 罷退 居長門宮. 竇太主慙懼
稽顙謝上. 上曰"皇后所爲不軌於大義 不得不廢. 主當信道
以自慰 勿受妄言以生嫌懼. 后雖廢 供奉如法 長門無異上宮
也."

6 　初 上嘗置酒竇太主家 主見所幸賣珠兒董偃 上賜之衣冠
尊而不名 稱爲"主人翁"使之侍飲 由是董君貴寵 天下莫不
聞. 常從游戲北宮 馳逐平樂觀 雞·鞠之會 角狗·馬之足 上
大歡樂之. 上爲竇太主置酒宣室 使謁者引內董君. 是時 中郞
東方朔陛戟殿下 辟戟而前曰"董偃有斬罪三 安得入乎！"上
曰"何謂也？"朔曰"偃以人臣私侍公主 其罪一也. 敗男女之
化 而亂婚姻之禮 傷王制 其罪二也. 陛下富於春秋 方積思於
《六經》偃不遵經勸學 反以靡麗爲右 奢侈爲務 盡狗馬之樂
極耳目之欲 是乃國家之大賊 人主之大蟲 其罪三也."上默然
不應 良久曰"吾業已設飲 後而自改."朔曰"夫宣室者 先帝
之正處也 非法度之政不得入焉. 故淫亂之漸 其變爲篡. 是以
豎貂爲淫而易牙作患 慶父死而魯國全."上曰"善！"有詔止
更置酒北宮 引董君從東司馬門入 賜朔黃金三十斤. 董君之寵
由是日衰. 是後 公主·貴人多踰禮制矣.

7 　上以張湯爲太中大夫 與趙禹共定諸律令 務在深文. 拘守
職之吏 作見知法 吏傳相監司. 用法益刻自此始.

8　八月 螟.

9　是歲 徵吏民有明當世之務 · 習先聖之術者 縣次續食 令
與計偕.

　菑川人公孫弘對策曰"臣聞上古堯 · 舜之時 不貴爵賞而民
勸善 不重刑罰而民不犯 躬率以正而遇民信也 末世貴爵厚賞
而民不勸 深刑重罰而姦不止 其上不正 遇民不信也. 夫厚賞重
刑 未足以勸善而禁非 必信而已矣. 是故因能任官 則分職治
去無用之言 則事情得 不作無用之器 則賦斂省 不奪民時 不
妨民力 則百姓富 有德者進 無德者退 則朝廷尊 有功者上 無
功者下 則羣臣逡 罰當罪 則姦邪止 賞當賢 則臣下勸. 凡此八
者 治之本也. 故民者 業之則不爭 理得則不怨 有禮則不暴 愛
之則親上 此有天下之急者也. 禮義者 民之所服也 而賞罰順之
則民不犯禁矣.

　臣聞之 氣同則從 聲比則應. 今人主和德於上 百姓和合於下
故心和則氣和 和則形和 形和則聲和 聲和則天地之和應矣. 故
陰陽和 風雨時 甘露降 五穀登 六畜蕃 嘉禾興 朱草生 山不童
澤不涸 此和之至也."

　時對者百餘人 太常奏弘第居下. 策奏 天子擢弘對爲第一 拜
爲博士 待詔金馬門.

　齊人轅固 年九十餘 亦以賢良徵. 公孫弘仄目而事固 固曰
"公孫子 務正學以言 無曲學以阿世." 諸儒多疾毀固者 固遂以
老罷歸.

是時 巴‧蜀四郡鑿山通西南夷 千餘里戍轉相餉. 數歲 道不通 士罷餓‧離暑濕死者甚衆 西南夷又數反 發兵興擊 費以巨萬計而無功. 上患之 詔使公孫弘視焉. 還奏事 盛毀西南夷無所用 上不聽. 弘每朝會 開陳其端 使人主自擇 不肯面折廷爭. 於是上察其行慎厚 辯論有餘 習文法吏事 緣飾以儒術 大說之 一歲中遷至左內史.

弘奏事 有不可 不廷辨. 常與汲黯請間 黯先發之 弘推其後 天子常說 所言皆聽 以此日益親貴. 弘嘗與公卿約議 至上前皆倍其約以順上旨. 汲黯廷詰弘曰"齊人多詐而無情實. 始與臣等建此議 今皆倍之 不忠!"上問弘. 弘謝曰"夫知臣者 以臣爲忠 不知臣者 以臣爲不忠."上然弘言. 左右幸臣每毀弘 上益厚遇之.

❖ 世宗孝武皇帝上之下 元光 6年(壬子, 紀元前 129年)

1   冬 初算商車.

2   大司農鄭當時言"穿渭爲渠 下至河 漕關東粟徑易 又可以漑渠下民田萬餘頃."春 詔發卒數萬人穿渠 如當時策 三歲而通 人以爲便.

3   匈奴入上谷 殺略吏民. 遣車騎將軍衛靑出上谷 騎將軍公

孫敖出代 輕車將軍公孫賀出雲中 驍騎將軍李廣出鴈門 各萬
騎 擊胡關市下. 衛靑至龍城 得胡首虜七百人 公孫賀無所得 公
孫敖爲胡所敗 亡七千騎 李廣亦爲胡所敗. 胡生得廣 置兩馬間
絡而盛臥 行十餘里 廣佯死 暫騰而上胡兒馬上 奪其弓 鞭馬南
馳 遂得脫歸. 漢下敖 · 廣吏 當斬 贖爲庶人 唯靑賜爵關內侯.
靑雖出於奴虜 然善騎射 材力絶人 遇士大夫以禮 與士卒有恩
衆樂爲用 有將帥材 故每出輒有功. 天下由此服上之知人.

4　　夏 大旱 蝗.

5　　六月 上行幸雍.

6　　秋 匈奴數盜邊 漁陽尤甚. 以衛尉韓安國爲材官將軍 屯漁
陽.

❖ 世宗孝武皇帝上之下 元朔 元年(癸丑, 紀元前
128年)

1　　冬 十一月 詔曰 "朕深詔執事 興廉擧孝 庶幾成風 紹休聖
緒. 夫十室之邑 必有忠信 三人並行 厥有我師. 今或至闔郡而
不薦一人 是化不下究 而積行之君子壅於上聞也. 且進賢受上
賞 蔽賢蒙顯戮 古之道也. 其議二千石不擧者罪!" 有司奏 "不

擧孝 不奉詔 當以不敬論 不察廉 不勝任也 當免."奏可.

2 十二月 江都易王非薨.

3 皇子據生 衛夫人之子也. 三月 甲子 立衛夫人爲皇后 赦
天下.

4 秋 匈奴二萬騎入漢 殺遼西太守 略二千餘人 圍韓安國壁
又入漁陽·鴈門 各殺略千餘人. 安國益東徙 屯北平 數月 病
死. 天子乃復召李廣 拜爲右北平太守. 匈奴號曰"漢之飛將
軍"避之 數歲不敢入右北平.

5 車騎將軍衛靑將三萬騎出鴈門 將軍李息出代 靑斬首虜數
千人.

6 東夷薉君南閭等共二十八萬人降 爲蒼海郡 人徒之費 擬
於南夷 燕·齊之間 靡然騷動.

7 是歲 魯共王餘·長沙定王發皆薨.

8 臨菑人主父偃·嚴安 無終人徐樂 皆上書言事.
   始 偃游齊·燕·趙 皆莫能厚遇 諸生相與排擯不容 家貧 假
貸無所得 乃西入關上書闕下 朝奏 暮召入. 所言九事 其八事

爲律令 一事諫伐匈奴 其辭曰 "《司馬法》曰 '國雖大 好戰必亡 天下雖平 忘戰必危.' 夫怒者逆德也 兵者凶器也 爭者末節也. 夫務戰勝 窮武事者 未有不悔者也.

昔秦皇帝幷吞戰國 務勝不休 欲攻匈奴. 李斯諫曰 '不可. 夫匈奴 無城郭之居 委積之守 遷徙鳥擧 難得而制也. 輕兵深入糧食必絶 踵糧以行 重不及事. 得其地 不足以爲利也 得其民不可調而守也 勝必殺之 非民父母也 靡敝中國 快心匈奴 非長策也.' 秦皇帝不聽 遂使蒙恬將兵攻胡 闢地千里 以河爲境. 地固沮澤·鹹鹵 不生五穀. 然後發天下丁男以守北河 暴兵露師十有餘年 死者不可勝數 終不能踰河而北 是豈人衆不足 兵革不備哉? 其勢不可也. 又使天下蜚芻·輓粟 起於東陲·琅邪負海之郡 轉輸北河 率三十鐘而致一石. 男子疾耕 不足於糧餉 女子紡績 不足於帷幕 百姓靡敝 孤寡老弱不能相養 道路死者相望 蓋天下始畔秦也.

及至高皇帝 定天下 略地於邊 聞匈奴聚於代谷之外而欲擊之. 御史成進諫曰 '不可. 夫匈奴之性 獸聚而鳥散 從之如搏影. 今以陛下盛德攻匈奴 臣竊危之.' 高帝不聽 遂北至於代谷果有平城之圍. 高皇帝蓋悔之甚 乃使劉敬往結和親之約 然後天下忘干戈之事.

夫匈奴難得而制 非一世也 行盜侵驅 所以爲業也 天性固然. 上及虞·夏·殷·周 固弗程督 禽獸畜之 不屬爲人. 夫上不觀虞·夏·殷·周之統 而下循近世之失 此臣之所大憂 百姓之所疾苦也."

嚴安上書曰 "今天下人民 用財侈靡 車馬‧衣裘‧宮室 皆
競修飾 調五聲使有節族 雜五色使有文章 重五味方丈於前 以
觀欲天下. 彼民之情 見美則願之 是教民以侈也 侈而無節 則
不可贍 民離本而徼末矣. 末不可徒得 故搢紳者不憚爲詐 帶劍
者夸殺人以矯奪 而世不知愧 是以犯法者衆. 臣願爲民制度以
防其淫 使貧富不相燿以和其心 心志定 則盜賊消 刑罰少 陰
陽和 萬物蕃也. 昔秦王意廣心逸 欲威海外 使蒙恬將兵以北攻
胡 又使尉屠睢將樓船之士以攻越. 當是時 秦禍北構於胡 南挂
於越 宿兵於無用之地 進而不得退. 行十餘年 丁男被甲 丁女
轉輸 苦不聊生 自經於道樹 死者相望. 及秦皇帝崩 天下大畔
滅世絕祀 窮兵之禍也. 故周失之弱 秦失之強 不變之患也.. 今
徇西夷 朝夜郎 降羌‧僰 略薉州 建城邑 深入匈奴 燔其龍城
議者美之. 此人臣之利 非天下之長策也."

徐樂上書曰 "臣聞天下之患 在於土崩 不在瓦解 古今一也.

何謂土崩? 秦之末世是也. 陳涉無千乘之尊‧尺土之地 身
非王公‧大人‧名族之後 鄉曲之譽 非有孔‧曾‧墨子之賢
陶朱‧猗頓之富也 然起窮巷 奮棘矜 偏袒大呼 天下從風. 此
其故何也? 由民困而主不恤 下怨而上不知 俗已亂而政不修.
此三者 陳涉之所以爲資也 此之謂土崩. 故曰天下之患在乎土
崩.

何謂瓦解? 吳‧楚‧齊‧趙之兵是也. 七國謀爲大逆 號皆
稱萬乘之君 帶甲數十萬 威足以嚴其境內 財足以勸其士民 然
不能西攘尺寸之地 而身爲禽於中原者 此其故何也? 非權輕於

匹夫而兵弱於陳涉也. 當是之時 先帝之德未衰而安土樂俗之
民衆 故諸侯無竟外之助 此之謂瓦解. 故曰天下之患不在瓦解.

此二體者 安危之明要 賢主之所留意而深察也.

間者 關東五穀數不登 年歲未復 民多窮困 重之以邊境之事
推數循理而觀之 民宜有不安其處者矣. 不安 故易動 易動者
土崩之勢也. 故賢主獨觀萬化之原 明於安危之機 修之廟堂之
上而銷未形之患也 其要期使天下無土崩之勢而已矣."

書奏 天子召見三人 謂曰"公等皆安在 何相見之晚也！"皆
拜爲郎中. 主父偃尤親幸 一歲中凡四遷 爲中大夫. 大臣畏其
口 賂遺累千金. 或謂偃曰"太橫矣！"偃曰"吾生不五鼎食
死卽五鼎烹耳！"

❖ 世宗孝武皇帝上之下 元朔 2年(甲寅, 紀元前 127年)

1　　冬 賜淮南王几杖 毋朝.

2　　主父偃說上曰"古者諸侯不過百里 強弱之形易制. 今諸
侯或連城數十 地方千里 緩則驕奢 易爲淫亂 急則阻其強而合
從以逆京師. 以法割削之 則逆節萌起 前日鼂錯是也. 今諸侯
子弟或十數 而適嗣代立 餘雖骨肉 無尺地之封 則仁孝之道不
宣. 願陛下令諸侯得推恩分子弟 以地侯之 彼人人喜得所願.
上以德施 實分其國 不削而稍弱矣."上從之. 春 正月 詔曰

"諸侯王或欲推私恩分子弟邑者 令各條上 朕且臨定其號名."
於是藩國始分 而子畢侯矣.

3　　匈奴入上谷·漁陽 殺略吏民千餘人. 遣衛靑·李息出雲
中以西至隴西 擊胡之樓煩·白羊王於河南 得胡首虜數千 牛
羊百餘萬 走白羊·樓煩王 遂取河南地. 詔封靑爲長平侯 靑校
尉蘇建·張次公皆有功 封建爲平陵侯 次公爲岸頭侯.
　　主父偃言"河南地肥饒 外阻河 蒙恬城之以逐匈奴 內省轉
輸戍漕 廣中國 滅胡之本也."上下公卿議 皆言不便. 上竟用
偃計 立朔方郡 使蘇建興十餘萬人築朔方城 復繕故秦時蒙恬
所爲塞 因河爲固. 轉漕甚遠 自山東咸被其勞 費數十百巨萬
府庫幷虛 漢亦棄上谷之斗辟縣造陽地以予胡.

4　　三月 乙亥晦 日有食之.

5　　夏 募民徙朔方十萬口.

6　　主父偃說上曰"茂陵初立 天下豪桀 幷兼之家 亂衆之民
皆可徙茂陵 內實京師 外銷姦猾 此所謂不誅而害除."上從之
徙郡國豪傑及訾三百萬以上于茂陵.
　　軹人郭解 關東大俠也 亦在徙中. 衛將軍爲言"郭解家貧 不
中徙."上曰"解 布衣 權至使將軍爲言 此其家不貧."卒徙
解家. 解平生睚眥殺人甚衆 上聞之 下吏捕治解 所殺皆在赦

前. 軹有儒生侍使者坐 客譽郭解 生曰"解專以姦犯公法 何謂賢!"解客聞 殺此生 斷其舌. 吏以此責解 解實不知殺者 殺者亦竟絶莫知爲誰. 吏奏解無罪 公孫弘議曰"解 布衣 爲任俠行權 以睚眥殺人. 解雖弗知 此罪甚於解殺之. 當大逆無道."遂族郭解.

❖ 班固曰

　　古者天子建國 諸侯立家 自卿大夫以至于庶人 各有等差 是以民服事其上而下無覬覦. 周室旣微 禮樂·征伐自諸侯出. 桓·文之後 大夫世權 陪臣執命. 陵夷至於戰國 合從連衡 繇是列國公子 魏有信陵 趙有平原 齊有孟嘗 楚有春申 皆藉王公之勢 競爲游俠 雞鳴狗盜 無不賓禮. 而趙相虞卿 棄國捐君 以周窮交魏齊之厄 信陵無忌竊符矯命 戮將專師 以赴平原之急 皆以取重諸侯 顯名天下 搤腕而游談者 以四豪爲稱首. 於是背公死黨之議成 守職奉上之義廢矣. 及至漢興 禁網疏闊 未知匡改也. 是故代相陳豨從車千乘 而吳濞·淮南皆招客以千數. 外戚大臣魏其·武安之屬競逐於京師 布衣游俠劇孟·郭解之徒馳騖於閭閻·權行州域. 力折公侯 衆庶榮其名跡 覬而慕之. 雖其陷於刑辟 自與殺身成名 若季路·仇牧死而不悔. 故曾子曰"上失其道 民散久矣."非明王在上 示之以好惡 齊之以禮法 民曷由知禁而反正乎! 古之正

法 五伯 三王之罪人也 而六國 五伯之罪人也. 夫四豪者
又六國之罪人也. 況於郭解之倫 以匹夫之細 竊殺生之
權 其罪已不容於誅矣. 觀其溫良泛愛 振窮周急 謙退不
伐 亦皆有絶異之姿. 惜乎 不入於道德 苟放縱於末流 殺
身亡宗 非不幸也.

❖ 荀悅論曰

　世有三遊 德之賊也 一曰遊俠 二曰遊說 三曰遊行. 立
氣勢 作威福 結私交以立強於世者 謂之遊俠 飾辯辭 設
詐謀 馳逐於天下以要時勢者 謂之遊說 色取仁以合時好
連黨類 立虛譽以爲權利者 謂之遊行. 此三者 亂之所由
生也 傷道害德 敗法惑世 先王之所愼也. 國有四民 各修
其業. 不由四民之業者 謂之姦民. 姦民不生 王道乃成.
　凡此三遊之作 生於季世 周·秦之末尤甚焉. 上不明
下不正 制度不立 綱紀弛廢 以毀譽爲榮辱 不核其眞 以
愛憎爲利害 不論其實 以喜怒爲賞罰 不察其理. 上下相
冒 萬事乖錯 是以言論者計薄厚而吐辭 選擧者度親疏而
擧筆 善惡謬於衆聲 功罪亂於王法. 然則利不可以義求
害不可以道避也. 是以君子犯禮 小人犯法 奔走馳騁 越
職僭度 飾華廢實 競趣時利. 簡父兄之尊而崇賓客之禮
薄骨肉之恩而篤朋友之愛 忘脩身之道而求衆人之譽 割
衣食之業以供饗宴之好 苞苴盈於門庭 聘問交於道路 書

記繁於公文 私務衆於官事 於是流俗成而正道壞矣.

是以聖王在上 經國序民 正其制度 善惡要於功罪而不淫於毀譽 聽其言而責其事 舉其名而指其實. 故實不應其聲者謂之虛 情不覆其貌者謂之僞 毀譽失其眞者謂之誣 言事失其類者謂之罔. 虛僞之行不得設 誣罔之辭不得行 有罪惡者無僥倖 無罪過者不憂懼 請謁無所行 貨賂無所用 息華文 去浮辭 禁僞辯 絶淫智 放百家之紛亂 壹聖人之至道 養之以仁惠 文之以禮樂 則風俗定而大化成矣.

7　燕王定國與父康王姬姦 奪弟妻爲姬. 殺肥如令郢人 郢人兄弟上書告之 主父偃從中發其事. 公卿請誅定國 上許之. 定國自殺 國除.

齊厲王次昌亦與其姊紀翁主通. 主父偃欲納其女於齊王 齊紀太后不許. 偃因言於上曰 "齊臨菑十萬戶 市租千金 人衆殷富 巨於長安 非天子親弟·愛子 不得王此. 今齊王於親屬益疏 又聞其姊亂 請治之!" 於是帝拜偃爲齊相 且正其事. 偃至齊 急治王後宮宦者 辭及王 王懼 飮藥自殺. 偃少時游齊及燕·趙 及貴 連敗燕·齊. 趙王彭祖懼 上書告主父偃受諸侯金 以故諸侯子弟多以得封者. 及齊王自殺 上聞 大怒 以爲偃劫其王令自殺 乃徵下吏. 偃服受諸侯金 實不劫王令自殺. 上欲勿誅 公孫弘曰 "齊王自殺 無後 國除爲郡入漢 主父偃本首惡. 陛下不誅偃 無以謝天下." 乃遂族主父偃.

8   張歐免 上欲以蓼侯孔臧爲御史大夫. 臧辭曰“臣世以經
學爲業 乞爲太常 典臣家業 與從弟侍中安國綱紀古訓 使永垂
來嗣.”上乃以臧爲太常 其禮賜如三公.

❖ 世宗孝武皇帝上之下 元朔 3年(乙卯, 紀元前 126年)

1   冬 匈奴軍臣單于死 其弟左谷蠡王伊稚斜自立爲單于 攻
破軍臣單于太子於單 於單亡降漢.

2   以公孫弘爲御史大夫. 是時 方通西南夷 東置蒼海 北築朔
方之郡. 公孫弘數諫 以爲罷敝中國以奉無用之地 願罷之. 天
子使朱買臣等難以置朔方之便 發十策 弘不得一. 弘乃謝曰
“山東鄙人 不知其便若是 願罷西南夷·蒼海而專奉朔方.”上
乃許之. 春 罷蒼海郡.
  弘爲布被 食不重肉. 汲黯曰“弘位在三公 奉祿甚多 然爲布
被 此詐也.”上問弘 弘謝曰“有之. 夫九卿臣善者無過黯 然今
日廷詰弘 誠中弘之病. 夫以三公爲布被 與小吏無差 誠飾詐
欲以釣名 如汲黯言. 且無汲黯忠 陛下安得聞此言！”天子以
爲謙讓 愈益厚之.

3   三月 赦天下.

4   夏 四月 丙子 封匈奴太子於單爲涉安侯 數月而卒.

5   初 匈奴降者言"月氏故居敦煌 · 祁連間 爲强國 匈奴冒
頓攻破之. 老上單于殺月氏王 以其頭爲飮器. 餘衆遁逃遠去
怨匈奴 無與共擊之."上募能通使月氏者 漢中張騫以郎應募
出隴西 徑匈奴中 單于得之 留騫十餘歲. 騫得間亡 鄉月氏西
走 數十日 至大宛. 大宛聞漢之饒財 欲通不得 見騫 喜 爲發
導譯抵康居 傳致大月氏. 大月氏太子爲王 旣擊大夏 分其地而
居之 地肥饒 少寇 殊無報胡之心. 騫留歲餘 竟不能得月氏要
領 乃還 並南山 欲從羌中歸 復爲匈奴所得 留歲餘. 會伊稚斜
逐於單 匈奴國內亂 騫乃與堂邑氏奴甘父逃歸. 上拜騫爲太中
大夫 甘父爲奉使君. 騫初行時百餘人 去十三歲 唯二人得還.

6   匈奴數萬騎入塞 殺代郡太守恭 及略千餘人.

7   六月 庚午 皇太后崩.

8   秋 罷西夷 獨置南夷 · 夜郎兩縣 一都尉 稍令犍爲自葆就
專力城朔方.

9   匈奴又入鴈門 殺略千餘人.

10 是歲 中大夫張湯爲廷尉. 湯爲人多詐 舞智以御人. 時上

方鄕文學 湯陽浮慕 事董仲舒·公孫弘等 以千乘兒寬爲奏讞
掾 以古法義決疑獄. 所治 卽上意所欲罪 與監·史深禍者 卽
上意所欲釋 與監·史輕平者 上由是悅之. 湯於故人子弟調護
之尤厚 其造請諸公 不避寒暑. 是以湯雖文深·意忌·不專平
然得此聲譽. 汲黯數質責湯於上前曰"公爲正卿 上不能襃先帝
之功業 下不能抑天下之邪心 安國富民 使囹圄空虛 何空取高
皇帝約束紛更之爲! 而公以此無種矣."黯時與湯論議 湯辯常
在文深小苛 黯伉厲守高 不能屈 忿發 罵曰"天下謂刀筆吏不
可以爲公卿 果然! 必湯也 今天下重足而立 側目而視矣!"

❖ 世宗孝武皇帝上之下 元朔 4年(丙辰, 紀元前 125年)

1　　冬 上行幸甘泉.

2　　夏 匈奴入代郡·定襄·上郡 各三萬騎 殺略數千人.＊